邢台开元寺金石志

冀金刚　赵福寿　主编

國家圖書館出版社

图书在版编目（CIP）数据

邢台开元寺金石志/冀金刚,赵福寿主编.--北京:国家图书馆出版社,2013.9
ISBN 978-7-5013-5168-8

Ⅰ.①邢… Ⅱ.①冀…②赵… Ⅲ.①金石—拓片—邢台市—图集
Ⅳ.①K877.22

中国版本图书馆 CIP 数据核字（2013）第 211003 号

书名　邢台开元寺金石志

著者　冀金刚　赵福寿　主编

出版　国家图书馆出版社　　（100034　北京市西城区文津街7号）
　　　　（原北京图书馆出版社）

发行　010-66114536　66126153　66151313　66175620
　　　　　　66121706（传真）　66126156（门市部）

E-mail　btsfxb@nlc.gov.cn（邮购）

Website　www.nlcpress.com → 投稿中心

经销　新华书店

印刷　北京联兴盛业印刷有限公司

开本　889×1194毫米　1/16
印张　30.5
字数　450千字
印数　1—4000册
版次　2013年9月第1版　2013年9月第1次印刷

书号　ISBN 978-7-5013-5168-8
定价　680.00元

《邢台开元寺金石志》编委会

序

邢台依山凭险,地腴民丰,乃先商之源、祖乙之都,至今已有3500多年的建城史。邢台开元寺作为中国创建最早的寺院之一,其历史可追溯至后赵襄国中寺甚至更早。自那时起,此寺历经1700多年的历史积淀,遗存了相当丰富的金石文物。冀金刚、赵福寿二先生主编《邢台开元寺金石志》,首次集此寺魏晋至民国间之金石遗珍,详加考察辨析,注征发微,公诸于世,不仅对全面了解、研究、开发、利用邢台的历史文化资源大有裨益,而且对全面了解、研究中国的历史文化,尤其对全面了解、研究中国佛教发展史大有裨益。

佛教作为外来文化传入中国,影响不仅及于政治、经济领域,更广泛融入文学、音乐、舞蹈、绘画、雕塑、建筑乃至社会生活的各个方面。隋唐以后,佛教更与中国固有的儒学、道教相融合,成为中国传统思想文化不可分割的一部分。正因广泛吸纳、融汇外来优秀文化成果,博大精深的中华文明才能历久弥新。

邢台西倚太行,东枕广原,自古就是兵家必争之战略要地,更是多民族文化相互碰撞、交融的重要隘口。后赵时,西域高僧佛图澄在襄国中寺弘法传道,感化石勒;盛唐时,新罗高僧惠觉与其师神会在邢州开元寺两树六祖慧能碑;元朝时,忽必烈两幸邢州开元寺并全力支持广恩创立大开元宗,正是佛教及少数民族统治者为中华文明注入新元素的历史证明。就此而言,邢台与邢台开元寺的历史,就是多民族多元文化相互融合、团结与发展的历史。《邢台开元寺金石志》著录之碑刻、塔幢、造像等珍贵文物,正是这一历史的重要注脚。

自三代始,铭金勒石就是华夏先民传承文明的重要方式。《墨子·尚贤》等篇即有"书之竹帛,镂之金石,琢之盘盂,传遗后世子孙"之语。欧阳修《集古录》自序称金石"并载夫可与史传正其阙谬者,以传后学,庶益于多闻",指出了金石作为中华文明重要载体的文献学意义。朱剑新《金石学》则在论述"金石学之价值"时进一步明确"综其功用,可以证经典之同异,正诸史之谬误,补载籍之缺佚,考文字之变迁",且能辨文章之渊源、体制、工拙,详艺术之书画、雕刻。此外,中国古代石刻往往具有浓厚的地方色彩,不但与其产生地的人物兴替、民风民俗紧密相连,且能折射出国家兴亡、都邑变迁的历史脉络。中国图书馆地方文献事业的开创者杜定友就说:"良以地方文献,非特为掌故史料之宝藏,抑且读之发人深省,使祖述先贤、爱护乡邦之念油然而生,其影响于一国之文化,至深且巨也。"换言之,地域性金石志可由一地之文化记载,及于一国之历史源流;《邢台开元寺金石志》的内容虽仅限于一寺之资料,串联起的却不仅是邢台开元寺的悠久历史,而是通过这一极具典型意义的个案,客观而又系统地反映出了中国佛教的发展史。

就材质而言,金石文物似可历时久远,但却易受水火、风雨、兵革之侵害,其自然情状与文字图案常须仰赖拓片和著录金石之书籍方可广泛传布。新世纪以来,国家加大了文物和古籍保护工作的力度,为金石铭文摹图留形之传拓技艺,也已被列为国家非物质文化遗产,既使无形的传拓技艺与有形的金石文物得到了同样的保护与传承,也使金石文物及其拓本的整理与研究工作进入了新的繁荣期。《邢台开元寺金石志》在这一新时期文化政策引导下,首次把此寺的金石文物传拓、摄影、绘图,以编年的形式集中著录、注释、考证,公诸于世,以物证史,以史鉴今,为了解、研究中国佛教史者提供了第一手资料。所以说,此书的编著不仅是一项相对系统的地方文化工程,也是对金石学这一传统学科的现代化运用,更是对中华民族文化遗产卓有成效的保护与传承。

尤为感人的是,从立意著述,到付梓出版,《邢台开元寺金石志》还凝聚着邢台各级领导、各界人士之心血。当代禅门泰斗、中国佛教协会副会长、邢台大开元寺复建后的首任住持净慧长老往生之前,曾经多次顾问此书的编撰进展情况,并撰联"一代中兴古迹每怀泛爱寺,千秋法脉开山遥忆佛图澄",以示关切;我的学兄、邢台市政协原副主席胡朝元,作为邢台大开元寺修复委员会常务副主任,不仅一直为邢台大开元寺的复建工作殚精竭虑,奔走操劳,并且主动担任本书编委会执行主任,为此书能够顺利编著、圆满出版出谋划策,协调各方关系;中共邢台市委统战部部长王素平,作为本书编委会主任,则在为解决本书出版资金的关键环节,起到了至关重要的运筹作用。当然,邢台开元寺文物管理所所长冀金刚、邢台历史文化研究会副秘书长赵福寿二先生作为本书主编而钩沉索古、苦心孤诣,更是功不可没。本人生于斯、长于斯,对家乡的一草一木都有着深厚的感情,在《邢台开元寺金石志》即将付梓之际,尊朝元兄等乡贤之命,奉为此序,向高僧大德、乡贤先进表示敬意,并希望更多有识之士为弘扬地方文化、传承中华文明而立功建业!

周和平

2013 年 8 月

(作者为中国国家图书馆馆长、国家古籍保护中心主任)

凡例

一、本书共辑入邢台开元寺、邢台开元寺塔林及与邢台开元寺密切相关的历代金石文物 129 件，其中魏晋南北朝时期 4 件，隋唐五代时期 26 件，宋金元时期 55 件，明清时期 39 件，中华民国时期 5 件。时代最早之《汉故上党国王太夫人荐功碑》镌刻于西晋建兴元年至二年（313—314）间，最晚之《重修开元寺大雄殿并立碑落成典礼记》镌刻于中华民国三十三年（1944），时间跨度约 1630 年。

二、为尽量全面反映邢台开元寺历史及其在中国佛教史上的重要地位，本书分"古刹青史"、"塔林遗珍"、"开元流泽"三部分进行编辑，并以金石文物形成之历史纪年先后顺序编次。凡无确切纪年可考者，则据其反映之历史信息断代后，编入其所属历史时期之末。

三、本书收入碑碣、经幢、塔铭、造像、钟铭及其他具有研究价值的金石文物，并以拓本、照片为主要形式辑入。其中，碑碣幢塔残石与全拓均存者，其残石拓片与全拓本一并辑入，以便相互对勘；原石与拓本均佚而其文见于文献著录者，则辑录其文，以便系统研究；原石与拓本均佚而有碑目见于文献著录者，则辑录其目，以便继续探索与发现。

四、本书文物名称，原则上采用原碑额题。原碑、幢无题或因残而额题不存者，则据其内容拟定；凡采录于相关文献著录之碑目，则仍其旧；凡造像及其他类文物，则据其历史时期及自身特征拟定名称。

五、为方便读者，每件文物名称之下均作"简要说明"，其拓片、照片之后附有录文点注或相关文献、初步考证。其中，录文点注均以现代通用格式和简化汉字排版，原件行文格式一般不予保存，但其以小字插行镌刻者保留原状；原件中之繁体字、俗体字、异体通假字、缺笔讳字凡可识别者，均改用现行标准简化字；个别不可识别者及专用人名、地名及改用现行标准汉字易引起歧义者，仍照原样录入；所附相关文献资料不予注释。

六、凡因原件残缺较多，录文时难以确定残缺字数者，均以……号表示；凡因原件剥泐、漫漶而能确定其字数者，均以□号表示；凡因原件剥泐、漫漶不清却可通过上下文确定其为何字者，则填入□内；一些残碑转行处以」表示;凡经幢、塔幢所镌经文咒语,一律略而不录。

七、凡重要文物,除编录其全拓、全貌照片外,另附其局部特写或线描图,以便读者研究与欣赏。

八、本书所辑金石文物,均系目前所存所知者,远非邢台开元寺历代金石文物之全部。书中之《邢台开元寺金石文物概述》《邢台开元寺金石文献编年》,以及对一些入编金石文物的考证文章,均为编者根据目前所存所见相关金石文物作出之初步研究成果。

目 录

二、塔林遗珍

邢台开元寺金石文物概述

  邢台位于冀南平原,作为河北省地市级历史文化名城,向以物华天宝、人杰地灵、历史悠久、文化淳厚著称于世。大量已经出土或已被发现的地下、地上文物与文献记载证明,邢台的历史文化与中华母体的历史文化血肉相连,密不可分。邢台从古至今得天独厚,一直都处于中华民族母体的腹心之地。中华民族的文明史有多久,邢台的文明史就有多久。

  在先秦时期,邢台这片热土以"邢"为名,曾是先商之源,祖乙之都,邢侯之国,赵襄子崛起之地。自秦始皇统一六国,至清王朝结束,"邢"之名数易,先后以信都、襄国、邢州、信德府、顺德府彪炳史册;邢台古城或作为后赵国都显赫于世,或以封国首邑、郡、州、路、府治所的显要地位,成为冀南历史上屈指可数的区域性政治、经济、文化中心,对中国封建社会的历史进程产生重大影响。正因如此,邢台不但是中国历史上兵家必争的战略要地,而且成了中华各族乃至中外国际文化相互碰撞,进而相互交融的突破口。

  佛教发源于古印度,是世界性三大宗教中最古老的宗教,约于公元前后传入中国。佛教经过在中国两千多年的传播、演化与发展,不断吸收中华民族的精神营养,已经被博大精深的中国文化所包容,形成中国佛教。中国佛教文化作为中国传统文化不可分割的一部分,不但形成了精深的哲学思想、独特的精神财富,而且留下了丰富的经典文献、宝贵的文化遗产。邢台开元寺的金石文物,就是这些文化遗产中弥足珍贵的一部分。其中,碑记、塔铭、经幢、造像形式多样,无所不有,尽管有些已是断碑残石,只留下片言只语,冰山一角,涉及的内容却相当丰富,不仅可以补充中国佛教史的许多缺略,澄清中国佛教史的某些疑案,而且可为研究中国历代佛教文化的发展脉络,提供第一手资料。

  这些金石文物雄辩地证明,邢台开元寺作为国家重点文物保护单位,不仅是邢台历史最悠久的寺院,也是中国历史最悠久的寺院之一。佛教中国化的起步、转折与发展,以及中国佛教的学术化、艺术化、社会化,都可以在邢台开元寺的金石文物中找到反映。邢台开元寺的发展历史,堪称中国佛教发展史的浓缩版。

一

据信史记载，自两汉相交之际的公元前后到东汉末的二百多年，是佛教在中国的初传期。当时，佛教还附庸于黄老之学，影响仅限于皇室贵族之间。从魏、吴、蜀三国鼎立，到西晋灭亡的近百年间，佛教在中国虽有所发展，却只是初露端倪的佛教义学与魏晋士族热衷的玄学相互影响，相得益彰；而游化于两京洛阳、长安乃至其他通衢大邑的西域僧人，仍被开创"正始之音"的嵇康之流蔑称为"乞胡"。因此，当佛图澄在后赵襄国弘法，被石勒首尊为"大和上"，最终形成"中州胡晋，略皆信佛"，"民多奉佛，皆营造寺庙，相竞出家"的空前局面，使其"受业追随者常有数百，前后门徒几且一万，所历州郡兴立佛寺八百九十三所"，创建了第一个真正属于中国的僧团之后，佛教才迈出了其开始走向中国化的第一步。就此而言，佛图澄实为推动佛教在中国实现社会化，真正进入黄金发展期的第一人；襄国堪称佛教在中国生根、开花并结出首批硕果的第一中心城市；而襄国中寺，则是佛图澄在襄国乃至后赵弘法的第一所寺院。

据《晋书》与《高僧传》所载《佛图澄传》，永嘉六年（312）佛图澄随石勒到达襄国时，襄国城中已建有佛寺，而其"听铃音以言事，无不效验"，乃至以"五明"之术救龙出水，治病复生，观天象知休咎，预测行军吉凶，进而取得石勒崇信，被尊为"大和上"的驻锡之地，就是这西晋时已有的襄国之寺。石勒不但将诸稚子皆寄养于该寺中，每年四月初八亲到寺中灌佛，为诸子发愿，而且对佛图澄"有事必咨而后行"，命其直接参与外灭刘曜，内平叛乱，留守襄国等军政要务，且在为其创建大内宫寺，以便随时咨询的同时，为其扩建之初住之寺为襄国中寺，使其成了佛图澄在后赵弘法的中央之寺。关于这襄国中寺，此前仅见光绪版《邢台县志》记录"净土寺"时注曰："旧志相传，寺为佛图澄遗迹。初无确证，阙疑可也。"因为"初无确证"，千百年来只能"阙疑"，这不能不使人感到遗憾。

所幸者，由后赵开国第一功臣张宾之义从史兰等数十人于光初五年（322）所立《汉故散骑常侍右光禄大夫汉阳景侯张公之碑》，于20世纪末在邢台市桥西区中华路一带出土，首先为确定后赵襄国城址指明了方位，也使今人第一次在邢台市看到了石勒建都襄国的实证。2002年，由石勒的恩人郭敬，包括与石勒共结"十八骑"起事的吴豫、逯明、孔豚等数百人于西晋建兴元年（313年，或建兴二年即314年）为石勒之母王氏所立《汉故上党国王太夫人荐功碑》，又在平整邢台开元寺院落时，于药师佛殿前东南处出土，初步证实邢台开元寺的前身，乃是后赵襄国中寺。

作为至今仅见的中国佛教第一碑，《汉故上党国王太夫人荐功碑》出土时已呈莲座形，底面为碑阳，直径约0.75米，残存碑文17行；上面为碑阴，直径约0.93米，残存题名27行。碑阳、碑阴皆为隶书，虽然石质层层剥落，而字口仍清楚。碑阳界格分明，书体直追两汉，风神遒劲，潇洒峻爽；碑阴题名字体稍小，排列整齐森严，波磔稍收却不拘谨，颇具庙堂之气。当然，相对于中国佛教史而言，这通残碑的史料价值，远远超过其书法价值。

南北朝（420—589）既是中国佛教全面持续高涨期，也是中国历史上的南北分裂割据期。这一时期的襄国，就先后处于北朝一系的北魏、东魏、北齐、北周统治之下。这一时期的襄国佛教，也与南朝统治区的持续高涨截然不同，明显处于恢复，破坏，再恢复，再破坏这样一种艰难曲折的历史漩涡之中。导致这一现象的直接原因，一是冉闵在后赵发动政变之际，进行了史无前例的民族大仇杀，并将后赵襄国宫城彻底破坏，使佛教在襄国失去了已有的民众基础和政权支持，迫使佛图澄的弟子道安不得不率其僧团主力辗转逃亡，最终南下，前往东晋境内谋求发展。二是中国佛教史上的"三武一宗"法难，有两次就发生于襄国所在的北朝统治区。这两次法难的时间虽都很短，对于北朝佛教的打击却都是毁灭性的。襄国佛教亦难例外。

所以，今邢台开元寺虽建于后赵襄国中寺的废墟之上，但能证实其曾经过北朝恢复发展的金石文物，至今所见只有几件已残的石质造像。这些石质造像均于偶然间出土。其中，一件典型而精美的北朝汉白玉圆雕佛头，出土于今邢台开元寺外广场；两件已被砸残的北朝石质佛龛，出土于今邢台开元寺内。这些北朝佛教文物在今邢台开元寺区内的出土，恰可与明万历四十二年（1614）顺德府知府周泰峙等所立开元寺《石佛记碑》所记"此石佛者，相传发之土中，具兹卧相"，"莹然光透，炯而无比"，以及清顺治十一年（1654）曾任顺德府知府的金之俊所撰《重修古邢州开元寺碑记》所说 "石佛出于北阜"形成互证，既证实后赵襄国中寺被毁之后，确曾在北朝有过恢复发展；也证实了北朝两次灭佛事件对于佛教文物破坏之严重；还证实了今邢台开元寺的确处于一个历史悠久的大型佛教文化遗址区内。世事沧桑，邢台开元寺的前身自西晋时即雄踞于城内，此后屡毁屡建，规模时大时小，而近些年新发现的这些佛教文物又都是在不经意间出土而非科学发掘。所以，开元寺地下的历代文化层中究竟还有多少北朝遗存，只能待将来科学发掘后方能知晓。

二

隋唐是佛教真正实现中国化并开宗立派的历史时期，而其首先在大一统的中国实现社会化，进而实现中国化的第一步，则取决于隋文帝的"我兴由佛"说，以及由此而在全国兴起的造塔运动。据隋王劭所撰《舍利感应记》《续高僧传·昙迁传》及同书《宝袭传》等文献记载，自仁寿元年至四年（601—604），隋文帝先后三次诏令天下一百一十州，一准阿育王塔之式兴建舍利塔。邢州泛爱寺亦在其列，而奉敕礼送舍利到邢州泛爱寺，监督建塔供养者则是高僧宝袭。成化版《顺德府志》记载，泛爱寺在邢台城厢北部。《京畿金石考》著录，邢台有《文帝舍利塔碑》："大业五年四月立，李百药撰，书人名缺不可辨。"

邢台城厢北部自东而西共有三寺，即开元寺、净土寺、天宁寺。其中，净土宗实由高僧善导开创于唐贞观十五年（641）之后，邢台净土寺既以"净土"为名，其创建时间自不会早于此时；邢台天宁寺唐初仅是一华池兰若，时至北宋政和年间（1111—1117）才得赐额为寺。所以，坐落在城厢北部的邢州泛爱寺，最有可能就是两《唐书》《唐会要》所记，在天授元年（690）十二月被武则天选中，敕令改名为大云寺者；而这昙花一现的邢州大云寺，随即又在开元二十六年（738）六月，被唐玄宗敕令改名为开元寺。换言之，隋文帝时的邢州泛爱寺、武则天时的邢州大云寺，就是奉唐玄宗敕命再度改名，至今尚存的邢台开元寺。隋文帝选中邢州泛爱寺，是要在寺中敕建舍利塔，宣示"我兴由佛"；武则天改邢州泛爱寺为邢州大云寺，是要在寺中珍藏《大云经》，宣示自己"是弥勒下生，当代唐作阎浮提主"；唐玄宗改邢州大云寺为邢州开元寺，是要在寺中供养佛与自己的等身金铜铸像，敕命地方官员年年都到寺中为自己祝寿过千秋节。由此可知，此寺作为他们的御用大寺，在当年邢州辖域无可比拟的政治地位和宗教地位。

佛教真正实现中国化的主要标志，是其在中国佛教界的开宗立派。而最能体现其中国化之彻底者，则是中国禅宗的创立，尤其是自开元二十二年（734）始，经神会十数年的力争之后，以慧能为六祖的南宗禅法统的确立，即《传灯录》所说"天宝四年，方定两宗"。神会的这一历史功绩，就铭刻在分别由其邀请王维、宋鼎撰文，由蔡有邻、史惟则书丹的两通丰碑之上。这两通丰碑，就是《六祖能禅师碑》与《曹溪能大师碑》。

关于这两通唐碑，北宋欧阳棐《集古录目》记载："能大师碑，兵部侍郎宋鼎撰，河南阳翟丞史惟则八分书。大师卢氏，南海新兴人，居新兴之曹溪。天宝七年，其弟子神会建碑于钜鹿郡之开元寺。"赵明诚《金石录》记载："唐曹溪能大师碑，宋泉撰，史惟则八分书。天宝十一载二月。"陈思《宝刻类编》记载："史惟则（书）曹溪能大师碑，宋鼎撰，天宝十一载二月立邢。"同时记载："蔡友邻（书）曹溪能大师碑，邢州。"无名氏《宝刻丛编》记载："曹溪能大师碑，蔡友邻书。"

《〔光绪〕邢台县志》在转载这些著录后，认为《金石录》所记"宋泉"为"宋鼎"之误，又自问自答了三个问题，其一，六祖慧能与其法嗣神会"皆无卓锡邢州事，不知何以于此立碑，又何以立碑于（慧能圆寂）四十余年之后？"其答案是："盖神会为六祖法嗣，既于天宝四年分定顿、渐两教，再著《显宗记》以传世。又恐南宗之不行于北也，乃追述其师道德，刻石永久，欲以阐扬法教，指归宗派。"第二个问题是："立碑之年，《金石录》及《宝刻类编》皆作天宝十一载，《集古录目》作天宝七载，未知孰是？"其答案是："《金石录》《宝刻类编》两书既同，《金石录》又详书年月，殆《集古》误也。"第三个问题是，邢州究竟有无蔡友邻所书《曹溪能大师碑》？其答案是："碑久佚，《宝刻丛编》《宝刻类编》与前碑（指史惟则所书同名碑）列为二，今姑存之。"这些答案扑朔迷离，孰对孰错？

现在，这一千年疑案已可大白于天下，即由王维撰文、蔡友邻书丹的《六祖能禅师碑》残石，由宋鼎撰文、史惟则书丹的《曹溪能大师碑》残石，均于邢台开元寺出土。前者树立于天宝七年，后者树立于天宝十一年。同时，今存邢台沙河漆泉寺遗址的《大唐广阳漆泉寺故觉禅师碑铭》，又对《集古录目》所记神会"建碑于钜鹿郡之开元寺"形成反证，使前述《邢台县志》所提"不知何以于此立碑，又何以立碑于四十余年之后"的问题，可以据之作出较为正确的答案。

据此碑记载，惠觉是由新罗入唐的求法僧，在漆泉寺栖居十年之后，取得邢州开元寺僧籍。天宝四年神会被宋鼎请到洛阳，弘扬南宗时，惠觉曾先后两次前往求教，并成为神会的嫡传弟子。神会圆寂后，惠觉步其使"曹溪了义大播于洛阳，菏泽顿门派流于天下"之后尘，开始于邢州"请导师之留音，追菏泽之坛教"，继续弘扬南宗，并取得了"如惊雷之震蠕介，春雨之泽根芽，种者乃萌，勾者遂直。七八年间，趋教之徒瞻拜（如缕）"的效果。所谓"坛教"，就是在所有中国高僧著述中，唯一可称为"经"的《六祖坛经》。据此推断，惠觉在邢州"请导师之留音，追菏泽之坛教"的最得意事，应即效仿乃师神会在洛阳菏泽寺为慧能立碑铭、建影堂之举，在开元寺树立《六祖能禅师碑》《曹溪能大师碑》，从而在使开元寺成为南宗北传之重镇的同时，自己也成了神会第二。或许正因为此，邢州刺史元谊才会在惠觉圆寂二十年后，亲自撰写《大唐广阳漆泉寺故觉禅师碑铭》，为这位异国高僧树立纪念碑。

邢台开元寺至今尚存的唐十六面《尊胜陀罗尼经幢》，曾因其独特的造型、奇妙的结构、精湛的工艺，引起古今中外众多学者的关注与研究。邢台开元寺外广场近些年出土的盛唐汉白玉佛教造像虽然皆曾遭到破坏，但仍不失由国富民强、歌舞升平孕育出的端庄严谨、雍容华贵的泱泱大国之风，可谓巧夺天工，让人叹为观止。邢台开元寺内新出土的《线刻经变故事图》，人物众多，情节丰富，场景多变，造型艺术精湛，则为我们提供了新的研究课题。

原树于后梁乾化五年（915）的邢台开元寺《大佛顶随求尊胜陀罗尼经幢》精雕细镂，高达九层，在明代就曾引起大文豪归有光之关注，并使其发出"自晋宋以来，以至五季，佛教日盛，故虽兵戈微扰之际，其崇奉不一日废"之感慨；近现代又先后引起古建泰斗刘敦桢、北京大学考古系专家刘慧达的光顾，并将其作为古代工艺典范拍照摄影，通过自己的大作向国内外推介。至于因此幢剥泐而造成的所谓"空本译经"错案，本书已作《后梁大佛顶随求尊胜陀罗尼经幢初考》，试为引玉之举。当然，隋唐五代在邢台开元寺留下的文化积淀远不止这些，邢台开元寺在隋唐五代佛教史中的地位亦非这篇概述能说得清楚。

三

邢台人说："唐修寺，宋修塔。"意即古邢台城内三大寺的宏伟规模，都是在唐代得以奠定的；

邢台城内外的佛塔、僧塔,都是在宋代达到登峰造极的。此说言之有据,确为信史。

其中,邢台开元寺塔林造型各异、林林总总的宋代僧塔虽于"文革"中被毁于一旦,其所附金石文物也已荡然无存,所幸仍有当年刘敦桢等先生留下的珍贵照片供人欣赏;邢台开元寺碑所记载只有洛阳阿育王塔、泗州澄观塔可与媲美的圆照塔至今亦无踪影,却有宋徽宗大观三年(1109)《敕赐邢州开元寺圆照塔记》、大定五年(1165)《大金邢州开元寺重修圆照塔记》,乃至至元十六年(1279)《顺德府大开元寺重建普门塔碑铭》三通丰碑文字完整地保留下来,使今人可以从中认知这座高达六十仞,可容千余僧的九层玲珑宝塔(后由广恩重建为十三层)的巍峨壮丽,及其如何创建,如何在战火中被焚毁,又如何在战后重新崛起的沧桑往事。同时可使今人得知,宋、金时期的邢州开元寺并非孤立,而是以开元寺为中心,以圆照塔为标志,由相对独立的文殊院、普贤院、弥勒院、石壁院等相拱卫,如同众星捧月一样的寺院群。

今存邢台开元寺的金大定二十四年(1184)铸大铁钟,高3.2米,下沿周长7.5米,重约9.1吨,外壁不但铸有钟铭"皇帝万岁,重臣千秋"、"香花供养,佛法僧宝",以及日、月、人、兽、牛、鱼等为象征的黄道十二宫图和乾、坤、震、巽、坎、离、艮、兑八卦图,还铸有题记十四组,分别记载监铸官员职务姓名、铸造年款、僧职法讳以及施主、铸工的姓名籍里等。此钟体积硕大、工艺精湛,虽经近千年沧桑而不锈不蚀,堪称现存金代所铸铁钟之王。

时至元代,由于以刘秉忠为首的邢州幕僚集团对忽必烈开创大元王朝具有不可比拟的历史贡献,且因曾经为僧的刘秉忠的大力推荐与提携,又形成了以万松行秀、万安广恩、虚照弘明为宗主的邢州高僧集团,遂使邢州即顺德府成为北中国的汉传佛教中心。邢台开元寺也因广恩被忽必烈敕赠"弘慈博化大士"之号,其所创宗派被敕定为"大开元宗",而得敕额"大开元寺",从而进入其历史鼎盛期。所以,邢台开元寺流传至今的元代金石文物也最为丰富。其中,特为广恩树碑立传的就有蒙古定宗皇后称制二年(1250)所立《邢州开元寺万安恩公塔铭》、至元十六年(1279)所立《顺德府重修大开元寺普门塔记铭》、大德五年(1301)所立《顺德府大开元寺万安恩公碑记》、后至元二年(1336)所立《顺德府大开元寺万安座下历代住持并垂法名颂之碑》等。

这些碑文不仅记载了广恩的弘法业绩及其被视为观音菩萨化身的缘由,乃至其生前殁后由蒙元王朝所赐的种种殊荣;还记载了忽必烈经刘秉忠疏请,亲作顺德府大开元寺之大功德主,并在两幸该寺后,特允太子真金、太子妃阔阔真为该寺大护法,特遣近侍亲军为广恩护持建塔,"累降纶恩,优护赡恤"的一系列史实。碑文还记载,为了突出顺德府大开元寺在汉传佛教界的中心地位,彰显大开元宗在汉传佛教界的特权,忽必烈不但敕准大开元宗可以自署宗摄、提点、僧录、判正、都纲等僧职,特命太傅刘秉忠、大丞相史天泽、宣政院使答失蛮以次提调;还应刘秉忠之请诏令天下僧尼,限期于至元十三年(1276)春三月赶到顺德府大开元寺资戒坛下,聆听国师杨琏真珈说法并受具足戒。据《大元顺德府大开元寺资戒坛碑》记载,这次资戒大会于当年三月初十启会,十二日由琏真国师登坛说法;"又有诸路推择大师德十人,递代登坛,与众授戒,自十日至十七日,满散凡七昼夜,受具足戒者十万余人"。可以断言,规模如此之大的资戒大法会,在中国佛教史上绝无第二例,堪称空前绝后之举。

众多的元代塔铭碑文还证明,终元一代,顺德府大开元寺的尊崇地位始终如一。大德五年所立《顺德府大开元寺万安恩公碑记》就记载,自广恩开创大开元宗始,大开元寺就由其"门人相机住持,克遵先范。自余从师有得,达性相根源者余五百人;绍续慧命,为人天眼者余百人;宠膺宝书,典司诸方及本宗者几半天下"。元成宗面对大开元宗僧团"几半天下"的无比之势,即位伊始就"敕答失蛮仍旧提调大开元一宗,直隶宣政院,释教都总统所毋得管领",以示"三朝眷注之隆"。后至元二年(1336)所立《顺德府大开元寺万安座下历代住持并垂法名颂之碑》以万安广恩为祖师,共开列大开元宗传法嗣祖住持通慧崇润等十八代。通过开元寺塔林幸存至今的青石塔铭则可知道,不仅这些传法嗣祖住持沙门曾获朝廷或国师赐予的荣衔及大师之号，就是曾任东西两序僧职者也多曾获得过此类荣耀。

原树于至正八年（1348）的《顺德路大开元寺护国仁王佛阁法堂记》则告诉今人，自大德六年至至大四年（1302—1311），经过柏山妙生、静岩妙安、损庵洪益三代住持将近十年的努力，才最终完成了"丹垩垝墁，金碧交饰"，重檐叠甍，高达三层，上层精塑护国仁王佛像并千佛像供养，居中珍藏经律论三藏供僧众研习，下层置宝华王座以为法堂的护国仁王佛阁，并使见多识广的法祯见景生情，在撰写碑文时发出"岂与夫滕王、黄鹤、岳阳、清风之檐楹竞奇，水山争秀，与骚人墨客以迂阔之才，咏无用之句，笺窃虚名而已"的感慨。由此也使我们得知，邢台城中的地标性建筑清风楼之名早在元代就有，绝非黎永明于成化四年（1468）始为命定。

此外，原树于邢台开元寺内的元《岐王施长明灯记》《常山王看转藏经记》等碑刻，以及开元寺塔林幸存于今的元代僧塔铭文，也都是今人了解、研究元代佛教历史文化不可多得的珍贵史料。

四

毋庸讳言，明、清两代是邢台开元寺的逐渐没落期。造成这种局面的根本原因，一是随着元王朝的灭亡，"顺德府大开元寺"作为皇室御用大寺的风光不再；二是明、清两代国家佛教政策与元代的不同。

尽管如此，邢台开元寺留存至今的碑刻史料仍能证明，明、清时的邢台开元寺一直都是顺德府地方官员为历代皇帝祝延圣寿、举行国丧之处，同时又一直是顺德府僧录司驻所，依然是顺德府的官用大寺和佛教中心，并曾不断在顺德府官员的主持与僧众的努力下，得到不同程度的重建或重修。明朱裳所撰《重修开元寺殿阁记》《重修开元寺菩萨殿记》、开元寺《重新金身碑记》、周泰峙等所撰《石佛记》碑、开元寺《新建群墙柏树碑记》、傅梅撰《重修开元寺山门两殿记》；清金之俊撰《重修古邢州开元寺碑记》、开元寺《重修钟楼碑记》、李京撰《重修开元寺毗卢千佛阁记》、申奇猷撰《开元寺康熙二十一年公谕碑》、开元寺《重修地藏王菩萨殿布施碑》、耿寿平撰《重修开元寺碑铭》、母矜宪撰《重修开元寺碑记》、谷汝霖撰《重修开元寺毗卢佛殿记》等，就真实记录了开元寺的这段历史过程。

与此同时，这些明、清碑刻还向今人真实反映出了广恩开创的大开元宗在明、清开元寺中的传承情况。据朱裳所撰《重修开元寺殿阁记》可知，明弘治元年（1488）在元末被刘绍祖火焚后的普门塔废墟上主持重建普门阁的祖翱，是大开元宗第十代僧、广恩座下第二十四代传法嗣祖住持；据祥祯所撰《西域轨范意旨单》可知，时至清同治十一年（1872），大开元宗已在邢台开元寺传至第二十六代清意等僧。自广恩于蒙古窝阔台汗四年（1232）应邀出任邢州开元寺住持，开创大开元宗，至清同治十一年的640年间，大开元宗在邢台开元寺一脉相承，传续二十六代，这在中国历史上数不胜数的佛教寺院中，不能不说是一个奇迹。若据万历三十三年（1605）觉那、觉仲等僧为其师祖所立《圆寂亲教师□修立禅师天乾公和尚觉灵之位碑》，大开元宗当时就已在邢台开元寺传至第二十七代"觉"字辈了。

明万历二十一年（1593），由顺德府知府樊东谟等树立于开元寺中的《曹洞正宗法派记》，是特为出自开元寺的又一位彪炳于中国佛教史的高僧小山宗书所作纪念碑。宗书（1500—1567）是大开元宗第十二代僧、曹洞宗第二十四世宗主兼少林祖庭住持。宗书对于中国佛教的贡献在于，既维系了当时曹洞宗在北中国的宗风大振，持续发展；又通过其高足常润、常忠等把曹洞正宗法脉流衍到了南中国，形成了诸缘、寿昌、云居、博山、鼓山、东苑等多支法系。

邢台开元寺大雄宝殿（今称菩萨殿）殿庑下，有四根明正德十三年（1518）高浮雕祥云滚龙石柱,柱高 4.4 米,周长 2.25 米。四柱共雕八龙。其中,中间两门柱上各雕巨龙一尾而动态迥异,一为盘旋而上,一为蜿蜒而下;左右两侧柱各雕幼龙三尾,或直冲云天,或俯首探海,或上游而下绕,或仁首而摆尾,鬼斧神工非常生动。更为匠心独具者,是西侧柱上端之龙自盘旋而上的躯体探出一爪托云,造佛打坐云端,背光如日,正在飞龙双目所及之处;中上部尚有一凤朝阳,暗寓龙翔凤翥之意。纵观四柱石雕,凹凸起伏中极具运动感,构思巧妙,工艺精湛,堪称明代大型石雕中的代表之作。四柱各镌题记,记载施主姓氏籍里及年款,其中尤其值得珍视的是龙柱创作者的姓名籍里,即真定府赵州临城县(今邢台市临城县)腰堂与其子腰继元。这是极为罕见的中国工艺美术史史料,如同我们欣赏、研究隋代赵州大石桥不应忘记李春一样,欣赏、研究邢台开元寺的高浮雕滚龙石柱,也不应忘记临城县的腰堂、腰继元父子。

民国初期,军阀混战,自古就处于四战之地的邢台首当其冲,兵燹之灾连年发生,邢台开元寺亦难幸免。所谓"野寺钟声",就是对其当时处境的生动写照。民国三年(1914)高珏所撰《开元寺悬大钟记》碑虽已被砸毁,幸存至今的两块残石上的残句断言,却向今人透露出了当时人悬钟的动机,即因兵匪"屡伤众命",为告警市民,团结自卫,才希望"藉此一悬,而武风振焉";同时又寄希望"我佛祖于钟之一起一落"间大发慈悲,普救众生于苦难之中。

由戴峻鹏所撰《重修开元寺碑记》、齐燮元所撰《邢台开元寺瞻拜记》、高德林撰《重修开元寺因缘记》、金召南撰《重修开元寺大雄殿并立碑落成典礼记》,虽分署年款为民国三十一年、三十二年、三十三年(1942—1944),其实均是在侵华日军占据邢台期间,为王一峰、高德林主持重修开元寺而立。其中,金召南在日军占领邢台后曾任首任维持会会长,行伍出身的王一峰则曾继金召南出任维持会会长、伪邢台县公署知事,行伍出身的高德林时任日伪绥靖军第十一集团军中将司令,齐燮元时任日伪华北绥靖军总司令。王一峰立碑声称:"洞察人类纷争,皆原三毒为害。欲弭乱源,非得浮屠氏之说,不足以济之。"承认"今世变极矣,屠戮惨祸,旷古罕闻"。高德林立碑声称:"乱世浩劫,众业积成。以杀止杀,终非究竟。不以佛法改变人心,莫能挽救。而佛法非人提倡,不能普及于民,深入人心。"而他们自己却不能恪遵佛教,庄严国土,坚守民族气节,反而卖国求荣,为虎作伥,甚至始终不肯放下屠刀。天理昭昭,其作为与下场则如佛图澄说石虎:"显违圣典,幽背法戒,不自惩革,终无福佑。"1946 年王一峰忧病而死;齐燮元、金召南、高德林分别于 1946 年、1950 年以汉奸罪被枪决。所以,他们于邢台开元寺树立这些碑刻时虽用心良苦,至今发人深省、供人鉴戒却是完全出乎其意料之外的。

一、古刹青史

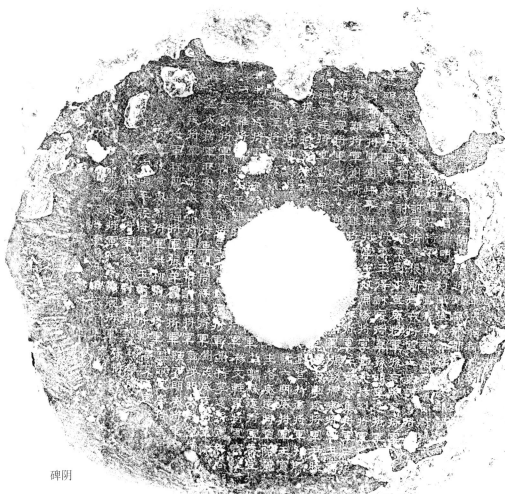

碑阴

新出《汉故上党国王太夫人荐功碑》初考

一、残碑现状

2002 年，在平整邢台开元寺院落时，于药师殿（即四殿）之前东南处出土。出土时已被改作莲座。莲座底面为碑阳，直径约 75 厘米，残存碑文 17 行；莲座上面为碑阴，直径约 93 厘米，中心凿一正圆榫槽，直径 21 厘米，残存题名 27 行。额题已佚，现据碑阳内容与碑阴相关题名互证后拟定。碑阳残文为：

……□□□□……

……畿，强行如教，冠……

……恪度柔顺，正□平内□中……

……教之诲之，虽妊娠之胎，□□□□……

……辅时，承民之意。是时，晋政□达，□方□□……

……平北将军。司马氏灭亡，政□□知，□录将……

……□执□□以□□□□□俟良运。汉……

……□□，莫不□□，□□□□□刘琨，乃推永……

……□□□施于□□□能克终，□□□……

……□□□□□□□不克，诸□□□……

……□□□豫，斩将军，抚□□□计，遂观□于□……

……卒钦嘉进，拜督□□□□□军开府仪同三……

……□贵，而夫人谦谦□□□□前训成□……

……□□示众妇，弘明体□□□□礼，庶……

……□□□雨，宜□□□□□……

……□□□□□……

……□□□□……

碑阴竖列将军题名，尚可辨出残存封号、姓名者 110 人。其中，最为关键者为郭敬、逯明、吴豫、孔豚与安汉将军苏难的姓名封号，使我们得以为据，明确断定碑文追荐的主人公姓氏，以及此碑的树立年代。

二、将军题名考

（一）郭敬。据《晋书》卷一百四、一百五《石勒载记》（以下称《石勒载记》），石勒幼年"所居武乡北原山下草木皆有铁骑之象，家园中生人参，花叶甚茂，悉成人状。父老及相者皆曰：'此胡状貌奇异,态度非常,其终不可量也。'劝邑人厚遇之,时多嗤笑,唯邬人郭敬、阳曲宁驱以为信然,并加资赡。勒亦感其恩,为之力耕。"

太安年间(302—303),当北泽都尉刘监欲缚买石勒为奴,石勒得宁驱救护获免后,"路逢郭敬,泣拜言饥寒。敬对之流涕,以带货鬻食之,并给以衣服。勒谓敬曰:'今日大饿,不可守穷。诸胡饥甚,宜诱将冀州就谷,因执卖之,可以两济。'敬深然之。会建威将军阎粹说并州刺史、东瀛公(司马)腾执诸胡于山东,卖充军实。腾使将军郭阳、张隆虏群胡,将诣冀州,两胡一枷。勒时年二十余,亦在其中,数为隆所欧辱。敬先以勒属郭阳及兄子时。阳,敬族兄也。是以阳、时每为解请,道路饥病,赖阳、时而济。"

由此可知,郭敬对于石勒而言,既是慧眼独具的伯乐,又是救危济困的恩人。

建兴元年(313),已经占据襄国(今邢台市),开始创建后赵政权的石勒率军"攻乞活李恽于上白(城址在今邢台市广宗县境内),斩之。将坑其降卒,见郭敬而识之曰:'汝郭季子乎?'敬叩头曰:'是也。'勒下马执其手,泣曰:'今日相遇,岂非天邪!'赐衣服车马,署敬上将军,悉免降者以配之"。

由此可知,石勒对郭敬不仅知恩图报,而且爱屋及乌,因此成全了数千即将被坑杀的乞活军降卒之命。

时至后赵建平元年(330),郭敬作为开国元勋,出任荆州监军,督部攻克东晋之襄阳,史称"敬入襄阳,军无私掠,百姓安之。晋平北将军魏该弟遐等率该部众自石城降于敬。敬毁襄阳,迁其百姓于沔北,城樊城以戍之"。当东晋军"复戍襄阳"后,"敬又攻陷之,留戍而归"。再后,郭敬还曾率部"南掠江西",继续为后赵开疆扩土。

(二)吴豫、逯明和孔豚。《石勒载记》记载,石勒被司马腾两胡一枷,卖与茌平人师懽为奴后,"懽亦奇其状貌而免之"。石勒重获人身自由后,"尝佣于武安临水,为游军所囚。会有群鹿旁过,军人竞逐之。勒乃获免。俄而又见一父老,谓勒曰:'向群鹿者,我也。君应为中州主,故相救尔。'勒拜而受命,遂招集王阳、夔安、支雄、冀保、吴豫、刘膺、桃豹、逯明等八骑为群盗。后郭敖、刘征、刘宝、张曀仆、呼延莫、郭黑略、张越、孔豚、赵鹿、支屈六等又赴之,号为十八骑,复东如赤龙、骙骧诸苑中,乘苑马远掠缯宝,以赂汲桑"。当牧率汲桑帅牧人,乘苑马数百骑投奔自称将军的公师藩时,以石勒为首的十八骑亦在其中。公师藩拜石勒为前队督,汲桑"始命勒以石为姓,勒为名焉"。时在永兴二年与永嘉元年(305—307)间。

永嘉元年十二月,汲桑兵败身死。石勒率十八骑及其残部转投自称汉王、创建前赵政权的刘渊,以劝降大张备督所部之功,获封辅汉将军、平晋王。次年,刘渊称帝,遣使任命率部攻略中原的石勒为持节平东大将军,校尉、都督、王如故。石勒率部"攻乞活赦亭、田禋于中丘,皆杀之。元海(即刘渊)授勒安东大将军开府,置左、右长史、司马、从事、中郎,进军攻钜鹿、常山,害二郡守将,陷冀州郡县堡壁百余,众至十余万。其衣冠人物集为君子营,乃引张宾为谋主,始署军功曹,以刁膺、张敬为股肱,夔安、孔苌为爪牙,支雄、呼延莫、王阳、桃豹、逯明、吴豫等为将率"。

由此可知,吴豫、逯明、孔豚与石勒既是共为群盗,结为八骑、十八骑时的生死兄弟,又是追随石勒南征北战,辅佐石勒拓疆开土、创建后赵的开国元勋。残碑上虽不可见十八骑中王阳、夔安、支雄、冀保等人题名,却不能说此碑完整时没有。

《石勒载记》关于逯明等人的记载,还有多条,如建兴二年(314),石勒率部袭取幽州,杀幽州牧王浚后,逯明率部伏击并州牧刘琨部下司马温峤之兵于潞城获胜。随即,"逯明攻宁黑于茌平,降之,因破东燕酸枣而还,徙降人二万余户于襄国"。不久,"支雄、逯明击宁黑于东武阳,陷之。黑赴河而死,徙其众万余于襄国",等等。

(三)安汉将军苏难。如前所述,永嘉元年(307)十二月,石勒率部投奔刘渊后,首次获封辅汉将军平晋王,次年得授安东大将军开府之资格,开始自署左、右长史、司马,从事、中郎等职。不久又集衣冠人物为君子营,始署军功曹,以刁膺、张敬为股肱,夔安、孔苌为爪牙,支雄、呼延莫、王阳、桃豹、逯明、吴豫为将率,拥有了相对自主的权力机构。但直到大兴二年(319)石勒与刘曜反目,于襄国自称赵王,创建后赵国家政权之前,其虽已拥有石虎、张宾等文武官员一百二十九人,十余年间却一直自视为刘渊父子治下之汉臣,"安汉将军苏难"题名于残碑之上,确证此碑树立于大兴二年之前。

三、汉故上党国王太夫人考

根据残碑碑阴将军题名中可辨之郭敬、吴豫、逯明、孔豚及安汉将军苏难之姓名、封号,已可确知此碑与石勒的密切关系,以及此碑树立之年的下限。根据碑阳残留之文提供的信息,则可确考该碑系为石勒之母,即汉故上党国王太夫人而立。

首先,残碑第二行至第四行的"强行如教"、"恪度柔顺"、"教之诲之","虽妊娠之胎"等词语,显为赞颂女性母德之用。第十三行的"夫人谦谦",又进一步明确了这一点。据《石勒载记》:"勒生时赤光满堂,白气自天属于中庭,见者咸异之。"这或许就是此碑赞颂石勒之母王氏"虽妊娠之胎",却能"强行如教"的事实依据。《石勒载记》还记载,青年石勒在家乡为郭敬、宁驱力耕时,"每闻鞭铎之音,归以告其母。母曰:'作劳耳鸣,非不祥也。'"《晋书》卷一百六《石季龙载记》记载,石虎"永兴中与勒相失。后刘琨送勒母王及季龙于葛陂,时年十七矣。性残忍,好驰猎,游荡无度。尤善弹,数弹人,军中以为毒患。勒白王,将杀之。王曰:'快牛为犊子时,多能破车。汝当小忍之。'"此或即此碑颂石勒母王氏对石勒"教之诲之"的事实依据。

其次,残碑第五行"□□辅时,承民之意。是时,晋政□达,□方□□",似可校补为"顺天辅时,承民之意。是时,晋政不达,四方离贰"。若此,显为赞颂石勒在永平元年(291)西晋发生"八王之乱"后,顺时而起,纠集"十八骑"随牧率汲桑起兵,开始逐鹿中原之词语。第六行"平北将军",似为石勒因征战之功所获封号。但据《石勒载记》,石勒在"司马氏灭亡"即建兴五年(317)司马邺被刘聪诛杀于平阳,西晋灭亡之前,石勒并不曾获"平北将军"之封。今姑存疑。

再次,残碑第八行"□□□□□刘琨,乃推永□□",似可校补为"时并州刺史刘琨,乃推永固存",显系形容永嘉五年(311)十月至次年正月,石勒屯兵葛陂期间,刘琨礼送石勒之母王氏之前的审时度势语。对此《石勒载记》记载:"初,勒被鬻平原,与母王相失。至是,刘琨遣张儒送王于勒,遗勒书曰:'将军发迹河朔,席卷兖豫,饮马江淮,折冲汉沔,虽自古名将,未足为论。所以攻城而不有其人,略地而不有其土,翕尔云合,忽复星散,将军岂知其然哉?存亡决在得主,成败要在所附。得主则为义兵,附逆则为贼众。义兵虽败,而功业必成;贼众虽剋,而终归殄灭。昔赤眉、黄巾横逸宇宙,所以一旦败亡者,正以兵出无名,聚而为乱。将军以天挺之质,威震宇内,择有德而推崇,随时望而归之,勋义堂堂,长享遐贵。背(刘)聪则祸除,向主则福至。采纳往海,翻然改图,天下不足定,蚁寇不足扫。今相授侍中、持节车骑大将军,领护匈奴中郎将、襄城郡公,总内外之任,兼华戎之号,显封大郡,以表殊能,将军其受之,副远近之望也。自古以来,诚无戎人而为帝王者,至于名臣建业者则有之矣。今之迟想,盖以天下大乱,当须雄才。遥闻将军攻城野战,合于机神,虽不视兵书,间与孙吴同契,所谓生而知之者上,学而知之者次。但得精骑五千,以将军之才,何向不摧!至心实事,皆张儒所具。'勒报琨曰:'事功殊途,非腐儒所闻。君当逞节本朝,吾自夷,难为效!'遗琨名马珍宝,厚宾其使,谢归以绝之。"此后,石勒虽与刘琨为敌,但每有机会,便对刘礼送其母之恩加以施报。此不赘述。

又其次,残碑第十二行"卒钦嘉进,拜督□□□□□军开府仪同三……"显系叙述建兴元年(313),刘聪加封石勒及其母王氏之语。《石勒载记》对此记为:"刘聪授勒侍中、征东大将军,余如故,拜其母王氏为上党国太夫人","章绶首饰一同王妃"。所谓"余如故",即石勒此前获封的以镇东大将军"督冀幽并营诸军事开府幽州牧上党郡公东夷校尉"。据此,残碑"三"字后剥泐者似可校补为"冀幽并营事"。

此后不久,"勒母王氏死,潜窆山谷,莫详其所。既而备九牢之礼,虚葬于襄国城南"。对此,北宋《太平寰宇记》、清《十六国疆域志》以及嘉靖版《顺德府志》、乾隆版《顺德府志》、光绪版《邢台县志》等地方志乘均有记载,但因均源于《石勒载记》而无新的内容。《石勒载记》记此于石勒消灭幽州王浚之前,以此与《晋书》卷五《孝愍帝纪》、卷三十九《王沉传》附"王浚"互证,可以确知石勒消灭王浚于建兴二年(314)三月。据此,石勒之母王氏逝世与潜窆、虚葬必在建兴元年,而石勒部下武将文臣共同题名为王氏树立荐功碑,必在石勒虚葬其母之后不久。所以,这通荐功碑最有可能树立于建兴元年,绝不会晚于建兴二年,这也是拟此残碑为《汉故上党国王太夫人荐功碑》的主要依据。

四、开元寺前身考

《汉故上党国王太夫人荐功碑》残碑是在今邢台开元寺内出土的,而邢台开元寺的得名始于唐玄宗开元二十六年(738)六月一日,上距此碑树立的西晋建兴元年至二年(313—314)已过四百二十五年左右。那么,欲知此碑树立时此寺何名,就不得不对曾被石勒尊为后赵国师,并首在襄国(今邢台市)大弘佛法,掀起中国佛教发展史第一次高潮的罽宾高僧佛图澄之相关行状进行考证。

佛图澄(231—348),《晋书》卷九十五、《高僧传》卷九皆有传(以下分别简称《晋传》《高传》),内容大同小异。但《高传》较详,且著述在先,著者为南梁高僧慧皎,其时距佛图澄辞世不远。《晋传》成书时在唐代,其依据的资料很可能即出自《高传》。所以本文主要依据《高传》。

据《高传》,佛图澄"以晋怀帝永嘉四年(310)来适洛阳,志弘大法"。其"欲于洛阳立寺,值刘曜寇斥洛阳台,帝京扰乱,澄立寺之志遂不果,乃潜泽草野,以观世变"。据《晋书》卷五《孝怀帝传》,石勒与刘曜联兵进攻河南,始于永嘉四年七月,即"刘聪从弟曜及其将石勒围怀"。次年六月,"刘曜、王弥、石勒同寇洛州",数日后攻克洛阳。"刘曜、王弥入京师",晋怀帝于逃亡途中被俘。刘曜等焚烧宫庙,杀戮三万余人后,押送晋怀帝凯旋平阳。

《高传》说:"时石勒屯兵葛陂,专以杀戮为务,沙门遇害者甚众。澄悯念苍生,欲以道化勒。"因此通过石勒部下大将,即随同石勒共同起事的"十八骑"之一郭黑略,取得了石勒的崇拜,从而使"凡应被诛余残,蒙其益者十有八九","中州胡晋,略皆奉佛"。据《晋书》卷五《孝怀帝传》,永嘉五年六月,石勒与刘曜联军攻克洛阳后,于当年十月"寇豫州诸军,至江而还",屯兵葛陂。次年正月,接受张宾建议,还师河北,数月后进据襄国(今邢台市);七月,在襄国保卫战胜利之后,开始进攻冀州各郡县。由此可知,佛图澄初会石勒并使"中州胡晋,略皆奉佛",就在石勒屯兵葛陂的三个月间,即《石勒载记》所记:"勒于葛陂缮室宇,课农造舟,将寇建邺,会霖雨历三月不止","军中饥疫,死者太半",因而麾兵"发自葛陂",还攻河北之前。而刘琨派遣张儒礼送石勒之母王氏于石勒,也正是在此时此地。

据《高传》,永嘉六年(312)六、七月间,石勒率军进据襄国后,"襄国城堑水源在城西北五里围丸祠下(遗址在今邢台市达活泉公园内),其水暴竭"。佛图澄因此"乃与弟子法首等数人至泉源上",发现"其源故处久已干燥,坼如车辙",接连三日"坐绳床,烧安息香,呪愿数百言",竟使"水泫然微流",并有一"小龙"长约五六寸,随水游出。"有顷,水大至,隍堑皆满"。这就是至今仍广为流传的佛图澄咒龙出水故事的原版。

《高传》还明确记载,同是在永嘉六年六、七月间,晋幽州刺史王浚矫诏天下,特遣其部将王昌等率鲜卑酋长段疾陆眷、文鸯、段末杯、段匹磾等部落大举进攻襄国。"勒惧问澄,澄曰:'昨,寺铃鸣云:明日食时,当擒段波。'勒登城望彼军,不见前后,失色曰:'军行地倾,波岂可获?是公安我辞耳?'更遣夔安问澄,澄曰:'已获波矣。'时城北伏兵出,遇波执之。"段波,即段末杯。在此引用这段记载,并非要考证佛图澄的料事如神,而是确证在石勒初据襄国、立脚未稳之际,襄国城中即有佛寺存在。因此,佛图澄才能假托"寺铃鸣云",为石勒参赞军机。此寺何名,史无明载,西晋时已有却确凿无疑。由于石勒之母死于建兴元年(313),《汉故上党国王太夫人追功碑》残件出土于今邢台开元寺中,故此寺应即邢台开元寺之前身,亦即此后石勒为佛图澄特建之襄国中寺的前身。

《高传》又记,前赵光初八年(325),即东晋太宁三年,刘曜命其中山王刘岳率部进攻石勒领地,"勒遣石虎率步骑拒之,大战洛西"。刘岳兵败,退保石梁坞,被石虎围困。"时澄与弟子自宫寺至中寺,始入寺门,叹曰:'刘岳可悯。'弟子法祚问其故,澄曰:'昨日亥时,岳已被执。'果如所言。"所谓宫寺、中寺,当是石勒命名。顾名思义,宫寺即宫中之寺,是石勒为向佛图澄咨询军国大事,礼佛敬僧之方便而建;而中寺即中央之寺、中国之寺,当是石勒为创建后赵国家政权,自示正统于天下而建。这可以通过石虎篡夺后赵帝位,于建武元年(335)自襄国迁都邺城后,又为佛图澄在邺城兴建宫寺、中寺得到佐证。应予强调的是,佛图澄初入襄国,所居乃西晋时即有之寺,而《汉故上党国王太夫人荐功碑》又势必树立于这佛图澄所居之寺。所以,石勒以该寺为基础,为佛图澄改建或扩建襄国中寺,也就入情入理,势所必然。此时上距永嘉六年(312)石勒初据襄国,已过十二年;据石勒自称赵王的后赵元年(319)已过六年,后赵国力正处于强盛期;襄国作为后赵首都,其城建规模已如日中天;石勒为佛图澄改扩建的襄国中寺之气概,也必非他寺可比。

前赵光初十一年(328),亦即后赵太和元年,刘曜亲自率兵,自平阳倾巢而出,欲在洛阳与后赵决战。《高传》记载:"勒欲自往拒曜,内外僚佐无不必谏。勒以访澄,澄曰:'相轮铃音云:秀支替戾冈,仆谷劬秃当。'此羯语也。秀支,军也;替戾冈,出也;仆谷,刘曜胡位也;劬秃当,捉也。此言军出捉得曜也。时徐光闻澄此旨,苦劝勒行。勒乃留长子石弘共澄以镇襄国,自率中军步骑,直诣洛城。两阵才交,曜军大溃。曜马落水中,石堪生擒之,送勒。"此战进行于光初十一年底的隆冬,故《晋书》卷一百三《刘曜载记》记载,当时刘曜"昏醉奔退,马陷石渠,坠于冰上,被疮十余,通中者三,为(石)堪所执,送于勒所",而非"落于水中"。战后,刘曜被石勒囚禁于襄国永丰小城,旋因拒劝其太子刘熙归降石勒被杀,前赵灭亡,时在前赵光初十二年(329)八月。石勒采纳佛图澄建议,亲率后赵军主力奔赴洛阳前线,与刘曜前赵军决战,而留其长子石弘与佛图澄偕同镇守后赵首都襄国,尤可证明石勒对佛图澄之信任与倚重。

后赵建平元年(330),石勒自称赵天王,行皇帝事后,"事澄弥笃"。当年八月,佛图澄预言石葱之叛应验后,石勒对佛图澄"益加尊重,有事必咨而后行,号大和尚"。佛图澄由此成为佛教传入中国后,第一位取得国师地位的高僧。此后,又因佛图澄在石勒养子石斌因暴疾昏死两日后,以精湛的医术施治痊愈,使"勒诸稚子多在佛寺中养之。每至四月八日,勒躬自诣寺灌佛,为儿发愿"。据文意,石勒寄养诸稚子的佛寺必非宫寺,而是佛图澄常住的襄国中寺。由此言之,自石勒获封上党郡公,其文武僚属为其母树立《汉故上党国王太夫人荐功碑》,到石勒寄养诸稚子于襄国中寺,这所西晋即有的佛寺一直都是石勒在襄国称霸、称王、行皇帝事的御用大寺。

建平四年(333)四月,佛图澄因天静无风,而襄国中寺"塔上一铃独鸣"而对众弟子说:"国有大丧,不出今年矣。"当年七月,石勒果然驾崩,其子石弘袭位。次年十一月,石虎废石弘而自立。建武元年(335),石虎迁都邺城,佛图澄随石虎迁居邺城中寺。但佛图澄并未舍弃其在后赵境内弘扬佛教的第一个中心,即襄国中寺。据《高传》:"澄时止邺城内中寺,遣弟子法常北至襄国,弟子法佐从襄国还,相遇在梁基城下共宿,对车夜谈,言及和尚。"次日法佐拜见佛图澄时,被佛图澄以"昨夜尔与法常交车,共说汝师"点破并予教诲。此举不但使法佐愕然忏悔,传开后且使后赵国人每共相语:"莫起恶心,和尚知汝!"甚至因佛图澄之所在,"而无敢向其方面涕唾便利者"。《高传》还记载:"时太子石邃有二子在襄国,澄语邃曰:'小阿弥比当得病,可往迎之。'邃即驰信往视,果已得病"云云。由此可知,石虎虽已迁都邺城,其孙辈仍然寄养在襄国中寺。

总之,自西晋永嘉六年(312)石勒进据襄国,开始创建后赵始,到后赵建武十四年(348)十二月八日,佛图澄圆寂于邺城宫寺止,佛图澄在后赵境内弘法三十六年有余,先是被石勒尊为"大和尚",成为后赵国师,继尔被石虎尊为"国之大宝",得到"衣以绫锦,乘以雕辇,朝会之日,和尚升殿,常侍以下悉助举,与太子、诸公扶翼而上,主者唱大和尚,众坐皆起,以彰其尊"之殊荣,使佛教在后赵取得"佛是戎神,正所应奉","其夷赵百蛮,有舍于淫祠,乐事佛者,悉听为道"的国教地位,实现"受业追随者常有数百,前后门徒几且一万,所历州郡兴立佛寺八百九十三所,弘法之盛,莫与先矣"的空前成果,其第一中心就是襄国中寺。

后赵建武十五年(349),石虎死后,其子相互残杀,内乱不断。次年闰正月,石虎养子冉闵弑杀石鉴,自称天王,改后赵为"大魏"。石鉴之弟石祗则称帝于襄国,建元永宁,企图维持后赵政权。永宁二年(351)三月,刘显杀石祗,妄自称尊。但其部将曹伏驹旋即打开襄国城门,降迎冉闵。冉闵遂入襄国,诛杀刘显,火焚襄国宫室。石勒在襄国城中为佛图澄特之宫寺、中寺,当然难逃此厄。另据郦道元《水经注》,北魏时尚可见清河(今邢台市清河县)附近平晋城遗址的五层佛塔,"上有金露盘,题云:赵建武八年,比释道龙和上竺佛图澄,树德劝化,兴立神庙"。但"浮图已坏,露盘尚存,炜炜有光明",因知佛图澄曾获"道龙"之封号。唐封演所著《封氏见闻记》记载,其出任邢州刺史时,尚可在中丘城遗址(今邢台市内丘县西丘村)见到光初五年(322)佛图澄弘法所树的造像碑(北宋赵明诚《金石录》记此为《佛图澄造象碑》)。《[光绪]邢台县志》卷七则在"净土寺"条下作出按语:"旧志,相传寺为佛图澄遗迹。初无确证,阙疑可也。"在"佛图澄墓"条下作出按语:"旧志云在县境,地无考。据《晋书》,墓为石虎掘视,是无墓矣。"其中,《水经注》《封氏见闻记》所记,虽为当年郦道元、封演亲见，至今却已渺无踪迹。而邢台市开元寺内出土的《汉故上党国王太夫人荐功碑》残石，虽已被人改作莲座，却是目前唯一可见的佛图澄在后赵襄国弘法之实证，堪称国宝，弥足珍贵。

附录·慧皎《高僧传》卷九《竺佛图澄传》

竺佛图澄者，西域人也。本姓帛氏。少出家，清真务学，诵经数百万言，善解文义。虽未读此土儒史，而与诸学士论辩疑滞，皆暗若符契，无能屈者。自云再到罽宾，受诲名师，西域咸称得道。以晋怀帝永嘉四年来适洛阳，志弘大法。善诵神咒，能役使鬼物，以麻油杂燕脂涂掌，千里外事皆彻见掌中，如对面焉。亦能令洁斋者见。又，听铃音以言事，无不效验。欲于洛阳立寺，值刘曜寇斥洛阳台，帝京扰乱。澄立寺之志遂不果，乃潜泽草野，以观世变。

时石勒屯兵葛陂，专以杀戮为务，沙门遇害者甚众。澄悯念苍生，欲以道化勒，于是杖策到军门。勒大将郭黑略素奉法，澄即投止略家。略从受五戒，崇弟子之礼。略后从勒征伐，辄预剋胜负。勒疑而问曰："孤不觉卿有出众智谋，而每知行军吉凶，何也？"略曰："将军天挺神武，幽灵所助。有一沙门，术智非常，云将军当略有区夏，己应为师。臣前后所白，皆其言也。"勒喜曰："天赐也！"召澄问曰："佛道有何灵验？"澄知勒不达深理，正可以道术为证，因而言曰："至道虽远，亦可以近事为证。"即取应器盛水，烧香咒之。须臾，生青莲花，光色耀目。勒由此信服。澄因而谏曰："夫王者，德化洽于宇内，则四灵表瑞；政弊道消，则彗孛见于上，恒象著见，休咎随行。斯乃古今之常征，天人之明戒。"勒甚悦之，凡应被诛余残，蒙其益者十有八九。于是中州胡晋，略皆奉佛。时有痼疾，世莫能治者，澄为医疗，应时瘳损，阴施默益者不可胜记。

勒自葛陂还河北，过枋头。枋头人夜欲研营。（澄）语黑略曰："须臾贼至，可令公知。"果如其言。有备，故不败。勒欲试澄，夜冠胄衣甲，执刃而坐，遣人告澄云："夜来不知大将军所在。"使人始至，未及有言，澄逆问曰："平居无寇，何故夜严？"勒益敬之。勒后因忿欲害诸道士，并欲苦澄。澄乃避至黑略舍，语弟子曰："若将军信至，问吾所者，报云不知所之。"信人寻至，觅澄不得。使还报勒，勒惊曰："吾有恶意向圣人，圣人舍我去矣。"通夜不寐，思欲见澄。澄知勒意悔，明旦造勒。勒曰："昨夜何行？"澄曰："公有怒心，昨故权避。公今改意，是以敢来。"勒大笑曰："道人谬耳。"

襄国城堑水源在城西北五里围丸祠下，其水暴竭。勒问澄何以致水，澄曰："今当敕龙。"勒字世龙，谓澄嘲己，答曰："正以龙不能致水，故相问耳。"澄曰："此是诚言，非戏也。水泉之源，必有神龙居之。今往敕语，水必可得。"乃与弟子法首等数人至泉源上。其源故处久已干燥，坼如车辙。从者心疑，恐水难得。澄坐绳床，烧安息香，咒愿数百言。如此三日，水泫然微流。有一小龙，长五六寸许，随水来出。诸道士竞往视之。澄曰："龙有毒，勿临其上。"有顷，水大至，隍堑皆满。

澄闲坐叹曰："后二日，当有一小人惊动此下。"既而，襄国人薛合有二子，既小且骄，轻弄鲜卑奴。奴愤，抽刃刺杀其弟，执兄于室，以刀拟心，若人入屋，便欲加手，谓合曰："送我还国，我活汝儿。不然，则共死于此！"内外惊愕，莫不往观。勒乃自往视之，谓合曰："送奴以全卿子，诚为善事。此法一闻，方为后害。卿且宽情，国有常宪。"命人取奴，奴遂杀儿而死。

鲜卑段波攻勒，其众甚盛。勒惧问澄，澄曰："昨，寺铃鸣云，明日食时，当擒段波。"勒登城望彼军，不见前后，失色曰："军行地倾，波岂可获？是公安我辞耳。"更遣夔安问澄，澄曰："已获波矣。"

时城北伏兵出,遇波执之。澄劝勒宥波,遣还本国。勒从之,卒获其用。

时刘载已死,载从弟曜篡袭伪位,称元光初。光初八年,曜遣从弟、伪中山王岳将兵攻勒。勒遣石虎率步骑拒之,大战洛西。岳败保石梁坞,虎竖栅守之。时澄与弟子自宫寺至中寺,始入寺门,叹曰:"刘岳可悯。"弟子法祚问其故,澄曰:"昨日亥时,岳已被执。"果如所言。至光初十一年,曜自率兵攻洛阳。勒欲自往拒曜,内外僚佐无不必谏。勒以访澄,澄曰:"相轮铃音云,秀支替戾冈,仆谷劬秃当。"此羯语也。秀支,军也;替戾冈,出也;仆谷,刘曜胡位也;劬秃当,捉也。此言军出捉得曜也。时徐光闻澄此旨,苦劝勒行。勒乃留长子石弘共澄以镇襄国,自率中军步骑,直诣洛城。两阵才交,曜军大溃。曜马落水中,石堪生擒之,送勒。澄时以物涂掌,观之,见有大众,众中缚一人,朱丝约其肘,因以告弘。当尔之时,正生擒曜也。

曜平之后,勒乃僭称赵天王,行皇帝事,改元建平。是岁晋成帝咸和五年也。勒登位已后,事澄弥笃。时石葱将叛,其年澄戒勒曰:"今年葱中有虫,食之必害人。可令百姓,无食葱也。"勒班告境内,慎无食葱。到八月,石葱果走,勒益加尊重,有事必咨而后行,号大和尚。

石虎有子名斌,后勒为儿,勒爱之甚重。忽暴病而亡,已涉二日。勒曰:"朕闻虢太子死,扁鹊能生。大和尚国中之神人,可急往告,必能致福。"澄乃取杨枝咒之。须臾能起,有顷平复。由是,勒诸稚子多在佛寺中养之。每至四月八日,勒躬自诣寺灌佛,为儿发愿。至建平四年四月,天静无风,而塔上一铃独鸣。澄谓众曰:"国有大丧,不出今年矣。"是岁七月,勒死,子弘袭位。

少时,石虎废弘自立,迁都于邺,称元建武。虎倾心事澄,有重于勒,乃下书曰:"和尚,国之大宝,荣爵不加,高禄不受。荣禄匪顾,何以旌德?从此以往,宜衣以绫锦,乘以雕辇,朝会之日,和尚升殿,常侍以下悉助举,与太子、诸公扶翼而上,主者唱大和尚,众坐皆起,以彰其尊。"又敕伪司空李农:"旦夕亲问;太子、诸公,五日一朝,表朕敬焉。"

澄时止邺城内中寺,遣弟子法常北至襄国,弟子法佐从襄国还,相遇在梁基城下共宿,对车夜谈,言及和尚。比旦各去。法佐至,始入觐澄,澄逆笑曰:"昨夜尔与法常交车,共说汝师耶?先民有言,不曰敬乎?幽而不改,不曰慎乎!独而不忘,幽独者敬慎之本,尔不识乎?"佐愕然愧忏。于是,国人每共相语:"莫起恶心,和尚知汝!"及澄之所在,无敢向其方面涕唾便利者。

时太子石邃有二子在襄国,澄语邃曰:"小阿弥比当得病,可往迎之。"邃即驰信往视,果已得病。太医殷腾及外国道士自言能治,澄告弟子法牙曰:"正使圣人复出,不愈此病,况此等乎!"后三日果死。石邃荒酒,将图为逆,谓内竖曰:"和尚神通,尚发吾谋。明日来者,当先除之。"澄月望将入觐虎,谓弟子僧慧曰:"昨夜天神呼我曰,明日若入,还勿过人。吾尚有所过,汝当止我。"澄常入必过邃。邃知澄入,要候甚苦。澄将上南台,僧慧引衣。澄曰:"事不得止。"坐未安便起,邃固留不住,所谋遂差。还寺叹曰:"太子作乱,其形将成。欲言难言,欲忍难忍。"乃因事从容箴虎,虎终不解。俄尔事发,方悟澄言。

后郭黑略将兵征长安北羌,堕羌伏中。时澄在堂上坐,弟子法常在侧。澄惨然改容曰:"郭公今厄。"唱云众僧咒愿,澄又自咒愿,须臾更曰:"若东南出者活,余向则困。"复更咒愿,有顷曰:"脱矣!"后月余日,黑略还,自说堕羌围中,东南走,马乏,正遇帐下人,推马与之曰:"公乘此马,小人乘公马,济与不济,任命也。"略得其马,故获免。推检日时,正是澄咒愿时也。

石虎儿、伪大司马燕公石斌,虎以为幽州牧镇,群凶凑聚,因以肆暴。澄戒虎曰:"天神昨夜言,疾收马还。至秋,齐当瘫烂。"虎不解此语,即敕诸处收马送还。其秋,有人潜斌于虎。虎召斌,鞭之三百,杀其所生母齐氏。虎弯弓捻矢,自视行斌罚。罚轻,虎乃手杀五百。澄谏曰:"心不可纵,死不可生。礼不亲杀,以伤恩也。何有天子手行罚乎?"虎乃止。

后晋军出淮泗,陇北凡城皆被侵逼,三方告急,人情危扰。虎乃瞋曰:"吾之奉佛供僧,而更致外寇,佛无神矣。"澄明旦早入,虎以事问澄。澄因谏之曰:"王过去世经为大商主,至罽宾寺,尝供大会,中有六十罗汉。吾此微身,亦与斯会。时得道人谓吾曰:'此主人命尽,当受鸡身,后王晋地。'今王为王,岂非福耶?疆场军寇,国之常耳。何为怨谤三宝,夜兴毒念乎?"虎乃信悟,跪而谢焉。

虎尝问澄:"佛法不杀,朕为天下之主,非刑杀无以肃清海内。既违戒杀生,虽复事佛,讵获福耶?"澄曰:"帝王事佛,当在体恭心顺,显畅三宝,不为暴虐,不害无辜。至于凶愚无赖,非化所迁,有罪不得不杀,有恶不得不刑。但当杀可杀,刑可刑耳。若暴虐恣意,杀害非罪,虽复倾财事法,无解殃祸。愿陛下省欲兴慈,广及一切,则佛教永隆,福祚方远。"虎虽不能尽从,而为益不少。

虎尚书张良、张离等家富事佛,各起大塔。澄谓曰:"事佛在于清静无欲,慈矜为心。檀越虽仪奉大法,而贪吝未已,游猎无度,积聚不穷,方受现世之罪,何福报之可希耶!"离等后并被戮灭。时又久旱,自正月至六月,虎遣太子诣临漳西釜口祈雨,久而不降。虎令澄自行,即有白龙二头,降于祠所。其日大雨,方数千里。其年大收。戎貊之徒,先不识法,闻澄神验,皆遥向礼拜,并不言而化焉。

澄尝遣弟子向西域市香。既行,澄告余弟子曰,掌中见买香弟子在某处被贼垂死。因烧香咒愿,遥救护之。弟子后还云,某月某日,于某处为贼所劫,垂当见杀,忽闻香气。贼无故自惊曰,救兵已至,弃之而走。

虎于临漳修治旧塔,少承露盘。澄曰:"临淄城内有古阿育王塔,地中有承露盘及佛像。其上林木茂盛,可掘取之。"即画图与使,依言掘取,果得盘、像。虎每欲伐燕,澄谏曰:"燕国运未终,卒难可剋。"虎屡行败绩,方信澄戒。

澄道化既行,民多奉佛,皆营造寺庙,相竞出家,真伪混淆,多生愆过。虎下书问中书曰:"佛号世尊,国家所奉。里闾小人无爵秩者,为应得事佛与不?又,沙门皆应高洁贞正,行能精进,然后可为道士。今沙门甚众,或有奸宄避役,多非其人,可料简,详议真伪。"中书著作郎王度奏曰:"夫王者郊祀天地,祭奉百神,载在祀典,礼有常飨。佛出西域,外国之神,功不施民,非天子、诸华所应祀奉。往汉明感梦,初传其道,唯听西域人得立寺都邑,以奉其神,其汉人皆不得出家。魏承汉制,亦循前轨。今大赵受命,率由旧章。华戎制异,人神流别,外不同内,缮祭殊礼,华夏服礼,不宜杂错。国家可断赵人悉不听诣寺烧香礼拜,以遵典礼。其百辟卿士,下逮众隶,例皆禁之。其有犯者,与淫祀同罪。其赵人为沙门者还俗,从四民之服。"伪中书令王波同度所奏。虎下书曰:"度议云,佛是外国之神,非天子、诸华所可宜奉。朕生自边壤,忝当期运,君临诸夏。至于缮祀,应兼从本俗。佛是戎神,正所应奉。夫制由上行,永世作则。苟事允无亏,何拘前代?其夷赵百蛮,有舍于淫祠,乐事佛者,悉听为道。"于是,慢戒之徒,因之以厉。

黄河中旧不生鼋,忽得一以献虎。澄见而叹曰:"桓温其入河不久。"温字元子,后果如言也。时魏县有一流民,莫识氏族,恒著麻襦布裳,在魏县市中乞丐,时人谓之麻襦。言语卓越,状如狂病,乞得米谷不食,辄散置大路,云饲天马。赵兴太守籍牧收送诣虎。先是,澄谓虎曰:"国东二百里,某月某日当送一非常人,勿杀之也。"如期果至。虎与共语,了无异言,唯道陛下当终一柱殿下。虎不解此语,令送以诣澄。麻襦谓澄曰:"昔在光和中会,奄至今日。西戎受玄命,绝历终有期。金离消于壤,边荒不能遵。驱除灵期迹,莫已己之懿。蓎苗叶繁,其来方积。休期于何期,永以欢之?"澄曰:

"天回运极，否将不支。九木水为难，无可以术宁。玄哲虽存世，莫能基必颓。久游阎浮利，扰扰多此患。行登凌云宇，会于虚游间。"澄与麻襦讲语终日，人莫能解。有窃听者唯得此数言，推计似如论数百年事。虎遣驿马送还本县，既出城外，辞能步行云："我当有所过，未便得发，至合口桥可留见待。"使如言驰去，未至合口，而麻襦已在桥上。考其行步，有若飞也。

澄有弟子道进，学通内外，为虎所重，尝言及隐士事。虎谓进曰："有杨轲者，朕之民也。征之十余年，不恭王命。故往省视，傲然而卧。朕虽不德，君临万邦。乘舆所向，天沸地涌。虽不能令木石屈膝，何匹夫而常傲耶？昔太公之齐，先诛华士。太公贤哲，岂其谬乎？"进对曰："昔舜优蒲衣，禹造伯成，魏饰干木，汉美周党。管宁不应曹氏，皇甫不屈晋世。二圣四君，共加其节，将欲激厉贪兢，以竣清风。愿陛下遵舜、禹之德，勿敩太公用刑。君举必书，岂可令赵史无隐遁之传乎？"虎悦其言，即遣轲还其所止，差十家供给之。进还，具以白澄。澄莞然笑曰："汝言善也。但轲命有所悬矣。"后秦州兵乱，轲弟子以牛负轲西奔，戍军追擒，并为所害。

虎尝昼寝，梦见群羊负鱼从东北来。寤以访澄，澄曰："不祥也。鲜卑其有中原乎？"慕容氏后果都之。澄常与虎共升中台，澄忽惊曰："变、变，幽州当火灾！"仍取酒洒之，久而笑曰："救已得矣。"虎遣验，幽州云："尔日火从四门起，西南有黑云来，骤雨灭之。雨亦颇有酒气。"至虎建武十四年七月，石宣、石韬将图相杀。宣时到寺，与澄同坐，浮图一铃独鸣。澄谓宣曰："解铃音乎？铃云，胡子洛度。"宣变色曰："是何言欤？"澄谬曰："老胡为道，不能山居无言。重茵美服，岂非洛度乎？"石韬后至，澄熟视良久。韬惧而问澄，澄曰："怪公血臮，故相视耳。"至八月，澄使弟子十人，斋于别室。澄时暂入东阁，虎与后杜氏问讯澄。澄曰："肋下有贼，不出十日，自佛图以西，此殿以东，当有流血，慎无东行也。"杜后曰："和尚耄耶？何处有贼？"澄即易语云："六情所受，皆悉是贼。老自应耄，但使少者不惛。"遂便寓言，不复彰的。后二日，宣果遣人害韬于佛寺中，欲因虎临丧，仍行大逆。虎以澄先诫，故获免。及宣事发被收，澄谏虎曰："既是陛下之子，何为重祸耶？陛下若含恕加慈者，尚有六十余岁。如必诛之，宣当为彗星，下扫邺宫也。"虎不从，以铁镯穿宣额，牵上薪积而焚之。收其官属三百余人，皆辗裂肢解，投之漳河。澄乃敕弟子罢别室斋也。

后月余日，有一妖马，鬣尾俱有烧状，入中阳门，出显阳门，东首东宫，皆不得入。走向东北，俄尔不见。澄闻而叹曰："灾其及矣！"至十一月，虎大飨群臣于太武前殿，澄吟曰："殿乎殿乎！棘子成林，将坏人衣。"虎令发殿石下视之，有棘生焉。澄还寺，视佛像曰："怅恨不得庄严。"独语曰："得三年乎？"自答"不得"。又曰："得三年、一年、百日、一月乎？"自答"不得"。乃无复言，还房谓弟子法祚曰："戊申岁祸乱渐萌，己酉岁石氏当灭。吾及其未乱，先从化矣。"即遣人与虎辞曰："物理必迁，身命非保。贫道灾幻之躯化期已及，既荷深恩殊重，故逆以仰闻。"虎怆然曰："不闻和尚有疾，乃忽尔告终。"即自出宫寺而慰谕焉。澄谓虎曰："出生入死，道之常也。修短分定，非所能延。夫道重行全，德贵无怠。苟业操无亏，虽亡若在。违而获延，非其所愿。今意未尽者，以国家心存佛理，奉法无斁，兴起寺庙，崇显壮丽。称斯德也，宜享休祚，而布政猛烈，淫刑酷滥，显违圣典，幽背法戒。不自惩革，终无福祐。若降心易虑，惠此下民，则国祚延长，道俗庆赖。毕命就尽，没无遗恨。"虎悲恸鸣咽，知其必逝，即为凿圹营坟。至十二月八日，卒于邺宫寺，是岁晋穆帝永和四年也。士庶悲恸，哀号赴倾国。春秋一百一十七矣，仍窆于临漳西紫陌，即虎所创冢也。俄尔梁犊作乱。明年虎死，冉闵篡戳，石种都尽。闵小字棘奴，澄先所谓"棘子成林"者也。

澄左乳旁先有一孔，团四五寸，通彻腹内，有时肠从中出，或以絮塞孔。夜欲读书，辄拔絮，则一室洞明。又，斋日辄至水边，引肠洗之，还复内中。澄身长八尺，风姿祥雅，妙解深经，旁通世论。讲说之日，止标宗致，使始末文言昭然可了。加复慈洽苍生，拯救危苦，当二石凶强，虐害非道，若不与澄同日，孰可言哉！但百姓蒙益，日用而不知耳。佛调、须菩提等数十名僧，皆出自天竺、康居，不远数万之路，足涉流沙，诣澄受训。樊沔释道安、中山竺法雅并跨越关河，听澄讲说，皆妙达精理，研测幽微。澄自说生处去邺九万余里，弃家入道一百九年，酒不逾齿，过中不食，非戒不履，无欲无求，受业追随者常有数百，前后门徒几且一万，所历州郡兴立佛寺八百九十三所，弘法之盛，莫与先矣。

初，虎殓澄，以生时锡杖及钵内棺中。后冉闵篡位开棺，唯得钵、杖，不复见尸。或言澄死之月，有人见在流沙。虎疑不死，开棺不见尸，后慕容儁都邺，处石虎宫中，每梦见虎啮其臂，意谓石虎为祟，乃慕觅虎尸，于东明馆掘得之，尸僵不毁。儁乃蹋之，骂曰："死胡敢怖生天子！汝作宫殿，成而为汝儿所图，况复他耶！"鞭挞毁辱，投之漳河，尸倚桥柱不移，秦将王猛乃收葬之。麻襦所谓"一柱殿"也。后苻坚征邺，儁子暐为坚大将郭神虎所执，实先梦虎之验也。田融《赵记》云："澄未亡数年，自营冢圹。"澄自知冢必开，又尸不在中，何容预作，恐融之谬矣。澄或言佛图磴，或言佛图橙，或言佛图蹬，皆取梵音之不同耳。

北朝题记造像龛

　　北朝（386—580）。2002年邢台开元寺平整院落时出土。青白石质。残高36厘米，残宽50厘米。上镌二龛，龛中各造一菩萨立像于莲座之上。菩萨面部均已残毁，头戴天冠。双手合十，肩阔体长，短服露脚，襞褶贴身，作平行之线，受到犍陀罗艺术影响的北朝造像风格十分明显。两尊造像还各自双臂上分向左右垂出长长的飘带，一夸张，一收敛，颇具静中有动之意境。左龛上线刻鲜花图案装饰，右龛上图案已残，似为祥云。左侧龛柱已残，仅存边缘一线；中间龛柱题记"□缘观菩萨，施主不通名，永为供养"；右侧龛柱题记"菩萨施主不通名，合家永为供养"。惜无年款。

墨拓

照片

北朝造像龛残件

北朝（386—580）。2002 年邢台开元寺平整院落时出土。青白石质。残高 34 厘米，残宽 39.5 厘米，厚 19 厘米，残存一龛，龛内居中造佛祖像高坐于佛座之上，阿难、迦叶侍立座之左右，再外侧各造一菩萨立像，时代风格与前述同时同地出土的北朝题记造像龛相近，但无题记。

残件

隋文帝舍利塔碑

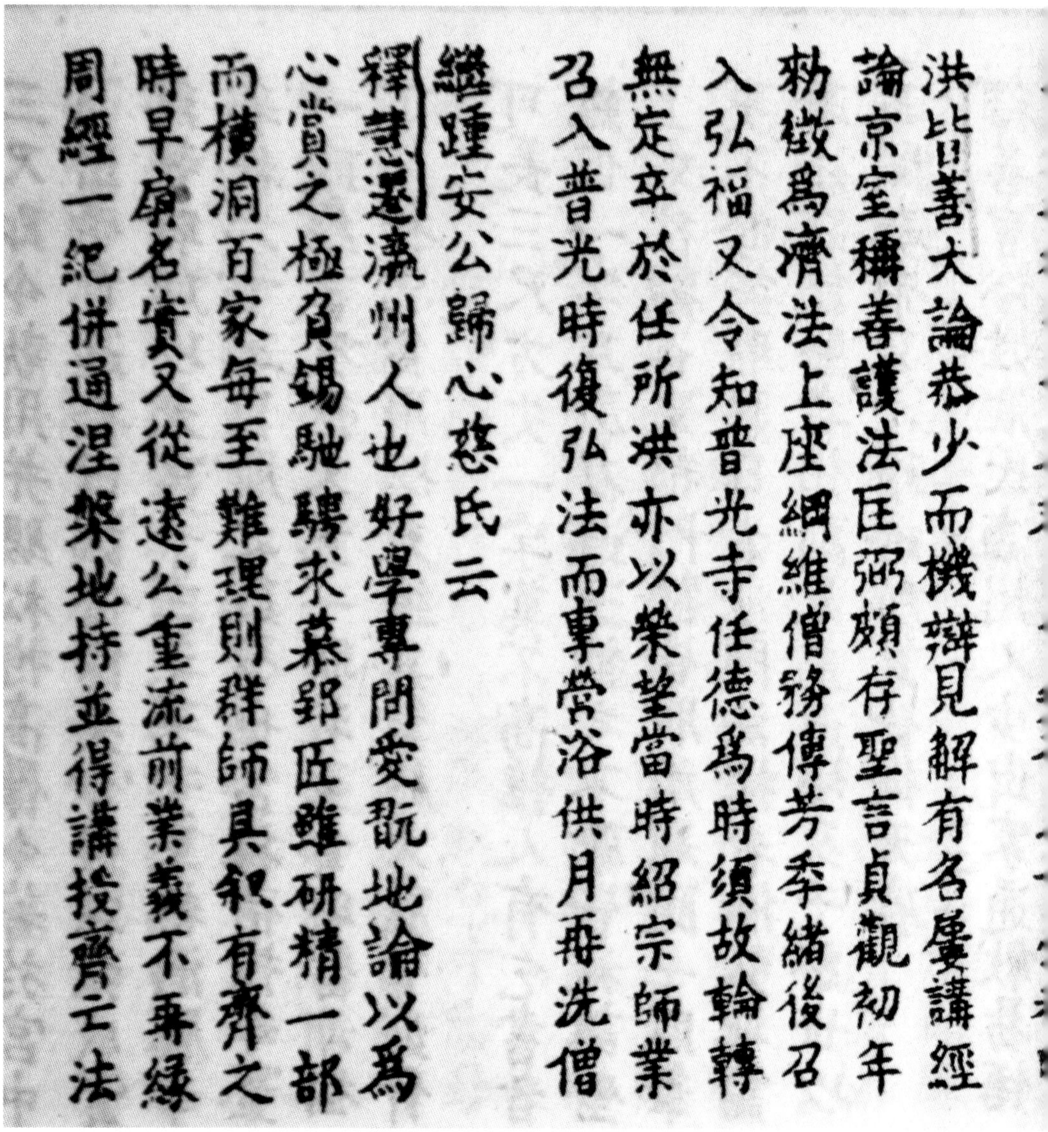

洪比曰善大論恭少而機辯見解有名屢講經
論京室稱善護法匠彌頗存聖言貞觀初年
勑徵爲濟法上座綱維僧務傳芳季緒後召
入弘福又令知普光寺任德爲時須故輪轉
無定卒於任所洪亦以榮耆當時紹宗師業
召入普光時復弘法而專常浴供月再洗僧
繼踵安公歸心慈氏云
釋慧遷瀛州人也好學專門愛翫地論以爲
心賞之極負錫馳騁求慕鄴匠雖研精一部
而橫洞百家每至難理則群師具釋有齊之
時早亭名實又從遠公重流前業義不再緣
周經一紀併通涅槃地持並得講授齊亡法

　　《京畿金石考》卷下著录,顺德府邢台县"隋文帝舍利塔碑,李百药撰,书人名缺不可辨。大业五年四月立。"《[光绪]邢台县志》卷八《艺文》"金石"目下转载为:"隋文帝舍利塔碑,大业五年四月立,李百药撰,书人名缺不可辨。"因此碑久佚,其详无考。

《续高僧传·唐京师大总持寺释宝袭传》书影

唐道宣《续高僧传》卷十二《唐京师大总持寺释宝袭传》记载："逮仁寿造塔",宝袭"又送（舍利）于邢州泛爱寺,忽于函上见诸佛菩萨等像,及以光明周满四面,不可弹言,通于二日,光始潜没,而诸相犹存。及当下时,又见卧像一躯,赤光涌起。袭欣其所感,图而奉敬"。由此可以肯定,这通《隋文帝舍利塔碑》树立于邢州泛爱寺中。

关于邢州泛爱寺,成化版《顺德府志》记载,位于邢台城厢北部。此后各版《顺德府志》《邢台县志》虽无泛爱寺之记载,却均记载邢台城内有古寺三,处于城厢北部同一东西中轴线上,自东而西依次为开元寺、净土寺、天宁寺。其中,净土、天宁二寺规模较小,尤其天宁寺,在唐代仅为一兰若。而开元寺在唐代已是邢州郭下的形胜大寺,所以其前身最有可能就是隋之泛爱寺。

这样说,既有上述文献记载指向,又有近年出土的《汉故上党国王太夫人荐功碑》残石、北朝造像残石等文物旁证。此外,嘉靖版《顺德府志》"寺观"目下记载,开元寺"有石佛三丈余";今存开元寺的万历四十二年（1614）《石佛记碑》称这一石佛"起之大地之中","发之土中,具兹卧相";顺治十一年（1654）金之俊撰《重修古邢州开元寺碑记》亦说："石佛出于北阜。"而这一呈卧相的巨大石佛,极有可能即宝袭当年奉舍利入塔时,所见"卧佛一躯","图而奉敬"后,依图而造。元王恽撰《顺德府大开元寺重建普门塔碑铭》记载,窝阔台汗三年（1231）,广恩重建圆照塔时,曾在塔基地宫"得能仁观音舍利三颗,光大殊常"。这也是迄今所知,邢台城内三寺唯一出土能仁观音舍利,亦即佛祖如来舍利的寺院。

为便于读者研究,现把隋王劭撰《文帝舍利感应记》、唐道宣撰《唐京师大总持寺释宝袭传》附录于此。其中《文帝舍利感应记》碑原在涿县（今涿州市）智泉寺,现由溥儒《白带山志》中转录碑文。

附录一:唐京师大总持寺释宝袭传

释宝袭,贝州人,雍州三藏僧休法师之弟子。休聪达明解,神理超逸。齐末,驰声广于东土。周平齐日,隐沦本州。天元嗣立,创开佛法,休初应诏为菩萨僧,与遵、远等同居陟岵。开皇七年,召入京辇,住兴善寺。袭十八归依,诵经为业,后听经偏以《智度》为宗,布响关东,高闻时杰。从休入京,训勉为任。开皇十六年,敕补为大论众主,于通法寺四时讲化,方远总集。

逮仁寿造塔,又敕送舍利于嵩州嵩岳寺。初,云雾暗合,七日蒙昧。袭乃擎炉发誓,愿将限满下舍利时,得见日彩。俄而所期既至,天开光耀,日当正午,既副情望,遂即藏瘗。末又送于邢州泛爱寺,忽于函上见诸佛菩萨等像,及以光明周满四面,不可弹言,通于二日,光始潜没,而诸相犹存。及当下时,又见卧像一躯,赤光涌起。袭欣其所感,图而奉敬。

至文帝升遐,起大禅定,以名称普闻,召而供养。武德末年,卒于住寺,春秋八十矣。有弟子昙恭、明洪,皆善大论。恭少而机辩,见解有名,屡讲经论,京室称善。护法匡弼,颇存圣言。贞观初年,敕征为济法上座,纲维僧务,传芳季绪。后召入弘福,又令知普光寺,任德为时须,故轮转无定。卒于任所。洪亦以荣望当时,绍宗师业,召入普光时,复弘法而专营浴供,月再洗僧,继踵安公,归心慈氏云。

附录二:文帝舍利感应记

皇帝昔在潜龙,有婆罗门沙门来诣宅上,出舍利一裹,曰:"檀越好心,故留与供养。"沙门既去,求之不知所在。其后,皇帝与沙门昙迁各置舍利于掌而数之,或多或少,并不能定。昙迁曰:"曾闻婆罗门说,法身过千,数量非世间所测。"于是始作七宝箱以置之。神尼智仙言曰:"佛法将灭,一切神明今已西去。儿当为普天慈父,重兴佛法,一切神明还来。"其后周氏果灭佛法。隋室受命,乃兴复之。皇帝每以神尼为言云:"我兴由佛。"故于天下舍利塔内,各作神尼之像焉。皇帝、皇后于京师法戒尼寺造连基浮图,以报旧愿,其下安置舍利。开皇十五年季秋之夜,有神光自基而上,右绕露盘,赫若冶炉之炎。其一旬内,四度如之。

皇帝以仁寿元年六月十三日御仁寿宫之仁寿殿,本降生之日也。岁岁于此深心永念,修营福善,追报父母之恩。故延诸大德沙门与论至道,将于海内诸州选高爽清净三十处,各起舍利塔。皇帝于是亲以七宝箱奉三十舍利自内而出,置于御座之案,与诸沙门烧香礼拜,愿弟子常以正法护持三宝,救度一切众生。乃取金瓶、琉璃瓶各三十,以琉璃瓶盛金瓶,置舍利于其内,熏陆香为泥,涂其盖而印之。三十州同刻十月十五日正午入于铜函、石函,一时起塔。

诸沙门等如以精舍,奉舍利而行。初入州境,先令家家洒扫,覆诸秽恶。道俗士女倾城远迎;总管、刺史诸官人夹路步引四部大众,容仪齐肃,共以宝盖、幡幢、华台、像辇、佛舆、香山、香钵、种种音乐,尽来供养。各执香华,或烧或散,围绕赞叹,梵音和雅,依《阿含经》舍利入拘那城法。远近翕然,云蒸雾会,虽盲聋老病,莫不匍匐而至焉。

沙门对四部大众作是唱言:"至尊以菩萨大慈,无边无际,哀众生切于骨髓,是故分布舍利,共天下同作善因。"又引经文种种方便诃责之、教导之,深至恳恻,涕零如雨。大众一心合掌,右膝着地。沙门乃宣读忏悔文曰:"菩萨戒佛弟子皇帝某,敬白十方三世一切诸佛、一切诸法、一切贤圣僧,弟子蒙三宝福佑,为苍生君父,思与一切民庶共建菩提。今欲分布舍利诸州起塔,欲使普修善业,同证妙果,为弟子及皇后、皇太子广、诸王子孙等、内外官人、一切法界幽显生灵、三途八难,忏悔行道。奉请十方常住诸佛、十二部经甚深法藏、诸尊菩萨、一切圣贤,愿起慈悲,受弟子等请,降赴道场,证明弟子为一切众生发露忏悔。"于是如法礼拜,悉受三归。沙门又称:"菩萨戒佛弟子皇帝某,普为一切众生发露,无始以来,所作十种恶业,自作教他,见作随喜。是罪因缘,坠于地狱、畜生、饿鬼。若生人间,短寿多病,卑贱贫穷,邪见谄曲,烦恼妄想,未能自悟。今蒙如来慈光,照及于彼众罪,方始觉知,深心惭愧,怖畏无已。于三宝前发露忏悔,承佛慧日,愿悉消除。自从今身乃至成佛,愿不更作此等诸罪。"大众既闻是言,甚悲甚喜,甚愧甚惧,铭其心,刻其骨,投财贿衣物及截发以施者,不可胜计。日日共设大计,礼忏受戒,请从今以往,修善断恶,生生世世,长得作大隋臣子。无问长幼、华夷,咸发此誓。虽屠鼠残贼之人,亦躬念善。

舍利将入函,大众围绕填阛。沙门高捧宝瓶,巡视四部。人人拭目谛视,共睹光明。哀怜号泣,声音如雷,天地为之变动。凡是安置处,悉皆如之。真身已应,灵塔常存,天下瞻仰归依,福田益而无穷矣。

皇帝以起塔之旦,在大兴宫之大兴殿庭西面执珪而立,延请佛像及沙门三百六十七人,幡盖香华,赞呗音乐,自大兴善寺来居殿堂。皇帝烧香礼拜,降御东廊,亲率文武百僚素食斋戒。是时内宫、东宫逮于京邑,茫茫万宇,舟车所通,一切眷属人民,莫不奉行圣法。众僧初入,敕使左右密夹数之,自显阳门及升阶,凡数三遍,常剩一人。皇帝见一异僧,曷盘覆膊,以语左右曰:"莫惊动他。"置之尔去已,重数之,曷盘覆膊者果不复现。舍利之将行也,皇帝曰:"今佛法重兴,必有感应。"其后处处表奏,皆如所言。

邢窑陶质佛教造像

隋唐（581—907）。邢台开元寺前广场出土，两件。红陶质。其中一件似为圆雕弥勒佛坐像，但头部与上半身残失。下半身端坐于方形须弥座上，可见座分七层，前侧第四层座角以衣覆盖。衣摆裹腿垂蔽座前。左手舒抚于膝盖之上。两足赤裸向后翘起，且呈八字形向左右分开。另一件仅存上半身，头部与下半身残失，似为圆雕释迦牟尼坐像。身着垂领袈裟，左臂下垂前曲；右臂曲举，右手捻一带状法具。衣纹自左而右、自上而下斜曲作弯弓形，既体现了衣料的质感，又表现出了静中有动的意蕴。这两件陶质佛教造像在邢台开元寺前广场的出土，证明当时邢窑所出同类产品多由寺院或佛教徒供养。现藏民间。

邢窑陶质佛教造像之一

邢窑陶质佛教造像之二

开元二十一年陶质造像碑

唐开元二十一年（733）。邢台开元寺附近出土，现藏民间。灰陶质，半圆首碑型，有座。碑身高23厘米，宽11厘米，厚2.5厘米；座高5.5厘米，底宽19.5厘米，厚7.5厘米。碑阳上下分为四层，最上层中间造一方形龛，龛内为一佛二尊侍（即迦叶、阿难），均作站相；方龛左右各有一尊者侧身向中，打坐静修于山林兰若。其下层分为左、中、右三龛，中龛最大，龛内四佛结跏趺坐，左龛一佛侧身向内而坐，右龛一佛二侍皆作站相。再下层为碑阳主龛，居中起尖顶，左右平出，龛中造七世佛，皆有背光，正中主佛端坐莲台，两侧有阿难、迦叶立侍，其他六佛皆作站相。最下层左右各蹲一雄狮，居中似为飞天转轮王，王之左右各有一护法尊者。碑座自下而上内收呈八字形，将近座面处叠涩内折，座前面以双线作出曲角字框，框内浮雕“开元癸酉”四字。碑阴以双线界为上下八层二十四格，其中最上层中间格内有线刻二人向日舞蹈，表示西方极乐世界，其左、右格内各有一

碑阴

线刻犬形动物;第三层中间格内线刻一厅,内坐二人对语,表示天宫仙境,其左格内刻一玉兔捣药,右格内似刻一虎;第二、四层共八格,分刻各种动物或莲花;第五、六、七层各格内均以高度概括之线条,刻画各种动作之人。最底层自左而右线刻题记八行三十五字,前七行字体似篆非篆,很难辨认;末行五字为"壬申年吉日",即开元二十年(732),为碑座纪年"开元癸酉"的前一年。碑阳、碑阴分用两种工艺制作,碑阳为模制,碑阴为线刻,极有可能出自邢窑窑工之手。

碑阳

六祖能禅师碑铭

　　唐天宝七年（748）。《宝刻丛编》《宝刻类编》著录。王维撰文，曹有邻书丹。原碑破坏已久，今邢台开元寺仅存残碑一块，呈不规则形，残高36厘米，宽32厘米，厚25厘米，残存碑文11行66字。现自《全唐文》中将王维文录出，供参考研究。

残石

六祖能禅师碑铭①

王维撰② 蔡有邻书③

　　无有可舍④,是达有源。无空可住⑤,是知空本。离寂非动⑥,乘化用常⑦。在百法而无得,周万物而不殆。鼓枻海师⑧,不知菩提之行⑨;散花天女⑩,能变声闻之身⑪。则知法本不生,因心起见。见无可取,法则常如。世之圣人,有证于此,得无漏不尽漏⑫,度有为非无为者,其唯我曹溪禅师乎!

　　禅师俗姓卢氏,某郡某县人也⑬。名是虚假,不生族姓之家⑭;法无中边,不居华夏之地⑮。善习表于儿戏,利根发于童心⑯。不私其身,臭味于耕桑之侣⑰;苟适其道,羶行于蛮貊之乡⑱。年若干⑲,事黄梅忍大师⑳,愿竭其力,即安于井臼㉑;素刈其心,获悟于秭稗㉒。每大师登座,学众盈庭,中有三乘之根㉓,共听一音之法。禅师默然受教,曾不起予㉔;退省其私㉕,回超无我。其有犹怀渴鹿之想㉖,尚求飞鸟之迹㉗。香饭未消,弊衣仍覆,皆曰升堂入室;测海窥天㉘,谓得黄帝之珠㉙,堪受法王之印㉚。大师心知独得,谦而不鸣。天何言哉!圣与仁岂敢㉛?子曰"赐也,吾与汝弗如。"㉜临终,遂密授以祖师袈裟而谓之曰:"物忌独贤,人恶出己㉝。吾且死矣,汝其行乎㉞!"

　　禅师遂怀宝迷邦㉟,销声异域㊱,众生为净土,杂居止于编人㊲;世事是度门,混农商于劳侣㊳,如此积十六载。南海有印宗法师讲《涅槃经》㊴,禅师听于座下,因问大义,质以真乘㊵。既不能酬,反从请益,乃叹曰:"化身菩萨,在此色身㊶。肉眼凡夫,愿开慧眼㊷。"遂领其属,尽诣禅居,奉为挂衣,亲自削发㊸。于是大兴法雨,普洒客尘㊹,乃教人以忍曰:"忍者无生㊺,方得无我。始成于初发心,以为教首。至于定无所入㊻,慧无所依,大身过于十方㊼,本觉超于三世㊽。根尘不灭,非色灭空。行愿无成,即凡成圣㊾。举足下足,长在道场㊿;是心是情,同归性海[51]。商人告倦,自息化城[52];穷子无疑,直开宝藏[53]。其有不植德本,难入顿门[54],妄系空花之狂[55],曾非慧日之咎[56]。"常叹曰:"七宝布施,等恒河沙[57];亿劫[58]修行,尽大地墨[59]。不如无为之运,无碍之慈,宏济四生[60],大庇三有[61]。"

　　既而道德遍覆,名声普闻。泉馆卉服之人[62],去圣历劫;涂身穿耳之国[63],航海穷年,皆愿拭目于龙象之姿,忘身于鲸鲵之口[64],骈立于户外[65],跌坐于床前。林是栴檀[66],更无杂树;花惟薝葡[67],不嗅余香。皆以实归,多离妄执。九重延想[68],万里驰诚,思布发(露)以奉迎[69],愿叉手而作礼[70]。则天太后、孝和皇帝并敕书劝谕[71],征赴京城。禅师子牟之心,敢忘凤阙;远公之足,不过虎溪[73]。固以此辞,竟不奉诏。遂送百衲袈裟及钱帛等供养。天王厚礼[74],献玉衣于幻人;女后宿因[75],施金钱于化佛。尚德贵物,异代同符[76]。

　　至某载月日[77],忽谓门人曰:"吾将行矣。"俄而异香满室,白虹属地。饭食讫而敷坐,沐浴毕而更衣。弹指不留,水流灯焰;金身永谢,薪尽火灭。山崩川竭,鸟哭猿啼。诸人唱言,人无眼目;

列郡恸哭,世且空虚。某月日⑦,迁神于曹溪,安座于某所⑦,择吉祥之地,不待青乌⑧;变功德之林,皆成白鹤⑧。呜呼!大师至性淳一,天姿贞素,百福成相,众妙会心,经行宴息,皆在正受;谭笑语言,曾无戏论。故能五天⑫重迹,百越⑱稽首。修蚘⑱雄虺,毒螫之气销;跳叟弯弓⑮,猜悍之风变。畋渔悉罢,蛊酖知非⑯。多绝膻腥,效桑门⑰之食;悉弃罟网,袭稻田之衣⑱。永惟浮图之法⑱,实助皇王之化⑳。

弟子曰神会㉑,遇师于晚景,闻道于中年㉒。广量出于凡心,利智逾于宿学。虽末后供㉓,乐最上乘。先师所明,有类献珠之愿㉔;世人未识,犹多抱玉之悲㉕。谓余知道㉖,以颂见托。偈曰:

五蕴本空,六尘非有㉗。众生倒计,不知正受。

莲花承足,杨枝生肘。苟离身心,孰为休咎㉘。其一。

至人达观,与佛齐功。无心舍有,何处依空?

不著三界,徒劳八风㉙。以兹利智,遂与空通。其二。

愍彼偏方,不闻正法。俯同恶类,将兴善业。

教忍断嗔,修慈舍猎。世界一花,祖宗六叶。其三。

大开宝藏,明示衣珠。本源常在,妄辙遂珠㉚。

过动不动,离俱不俱。吾道如是,道岂在吾。其四。

道遍四生,常依六趣㉛。有漏圣智,无义章句。

六十二种,一百八喻㉜。悉无所得,应如是住。其五。

注释:

①载《全唐文》卷三百二十七。

②王维(701—761,一作 698—759),唐代著名诗人与画家。字摩诘,祖籍祁(今山西祁县),其父迁居蒲州(今山西永济西),遂为河东人。开元进士,累官至给事中。"安史之乱"中,曾受职乱军。乱平后,降为太子中允,后又官至尚书右丞,故世称王右丞。晚年定居蓝田辋川,过着亦官亦隐的优游生活。前期作有边塞诗,但其作品主要为田园山水诗,宣扬隐士生活和佛教禅理,与其画风相契,被苏轼赞为"诗中有画,画中有诗",佛教研究者则视其某些诗画作品为禅诗、禅画。著有《王右丞集》。

③蔡有邻(生卒年不详),唐代中叶著名书法家,尤善隶书。唐窦臮、窦蒙《述书赋并注》称:"卫包蔡邻,工夫亦到,出于人意,乃近天道。"其注云:"蔡有邻,济阳人,善八分。本拙弱,至天宝间遂至精妙,相卫中多其迹。"宋朱长文《续书断》记载:"在唐中叶,以八分名家者四人,惟则与韩择木、蔡有邻、李潮也。"邢台开元寺内所出此碑残石,正是蔡有邻八分书至精妙之时的作品,弥足珍贵。

④有,作为佛教名词,即"存在"意。使用范围很广,大致可分两种,一为"十二因缘"之一,又称"有支",指决定来世所得"果报"的思想行为之总和;另一义与"空"、"无"相对而谓之有。王维此文取与"空"相对之义。

⑤空,作为佛教名词又译为"舜若",特指事物之虚幻不实,或指理体之空寂明净。大乘佛教一般主张"二空",即人我空、法我空,或名"法空"、"法无我",并据以推衍出三空、四空、六空以至十空、十八空、二十空等。

⑥寂,圆寂的简化,是佛教徒修持的最高理想境界,意为彻底觉悟,圆满寂灭,亦即"涅槃"。

⑦乘,或译为"衍那"、"野那"。乘化用常,意即用看似平常的方法运载众生到达解脱的彼岸。乘化,即佛教所说的修行方法、途行或教说。

⑧鼓枻海师,摇动船桨的航海师。

⑨菩提,即菩提萨埵,略称"菩萨",特指修持大乘六度,求无上菩提(觉悟),利益众生,于未来成就佛果的修行

者,即所谓"以智上求菩提,用悲下救众生"者。

⑩散花天女,典出《维摩诘经·观众生品》,其本义是说天女散花,是要以花着身不着身,验证诸菩萨的向道之心。如果结习未尽,花即着身。

⑪声闻,特指听闻佛陀说法的觉悟者。原指佛祖在世时的弟子,后与缘觉、菩萨相对,共为三乘弟子。声闻乘的最高果位是阿罗汉。

⑫无漏,佛教名词,与"有漏"相对。涅槃、菩提和一切能断除三界烦恼之法,均属无漏法。

⑬"某郡某县人也",《宋高僧传》卷八《唐韶州今南华寺慧能传》,碑上所镌此句应为"南海新兴人也"。南海新兴,即今广东省广州市新兴县。凡具体地点、时间皆以"某"代,是唐人应请撰文之习惯,镌碑时受文者则会据实而补。

⑭族姓之家,即名门望族之家。

⑮华夏之地,即中国之地。此特指中原之地,以示与岭南之区别。

⑯利根,佛教名词。"利"即锐利、疾速;"根"即根机、根性,指受教修道的素质。利根,意即能敏锐地理解佛法,并能圆满地达到解脱的素质。

⑰臭味,气味。因同类东西气味相同,故用以比喻同类人或事物。耕桑之侣,即农夫们。

⑱羶行,使人仰慕的行为。意即如蚁之慕羶。蛮貊之乡,少数民族聚居之乡。

⑲年若干,据相关文献记载,慧能于贞观十二年(638)出生,咸亨三年(672)参谒弘忍,故此句碑上所镌应为"年三十五"。

⑳黄梅忍大师,即禅宗五祖弘忍(602—675)。俗姓周,蕲州黄梅(今属湖北)人,一说浔阳(今江西九江)人。四祖道信嫡传弟子,后定居黄梅双峰山东山寺,聚徒讲法,号称"东山法门"。从弘忍开始,中国禅宗改奉《金刚般若经》为主经,不再用《楞伽经》。逝世后,被唐王朝追谥为"大满禅师"。

㉑安于井臼,安心挑水舂米。

㉒稊稗,均为杂草,所结籽实非常小,故用以比喻细微之处。

㉓三乘,即声闻、缘觉、菩萨乘,是引导教化众生达到解脱的三种方法。三乘之根,意即具有感悟三乘的基本素质。

㉔起予,典出《论语·八佾》:"子曰:起予者商也。"起,即发;予,即我;商,孔子的弟子子夏。孔子说,能发明我意者,是子夏。后指得自他人的教益。曾不起予,即得到教益却不自显。

㉕退省其私,即回到住处后自我体悟。

㉖渴鹿之想,像口渴的鹿希望得到水一样,希望学到禅宗真谛。

㉗尚求飞鸟之迹,追求能像飞鸟那样翱翔天空。

㉘测海窥天,典出《汉书·东方朔传》:"以筦窥天,以蠡测海,以莛撞钟,岂能通其条贯,考其文理,发其音声哉?"意即不自量力。

㉙黄帝,传说中的上古帝王,为华夏始祖。黄帝之珠,极喻其珍贵而不易得。

㉚法王,特指佛祖释迦牟尼。法王之印,特指法王的印可。

㉛圣与仁岂敢? 这岂是圣人和仁者敢于承当的?

㉜子曰:"赐也,吾与汝弗如。"孔子说:"子贡啊,我和你都不如颜回,能闻一以知十。"典出《论语·公冶长》。赐,即孔子的弟子端木赐,字子贡。自"大师心知独得",到引用此典,都是弘忍对慧能"谦而不鸣"的评价。

㉝人恶出己,凡人都厌恶有超过自己之能力者。

㉞"吾且死矣,汝其行乎",意即"我就要死了,你也应该走了"。

㉟怀宝,胸怀尊师所传真谛。或解为怀揣五祖所授传法袈裟。迷邦,迷离混沌之地,用以形容偏僻角落。

㊱异域,其他地方,实指远离黄梅东山寺之地。

㊲编人,编入户籍的平民。又称编户、编氓。

㊳劳侣,劳动大众。"混农商于劳侣",即混迹于务农经商的劳苦大众之中。

㊴南海,今广州市。印宗法师,俗姓印,吴郡(今苏州)人。出家后最善讲《涅槃经》,曾从弘忍咨受禅法,并曾奉敕造像。著有《心要集》。先天二年(713)逝世,享年八十七岁。慧能听印宗开讲《涅槃经》,时在天授二年(691)。《宋高僧传》卷五有传。

㊵真乘,真正切实有效,能够度众生到达彼岸的方法。

㊶色身,眼、耳、鼻、舌、身五根俱全之身。色,相当于物质的概念,却又并非全指物质现象。

㊷慧眼,能够依照佛法辨别现象,判定是非善恶之眼。

㊸亲自削发,即印宗大师亲自为慧能削发授戒,使其成为比丘僧。

㊹客尘,作为佛教用语,特指尘世烦恼。普洒客尘,意即把佛法(即所谓法雨)普遍讲授给具有尘世烦恼之人。

㊺忍者无生,即无生忍。忍,即"智","无生",指佛教关于无生灭的理论。无生忍法是大乘菩萨关于佛教修持的一定阶段,对"无生"这一"实相真如"所获得的认识。

㊻定,或称"等持",音译即"三摩地"、"三昧",特指内心专注一境而不散乱的精神状态。慧能所讲系"禅定",即专注一境,思想集中,定慧双运,以求开悟的修持方法。

㊼十方,东、南、西、北、东南、西南、东北、西北、上、下十方,意即所有地方。

㊽三世,又称"三际",即过去(前际)、现在(中际)、未来(后际)世的合称。就俗众而言,即前生、今生、来生。是佛教业报轮回的理论依据之一。

㊾即凡成圣,由凡夫俗子成为佛教的觉悟者,即所谓"顿悟成佛"。

㊿道场,佛教徒修持佛法的场所。

51性海,即法性的海洋。性,即"真如",或称"本"、"理"、"体"。性海,实为"性具三千"的简化。

52化城,感化之城。"商人告倦,自息化城",意即经商者厌倦了营利之争,自愿栖身于修持佛教的道场。

53宝藏,特指佛教经、律、论三藏。

54顿门,即顿悟之门。是中国禅宗发展到慧能时,形成的一种标志,即强调"以无念为宗"和"即心即佛"、"见性成佛"。

55空花,即不结果实之花,俗称"狂花"。实为雄花。

56咎,灾祸。"曾非慧日之咎",即曾经指责为慧日的罪过。慧日,喻佛祖。

57七宝,佛教名词。说法不一。其中,《般若经》以金、银、琉璃、砗磲、玛瑙、琥珀、珊瑚为七宝。"等恒河沙",和恒河里的沙子一样多。

58亿劫,意即无穷的时间。佛教认为,劫分大、中、小,说世人寿命有增有减,每一增一减,各为一小劫,合一增一减为一中劫,八十个中劫则为一大劫。每一增一减,各为八万四千岁。

59墨,黑暗。"尽大地墨",大地一片黑暗。

60四生,即卵生、胎生、湿生之生命和化生之鬼神。

61三有,"三世实有"的简略。"大庇三有",即极大地庇护现在、未来、过去三世真实存在的众生。

62泉馆,即泉室,神话传说中鲛人在海里的居室,充满钱财珍宝。泉,古代钱币名称。卉服,华丽的服装。泉馆卉服之人,即豪富奢侈的人。

63涂身穿耳之国,泛指生活习惯与中国不同的其他国家。涂身,在身体上涂饰花纹。穿耳,在耳朵上穿孔以带耳饰。

64龙象,佛教称诸阿罗汉中,修行勇猛有最大力者为龙象。因水行龙力最大、陆行象力最大以为喻。此用以比喻慧能。鲸鲵,都是海中巨大的鱼种,传说能吞下整艘航船,所以用"鲸鲵之口"比喻航海过程中可能发生的灾难。

65骈立,相互拥挤着站立恭候。

66栴檀,香木名。据《观佛三昧海经》说:"牛头栴檀虽生此林,未成就故,不能发香;仲秋月满,卒从地出,成栴檀树,众人皆闻牛头栴檀之香。"

⑥蒨蔔,花名。梵语,或译作栴簸迦、瞻博迦,意译即郁金花。佛教徒多用以供佛。

⑥九重,特指帝王所居之宫禁,极言其深远。

⑥"思布发以奉迎",碑上所镌为"思布露以奉迎"。布露,布洒皇恩天露;而"布发"在此句中无解。故应以碑上所镌为准。

⑦"愿叉手而作礼",碑上所镌为"愿归依而作礼"。

⑦则天太后,即武则天。孝和皇帝,即唐中宗李显,孝和是其死后谥号。碑上所镌此句稍简,为"并敕书谕征赴京"。

⑦"禅师子牟之心",碑上所镌为"师子牟之心"。子牟,即牟子,著有《牟子理惑论》,以调和儒、释、道三教。据《隋书·经籍志》著录,该书为汉太尉牟融撰,融字子优。据《弘明集》注,该书为"苍梧太守牟子博传"。"师子牟之心,敢忘凤阙",意即慧能为僧俗解惑释疑,弘扬禅宗时从不敢忘维护国家的安定和谐。

⑦"远公之足,不过虎溪",传说东晋高僧慧远在庐山东林寺弘法时,立志栖身山林,终生不入城市,从不肯迈过虎溪一步。

⑦天王,应为唐中宗的尊称。在唐代,只有唐高宗李治生前被尊为天皇大帝,武则天被尊为天后。李显是李治和武则天之子,故被尊称"天王"。

⑦天后宿因,武则天为改唐称周,曾授意怀义伪撰《大云经》,据以自称弥勒佛转世。宿因,即前世之因。

⑦异代同符,即所处不是一个时代,事情的道理却非常一致。符,古代本指分作两面用作验证的信物,如虎符。

⑦至某载月日,据《宋高僧传》等文献,此句碑上所镌应为"至先天二年八月三日"。

⑦"某月日",据《宋高僧传》等文献记载,此句碑上所镌应为"其年十一月"。

⑦"迁神于曹溪,安座于某所",据《宋高僧传》等文献记载,此句碑上所镌应为"迁神于曹溪之原"。

⑧青乌,六朝前方士,相传其善葬术,著有《相冢书》,因被后世治堪舆之学的术士尊为祖师。

⑧白鹤,又名仙鹤、仙禽,在古代被尊为性灵之禽,所以传说只有神异之事,方会有白鹤出现之瑞象。

⑧五天,印度五天竺的简称。"五天重迹",即恢复五天竺佛教兴盛的情景。

⑧百越,泛指中国南方各地。古中国南方之国,以越为大。自勾践六世孙无疆被楚所败,其诸子散处海上,先后形成东越、瓯越、闽越、西越、骆越等国,后人因称江、浙、闽、粤之地为"百越之国"。

⑧修虵,细长的蛇。虵,蛇的别写。雄虺,雄壮的毒蛇。

⑧殳,古代撞击用的兵器。跳殳弯弓,用以形容狩猎之人。

⑧畋渔,打鱼。蛊酖,阴险狠毒。

⑧桑门,即沙门。沙门之食,即素食。

⑧罝网,行猎打鱼的工具。稻田之衣,即僧侣所穿之衣,因其用布条横或纵向缝缀而成,形似稻田,俗称稻田衣。

⑧浮屠之法,即佛法。

⑨皇王之化,即封建王朝所提倡的道德风尚。

⑨神会(684—758),慧能弟子,曾在滑台大云寺设无遮大会,抨击北宗"传承是傍,法门是渐",公开宣称只有慧能才是弘忍印可的禅宗六祖,并在洛阳全力弘扬慧能的顿悟说,因其住在菏泽寺,世称"菏泽大师",逝世后得谥"真宗大师",并曾被唐王朝确立为禅宗七祖。王维所写此文,即应其邀而为。

⑨"遇师于晚景,闻道于中年",慧能临终曾说:"神会小僧,却得善等,毁誉不动,余者不得。"同时预言:"吾灭后二十年,邪法撩乱,惑我宗旨,有人出来,不惜身命,第佛教是非,竖立宗旨,即是吾正法,衣不合转。"暗示神会将会完成这一历史使命。神会时年三十岁。晚景,指慧能临终;中年,指神会正当花甲之半。

⑨虽末后供,意即在慧能诸弟子中,神会是参学较晚之僧。

⑨献珠之愿,古寓言说深渊中有骊龙,颔下有千金之珠,欲得之甚难。此言"先师所明,有类献珠之愿",意即慧能有先见之明,寄厚望于神会,就如期望于骊龙能贡献颔下宝珠一样。

㊄抱玉之悲,典出《韩非子》说,楚人卞和先后两次献璞玉于楚王,却被认为是欺君而先后刖去两足。新君继位,卞和抱玉哭了三天三夜,才引起第三代楚王注意并得到宝玉。后人因此来比喻怀才不遇。

㊅谓余知道,认为我懂得佛教。

㊆五蕴,又称五众、五阴,即色、受、想、行、识蕴。六尘,又称六妄、六衰、六贼、六境,是佛教根据识体作用不同,对认识对象所作的分类,即色、声、香、味、触、法。因此六尘被认为像尘埃一样,能污染人的情识而得名。

㊇休咎,即善恶、吉凶。

㊈三界,即欲界、色界、无色界。佛教认为这三界都处在"生死轮回"的过程中。八风,又称世八法,即利、衰、毁、誉、称、讥、苦、乐。

⒈妄辙遂珠,特指北宗所树以神秀为六祖的禅宗法脉。

⒈四生,即卵生、胎生、湿生、化生等六道众生的四种形态。六趣,即六道,实即五趣加上阿修罗。五趣即地狱、恶鬼、畜生、人、天。

⒈六十二种,又称六十二见,是佛教所说外道的六十二种错误见解。说见《阿含经·梵劫经》。一百八喻,应指《百喻经》的内容,但今传《百喻经》所列寓言或比喻只有九十八个。

唐《六祖能禅师碑铭》残石初考

2008年9月,在全面修整开元寺前广场时,于久已深埋地下的元代石桥用料中,出土唐代残碑一块,随即由开元寺文物管理所收藏寺中。2012年10月,因筹备出版本书而校读寺中残碑拓片时,发现这一残碑即王维所撰《能禅师碑铭并序》的一部分。现就其相关问题初步考证如下:

一、开元寺唐碑残石文字与文献所载王维文对勘结果

王维所撰《能禅师碑铭并序》,今见于《王右丞集》卷二五,收入《唐文粹》卷六二、《全唐文》卷三百二十七后,冠名《六祖能禅师碑铭》。

开元寺出土唐碑残石可辨碑文11行,可以确认之文字66个,字体隶书,字□与竖行界线清楚如新,即

　　……□□……
　　……予且死矣,汝其……
　　……印宗法师讲《涅槃经》……
　　……削发,于是大兴法雨,普洒……
　　……色灭空,行原无成,即凡成……
　　……之咎,常叹曰:"七宝布施,等……
　　……国,航海穷年,皆愿拭目……
　　……布露以奉迎,愿归……
　　……赴京师,子牟……
　　……宿因,施金……
　　……□□……

经与上述文献所载王维文互相勘对,残石第二行六字,即王维文中五祖弘忍向慧能密授袈裟时之语"物忌独贤,人恶出己。吾且死矣,汝其行乎"之残句,但有一字之异,即残石所镌之"予",在文中为"吾",当以"予"为准。

残石第三行八字,即王维文中"南海有印宗法师讲《涅槃经》,师听于座下,因问大义,质以真乘"之残句,互勘完全契合。

残石第四行十字,即王维文中叙述印宗法师"遂领其属(一作徒),尽诣禅居,奉为挂衣,亲自削发。于是大兴法雨,普洒客尘"之残句,互勘完全契合。

残石第五行十字,即王维文中所记慧能开示弟子语"忍者无生,方得无我,始成于初发心,以为教首。至于定无所入,慧无所依,大身过于十方,本觉超于三世,根尘不灭,非色灭空。行愿无成,即凡成圣"之残句,互勘完全契合。

残石第六行十字,即王维文中"其有不植德本,难入顿门,安系空花之狂,曾非慧日之咎,常叹曰:'七宝布施,等恒河沙;亿劫修行,尽大地墨'"之残句,互勘完全契合。

残石第七行九字,即王维文中叙述慧能声誉远播后,使"泉馆卉服之人,去圣历劫;涂身穿耳之国,航海穷年,皆愿拭目于龙象之姿,忘身于鲸鲵之口"之残句,互勘完全契合。

残石第八行七字,即王维文中"九重延想,万里驰诚,思布发以奉迎,愿叉手而作礼"之残句,但互勘略有不同,即残石所镌"布露",载文误刊为"布发"而无解;残石所镌"归(依)",文中则为"叉手",当以残石为准。

残石第九行六字,即王维文中"则天皇后、孝和皇帝并敕书劝谕,征赴京城。禅师子牟之心,敢忘凤阙;远公之足,不过虎溪"之残句,但互勘略有不同,即残石所镌似为"并敕书谕征赴京,师子牟之心,敢忘凤阙",较载文省略"劝""城""禅"三字。

残石第十行四字,即王维文中"天王厚礼,献玉衣于幻人;女后宿因,施金钱于化佛"之残句,互勘完全契合。

由此可以确定,开元寺出土的这一唐碑残石,就是王维应慧能弟子神会之邀,所撰《能禅师碑铭并序》的一部分,亦即由蔡有邻书丹后,镌碑树立于邢州开元寺的《六祖能大师碑》的一部分。

二、王维撰作《能禅师碑铭并序》之因缘

王维(701—761,一作698—759),唐代著名诗人、画家。字摩诘,祖籍祁(今山西祁县),其父迁居蒲州(今山西永济西)后,遂为河东人。开元九年(721)进士,累官至给事中。"安史之乱"中,曾出任乱军官职。乱平后,被唐王朝贬任太子中允。后又官至尚书右丞,世称王右丞。晚年定居蓝田辋川,亦官亦隐,优哉游哉。其诗作以山水诗为主,旨在宣扬隐士生活和佛教禅理,艺术上极见功力,后人因其能以禅理、禅趣、禅观入诗,称誉其为"诗佛"。兼通音乐,精绘画,以泼墨山水及松石见长,尤工平远之景。北宋苏轼盛赞其诗中有画,画中有诗;明董其昌则推崇其为中国文人画之祖。其诗文被后人编纂为《王右丞集》传世。

据相关文献记载,王维父母均是虔诚的佛教徒,故其接触佛教甚早。但其早期交往皆为北宗禅僧,其母皈依的大照禅师,即北宗开山神秀的嗣法弟子普寂。由于受母亲影响,王维与北宗高僧关系十分密切,并曾为北宗普寂、义福、净觉、道光等撰写过碑铭、塔铭或诗文。王维一反常态,为南宗开山慧能撰作碑铭,则是在其结识慧能弟子神会后,应神会之邀而为之。

据唐人刘澄所集《南阳和尚问答杂征义》(即《神会语录》,或称《神会和尚禅话录》),开元二十二年(734)神会于滑台大云寺设无遮大会,"为天下学道者定宗旨,为天下学道者辨是非"之后,时任殿中侍御史的王维途经南阳,神会弟子刘相倩在王维下榻的临湍驿拜会王维,并请谪居南阳龙兴寺的神会及该寺惠澄禅师论辩语经,达数日之久。当时王维曾问神会:"若为修道解脱?"神会回答:"众生本自心净。若更欲起心有修,即是妄心,不可得解脱。"王维惊愕曰:"大奇!曾闻大德皆未有作如此说。"王还对寇太守、张别驾、袁司马等地方官员说:"此南阳郡有好大德,有佛法甚不可思议。"

神会则在为王维语经数日之后,以其"先师所明,有类献珠之愿(一作"顾");世人未识,犹多抱玉之悲",请王为之撰文颂扬,即王维文中所说:"谓余知道,以颂见托。"由此可知,神会虽然已于开元二十二年在滑台举行无遮大会,义无反顾地公然宣称,达磨"传一领袈裟以为法信,授与慧可,慧可传僧璨,璨传道信,道信传弘忍,弘忍传慧能,六代相承,连绵不绝",并且批龙鳞,履虎尾,直斥北宗"普寂禅师自称第七代,妄竖(神秀)和尚为第六代,所以不允",却并未得到唐王朝首肯和佛教界公认,北宗势力依然很昌盛。所以神会才会面对王维,借用春秋时鲁仲连所说"明珠暗投",以及卞和抱玉而哭之典,比喻其师慧能开创的南宗"顿悟法门"知音难觅,尚不为世人公认的苦衷,希望王维能以如椽之笔,撰文予以褒扬。王维遂应邀撰出了这篇《能禅师碑铭并序》。

但王维撰文时,很可能是考虑到曾被尊为"两京法主,三帝国师"的神秀虽已逝世,其嗣法弟子普寂、义福等仍受唐王朝推崇,而神会却被谪居南阳的现实,所以并未完全如神会之愿,肯定其力主以慧能为六祖的中国禅宗法统,只是叙述了五祖弘忍"临终,遂密授(慧能)以祖师袈裟"之事,并措辞谨慎地总结出"世界一花,祖宗六叶"这样一句相当隐晦的赞铭。由此可知,《唐文粹》《全唐文》为王维此文冠名《六祖能禅师碑铭》,纯系编者在事过境迁之后,据己意改加,而非王维原题。

赵殿成为《王右丞集》所作"笺注"认为,王维此文约作于天宝五、六年(746—747)间。但据宗密《圆觉经大疏释义钞》,天宝四年神会已被宋鼎"请入东都",而王维与神会相识相知,应邀撰作此文,却是神会谪居南阳时之事,所以应在天宝三、四年(744—745)间,即神会尚未去东都洛阳之前。这也是至今可见、最早为慧能所作之碑文,尤其出于当时文坛名宿王维之手,愈显真实可信,弥足珍贵。

三、王维《能禅师碑铭并序》的书丹者及其树立时间

关于在唐邢州开元寺为慧能所树之碑,北宋欧阳棐《集古录目》记载:"能大师碑,兵部侍郎宋鼎撰,河南阳翟丞史惟则八分书。大师卢氏,南海新兴人,居新兴之曹溪。天宝七年,其弟子神会建碑于钜鹿郡之开元寺。"赵明诚《金石录》记载:"唐曹溪能大师碑,宋泉撰,史惟则八分书,天宝十一载二月。"陈思《宝刻类编》记载:"史惟则(书)曹溪能大师碑,宋鼎撰,八分书,天宝十一载二月立邢。"

光绪版《邢台县志》转录这些记载后考证说:"谨按,瞿汝稷《指月录》称,六祖慧能大师寂

于先天二年八月三日,建塔曹溪。又释普济《五灯会元》称,六祖法嗣神会禅师,住西(应为东)京菏泽,以上(应为乾)元元年奄化,塔于龙门。皆无卓锡邢州事,不知何以于此立碑,又何以立碑于四十余年之后? 皆不可解。考慧能、神秀皆五祖弘忍大师法嗣。慧能既受五祖衣钵,其教遂盛行于南,称为六祖;而神秀道行高卓一时,僧俗亦皆宗之,尤为武后、中宗礼重。故二人虽同出五祖门下,自此遂判为两宗,时人谓之南能北秀。盖神会为六祖法嗣,既于天宝四年分定顿、渐两教,再著《显宗记》以传世。又恐南宗之不行于北也,乃追述其师道德,刻石永久,欲以阐扬法教,指归宗派。而立碑之年,《金石录》及《宝刻类编》皆作天宝十一载,《集古录目》作天宝七载,未知疏是?《金石录》《宝刻类编》两书既同,《金石录》又详书年月,殆《集古》误也。又案,宋鼎,《金石录》作宋泉,乃传刻之误。"

应该说,该版《邢台县志》的编者自问自答,基本正确,即神会"又恐南宗之不行于北也,乃追述其师道德,刻石永久,欲以阐扬法教,指归宗派",回答了慧能、神会"皆无卓锡邢州事,不知何以于此立碑,又何以立碑于四十年之后"这一问题;其"《金石录》《宝刻类编》两书既同,《金石录》又详书年月,殆《集古》误也"之结论,又回答了"而立碑之年,《金石录》及《宝刻类编》皆作天宝十一载,《集古录目》作天宝七载,未知疏是"的问题,即肯定了宋鼎撰文、史惟则以八分书书丹的《曹溪能大师碑》树立于邢州(即钜鹿郡)开元寺的时间,是天宝十一年二月。

陈思《宝刻类编》同时记载:"蔡有邻(书)曹溪能大师碑,邢州。"无名氏《宝刻丛编》也记载:"曹溪能大师碑,唐蔡有邻书。"《[光绪]邢台县志》在转录这两条记载后说:"谨案,碑久佚。《宝刻丛编》《宝刻类编》与前碑(指宋鼎、史惟则书之《能大师碑》)列为二,今姑存之。"现在,这两通碑的残石均已在邢台开元寺出土,因而可以确证,宋人的这些金石著录均有实据,而非道听途说,向空虚造。

由于通过欧阳棐、赵明诚、陈思的著录已可确定,宋鼎所作《曹溪能大师碑》由史惟则以八分书书丹,那么就可确定今开元寺出土这块由王维撰文的唐碑残石,就是陈思《宝刻类编》、无名氏《宝刻丛编》所著录,由蔡有邻书丹的《曹溪能大师碑铭并序》。

蔡有邻,新、旧《唐书》无传,但据唐窦臮所作《述书赋并注》:"卫包蔡邻,工夫亦到,出于人意,乃近天造。"注云:"蔡有邻,济阳人,善八分。本拙弱,至天宝间遂至精妙,相卫中多其迹。"宋朱长文《续书断》则说:"在唐中叶,以八分名家者四人,惟则与韩择木、蔡有邻、李潮也。"今开元寺出土的这块唐碑残石,正是蔡有邻在天宝年间以八分书就,瘦劲秀挺,确为精妙之作。而蔡有邻之八分书作品,在唐代虽然"相卫中多其迹",留传至今者,则邢台开元寺出土的这一唐碑残石为世仅见,既是研究六祖慧能顿悟法门北传邢州的第一手资料,又是《述书赋并注》和《续书断》相关记载的实证。

欧阳棐《集古录目》记载宋鼎撰文、史惟则书丹的《能大师碑》,"天宝七年,其弟子神会建碑于钜鹿郡之开元寺",光绪版《邢台县志》的编纂者却以赵明诚《金石录》、陈思《宝刻类编》所记"天宝十一载二月"为据,论断为"误也"。其实是,欧阳棐所记"天宝七年,其弟子神会建碑于钜鹿郡之开元寺"属张冠李戴。换言之,神会于天宝七年在钜鹿郡(即邢州)开元寺为慧能所树之碑,由王维撰文、蔡有邻书丹,而天宝十一年二月所立者则由宋鼎撰文、史惟则书丹。两碑堪称双璧,而支持这一结论的实证,就是今已出土于邢台开元寺的这两通唐碑残石,其上所镌文字内容不同,书风也不同。

曹溪能大师碑

唐天宝十一年（752）。《集古录目》
《金石录》《宝刻类编》著录。宋鼎撰文，史
惟则书丹。原碑破坏已久，现仅有可以缀合
的两块残碑存世。缀合后共存碑文16行，
99字。现藏民间。

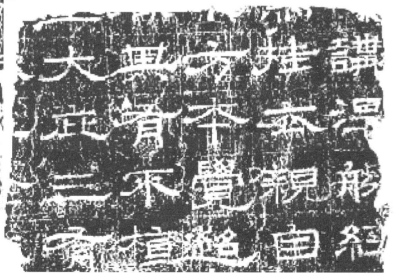

邢台开元寺出土《曹溪能大师碑》残石考

2010 年,民间传说在邢台大开元寺进行修复扩建时,曾有《曹溪能大师碑》残石出土。2012 年 5 月,刘顺超先生在朋友帮助下,得到出土残石的拓片照。因知出土残石共两块,可以缀合,厚 23 厘米。自左而右,第一块残石尚存碑文 5 行,计 20 字;第二块残石尚存碑文 11 行,计 79 字。字体为隶书,字与字之间均以纵、横细线形成界格,十分规整。第二块残石上端尚存大字篆额"溪"、"碑"二字。经与今存开元寺之王维撰文、蔡有邻书丹的《能禅师碑(铭)并序》残石反复比较,二者残留碑文虽有近似之处,而书风迥异;前者只有竖线作为行界,此碑却以纵、横细线形成字格。因可确定,这两块残石即宋欧阳棐《集古录目》、赵明诚《金石录》、陈思《宝刻类编》均予著录,由宋鼎撰文、史惟则书丹,天宝十一年(752)二月树立于邢州开元寺内的《曹溪能大师碑》残石。

一、《曹溪能大师碑》残文校读

上述《曹溪能大师碑》残石缀合后,共残存碑文 16 行,99 字,依次分列为:

  ……讲涅槃经……
  ……挂衣亲自……
  ……方本觉超……
  ……其有不植……
  ……大庇三有……
  立于户外趺坐于……
  则天太后及……
  领绢五百正供养……
  弟子于新兴宅建……
  灯焰全身永谢薪……
  不待青乌变功德之……
  百越稽首猜悍之风……
  南裔化人中土一……
  会今于东京菏泽寺……
  谓余知道以颂见……
  莲花承足杨枝生肘……

由于宋鼎所撰全文无处可寻,这些残文又与王维所撰《能禅师碑(铭)并序》多有近似之处,现以王维文为参考,对这些残文进行校读,即可发现二者之间的众多巧合与截然不同处。现分述如下:

第一行四字"讲涅槃经",与王维文中"南海有印宗法师讲《涅槃经》"巧合;

第二行四字"挂衣亲自"，与王维文中"奉为挂衣，亲自削发"巧合；

第三行四字"方本觉超"，与王维文中"大身过于十方，本觉超于三世"巧合；

第四行四字"其有不植"，与王维文中"其有不植德本，难入顿门"巧合；

第五行四字"大庇三有"，与王维文中"弘济四生，大庇三有"巧合；

第六行七字"立于户外跌坐于"，与王维文中"骈立于户外，跌坐于床前"巧合；

第七行五字"则天太后及"，与王维文中"则天太后、孝和皇帝并敕书劝谕"基本吻合，仅多一"及"字；

第十行七字"灯焰全身永谢薪"，与王维文中"水流灯焰，全身永谢，薪尽火灭"巧合；（"全"字有文本作"金"，属误刊）；

第十一行八字"不待青乌变功德之"，与王维文中"不待青乌，变功德之林"巧合；

第十二行八字"百越稽首猜悍之风"，较王维文中"百越稽首。修蛇雄虺，毒蜇之气销；跳兔弯弓，猜悍之风变"，少中间之"修蛇雄虺，毒蜇之气销；跳兔弯弓"等十三字；

第十五行七字"谓余知道以颂见"，与王维文中"谓余知道，以颂见托"巧合；

第十六行八字"莲花承足杨枝生肘"，与王维文中"莲花承足，杨枝生肘"巧合；

但残文第八、九、十三、十四行，却在王维文中找不到任何相合乃至近似之处。经查阅其他相关文献，又在《宋高僧传》卷八《唐韶州今南华寺慧能传》《唐洛京菏泽寺神会传》中找到与其相似文句如下：

第八行七字"领绢五百正供养"，上述宋修《慧能传》中有"遂赐摩纳袈裟一、缘钵一口、编珠织成经巾、绿质红晕花绵巾、绢五百匹充供养云"，故此残文或可复原为"遂赐摩纳袈裟一领、绢五百正供养"；杨曾文校写《六祖坛经》所附《曹溪大师传》中即有神龙三年（707）四月，唐中宗因慧能以"久处山林，年迈风疾"为由，力辞诏请而赐其"磨纳袈裟一领及绢五百匹"等物，以申供养句。王维文记此为"遂送百衲袈裟及钱帛等供养"；

第九行七字"弟子于新兴宅建"，宋修《慧能传》中有"又舍新兴旧宅为国恩寺"。残文中的"弟子"二字，应指唐中宗，王维文记此为"九重延想，万里驰诚，思布露以奉迎，愿归依而作礼"；唐中宗敕命韶州刺史改建慧能旧宅为国恩寺事，据杨曾文校写《六祖坛经》所附《曹溪大师传》，系神龙三年（707）十一月间事。

第十三行七字"南裔化人中土一"，应是褒扬神会不惜生命，指归宗派，光大南宗功果之残句，意若宋修《神会传》中"因此自传心印，演化东都，定其宗旨。南能北秀，自神会现扬，曹溪一枝，始芳宇宙"。残文"南裔"，即南宗之裔，当指神会。残文前六字似可复原为"会为南裔，化人中土"。

第十四行八字"会今于东京菏泽寺"，宋修《慧能传》中有"会于洛阳菏泽寺崇树能之真堂，兵部侍郎宋鼎为碑焉。会序宗脉，从如来下西域诸祖外，震旦凡六祖，尽图绘其影，太尉房琯作《六叶图序》"。1983年12月出土于洛阳龙门宝应寺神会墓塔地宫的《大唐东都菏泽寺殁故第七祖国师大德于龙门宝应寺龙冈腹建身塔铭并序》记此为："有皇唐兵部侍郎宋公讳鼎，延请洛城，广开法眼，树碑立影，道俗归心，宇宙苍生，无不回向。"

通过以上校读，不能不使人疑窦丛生，而最大的疑点，一是如果本书对王维撰文、蔡有邻书丹的《能禅师碑（铭）并序》考证无误，确系王维在天宝三、四年（744—745）间撰就，经蔡有邻书丹后镌刻成碑，于天宝七年（748）树立于邢州开元寺，神会何以又在三年后，复请宋鼎撰写内容几乎完相同之碑？二是宋鼎作为兵部侍郎，所撰之文为何如同抄袭，会与王维之文有这么多的巧合之处？

二、《曹溪能大师碑》残石相关问题释疑

本书考证王维撰文、蔡有邻书丹之《能禅师碑（铭）并序》时曾指出，王维撰文时，很可能是考虑到曾被尊为"两京法主、三帝国师"的神秀虽已逝世，其嗣法弟子普寂、义福等仍受唐王朝推崇，而神会却被谪居南阳的现实，所以并未完全如神会之愿，肯定其力主以慧能为六祖的中国禅宗法统，只是叙述了五祖弘忍"临终，遂密授（慧能）以祖师袈裟"之事，并措辞谨慎地总结出"世界一华，祖宗六叶"这样一句相当隐晦的赞铭，而不像张说为神秀撰《大通禅师碑铭》那样，直陈"自菩提达摩东来，以法传慧可，慧可传僧璨，僧璨传道信，道信传弘忍，继明重迹，相承五光"，而神秀在弘忍座下"服勤六年，不舍昼夜。大师叹曰：'东山之法，尽在秀矣！'"更不像李邕应普寂之请，撰《嵩岳寺碑》那样，直陈"达摩菩萨传法于可，可付于璨，璨受于信，信恣于忍，忍遗于秀，秀钟于今和尚（普）寂"。尤其王维对神会不惜身命，为中国禅宗"料简是非，定其宗旨"，公然向如日中天的北宗神秀势力叫板，力主以慧能取代神秀而为六祖的抗争轻描淡写，仅以"弟子曰神会，遇师于晚景，闻道于中年"，以及"大开宝藏，明示衣珠，本源常在，妄辙遂殊"敷衍了事。对于这些，神会均不会满意。正因为此，神会才会请宋鼎重撰《曹溪能大师碑》。神会这样做，并非绝无仅有，如元和十一年（816），岭南节度使马总上奏朝廷，为六祖慧能请得谥号"大鉴禅师"，塔曰"灵照之塔"后，特请柳宗元撰《曹溪第六祖赐谥大鉴禅师碑》，但因柳宗元所撰顾左右而言他，既未阐明慧能禅法的精髓，又无对慧能禅法的直接评价，因致南宗传人之不满。所以仅仅过了三年，道琳等南宗传人又转请刘禹锡重撰了《曹溪第六祖大鉴禅师第二碑》，以补柳宗元所撰"第一碑"之不足。

宋鼎，新、旧《唐书》均无其传，但查《新唐书·宰相世系表》，可知其与开元名相宋璟同族，与宋璟之父宋玄抚同辈，同出南和（今邢台市南和县）宋氏。《全唐诗》所列诗人小传说："宋鼎，明皇时为襄州刺史。"南和宋氏与南宗的结缘，或始于宋璟，即《宋高僧传》卷八《唐韶州今南华寺慧能传》所记："宋之问书次广州刺史宋璟，来礼其（慧能）塔，问弟子令韬无生法忍义。宋公闻法欢喜，向塔乞示征祥。须臾，微风渐起，异香袭人，阴雨霏霏，只周一寺。"所以，才会有宗密《圆觉经大疏释义钞》所记："天宝四载，兵部侍郎宋鼎，请（神会）入东都。然正道易申，谬理难固，于是曹溪了义，大播于洛阳；菏泽顿门，派流于天下。"亦即前于《大唐东都菏泽寺殁故第七祖国师大德于龙门宝应寺龙冈腹建身塔铭并序》所记："有皇唐兵部侍郎宋公讳鼎，延请洛城，广开法眼，树碑立影，道俗归心，宇宙苍生，无不回向。"

至于宋鼎的文才，比起博学多艺、诗名冠代、精通禅理的王维来，当属"小巫"之列。所以，当宋鼎面对王维以如椽之笔撰就的《能禅师碑（铭）并序》，以及神会提供的同一资料后，自然会感到无所措辞以另构新篇。因而甘领抄袭之名，顺水推舟，也就成了他的最佳选择。当然，对于神会对王维之文的不满之处，宋鼎亦心领神会，所以才会秉笔把唐中宗诏请慧能而不得的过程具体化，突出神会作为慧能的嗣法弟子即"南裔"，"化人中土"并"于东京菏泽寺崇树能之真堂"，公然为慧能争禅宗六祖之地位的无量功德。这或许就是宋鼎所撰《曹溪能大师碑》残文中，为什么会与王维之文既有如许多的巧合之处，又有毫不相同之处的答案。宋鼎这样做，亦非绝无仅有，仔细阅读赞宁等所作《宋高僧传》卷八《唐韶州今南华寺慧能传》即会发现，其中很多文句亦是采录王维文中的现成之语，略加修饰而成。

三、关于宋鼎所撰《曹溪能大师碑》的书丹者史惟则

据宋欧阳棐《集古录目》、赵明诚《金石录》、陈思《宝刻类编》著录，可以确知宋鼎所撰《曹溪能大师碑》由史惟则书丹，镌刻上石后于天宝十一年（752）二月立于邢州开元寺（若据前引《宋高僧传》文"会于洛阳菏泽寺崇树能之真堂，兵部侍郎宋鼎为碑焉"，洛阳菏泽寺亦当树有此碑，但上述金石专著中并无记载）。

史惟则，新、旧两《唐书》中均无其传。但唐窦臯、窦蒙《述书赋并注》记载："史御史惟则，心优世业，阶乎籀篆，古今折衷，大小应变，如因高而瞩远，俯川陆而必见。"注云："史惟则，广陵人，殿中侍御史。即谏议大夫白之子。白善飞白。"宋朱长文《续书断》说："史惟则，吴郡人，天宝中尚为伊阙尉、集贤院待制，后至殿中侍御史。在唐中叶，以八分名家者四人，惟则与韩择木、蔡有邻、李潮也。"陈思《书小史》则说史惟则名浩，以字行。评其隶书"迫近钟书，发笔方广，字形俊美，亦为时重。又善篆籀、飞白"。由此可知，史惟则是唐代中叶著名的书法家，尤善隶书、篆籀和飞白书。

但欧阳棐《集古录目》著录史惟则为《曹溪能大师碑》书丹时，正任河南阳翟丞。此碑之外，史惟则所书存于世者，尚有今西安碑林的《大唐故大智禅师碑铭并序》及其碑阴的《大智禅师碑阴记》，明赵崡《石墨镌华》评该碑书法"行笔绝类《太山铭》而缜密过之，知开元帝润泽所自耳"。"史惟则分隶书，窦臯称其古今折衷，大小应变，如因高而瞩远，俯川陆而必见。今观此碑，信是开元间分书第一手。"清吴玉搢《金石存》评该碑书法则说："老劲庄严，此书骨力参以和缓之致，乃赵子函反谓其瘦而少态，何也？"其实，赵崡是说史惟则书《大智禅师碑阴记》"书法瘦而少态，与前碑（即碑阳）异，何也？"因为史惟则书碑阳时为开元二十四年（736），书碑阴时为开元二十九年（741），书貌故有所异。今以史惟则书《曹溪能大师碑》与《大唐故大智禅师碑铭并序》对观，其书貌又略有不同，因天宝十一年（752）较开元二十四年已过十六年，较开元二十九年已过十一年，后者自较前者书法精进许多。至于赵崡评史惟则隶书受"开元帝润泽"，是因唐玄宗李隆基亦善隶书，隐指史惟则在极力效仿唐玄宗，所以赵在评论唐玄宗所书《石台孝经》（今藏西安碑林）时又说："开元帝书法，与《太山铭》同润色史惟则，老劲丰妍，如泉吐凤，为海吞鲸，非虚语也。"通过《曹溪能大师碑》残石尚存史惟则篆额"溪"、"碑"二字的变化开阔，劲利豪爽，亦可证窦臯说其"阶乎籀篆，古今折衷"，陈思说其"又善篆籀"，亦非虚言。

十六面尊胜陀罗尼经幢

　　唐大历五年或建中三年（770 或 782）。《金石分域编》著录："节度副使李㣪书，年号缺，存'戌二月戊辰朔十日丁丑建。'"砂岩质。现地表可见通高 317 厘米，地表下所埋部分高度不详。幢身为棱形十六面体，幢高厘米，面宽 18 厘米，第一至九面镌志静所撰《佛顶尊胜陀罗尼经序》及《佛顶尊胜陀罗尼经》；上部浮雕莲瓣一匝形成束带，束带之上十六面各凿一龛，龛内精雕坐佛一尊，佛龛与佛曾经鎏金，面向东北佛龛下镌一"吕"字，不知何意；再上覆以顶檐与宝盖结合而成八角幢顶，檐脊前端各有圆雕伏兽，兽口各啣璎珞垂幔绦结连环而成十六垂。宝盖下浮雕缠枝花卉和飞天、瑞兽。此外，仰莲束带之下还凿有长方形卯眼八个，应为安装构件，组合更大的第一层庑檐式宝顶，保护经文而备。结构如此巧妙奇特、工艺如此精湛辉煌的唐代十六面经幢，堪称绝无仅有。现存邢台开元寺。

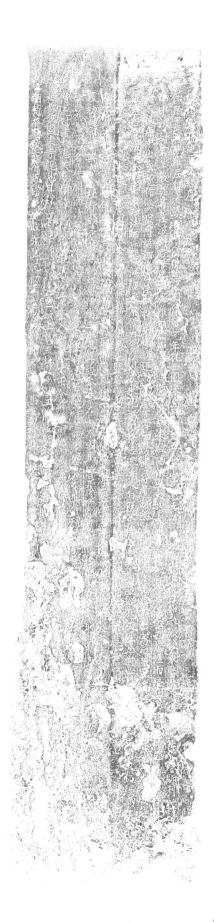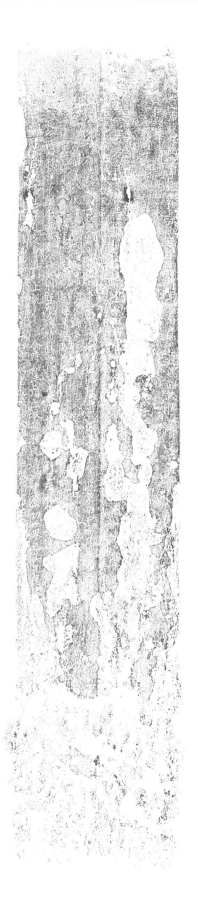

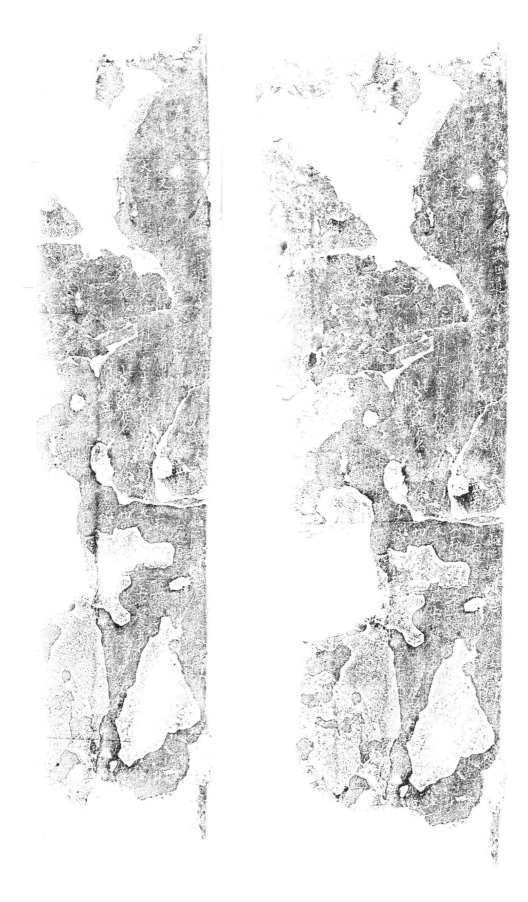

0   20   40 cm

华盖底部局部线描图

大唐广阳漆泉寺故觉禅师碑铭并序

　　唐贞元七至十三年（791—797）。原立于邢台市沙河寺庄漆泉寺遗址，"文革"时被砸。现仅存残碑三段，其一为高浮雕螭龙碑首，残高约80厘米，宽100厘米，中为尖顶龛，篆额"大唐故觉大师之碑"；另两块均为碑身上部，基本可以缀合，一高105厘米，宽50厘米，一高100厘米，宽45厘米，共计残存碑文28行。现由寺庄村民妥为保管。

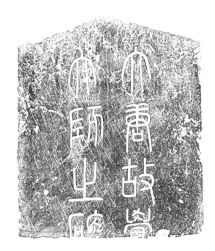

大唐广阳漆泉寺故觉禅师碑铭并序①

检校兵部郎中兼邢州刺史侍御史元谊撰……翰……」②

□□于东，明被成物，至于臑尘秒露，无不知□，及之照临，则大海高山，无□□□□□……」③

□明广□，精绩纯粹，穷理达性，通道立言，管见□形，□见者□□□三□□□□□……」④

□每走巨亿，徒学罕一；学有可信，又亿一焉。深旨□著，□有□授，一日天然，光佛圣□……」⑤

□有六，皆传承僧宝，此不云纪。」

禅师曰惠觉，中海新罗国人，姓丰□氏，国殊俗别，□……」⑥

□无近俗之怀，远惟清恬之理。生廿三岁具僧戒，叹学无繇，精律究流，翰知绍论，□……」⑦

□□异瞻白，析幽明微。由是岁数省曰："圣言有之，一切法如幻，远离于心识，法所□……」⑧

□□要，行乎中域，吾孰能执萤炬于幽夜，遗暾日于正昼？"于是刹识舟海，挥波生□……」⑨

□□攸止其地。经十年，梵行鸣播，落僧籍于邢州开元寺，居无几时，□……」⑩

□真诣灵，蒙之发决，在得久时。僧学有立名方便，久功趣净者，师一经一，不垢不□……」⑪

□□洛京有菏泽寺禅僧曰神会，名之崇者，传受学于南越能大师，广开顿悟之门……」⑫

□□次明知见，引喻开发，意若有获。归而继思，或有不尽。明年须往，诣为导师，复……」⑬

□□，心无所起，即真无念，岂远乎哉。"于是深其微趣，属灯乃明，以一觉之，知而万有·……」⑭

□□□□悉□涂弱何明之□□□于是□□□……」⑮

□□容易，阖户不扃，清神目颐，求其申者，嗟若无告，及大历元岁，昭义军司马……」⑯

□□不然，点檀兴仁，广运乃道心者，请导师之留音，追菏泽之坛教。辞捐不覆，由□……」⑰

□惊雷之震蠕介，春雨之泽根芽，种者乃萌，勾者遂直。七八年间，趋教之徒，瞻拜……」⑱

□□□昧而伏。师以处顺安暇，遘疾而不改其容，奄以大历八年三月十九夜归……」⑲

□□□□□云□雾昏，□□□者凡七日。异人变化，众心萃焉，固殊状也。哭动……」⑳

□□□道，相与无二□□□靡介而□□交零，斩衰就哀，聚护丧事，尝窆宽于广阳……」⑳

□□□□以葬之，四月十七日引迁神座灵梵，以山境峻隘，夷崇峰十仞，周灵塔……」㉒

□□□十年，住山兴塔精庙，飞廊叠阁，极工巧之妙，传继之怀，信也。诚道之虽明……」㉓

□□□□□□其为□授受之不偶也。似是非是，其谁辨之？余非綵于文者，或□……」㉔

□□□□□，□思□□，兴灭唯物，异者能久，本有莫辨，本无反□……」㉕

□□□□□，□□□根，□而剔定，源派殊论，混而同之，正□□□……」㉖

□□□□□，□何能尊，为得为失，欣欢惨怛。其三。」

巍哉哲思，□□□……」㉗

□□斯逝，□禩真宗。其四。少府监陇西李珪篆。」㉘

注释：

①此为残碑第一行所存碑文标题。

②据民国二十九年（1940）版《沙河县志》卷十《文献志·金石》记载，此行题记为"检校兵部郎中兼邢州刺史侍御史元谊撰，前凉王府参军兼翰林院侍读学士王少康书"。

③此为残存碑文首句，大意是概述佛教东传汉地后的深远影响。牖，窗户。牖尘，犹言纤尘，借指极微小之物。秒露，借指存在时间极短暂之事物。

④此为残存第4行碑文，意在简述佛教在中国的传播概况及其中国化的进程，并以"精绩纯粹、实理达性、通道立言"等赞语表彰历代中国高僧。

⑤此为残存第5行碑文，以"每走巨亿，徒学罕一"形容中国僧侣之多与碌碌无为；以"学有可信，又亿一焉"形容开宗立派之中国高僧的出类拔萃，屈指可数。罕一，犹言罕譬面喻，不言而喻。本行残文中的"深旨□著，□有□授，一日天然，光佛圣□"云云，则是形容那些开宗立派的中国高僧的佛学造诣及其弘法效果之词。

⑥此为残存第6行碑文，其中"□有六，皆传承僧宝"，应指菩提达磨、慧可、僧璨、道信、弘忍、慧能等禅宗六祖的传记所在，至"此不云纪"，为碑文第一段的结句，由"禅师曰惠觉"始，为碑主正传。中海，即中国海，实指今东海海域的朝鲜海峡。新罗国，朝鲜半岛之古国，本是辰韩十二国中的斯卢国。四世纪中叶成为半岛东南部强国，继与百济、高句丽鼎足而立。在唐王朝的支持下，显庆五年（660）以武力消灭高丽，总章元年（668）消灭百济，统一半岛大部，进入最盛期。惠觉就是在此后渡海入唐，到达邢州（今邢台市）的。

⑦此为残存第7行碑文，其中"□无近俗之怀，远惟清恬之理"，是形容慧觉之人品的。清恬，清高恬静。"生廿三岁"，据后文大历八年（773）为惠觉处顺之年，即六十岁，其应生于开元二年（714），其二十三岁时为开元二十四年（736）。僧戒，即具足戒。"叹学无蘾"，犹言投师无门。"精律究流，翰知绍论"云云，则为形容其刻苦自学语。

⑧此为残存第8行碑文，仍为叙述惠觉刻苦自学情状。

⑨此为残存第9行碑文，其中"行乎中域，吾孰能执萤炬于幽夜，遗暾日于正昼"，为惠觉感慨语，意即"佛法盛行于中国，我怎能手举像萤火虫一样发出微弱之光的火炬，摸索在沉沉黑夜中，而置佛光普照犹如旭日中天的中国而不顾？"剡识舟海，即剡舟识海，意即乘舟经历海上的风波。剡，起行貌。

⑩此为残存第10行碑文，其中"攸止其地"，即久住其地，特指邢州沙河县广阳山下的漆泉寺。"经十年，梵行鸣播"，经过十年后，其专心净修的德行声誉远播，因得"落僧籍于邢州开元寺"，据《新唐书》卷四十八《百官志》："崇玄署掌京都诸观名教与道上账籍、斋醮之事。新罗、日本僧入朝学问，九年不还者编诸籍。"今传日本的《令集解·僧尼令》所载《道僧格》进一步明确："凡僧尼有禅行修道，意乐寂静，不交于俗，欲求山居服饵者，三纲连署。在京者，僧纲经（崇）玄署；在外者，三纲经国郡勘实并录申官。判下，山居所隶国郡，每

知在山，不得别向他处。"这就是惠觉必须落僧籍于邢州开元寺的政治原因。

⑪这是残存第 11 行碑文，详审其意，应为惠觉在取得中国僧籍后，对如何继续求学的深思熟虑，即走"立名方便"的"师一经一"之路。

⑫这是残存第 12 行碑文，也是考证惠觉与神会乃至慧能关系的关键语。南越能大师，即六祖慧能，神会为其嫡传弟子。据宗密《圆觉大疏钞》卷三，神会于天宝四年（745）被兵部侍郎宋鼎请至洛阳，"于是曹溪了义大播于洛阳，菏泽顿门派流于天下"。"天宝十二年（753）被僭聚众，敕黜弋阳郡，又移武当郡"。此碑所说神会在洛阳"广开顿悟之门"的时间，就在这九年间。

⑬这是残存第 13 行碑文，言及惠觉到洛阳后，经神会"引喻开发，意若有获"，返回漆泉寺后又感到并未彻底理解，即"归而继思，或有不尽"，故决心次年再去洛阳，拜师请教，即"明年须往，诣为导师"。

⑭这是残存第 14 行碑文，其中"心无所起，即真无念，岂远乎哉"，应是神会开示惠觉语。"于是深其微趣，属灯乃明，以一觉之，知而万有"云云，应是形容惠觉参学开悟之文。

⑮这是残存第 15 行碑文，因其正处碑身左右分裂处，仅可辨识出寥寥八字，故语焉不详。

⑯这是残存第 16 行碑文，其中"求其申者，嗟若无告"八字，应是形容神会遭到敕谪后，惠觉欲为申张正义而又无可奈何语。大历元岁（766），为惠觉改变"嗟若无告"状况的转折点。昭义军，据《新唐书》卷六十六《方镇表》，广德元年（763）置相卫节度使，"增领贝、邢、洺，号洺相。卫州复隶泽潞，未几复领，号相卫六州节度使"，至大历元年，"相卫六州节度赐号昭义军节度使"。司马，又称行军司马，其职在方镇官员中仅次于节度使，《新唐书》卷四十九《百官志》记其职责为"掌弼戎政，居则习搜守，有役则申战守之法，器械、粮糗、军籍、赐予皆专焉"。同书卷十一《薛嵩传》记载，"安史之乱"后，薛嵩为检校刑部尚书、相卫洺邢等州节度使，"谨奉职，颇有治名，大历初封高平郡王，实封二百户，号其军为昭义，迁检校尚书右仆射，更封平阳"。但因碑残，这位辅弼薛嵩镇守邢磁等州的昭义军司马姓名失考。

⑰这是残存第 17 行碑文，其所叙是惠觉行实最切要之"点檀兴仁，广运道心"，"请导师之留音，追荷泽之坛教"，对于中国佛教史而言最为珍贵。所谓"请导师之留音"，应即《神会语录》；所谓"追荷泽之坛教"，则为考证被禅宗奉为圭臬的《坛经》成于何时何人之手，提供了最为可信的第一手佐证。残文中的"辞捐不覆"云云，若与下行残文通观，可知惠觉在那位昭义军司马支持下，为继承先师神会遗志，进一步确立南宗以慧能为六祖的法统地位，付出了怎样的努力。

⑱这是残存第 18 行碑文，述惠觉继神会之后，全力弘扬南宗的巨大影响，如"惊雷之震蟪介，春雨之泽根芽，种者乃萌，勾者遂直"。"七八年间"，据下行残文，可知指大历元年至八年（766—773）。

⑲这是残存第 19 行碑文，也是研究惠觉生卒年限的确凿证据。"处顺安暇"之年，即孔子所说耳顺之年，时当六十岁。惠觉大历八年（773）六十岁，其生年即唐开元二年（714），其二十三岁受僧戒时为唐开元二十四年（736）。若其受僧戒的次年（737）渡海入唐到达邢州，在漆泉寺山居十年后落僧籍于邢州开元寺时，则为天宝五年（746）；而其"居无几时"，前往洛阳向神会请教，旋又神会为师，则在天宝五、六年（746—747）间。若此，惠觉自新罗入唐后，共在沙河漆泉寺修行弘法三十七年，为邢州开元寺僧二十八年。

⑳㉑㉒残存的这三行碑文皆为叙述惠觉圆寂后，其弟子及信众的哀痛之状，及为其处理丧事、创建灵塔事宜。斩衰，传统丧服中最重的一种，俗称重孝。窆，即葬。

㉓㉔这是残存碑文第 23、24 行，其中第 23 行是碑文作者元谊对僧众重修慧觉塔及漆泉寺的赞叹语，第 24 行是其对神会、惠觉师徒因为南宗定是非，而义无反顾的义举所发议论。文中的"十年"，是指贞元十年（794）。关于元谊，《新唐书·地理志》"邢州平乡县"下记载："贞元中，刺史元谊徙漳水自州（应为县）东二十里，至钜鹿北十里入故河。"贞元年号共用二十一年，"贞元中"，约即贞元七至十三年（791—797），包括贞元十年。"似是非是，其谁辨之"，是元谊对当时禅宗内部的六祖之争所发感慨；而"余非綵于文者"，是其决定要为惠觉撰文树碑的自谦语。

　　㉕㉖㉗㉘这四行残文中，在小字"其四"之前，是元谊特为惠觉所撰的四段赞铭，其中"□而剔定，源派殊论，混而同之，正□□□"，以及"□□□□，□何能尊。为得为失，欣欢惨怛"等语，是对北宗以神秀为禅宗六祖；神会乃至惠觉出面为禅宗定是非，为慧能争法统的总结；"巍哉哲思"，"□禩真宗"等语，是对神会、惠觉师徒获得殊胜后所作的赞歌。据宗密《圆觉大疏钞》卷三所载《神会传略》："大历五年敕赐祖堂额，号'真宗般若传法之堂'；七年敕赐塔额，号'般若大师之塔'。"《宋高僧传》也记载，神会圆寂后，敕谥"真宗大师"，塔号"般若"。此碑中的"口禩真宗"，即指此。禩，祭也，纪念也。"少府监陇西李珪箫"，《旧唐书》《新唐书》均无其人记载。关于少府监，《新唐书·百官志》记载："少府监一人，从三品。少监二人，从四品。下掌百工技巧之政，总中尚、左尚、右尚、织染、掌冶五署及诸冶铸钱、互市等。"邢州沙河县作为唐代铁冶中心之一，所产襄国刀且为贡品，正属李珪箫任职之少府监统管，故有机会在此碑题名。

尊胜陀罗尼与大悲咒合刊幢

唐(618—907)。仅存八面体幢身,面宽 19 厘米,高 178 厘米。因曾改作他用,第五、六面基本削平,第一、二、三、八面上部残缺。砂岩质,剥泐严重。大致说,第一面镌僧志静撰《佛顶尊胜陀罗尼经序》,第二至第六面镌《佛顶尊胜陀罗尼经》及造幢官员题名,第七面镌《大悲咒》及造幢官员题名,第八面镌《树幢记》。现存邢台开元寺。

邢台开元寺新出唐代经幢考

一、经幢现状

2002 年，邢台开元寺在平整院落时，出土盛唐期经幢一节，粉砂岩质，八棱柱体，通高 1.78 米，每面宽 0.19 米，因曾改作他用，上部被凿出一缺口，上宽 0.53 米，下宽 0.40 米，右向高 0.34 米，左向高 0.18 米，导致幢体第一、二、三、八面上部残缺；第五、六两面文字几乎已被削平，第五面仅残存前两行文字，第六面仅残存后两行文字。

由于年代久远、石质粗松、幢面文字剥泐严重，又因凿改他用，经额文字荡然无存。但经墨拓，仍可清楚看到幢面文字依界线竖排，每面 8 行，均作楷书。其中，第一面及第二面首行所镌，为唐定觉寺僧志静所撰《佛顶尊胜陀罗尼经序》；自第二面第三行起，至第六面第七行所镌，为唐高宗时北印度来华高僧佛陀波利主译之《佛顶尊胜陀罗尼经》；第六面第八行镌造幢官员题名；第七面首行上镌唐高宗时西印度来华高僧尊法主译之《千手千眼观世音菩萨广大圆满无碍大悲心陀罗尼经》题，下镌造幢官员题名，第二至第八行为经文；第八面镌当时寺僧清汶所撰《树幢记》。

二、幢镌《尊胜陀罗尼真言序》校补考

残幢所镌此序，仅有二百八十一字可辨。今据开元寺所存唐十六面经幢所镌镶同序，并参照《古涿州佛教刻石》（河北教育出版社，2007 年）所载辽应历五年（955）《北郑院邑人起建陀罗尼幢》所镌同序，残幢之序可校补为：

《佛顶尊胜陀罗尼经》者，婆罗门僧佛陀波利仪凤元年来从此土，到五台山次，遂五体投地，向山顶礼曰："如来灭后，众圣潜灵。唯有大士文殊师利，于此山中汲引苍生，教诸菩萨。波利所恨，生逢八难，不睹圣容。远涉流沙，故来敬谒。伏乞大慈大悲，普覆今见尊仪。"言已，悲泣雨泪，向山顶礼。礼已举首，忽见一老人，从山中出来，遂作婆罗门语，谓僧曰："法师情存慕道，追访圣踪，不惮劬劳，远寻遗迹。然汉地众生，多造恶业；出家之辈，亦多犯戒律。唯有《佛顶尊胜陀罗尼经》，能除一切恶业，未知法师将此经来否？"僧曰："贫道直来礼谒，不将经来。"老人曰："既不将经，空来何益？纵见文殊，文殊何必识师？可到西国取此经来，流传汉土，即是遍奉圣教，广利群生，拯济幽冥，报诸佛恩也。师取经来至此，当示文殊师利菩萨所在。"僧闻此语，不胜喜跃，遂裁抑悲泪，至心敬礼。举头之倾，忽不见老人。其僧惊愕，倍更虔心。系念倾诚，回还西国，取《佛顶尊胜陀罗尼经》。至永淳二年，回至西京，具以上事奏闻大帝。大帝遂将其本入内，请日照三藏法师，及敕司宾寺典客令杜行颛等共译此经，施僧绢三十匹，其经本禁在内不出。

其僧悲泣，奏曰："贫道捐躯委命，远取经来，情望普济众生，救苦拔难，不以财宝为念，不以名利开怀。请还经本流行，庶望含灵同益。"帝遂翻经，还僧梵本。僧得梵本，将向西明寺，访得善梵语汉僧顺贞共翻译，帝遂其请。僧遂对诸大德共贞翻译讫。僧将梵本向五台山入，于今不出。今前后所翻两本，并流行于代，小小语有不同者，幸勿怪焉。至垂拱三年，定觉寺主僧志静，因停在神都大周寺，亲见日照三藏法师，问其延留，一如上说。志静遂就三藏法师，语受神咒。法师于是口宣梵旨，经二七日，句句委授，具足梵音，一无差失。仍更取旧翻梵本，勘校所有脱错，并皆改定。其咒初注云："最后翻者是也。其咒句稍异于杜令所翻者，其新咒改定不错，并注其音。后有学者，幸详此焉。"至永昌元年八月，于大敬爱寺见西明上座澄法师，问其延留，亦如前说。其翻经僧顺贞见在，任西明寺。此经救拔幽显，最不可思议。志静恐后学者不知，故具录委曲，以传未悟。

现经互校可知，三石所镌虽为同一序文，却有多处语句繁简或用词不同者，但均不致产生歧义。其中只有一处引人深思，即残幢第六行"因停在神都大周寺"，唐十六面幢与辽北郑幢相应处均作"神都魏国东寺"。据《唐会要》卷四十八《议释教下》记载，"神都魏国东寺"与长安城中的魏国西寺相对称。其中，魏国西寺位于当时长安城中"林祥坊，本侍中杨恭仁宅；咸亨二年九月二日，以武后外氏宅立太原寺；垂拱三年十二月，改为魏国寺；载初元年五月六日，改为崇福寺"。而"神都魏国东寺"位于当时洛阳城中"游艺坊，武太后母杨氏宅，上元二年立为太原寺；垂拱三年二月，改为魏国寺；天授二年，改为福先寺"。据此，这两座寺都曾三定其名。那么，此幢所镌"神都大周寺"，与唐十六面幢、辽北郑幢镌及《唐会要》所载的"神都魏国东寺"，与洛阳魏国寺是否同一寺？答案是肯定的。据《宋高僧传·周洛京魏国东寺天智传》，于阗高僧天智"永昌元年来届于此，谒天后于洛阳，敕令就魏国东寺翻译"，寺名后夹注"后改名大周东寺"，意即永昌元年（689）之后，魏国东寺才改名大周东寺。

但据残幢所镌，志静所撰之序成于永昌元年八月之后，而其是在垂拱三年（687）"因停在神都大周寺，亲见日照三藏法师"的。志静作为当时人说当时话，可以确证洛阳太原寺在垂拱三年二月被改名魏国寺后不久，即被改名为大周寺，为武则天建立大周制造舆论；时至天授二年（691），即武则天改唐为周的次年，洛阳大周寺才又被改名福先寺。《唐会要》缺载洛阳魏国寺曾改名为大周寺，《宋高僧传》把这一史实夹注于永昌元年之后，唐十六面幢所据抄本、辽北郑幢所据翻刻本均把志静序文中的"神都大周寺"改为"神都魏国东寺"，很可能均是出于政治上的考虑或影响。

据此似可确定，残幢所镌是志静序定的《佛顶尊胜陀罗尼经》初抄本之一，其镌树之时约在永昌元年八月之后，天授二年洛阳大周寺被改名福先寺之前。若据《旧唐书·则天皇后纪》，永昌元年十一月改年号为"载初"，武则天"自以曌为名"。次年九月改唐为周，改元"天授"后，武氏造字作为特殊标记，开始见诸碑刻。而残幢尚无这些造字出现，则其镌树之时似被限定在永昌八月之后，天授元年（690）九月之前的约一年间。

三、关于幢镌《千手千眼观世音菩萨广大圆满无碍大悲心陀罗尼经》

残幢第七面文字，尚可辨出经题《……萨广大……大悲心……》六字，据此与赞宁《宋高僧传》卷二《唐尊法传》互证，可知经题补全后，即《千手千眼观世音菩萨广大圆满无碍大悲心陀罗尼经》，简称《大悲咒》。通过第二至第七行残存文字与《大悲咒》文对勘，则可确定此面所镌内容就是据唐抄本上石的《大悲咒》。

据《唐尊法传》，尊法为西印度高僧，梵名伽梵达磨，"远逾砂碛，来抵中华，有传译之心，坚化导之愿"，于唐高宗永徽年间（650—655）译出此经。但该传又说："经题但云，西天竺伽梵达磨译，不标年代。推其本末，应是永徽、显庆中也。又云，智通同此三藏译也。法后不知所终。"据此，此经的译出与最初流行，约在永徽、显庆年间（650—660）。协助尊法译此经者，则为唐僧智通。

但《宋高僧传》卷三《唐京师总持寺智通传》却记载，智通自长安总持寺"往洛京翻经馆学梵书并语，晓然明解。属贞观中有北天竺僧赍到《千臂千眼经》梵本，太宗敕搜天下僧中学解者充翻经馆，缀文笔，受证义等，通应其选，与梵僧对译成二卷。天皇永徽四年，复于本寺出《千啭陀罗尼观世音菩萨咒》一卷、《观自在菩萨随心咒》一卷、《清净观世音菩萨陀罗尼》一卷，共四部五卷"。并评论说，智通"善其梵字，复究华言，敌对相翻，时皆推伏"，只是其结局与尊法一样，即"不知所终"。

若据此，则《千臂千眼经》二卷，系在贞观年间（327—649）译出，与该经对应的《千啭陀罗尼观世音菩萨咒》一卷，亦即残幢所镌《千手千眼观世音菩萨广大圆满无碍大悲心陀罗尼经》，则于永徽四年（653）译出。另据光绪二十六年（1900）常州天宁寺印行的《禅门日诵》，当时此经名称已简化为《千手千眼无碍大悲心陀罗尼》，且注明当时流通本中的"那摩婆萨多"五字系云栖大师据古本《大悲经》增入；"金刚胜庄严娑婆诃"等四句"不知何人所增，藏本无之，不念亦得"。仅此而言，此节残幢所镌，作为此经译出后不久的唐抄本流传至今，尤其弥足珍贵。

四、关于残幢所镌官员题名

残幢第六面末行上端，镌有"佛顶尊胜陀罗尼经一卷"十字，其下镌有"衙前兵马□□绍书愿合家吉庆"题记；第七面首行上端所镌，如前所述即经题"千手千眼观世音菩萨广大圆满无碍大悲心陀罗尼经"，其下镌有"……□□兵马使银青光禄大夫□□……□□……杨景□"题名；此面末行所镌，则为"……军州事金紫光禄大夫检校尚书□仆射前守□州刺史□□□……"题名。

据《旧唐书·职官志》，贞观十一年（637）"改以光禄大夫为从二品、金紫光禄大夫为正三品、银青光禄大夫为从三品"；"贞观令，以职事高者为守职事，卑者为行，仍各带散位，其欠一阶依旧为兼，与当阶者皆解散官。永徽以来，欠一阶者或为兼，或为守，参而用之。其两职事者亦为兼，颇相错乱。咸亨二年，始一切为守"。龙朔二年（662）二月，"改百司及官名"时，"仆射"改名"匡政"；咸亨元年（670）十二月诏："龙朔二年新改尚书省百司及仆射已下官名并依旧。"光宅元年（684）九月，改左、右仆射为"文昌左、右相"。神龙元年（705）二月又诏："台阁官名并依永淳以前故事。"时至开元元年（713）十二月，"改尚书左、右仆射为左、右丞相"。天宝元年（742）二月，又改"左、右丞相依旧为仆射"。而金紫光禄大夫与中都督、上都护（除加大将军衔者，并为文职事官）等职同列正三品。所谓"都督"，据《旧唐书·地理志》记载，系"高祖受命之初，改郡为州，太守并称刺史，其缘边镇守及襟带之地置总管府，以统军戎。至武德七年，改总管府为都督府"，"贞观元年悉令并省"。任都督者自称其职，则曰"都督某某军州事"。所谓贞观元年悉令并省，只是减少了都督府的数量，而非一并裁撤。如原州中都督府，就是贞观五年（631）所置；延州中都督府虽于贞观元年被罢，却于开元二年（714）复置。

由此可知，残幢第七面末行题名者的官职全称应为"都督某州诸军事金紫光禄大夫检校尚书□仆射前守□州刺史"，为正三品。因为唐制与宋制不同，凡官职之前加"检校"者，均指诏除而非正名加官，或曰荣衔。所以，尚书左、右仆射官居从二品，而检校尚书左、右仆射官居正三品。

另据《新唐书·百官志》记载，朝外官中设有前军兵马使、中军兵马使、后军兵马使之职，但其品级不明。对于"银青光禄大夫"这一散衔，《旧唐书·职官志》记载为从三品，与上州刺史官阶相同。由此可知，残幢第七面首行经题下所镌题名者的官职，较末行所镌题名者的官职仅低一阶。

残幢第六面末行经题下所镌题名者的官职，应为"衙前兵马使"，但在《旧唐书·职官志》《新唐书·百官志》中均无记载，其品级无从得知。

五、关于残幢所镌《树幢记》

此记镌于幢身第八面，共八行，但因泐蚀严重，不可卒读。经仔细辨认，首行仅有"二日□□奉为皇帝天王"数字可识，末行仅有"沙门清汶撰"及"霍重霸"题名可识。

此外，第二行可辨识者有"为重□大空□□法界应缘□□化土恒□□□生死之"、"五逆从而普救四重幢而俱锁摧邪"、"王之心印也"；第三行可辨识者有"诚心匪暇自倾有"；第四行无可辨识者；第五行可辨识者有"发珠"、"悲歌"、"冬温"、"既典"等字；第六行可辨识者有"□名最光聚"、"七□消亡六大旱过"等字。如此而已，甚为憾事。

工字形须弥座菩萨造像（一）

　　唐（618—907）。邢台开元寺外广场出土。汉白玉质。工字形须弥座，圆雕单躯跌坐菩萨像。座为长方形台面，上铺坐垫四覆，坐垫前覆之角如半圆装饰下垂，上作三道弧形上曲线，下雕十三褶垂幔亦作弧形上收，褶皱凹凸分明，垂幔线条庄重，质感极强。座下部叠涩三收至方形束腰。菩萨跌跏趺坐于座面之上，头部残失，项下胸部微袒，内着僧祇支，束腰宽带随体态下垂，至座面部结莲式带饰。另自两胁下前出稍窄丝带，向中至宽带处绾作莲花结，然后分向宽带左右下垂，其长度超过宽带而给人以错落有致之感。菩萨外披长领袈裟，左右两膝圆挺盘坐，袈裟自膝上盘绕而下，下摆覆至座面前后。衣纹与座垫纹饰繁缛重叠而丝毫不乱，极具盛唐繁华之风，在同时造像中堪称精品。现藏民间。

工字形须弥座菩萨造像（二）

唐（618—907）。邢台开元寺外广场出土。汉白玉质。工字形须弥座，圆雕单躯菩萨坐像。座面呈长方形，上铺座垫四覆，前覆一角作弧形下垂，左右两侧内折后，中雕六道褶纹作弧形上曲。座之方形束腰四面各浮雕一坐式乐伎，或弹琵琶，或吹筚篥，各有所司，形神毕肖。束腰上作三叠涩出檐，檐头雕仰莲三层；束腰下作三叠涩后外出宽沿，四抹下折，外抹处精雕下覆莲瓣一周。菩萨结跏趺端坐于座面，头部毁失，项下胸微袒，内着僧祇支，正胸处有丝绦束结。外披无领袈裟，双袖下垂后飘拂遮膝。右臂前段残失，但据臂弯可知为前举之状；左臂平端胸前，小臂与胸之间镂空，与左袖间有一连接面，应为左手所持法器有所依托而留，可惜左手残失而不得其详。双腿结跏趺坐，双脚赤裸自袈裟前摆正中伸出，对掌向天。整座造像线条简洁明快，虽失头部，却仍能给人以端庄静穆、神秘空灵之感。现藏民间。

唐须弥莲座弥勒坐像

　　唐（618—907）。汉白玉质。邢台开元寺前广场出土。圆形须弥莲座，圆雕单躯趺坐弥勒像。头部残失。右肩斜袒，肩胸肌理清晰。内着七条衣，外由左肩斜披九品大衣并涂作紫色，衣纹随体形变化，线条凸显，顺畅合理，质感极强。衣摆叠荡，四向垂蔽于莲座前后左右的正中，与莲座上部的仰莲花瓣上下呼应，势同合钵。左臂向上曲举，衣袖下垂；右手掌心向下，舒抚于右膝之上。台座下部雕有两层覆莲花瓣，底部似锥，底面直径与上台面直径相比显得极小；台座上部高浮雕仰莲花瓣三层，作盛开状。造像整体如宝瓶，虽然底足很小却十分平稳，在盛唐佛教造像中十分罕见。现藏民间。

线刻罗汉图

唐（618—907）。砂岩质，原系经幢的一节八面体幢身，面宽 13 厘米，高 50 厘米。每面线刻罗汉立像一尊，造型严谨，线条流畅而传神。惜风化严重。现存邢台开元寺。

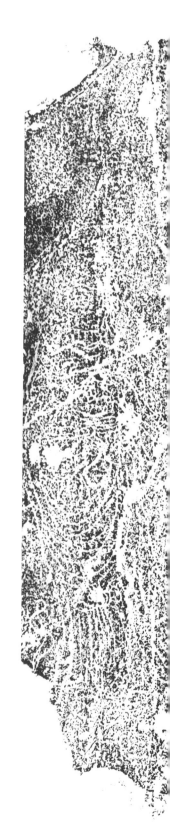

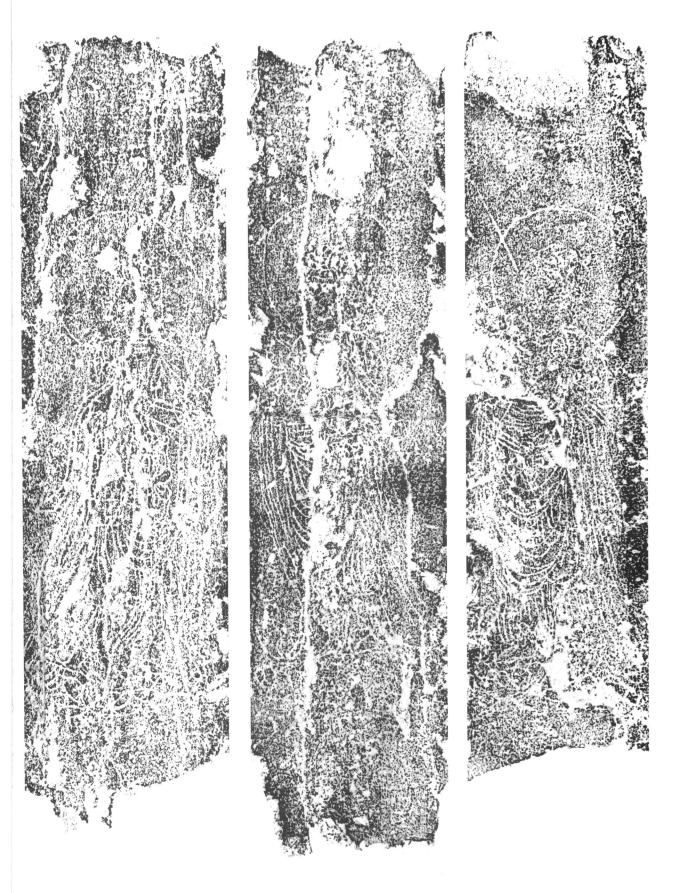

石雕经幢华盖（一）

　　唐（618—907）。青石质。八面体，对角直径101厘米，厚36.5厘米。盖底沿边起框，框内浮雕四奏乐飞天，臂绕飘带；飞天之间沿中起之八角台浮雕祥云四朵。华盖立面上部平面出沿，沿上雕出十六朵半圆装饰，沿下角饰饕餮环绶，周系璎珞八垂，璎珞之上高浮雕佛本生故事八幅，璎珞之下纵雕叠涩垂幔。整个华盖雕造工艺极为精湛。现存邢台开元寺。

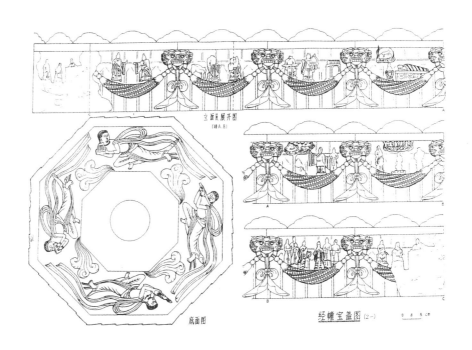

石雕经幢华盖（二）

　　唐（618—907）。青石质。八面体，对角直径94厘米，厚34厘米。盖底沿边起框，中起八角台，框与台之间浮雕二龙戏珠，珠生火焰冲天。二龙各伸一前爪探珠，其余三爪各踩祥云。华盖立面上端凸起一周装饰线，线上环雕十六朵半圆曲形宝相花装饰图案；线下角饰饕餮环绶，周系璎珞八垂。璎珞之上浮雕佛祖、侍者及人形鸟等，璎珞之下纵雕叠涩垂幔。纹饰繁缛，工艺精湛。现存邢台开元寺。

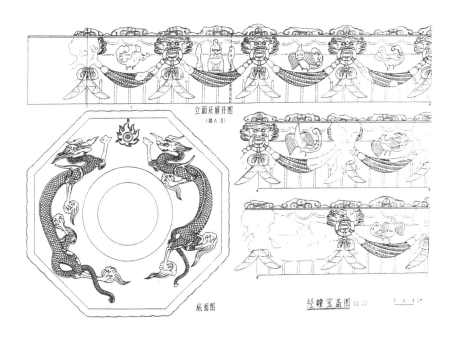

石雕经幢构件（一）

　　唐（618—907）。青石质。八面体，对角直径 65 厘米，厚 25 厘米。已残。每角浮雕一组合式圆柱，将立面分隔为八间，每间内高浮雕一坐式奏乐人，手持不同乐器奏乐，形象生动传神。现存邢台开元寺。

石雕经幢构件（二）

　　唐（618—907）。青石质。立体似鼓形而向外八凸，最大直径67厘米，厚24厘米。八凸面各作一椭圆开光，开光内高浮雕舞蹈人与祥云，动作十分夸张，氛围十分欢乐，工艺十分精湛，颇具大唐盛世之风。已残。现存邢台开元寺。

线刻经变故事图

　　唐开元至五代（713—960）。青石质。正方体,边长85厘米,高37厘米。四面线刻经变故事图,构图复杂,造型准确,人物众多,情节丰富。 40个各种身份的人物形象中,高僧、帝王、后妃、内侍、宫女、文臣、武将无所不有,其活动环境既有殿堂楼阁,又有山野丛林;活动内容既有跑马射猎,又有殿堂朝会,还有仪仗出行,更有丛林聆法。其女性人物的发型、服饰,以及帝王、后妃出行的仪仗,都具有典型的唐代艺术风格。

墨拓（一）

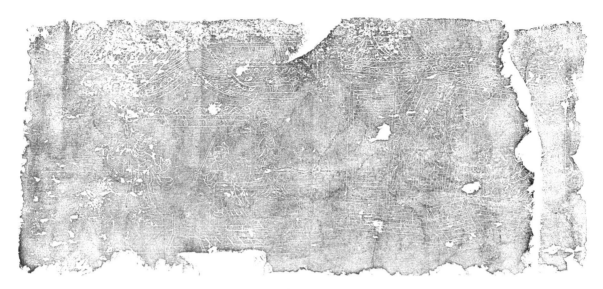

墨拓(二)

墨拓(三)

墨拓(四)

白描（一）

白描（二）

白描（三）

白描（四）

大佛顶随求尊胜陀罗尼经之幢

　　五代后梁乾化五年（915）。粉砂岩质。原由宝座、幢身、宝盖共九部分组成。现仅存五部分，幢身为八面体，面宽34厘米，高187厘米。第一面上镌大字幢额，额下首行镌译经人不空及其生前殁后所获荣号荣衔，其后自左而右直至第七面，镌不空所译《大佛顶随求尊胜陀罗尼经》；第八面镌《树幢记》及树幢人题名。自下而上，现存第一层宝盖为八角形，角饰饕餮环绶，周系璎珞八垂，璎珞之上浮雕文殊、普贤及立佛共八尊，盖底浮雕云纹蟠龙；其上的第二节幢身亦为八面体，下雕莲座，莲座上的高浮雕造像分为上下两层，造型有结跏倚坐佛、侍坐佛、右舒自在观音、柳枝露瓶观音等；再上的第二层宝盖工艺与第一层宝盖略同，只是较小。现存邢台开元寺。

后梁大佛顶随求尊胜陀罗尼之幢初考

此幢始立于五代后梁乾化五年（915），是邢台开元寺遗存至今的重要文物之一，历史文物价值、石雕艺术价值十分珍贵。但因明清地方志乘与文人笔记对其记录过于简略，甚至因其所镌文字日侵月蚀，模糊残缺，辨读困难，人云亦云而出现歧疑或谬误，遂致今之学者在对其研究、著述时众说纷纭，莫衷一是，甚至三豕涉河，谬误更甚。有鉴于此，现据原石拓片与相关文献相互考证，以期还本清源。

此幢现立于开元寺四殿前东南处。但据20世纪30年代刘敦桢在开元寺考古调查时所拍照片，参阅20世纪50年代刘慧达《河北邢台地上文物调查记》可知，此幢原树在今开元寺西南倚围墙而立的唐十六面尊胜陀罗尼幢与位于今邢台市第三中学内的万安恩公塔（现已不存）之间。当时此幢由宝座、幢身、宝盖共九部分组成，其艺术价值主要体现于宝座及自下而上第二、三、四节幢身及四层宝盖精雕细镂、风格卓异的佛教造像与图案上；其历史价值则体现于第一节幢身所镌文字之中。

此幢第一节幢身为八棱柱体，通高1.9米，每面宽0.35米。其中，第一面上部镌有大字幢额："大佛顶随求尊胜陀罗尼之幢"，十二字分作四竖行排列，周边饰有三角回曲纹。此面额下与第二至七面行文格式相同，均以细线分为竖行十二行。据原石残留文字与其拓片细辨，可知第一面首行为译经人题名，自此面第二行至第七面末行，均为经文经咒。第八面则以细线分为十三行，首二行上接第七面，为经咒；第三至第八行为树幢始末缘由，或称《树幢记》，第九至十三行为树幢官员及僧俗题名。而由此幢产生的历史疑案，就集中在第一面的译经人题名和第八面的"树幢记"、官员及僧俗题名中。

一、归有光所做跋文与原幢文字之出入

归有光（1507—1571），明代著名散文家。字熙甫，别号震川，江苏昆山人。嘉靖进士，曾于隆庆二年至四年（1568—1570）任顺德府通判，期间对辖区内的名碑古幢多有调查研究，其所作《跋大佛顶随永尊胜陀罗尼经幢》，就收录于其所著《震川先生文集》（又称《归有光文集》）中，全文为：

> 余既得《佛顶尊胜陀罗尼经》于开元寺，又于寺后院见此幢，题曰"大佛顶随永尊胜陀罗尼经之幢"。前有序，而此无序。前曰"罽宾沙门佛陀波利奉诏译"。此曰"特进试鸿胪卿、开府仪同三司萧国公食邑三千户，赠司空，谥大辩正广智，大兴善寺三藏沙门不空奉诏译"。翻译俱在永淳间而有此不同。略见序文。

> 此幢梁乾化五年葬僧大德而建。按，梁太祖乾化元年六月被弑，再岁而末帝诛友珪自立，复称乾化三年。四年，唐庄宗取燕，势益强，会赵王镕南寇邢州。杨师厚救之，军于漳水之上。次年，庄宗入魏，梁、晋夹河之战方始，邢州未能一日安枕，而阎宝等尚能及此。盖自晋、宋以来，以至五季，佛教日盛，故虽兵戈微扰之际，其崇奉不一日废也。今天下永平，而佛教乃益衰。由此

言之，非必儒者能辞而辟之。盖其兴废亦有数也。

这是迄今所知，考证此幢时代最早、内容最详，也最为可信的文字。但因归有光只是"又见"而非如开元寺《佛顶尊胜陀罗尼经》之"既得"，即获得拓片，加之幢文漫残及当时光线等诸多原因，其随笔所记与幢上所镌难免小有出入。现列于下：

1. 归文记此幢"题曰大佛顶随永尊胜陀罗尼之幢"，而幢额实为"大佛顶随求尊胜陀罗尼之幢"，归文误把"随求"记为"随永"。

2. 归文记幢上所镌译经人题名为"特进试鸿胪卿、开府仪同三司萧国公食邑三千户，赠司空，谥大辩正广智，大兴善寺三藏沙门不空奉诏译"。今据赞宁《有宋高僧传》卷一《唐京兆大兴善寺不空传》，参以严郢撰文、徐浩书丹的《不空和尚碑》，可知不空（705—774）梵名阿目佉跋折罗，北天竺婆罗门族人，金刚智三藏的入室弟子，著名的唐密"开元三大士"之一。开元二十年（732），金刚智圆寂之后，不空奉诏往五天竺并狮子国取经，海上两次遇险，均因诵《大随求》化险为夷。天宝五年（746），不空自印度取经返回长安，"奉敕权止鸿胪"，不久获得唐玄宗赐号"智藏"。天宝十五年（即至德元年，756）不空自武威开元寺还京，始往长安大兴善寺。上元末年（761），唐肃宗染疾，不空以《大随求真言》被除至七过，翼日乃瘳，帝愈加殊礼"。"永泰元年（765）十一月一日，（唐代宗）制授（不空）特进试鸿胪卿，加号大广智三藏"。大历六年（771）十月二日，不空向唐代宗"进所译之经"，表文自称其译经始于天宝五年，前后二十六年间译经"凡一百二十余卷，七十七部"。大历九年（774），不空染疾，唐代宗"敕使劳问，赐医药，加开府仪同三司，封肃国公食邑三千户"。不空力辞不得，甚为不悦，表示不愿"临终更窃名位"。当年六月十五日，不空圆寂，唐代宗为之辍朝三日，"赐绢布杂物钱四十万、造塔钱二百余万，敕功德使李元琮知护丧事"；七月六日，为不空举行荼毗礼，又"诏高品刘仙鹤就寺致祭，赠司空，谥曰大辩广正智三藏"，并命"御史大夫严郢为碑，徐浩书之，树于本院"。另，今此幢第一面首行

后梁幢现状线描图

后梁幢第二层宝盖底面线描图

涴蚀之余,尚残存"兴"、"藏奉"三字,其"兴"字虽残,尚依稀可辨。据此可知,归文所记此幢译经人题名中的"萧国公",实为"肃国公";"谥大辩正广智",实为"大辩广正智";"三藏沙门不空",实为"沙门不空三藏",全题实为"特进试鸿胪卿、开府仪同三司肃国公食邑三千户,赠司空,谥大辩广正智,大兴善寺沙门不空三藏奉诏译"。

3. 归文说开元寺唐十六面《尊胜陀罗尼经》与此幢所刊之经"翻译俱在永淳间而有此不同。略见序文"。今经再考,前者全称《大佛顶尊胜陀罗尼经》,确为佛陀波利于永淳二年(683)自西域取来,由日照三藏与鸿胪寺典客令杜行颛奉敕首译。佛陀波利与西明寺僧顺贞蒙敕允再译并成为流行本,其序则由光觉寺僧志静撰于永昌元年(689)八月或稍后,今开元寺尚存镌刊该经的唐幢三通。但其与此幢所刊并非一经。此幢所刊经文是否如归文所说,与前者所刊经文"翻译俱在永淳间",不得确考。可考知者,为《有宋高僧传》卷一《唐洛阳广福寺金刚智传》所记,开元十八年(730),不空之师金刚智曾"复观《随求》本中有缺章句,加之满足"。而金刚智译经"常令(不空)共译"。同书《不空传》所录不空"进译经表"则称,不空所译七十七部经中既有其"条索脱落者修,未译者译"的,也有其奉唐代宗敕命,"慕遵(唐肃宗)遗旨,再使翻转"的。不空一生因奉诵

100

《大佛顶随求尊胜陀罗尼经》而屡获殊荣，其对此经"条索脱落者修"或"再使翻转"，并成为当时流行之本也就毋庸置疑了。归文所谓"略见序文"，应指志静为佛陀波利所译《大佛顶尊胜陀罗尼经》所撰之序，与此经毫无关系。

4. 归文说"此幢梁乾化五年葬僧大德而建"，但语焉不详。今细辨此幢第八面泐余《树幢记》残文，首行依稀可辨："其有《大佛顶尊胜随求》，上上之心印也。今有清河郡杨……"；二行可辨"□印刻布，迪惊法王"；三行可辨"岂□□受，而却为护，功全济众……大德□□也，大德……"；四行可辨"□□苦空，生知上道，自择名师，执文奉教。弱冠受具，戒行清高"，"念止观门，坚处冰霜之□□，德播时钦，人□问望，厌兹声利，志乐山林"；五行可辨"（属门）人洪本曰：'凡居幻世，定有去流。□□贪嗔，善□□语。吾今羸耄……'"；"哀盈岩谷，携持灰骨，乃安厝于此大幢之下，奉展法恩之德也。入室僧弟子、讲律正坛绍徽、洪本、行福等，并乃研究……"；六行可辨"旨内之言，报德奉恩，大陈胜事，构此邑筵，兴修化道都维那张景……受《佛顶尊……》""□□僧俗，造立斯幢，伏恐星周易改，□王御邦者遂有纪之，岂敢咏饰。时大梁……"据此约略可知，这位僧大德原系清河郡（即贝州）杨氏子，出家为僧后"自择名师"，"弱冠受具，戒行清高"，入住邢州开元寺后曾刊刻印布《大佛顶随求尊胜陀罗尼经》，"功全济众"并培养出研究律本，成为"讲律正坛"的入室弟子绍徽、洪本、行福等，其本人也被推崇为"戒行清高"，"念之（止）观门"，"坚处冰霜之□□，德播时钦，人□问望，厌兹声利，志乐山林"，禅律双修的一代高僧。其于耄耋之年从容付嘱弟子洪本后，淡然圆寂。邢州僧俗信众遂以张景为都维那，以绍徽为主事僧，结成邑社，对这位高僧"报德奉恩，大陈胜事，构此邑筵，兴修化道"；在"哀盈岩谷"地为其举行茶毗礼后，为"奉展法恩之德"，又"携持灰骨，乃安厝于此大幢之下"，时在大梁乾化五年（915）。但此年款今仅可辨出泐余之"时大梁"三字，且"梁"字仅余其上部。可断其为"大梁乾化五年"者，实赖归有光文所记。

5. 归文记乾化五年（915）"庄宗入魏，梁、晋夹河之战方始，邢州未能一日安枕，而阎宝等尚能及此"云云，今查《旧五代史》之《唐书·庄宗纪》及《唐书·阎宝传》互证，可知后唐庄宗亦即晋

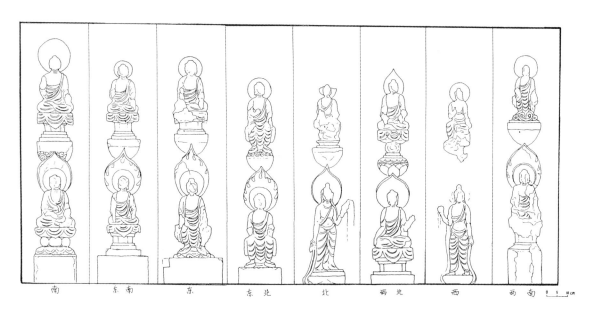

后梁幢第四层幢身造像线描图

王李存勖自晋阳率军东下,争夺后梁魏博之地,梁晋开始夹河之战是在乾化五年(后唐称天祐十二年,当年十一月后梁改称贞明元年)三月间。次年六月,李存勖命偏师攻阎宝于邢州;七月,李存勖率军到达魏州,后梁魏博节度使张筠弃城逃奔开封;八月,李存勖"大阅师徒,进攻邢州,邢州节度使阎宝请以城降"。阎宝字琼美,郓州人,行伍出身。开平三年(909年,后唐称天祐六年),阎被后梁太祖任命为邢洺节度使检校太傅,直至贞元二年(916)八月降晋,共为后梁守卫邢州城约九年。今细辨此幢原石原拓,其第八面《树幢记》后首行题名最上者,官衔为"保义军节度使邢洺磁相等州观察使金紫光禄大夫检校太保都督诸军事邢州刺……"其中部题名者及其官衔剥泐殆尽,只有近十个残字尚存而不可辨认;其下部题名者官衔依稀可辨出"保义军节度"五字,其余十余字及其姓名均漫漶严重无法确认。而归文叙其"又于寺后院见此幢",感叹当年"阎宝等尚能及此"时,视力所及必然尚能辨清阎宝之题名,而最易审视辨认的就是此行下部的题名。那么,此行上部题名者是谁?据《旧五代史·梁书·末帝纪》,乾化三年(913)三月戊辰,梁末帝曾"以邢州保义军留后检校太保戴思远为检校太傅,充邢州节度使"。同书《唐书·戴思远传》则记载,戴思远"贞明中为邢州留后,迁本州节度使","贞明中"当然包括贞明元年即乾化五年,至贞明二年八月阎宝以邢州城降晋,亦可说明这"贞明中"只能是贞明元年即乾化五年。由此可知,自乾化三年三月至乾化五年,戴思远曾与阎宝为后梁共守邢州城约三年,故此行上部题名者很可能即戴思远,惜不得确考。

二、诸版《邢台县志》记录此幢之谬误

1. 清道光七年(1827)版《邢台县志》之"人物·方外·五代"目下记有:"空本,梁乾化五年特进试鸿胪卿、开府仪同三司萧国公食邑三千户,赠司空,谥大辩,曾奉诏译经。见开元寺西石幢"。所谓"开元寺西石幢",即指这通《大佛顶随求尊胜陀罗尼之幢》。但编撰这一条目者竟语无伦次,把镌于此幢第八面《树幢记》后之纪年"大梁乾化五年"略去"大"字,前移到了其凭空杜撰出的人物"空本"之后,并把不空一生荣衔中的"谥大辩广正智"简化为"谥大辩",把本幢经文前之题名中的"大兴善寺沙门不空三藏奉诏译"篡改为"曾奉诏译经",从而使读者莫名其妙,甚至错误的认为确有"空本"其人,而"空本"又曾在"梁乾化五年"获"特进试鸿胪卿、开府仪同三司萧国公,食邑三千户"之封,圆寂后获"赠司空"荣衔,得"谥大辩"之号。此为迄今所知地方志乘记载此幢最早者,故编撰这一条目也是迄今所知最先信口雌黄,将后人引入学术误区之人。

2. 光绪三十一年(1905)版《邢台县志》卷七《古迹·寺观》"开元寺"目下说:"五代梁乾化年僧空本译经于此。"随注:"开元寺石幢,空本,梁乾化年间特进试鸿胪卿、开府仪同三司萧国公食邑三千户,赠司空,谥大辩,曾奉诏译经。"卷八《艺文·金石》在"五代,天宁寺尊胜陀罗尼经幢"条下篡改《归有光文集》中的《跋大佛顶随永尊胜陀罗尼经幢》文为:

> 余既得佛顶尊胜经于开元寺,又于寺后院见此幢,题曰"大佛顶随永尊胜陀罗尼之幢",翻译均在永淳间。此幢梁乾化五年葬僧大德而建。按,梁太祖乾化元年被弑,再岁而帝诛友珪自立,复称乾化三年。四年,唐庄宗取燕,会赵王镕南寇邢州。次年,庄宗入梁,梁、晋夹河之战方始,邢州未能一日安枕,而阎宝等尚能及此。今天下承平,而佛事乃益衰,非必儒者能辞而辟之。盖其兴废亦有定数也。

引文后注云:"正书,有额'十二月',年泐,或云'梁乾化年'。在县城内天宁寺正殿东阶下。《金石分域编》。"并作按语:"谨按'永随',《分域编》作'随求',乃以意改之,非碑原题也。"

乍一看,此志编者似较道光七年版《邢台县志》编者认真,但结果更为荒谬。其荒谬首先在于毫无根据地肯定了"五代梁乾化年,僧空本译经于此",并把道光版《邢台县志》卷七介绍所谓"空本"这一人物时的首句"梁乾化五年",篡改成了"梁乾化年间"云云,更进一步地把"空本"这一子虚乌有之人在活动时间、地点、事件上具体化,从而使这一历史假象更能欺骗迷惑读者。其次在于把归有光为开元寺《大佛顶随求陀罗尼之幢》所作跋文转引在"天宁寺尊胜陀罗尼经幢"之下,并以《金石分域编》著录的"或云'梁乾化年'",树于邢台"县城内天宁寺正殿东阶下"之幢的相关内容作注,从而把开元寺后梁幢与天宁寺后梁幢混为一谈,进而又自归文中摘出"随永"二字,以《分域编》中的"随求"二字校正,断言是归"以意改之",则不但张冠李戴,且把归的"误读"归咎于有意妄改了。

其次,此志编者之荒谬还表现在引用归文时的断章取义、肆意删改上。如前所述,归有光为开元寺后梁幢所作之跋共二百七十九字,经此志编者删减惟余一百五十四字,而且在其关键处都作了篡改,如归文"前有序,而此无序。前曰'罽宾沙门佛陀波利奉诏译';此云"特进试鸿胪卿、开府仪同三司萧国公食邑三千户,赠司空,谥大辩正广智,大兴善寺三藏沙门不空奉诏译",被全部删除;"翻译俱在永淳间,而有此不同,略见序文",被删改成了"翻译均在永淳间"等等,不但对原文作者极不尊重,亦把读者引进了歧途。

另据刘慧达《河北邢台地上文物调查记》,日本《考古学杂志》31卷1号第17—23页所载村田治郎《河北省顺德的石经幢》一文中,记有天宁寺乾化四年(914)幢,形制、雕刻与开元寺大梁乾化幢近似,惜"该幢在1957年调查时未见"。由此可知,天宁寺后梁幢的树立较开元寺后梁幢的树立早一年,二者形制、雕刻近似,堪称双璧,而且该幢20世纪30年代尚存,年款可辨。光绪版《邢台县志》的编者却对这近在眼前、触手可及之物故步自封,视而不见,反而对前人的调查研究成果肆意删改,强为之解,不能不说是败笔。

3. 民国三十一年(1942)版《邢台县志》之《古迹·寺观·开元寺石幢》,在抄录道光七年版《邢台县志》卷七《人物·方外》之"五代"目下的"空本"条时,则在谬误之路上更进一步,臆改成了"空本,梁乾化间特进试鸿胪卿、开府仪同三司萧国公食邑三千户,赠司空,谥大辩,曾奉诏译经"。此志不仅进一步肯定了"空本"在历史上的存在,而且明确了"空本"获封"特进试鸿胪卿、开府仪同三司萧国公食邑三千户"就在"梁乾化间",从而把子虚乌有演化成了梨枣楮史。好在此志编者腿脚较其前辈略显勤快,于实地调查时在此幢"第一层幢身第八面最后一行",发现"有'大梁乾化'四字",为今人在漶蚀更为严重的幢面寻找和校读这一年款提供了线索。究其实,这四字镌在第一层幢身第八面《树幢记》的最后一行,至今尚可辨出"时大梁"三残字。综合归文所记"梁乾化五年",此志所记"大梁乾化"与今尚可辨的"时大梁",《树幢记》结尾年款则为"时大梁乾化五年"。其后是否还有干支纪年与月、日,则不得而知。

同时须说明,该幢第一层幢身第八面共镌文字十三行,前两行系承接第七面的《大佛顶随求陀罗尼经真言》即经咒,第三至第八行为《树幢记》,第九至十三行为树幢人题名。这些题名分为三组,即第九行自上至下为一组,系邢州保义军官员题名;后四行可分为上下两组,每行的上半部为耆宿、居士题名,以"大佛顶随求邑长张景"为首;下半部为开元寺僧侣题名,自右而左以"门人持念僧可达"、"门人登坛僧绍徽"、"门人讲律僧洪本"、"门人习律僧行福"等为首。

三、初步结论

1. 邢台开元寺《大佛顶随求尊胜陀罗尼之幢》作为五代初期佛教经幢的典型,原树于后梁乾化五年(915),至今已经将近1200年沧桑,弥足珍贵。主持树幢者应为时任"保义军节度邢洺磁相等州观察使金紫光禄大夫检校太保都督诸军事邢州刺史戴思远、保义军节度副使(或判官)阎宝等官员;主持募资施工者为"大佛顶随求邑长张景"、"邑录张□"等人;随同"奉展法恩之德"者为幢主的门人可达、绍徽、洪本、行福等僧。

2. 邢台开元寺《大佛顶随求尊胜陀罗尼之幢》所镌经文与最为常见的《大佛顶尊胜陀罗尼经》并非同一部经,前者开元十八年(730)由不空之师金刚智复观并对"有缺章句,加之满足",继由不空"恭遵遗旨,再使翻转"后,流行全国;而后者则由佛陀波利于永淳二年(683)自西域携至长安,先由日照三藏、杜行颠等翻译,留藏大内;后由佛陀波利、顺贞奉敕再翻,流行全国。前者镌刻上幢极少,后者镌刻上幢很多。此幢第一层幢身第一面上镌幢额,下镌经文,经文前一行译经人题名为"特进试鸿胪卿、开府仪同三司肃国公食邑三千户,赠司空,谥大辩广正智,大兴善寺沙门不空三藏奉诏译"。道光、光绪、民国三版《邢台县志》所记"不空",实为子虚乌有之人,绝非后梁高僧,也不可能在开元寺译经。

邢台开元寺《大佛顶随求尊胜陀罗尼之幢》确如归有光所跋,为"葬僧大德而建"。这位僧大德法讳失考,但通过镌于第一层幢身第八面上的《树幢记》约略可知,其俗籍清河郡,俗姓杨,出家后曾"自择名师","弱冠受具"后"戒行清高",禅律双修,住持开元寺期间曾印行《大佛顶随求陀罗尼经》,普济众生,甚得僧俗信众尊崇,圆寂时已是耄耋之年。圆寂后由其弟子与信众安葬在这座大幢之下。

附录一:大佛顶随求尊胜陀罗尼之幢树幢记

……□荡昏□难, 无□无及者, 其有《大佛顶尊胜随求》, 上上之心印也。今有清河郡杨□□……

石裁荆岫,钢铁辉而铼,火星连锐,錾□……印刻布,迪惊法王。倾……□□旋之音,□三毒之力,□影□尘,沾获五涵……

震洪威,岂□□受,而却为护,功全济众,莫□□□□。今张景等……□□□□□证昭苏,有□此□缘,同口祷贺,自此□□□□,敬□□灾水……大德□□也。大德……

苦空,生知上道,自择名师,执文奉教。弱冠受具,戒行清高,□□……念之观门,坚处冰霜之□□,德播时钦,人□问望。厌兹声利,志乐山林……寺居坐,□□……

人洪本曰:"凡居幻世,定有去流。□□贪嗔,善□□□语。吾今嬴耄……似息……哀盈岩谷,携持灰骨,乃安厝于此大幢之下,奉展法恩之德也。入室弟子、讲律正坛绍徽、洪本、行福等,并乃研穷……

旨内之言，报德奉恩，大陈胜事，构此邑筵，兴修化道都维那张景……受《佛顶尊……恩须孝……僧俗，造立斯幢，伏恐星周易改焉。□王御邦者遂有纪之，岂敢咏饰。时大梁……

保义军节度邢洺磁相等州观察招讨使金紫光禄大夫检校太保都督诸军事邢州刺……□□□……保义军节度……

（上半部）大佛顶随求邑长张景、邑录张□……宋会……

邑人粟元、俎行□、刘□、董□……

□□、向远、□□…晁□…赵贵、吉崇、张崇

□□直……□师进……

（下半部）门人持念僧可达、门人习律僧洪喜、门人律大德□……

门人讲律登坛□绍徽、门人习律僧洪坦、□法佺……

门人讲律僧洪本、门人习律僧洪儒、□□……

门人习律僧行福、法门习律孙□谦、□□……

附录二：《宋高僧传·唐京兆大兴善寺不空传》

释不空，梵名阿月伕跋折罗，华言不空金刚，止行二字，略也。本北天竺婆罗门族。幼失所天，随叔父观光东国。年十五师事金刚智三藏，初导以梵本《悉昙章》及《声明论》，浃旬已通彻矣。师大异之，与受菩萨戒，引入金刚界大曼荼罗，验以掷花，知后大兴教法。洎登具戒，善解一切有部，谙异国书语。师之翻经，常令共译。凡学《声明论》，一纪之功，六月而毕；诵《文殊普贤行愿》，一年之限，再夕而终，其敏利皆此类也。欲求学新瑜伽五部三密法，涉于三载，师未教。诏空拟回天竺，师梦京城诸寺佛菩萨像皆东行。寤寐，乃知空是真法器，遂允所求，授与五部灌顶护摩阿阇黎法，及毗卢遮那经苏悉地轨则等，尽传付之。厥后师往洛阳，随侍之际，遇其示灭，即开元二十年矣。影堂既成，追谥已毕，曾奉遗旨，令往五天并师子国，遂议遐征。

初至南海郡，采访使刘巨邻恳请灌顶，乃于法性寺相次度人百千万众。空自对本尊祈请旬日，感文殊现身。及将登舟，采访使召戒番禺界蕃客大首领伊习宾等曰："今三藏往南天竺师子国，宜约束船主，好将三藏并弟子含光、慧䛒等三七人国信等达彼，无令疏失。"二十九年十二月，附昆仑舶离南海，至诃陵国界遇大黑风，众商惶怖，各作本国法禳之。无验，皆膜拜求，哀乞加救护。慧䛒等亦恸哭。空曰："吾今有法，汝等无忧。"遂右手执五股菩提心杵，左手执般若佛母经夹，作法诵《大随求》一遍，即时风偃海澄。又遇大鲸出水，喷浪若山，甚于前患。众商甘于委命。空同前作法，令慧䛒诵《娑竭龙王经》逡巡，众难俱息。既达师子国，王遣使迎之。将入城，步骑羽卫，骈罗衢路。王见空礼足，请住宫中，七日供养。日以黄金斛满盛香水，王为空躬自洗浴次，太子、后妃辅佐，如王之礼焉。空始见普贤阿阇黎，遂奉献金宝锦绣之属，请开十八会金刚顶瑜伽法门、毗卢遮那大悲胎藏建立坛法，并许含光、慧䛒等同受五部灌顶。空自尔学无常师，广求密藏及诸经论五百余部，本三昧耶诸尊密印、仪形、色像、坛法、标帜、文义、性相无不尽源。一日，王作调象戏，人皆登高望之，无敢近者。空口诵手印，住于慈定，当衢而立，狂象数头顿皆踢跌，举国奇之。次游五印度境，屡彰瑞应。

至天宝五载还京，进师子国王尸罗迷伽表及金宝璎珞、般若梵夹、杂珠白毡等，奉敕权止鸿胪。续诏入内，立坛为帝灌顶。后移居净影寺。是岁终夏愆阳，诏令祈雨，制曰："时不得赊，雨不得暴。"

空奏立孔雀王坛，未尽三日，雨已浃洽。帝大悦，自持宝箱，赐紫袈裟一副，亲为披摄，仍赐绢二百四。后因一日大风卒起，诏空禳止。请银瓶一枚作法加持，须史戢静。忽因池鹅误触瓶倾，其风又作，急暴过前。敕令再止，随止随效。帝乃赐号曰"智藏"焉。

天宝八载，许回本国，乘驿骑五匹至南海郡，有敕再留。十二载，敕令赴河陇，节度使哥舒翰所请。十三载，至武威，住开元寺，节度使洎宾从皆愿受灌顶，士庶数千人咸登道场，弟子含光等亦受五部法；别为功德使开府李元琮受法，并授金刚界大曼茶罗。是日，道场地震，空曰："群心之至也。"十五载，诏还京，住大兴善寺。至德初，銮驾在灵武、凤翔，空常密奉表起居。肃宗亦密遣使者求秘密法。洎收京反正之日，事如所料。

乾元中，帝请入内，建道场，护摩法，为帝受转轮王位，七宝灌顶。上元末，帝不豫，空以《大随求真言》袚除，至七过，翼日乃瘳，帝愈加殊礼焉。空表请入山，李辅国宣敕，令于终南山智炬寺修功德。念诵之夕，感大乐薩埵舒毫发光，以相证验，位邻悉地。空曰："众生未度，吾安自度耶！"肃宗厌代，代宗即位，恩渥弥厚。译《密严》《仁王》二经毕，帝为序焉。颁行之日，庆云俄现，举朝表贺。永泰元年十一月一日，制授特进试鸿胪卿，加号"大广智三藏"。大历三年，于兴善寺立道场，敕赐锦绣褥十二领、绣罗幡三十二首；又赐道场僧二七日斋粮；敕近侍大臣诸禁军使并入灌顶。四年冬，空奏天下食堂中置文殊菩萨为上座，制许之。此盖慊憍陈如是小乘教中始度故也。五年夏，有诏请空往五台山修功德，于时彗星出焉。法事告终，星亦随没。秋，空至自五台，帝以师子骢并御鞍辔遣中使出城迎入，赐沿道供缘。六年十月二日，帝诞节，进所译之经表云："爰自幼年，承事先师三藏十有四载，禀受瑜伽法门，优游五印度，求所未授者并诸经论计五百余部。天宝五载，却至上都，上皇诏入内立灌顶道场，所赍梵经尽许翻度。肃宗于内立护摩及灌顶法。累奉二圣令，鸠聚先代外国梵文，或条索脱落者修，未译者译。陛下恭遵遗言，再使翻传，利济群品。起于天宝，迄今大历六年，凡一百二十余卷、七十七部并目录，及笔受等僧俗名字，兼略出念诵仪轨，写毕遇诞节，谨具进上。"敕付中外，并编入《一切经目录》中。李宪诚宣敕，赐空锦彩绢八百疋，同翻经十大德各赐三十疋。沙门潜真表谢，僧俗弟子赐物有差。又以京师春夏不雨，诏空祈请，如三日内雨，是和尚法力；三日以往而沛然者，非法力也。空受敕立坛，第二日大雨云足。帝赐紫罗衣并杂彩百匹、弟子衣七副，设千僧斋以报功也。空进表请造文殊阁，敕允秦贵妃、韩王、华阳公主同成之。舍内库钱约三千万计，复翻《尊路茶王经》，宣赐相继，旁午道路。

至九年，自春抵夏，宣扬妙法，戒勉门人，每语及《普贤愿行出生无边法门经》，劝令诵持，再三叹息。其先受法者，偏令属意观菩提心本尊大印真诠阿字了法，不生证大觉身，若指诸掌，重重属累。一夜，命弟子赵迁持笔砚来："吾略出《涅槃茶毗仪轨》以贻后代，使准此送终。"迁稽首三请："幸乞慈悲久住，不然，众生何所依乎？"空笑而已，俄而示疾，上表告辞。敕使劳问，赐医药，加开府仪同三司，封肃国公，食邑三千户。因让不渝，空甚不悦，且曰："圣众俨如，舒手相慰，白月圆满，吾当逝矣。奈何临终更窃名位！"乃以五股金刚铃杵先师所传者，并银盘子、菩提子、水晶数珠留别，付中使李宪诚进。六月十五日，香水澡沐，束首倚卧，北面瞻望阙庭，以大印身定中而寂，享年七十，僧腊五十。弟子慧朗次绍灌顶之位，余如法者数人。

帝闻，辍视朝三日，赐绢布杂物钱四十万、造塔钱二百余万，敕功德使李元琮知护丧事。空未终前，诸僧梦千仞宝台摧，文殊新阁溃，金刚杵飞上天。又，兴善寺后池无故而涸，林竹生实，庭花变萎。七月六日茶毗，帝诏高品刘仙鹤就寺致祭，赠司空，谥"大辩广正智三藏"。火灭，收舍利数百粒,八十粒进内;其顶骨不燃,中有舍利一颗,半隐半现,敕于本院别起塔焉。

空之行化利物居多,于总持门最彰殊胜,测其忍位,莫定高卑。始者,玄宗尤推重焉。尝因岁旱,敕空祈雨,空曰:"过某日可祷之,或强得之,其暴可怪。"敕请本师金刚智设坛,果风雨不止,坊市有漂溺者,树木有拔仆者。遽诏空止之,空于寺庭中捏泥媪五六溜水,作梵言骂之,有顷开霁矣。玄宗召术士罗公远与空捅法,同在便殿。罗时时反手搔背。空曰:"借尊师如意。"时殿上有花石,空挥如意击碎于其前。罗再三取如意不得。帝欲起取,空曰:"三郎勿起,此影耳。"乃举手示罗,如意复完然在手。又,北邙山有巨蛇,樵采者往往见之,矫首若丘陵,夜常承吸露气,见空人语曰:"弟子恶报,和尚如何见度?每欲翻河水,陷洛阳城以快所怀也。"空为其受归戒,说因果,且曰:"汝以嗔心,故受。今那复罣恨乎?吾力何及。当思吾言,此身必舍矣。"后樵子见蛇死涧下,臭闻数里。空凡应诏祈雨,无他规则,但设一绣座,手捽旋数寸木神子,念咒掷之,当其自立于座上,已伺其吻角,牙出目眦,则雨至矣。又,天宝中,西蕃大石康三国帅兵围西凉府,诏空入,帝御于道场。空秉香炉,诵《仁王密语》二七遍,帝见神兵可五百员在于殿庭。惊问空,空曰:"毗沙门天王子领兵救安西,请急设食发遣。"四月二十日果奏云:"二月十一日城东北三十许里,云雾间见神兵长伟,鼓角喧鸣,山地简震,蕃部惊溃。彼营垒中有鼠金色,咋弓弩弦皆绝。城北门楼有光明天王怒视,蕃帅大奔。"帝览奏谢空,因敕诸道城楼置天王像,此其始也。空既终,三朝所赐墨制,一皆进纳,生荣死哀,西域传法僧至此,今古少类矣。嗣其法位,慧朗师也。御史大夫严郢为碑,徐浩书之,树于本院焉。

钟离权草书题壁诗刻石简述

一、原石全文及相关问题

邢台开元寺原石全文为：

> 天下都散汉钟离抹书
>
> 得道高僧不易逢，几时归去愿相从。
>
> 自言住处连沧海，别是蓬莱第一峰。
>
> 莫厌追欢笑语频，寻思离乱好伤神。
>
> 闲来屈指从头数，得见清平有几人！

邢州开元寺观音院殿后壁上，有五代钟离师父权留诗二绝，笔迹超逸，不类俗体，予深爱之。恐其岁久字漫，故刊于石，时皇祐四年仲秋九月九日，相州管内观察事知郡事刘从广记。

钟离抹，即钟离权，或记为钟离昧，或误读为汉钟离，唐宋以来道教传说的八仙之一。《佛祖统记》卷四十二记载，钟离权字云房，自称（后）汉时遇王玄甫，得长生之道，因避世乱入终南山。《历世真仙体道通鉴》卷三十一记载，钟离权道号和谷子，又号正阳子、云房先生。生时有异相，及壮仕（后）晋，为大将。后回心向道，得一老者授予长生真决、赤符玉箓、金科灵文、金丹火候、青龙剑法，学得长生诀后居住于峮峒山紫金四皓峰，又得玉匣秘诀，遂修成真仙，被玉皇大帝封为太极左宫真人。靖康年间（1126—1127），宋钦宗封钟离权为正阳真人。至元六年（1269）正月，元世祖封钟离权为正阳开悟传道真君。

刘从广，字景元，祖籍并州，系刘美之子，宋真宗刘皇后之侄，宋仁宗的姑表兄弟。少年时即出入禁中，侍卫仁宗左右。刘太后爱其如己子。刘太后驾崩后，时年十七岁的刘从广出任崇州团练使，随又娶荆王赵元俨之女为妻，升任滁州防御使。西夏赵元昊叛乱时，刘从广因捐朝廷所给公使钱以助军需，得到宋仁宗嘉纳，转任群牧都监，旋改副使。又因从广自任防御使十年不迁，特拜宣州观察使同勾当三班院。从广请补外任自效，得任洺州知州，任期内曾因漳水溢而穿隋故渠（即大运河），以杀水势，洺人便之。徙任邢州刺史时，曾籍乡军之疲老者，听引子弟自代，著为令。自邢州召还朝廷后，复领三班院，出知襄州，再徙真定府路马步军副都总管。卒于任所，追赠昭庆军节度使，谥良惠。史称从广性谨饬，然喜交士大夫，时颇称之。

据此石刻题记，可知刘从广出知邢州时在皇祐四年（1052）前后数年间，其时任官衔全称为"管内相州观察知邢州事"。详见《宋史》卷四百六十三《外戚列传》。

二、《宋朝事实类苑》原文及相关问题

《宋朝事实类苑》卷三十五原文为：

> 钟离权　邢州开元寺一僧院壁有五代时隐士钟离权草书诗二绝，笔势遒逸，诗句亦佳。诗曰：
>
> 得道真僧不易逢，几时归去愿相从。
> 自言住处连沧海，别是蓬莱第一峰。
> 其二曰：
> 莫厌追欢笑语频，寻思离乱可伤神。
> 闲来屈指从头数，得见升平有几人！
> 后刘从广知邢州，访此寺，遂命刊勒此诗于石。

此文所载钟离权诗，与邢台开元寺原石所刊不同者共三处，即原石所刊"高僧""好伤神""清平"，此文所载为"真僧""可伤神""升平"，应是传抄之误。

三、关于修武县长春观录诗题名碑

此碑由全真道士刘道晦等树于修武县长春观，高 1.63 米，宽 0.7 米，分上、中、下三段，上段为主持官员题名，中段为抄录邢州开元寺原石全文，下段为受命刻石者题名，现照录如下：

> 省除卫辉路辉州吏目李思敬、武德将军蒙古军千户僧儿、济源县长春观住持尊宿提点元吕公、昭武大将军河南淮北蒙古都万户察军铁穆尔金郎中、正议大夫海北广东道肃政廉访使脱脱、怀远大将军蒙古军万户□山僧金郎中、武略将军前滑州尹刘晖、孙李固务使刘祖谦。（上段）
>
> 天下都散汉钟离抹书
> 得道真僧不易逢，几时归去愿相从。
> 自言住处连沧海，别是蓬莱第一峰。
>
> 莫厌追欢语笑频，寻思离乱可伤神。
> 闲来屈指从头数，得到清平有几人！
> 邢州开元寺观音院殿后壁上有五代钟离师父权留诗二绝，笔迹超逸，不类俗体，予深爱之。恐其岁久字漫，故刊于石，时皇祐四年仲秋九月九日，相州管内观察事知郡事刘（从）广记。（中段）
>
> 奉宁竹岩张端书丹，获吕吴荣刊，郑国秀岩处士田茂篆额。冲和明仁大师副宫李志顺、王副宫（此后尚有 14 位全真道士题名略而未录）（下段）

碑文末行为通款："大元至正八年四月吉日，长春教主邱神仙门下玄妙明和安静大师、前郑州道门提举、住持本宫宗门尊宿都提点刘道晦等化缘立石。"

从而可知，邢台开元寺原石所镌"高僧"、"笑语"、"好伤神"、"得见"，此碑误镌为"真僧"、"语笑"、"可伤神"、"得到"。

主持树立此碑的官员中，察军铁穆尔字廷瑞，系出北庭契丹族，其祖乃蛮台、父阿鲁温皆家河

南,遂为颍州沈丘人。《元史》卷一百四十一有其传,记作"察罕贴木儿"。幼笃学,尝应进士举,有时名,居常慨然,有当世之志。至正十二年(1352),曾聚沈丘义兵数百人,与信阳罗山人李思齐合兵破江淮红巾军,得授中顺大夫、汝宁府达鲁花赤职,遂成元末镇压红巾军主要将领,历任中书刑部侍郎、尚书阶嘉议大夫、中奉大夫金河北行枢密院事、资善大夫陕西行省左丞、陕西行省右丞兼陕西行台侍御史、同知河南行枢密院事、陕西行省平章政事仍兼同知行枢密院事。至正十九年(1359),又以功拜河南行省平章政事兼知河南行枢密院事、陕西行台御史中丞仍便宜行事。二十一年(1361)八月,率军招降山东红巾军领袖田丰,克济南。次年三月,诏拜中书平章政事知河南山东行枢密院事,陕西行台中丞如故。六月,麾军进攻益都时,被诈降的田丰、王士诚所杀,追赠宣武兴运弘仁效节功臣,追封颍川王,谥忠襄,食邑沈丘县。

脱脱,字大用,系出蒙古蔑儿吉呆氏,由其伯父、元顺帝初期权相伯颜养为己子。他作为蒙古贵族子弟,自少年起历任成制提举司达鲁花赤兼内宰司丞、府正司丞、忠顺侍卫亲军都指挥使,继兼同知宣政院事、中政使同知枢密院事、太禧宗禋院使、御史中丞、虎符亲军都指挥使提调左阿速卫、御史大夫仍提调前职。至元六年(1340)二月,与元顺帝设计诛杀其伯父、首相伯颜后,因功升任知枢密院事、虎符忠翊卫亲军都指挥使、提调武备寺阿速卫千户所兼绍熙等处军民宣抚都总使、宣忠兀罗思护卫亲军都指挥使司达鲁花赤、昭功万户府都总使。自至正元年(1341)起,历任中书右丞相录军国重事,成为元末名相。至正四年(1344),兼领宣政院事,因病辞职,凡十七上表始得敕准后,获封郑王,食邑安丰。赏赉巨万,辞而不受。乃赐松江田,为立稻田提领所以领之。至正八年(1348),奉调还京,为太傅,提调宫傅,综理东宫事。九年,复任中书右丞相,领东宫端本堂事,提调阿速、钦察二卫、内史府、宣政院、太医院。继因治河功,获赐世袭答喇罕之号,得淮安路为食邑。红巾起义爆发后,开始运筹帷幄,指挥镇压。十二年(1352),亲自麾军至徐州,镇压红巾军并屠其城。十四年(1354),亲自麾军镇压张士诚部义军。当年因人离间被罢相,流放云南大理;十二月被矫诏鸩杀,时年四十二岁。二十三年(1363),其冤得雪,其长子哈剌章得封中书平章政事、申国公,分省大同;次子三宝奴得任知枢密院事。《元史》卷一百三十八有传。

此碑所镌至正八年察罕铁穆尔、脱脱所任官衔,《元史》缺载。李思敬、僧儿、元吕公、□山僧、刘晖、刘祖谦、刘道晦等人,《元史》无传,因可补史之缺。

另据北京白云观(即丘处机创建之长春宫)抄本《诸真宗派总簿》,道教"五祖派"始祖为东华帝君,二祖钟离权,三祖吕洞宾,四祖刘海蟾,五祖王重阳。五祖之下,又传丘处机等全真七子开创的龙门、随山、南元、遇山、华山、嵛山、清静等七真派。刘道晦作为"长春教主丘神仙门下",化缘树立此碑,自有尊祖之意在。察罕铁穆尔、脱脱等助缘树立此碑,当是其目睹元王朝风雨飘摇,大厦将倾,有感而发。

四、明傅梅题跋石刻

傅梅题跋石刻全文为:

> 唐钟离权,世所称得道仙也,有邢州开元寺题壁二诗,时代既远,邢人无知者。玩诗意,重伤离乱之民,遐想清平之世,则亦非世外人矣。

此跋收录于光绪版《邢台县志》,原石已佚,傅梅所署名款、年款不得其详。但据北京大学刘慧达《河北邢台地上文物调查记》,其在开元寺调查时,尚见傅梅书于崇祯三年(1630)的《重修开元寺山门两殿记》碑，则傅梅此跋极有可能亦书于同一时期。傅梅（1563—1643）字元鼎，明顺德府邢台县城里人，万历十九年（1591）中举后，曾出任河南登封县知县。万历四十三年（1615）因政绩突出，升任刑部主事，曾主审明代宫廷三大案之一的慈庆宫梃击案。不久后因被人诬陷罢官。崇祯时被重新起用，任台州府知府，后以年老申请退休。崇祯十六年（1643）二月，以八十高龄参加抵抗清兵的守城之战，壮烈殉国，赠太常寺少卿。著有《嵩书》《雉园集》《简翁诗话》。《明史》有传。

五、《全唐诗》节录

上海古籍出版社1986年版《全唐诗》第十二函第七册录有钟离权小传及其诗，现节录于下：

钟离权，咸阳人。遇老人授仙诀，又遇华阳真人、上仙王玄甫传道，入崆峒山，自号云房先生。后仙去。

题长安酒肆壁三绝句

坐卧长携酒一壶，不教双眼识皇都。

乾坤许大无名姓，疏散人中一丈夫。

得道高僧不易逢，几时归去愿相从。

自言住处连沧海，别是蓬莱第一峰。

莫厌追欢笑语频，寻思离乱好伤神。

闲来屈指从头数，得见清平有几人！

此诗题或另有所据，而刘从广当年所见钟离权的《邢州开元寺题壁诗二首》，在此增为三首，显系后人所为。

敕赐圆照塔记

　　宋大观四年（1110）。《金石分域编》著录。原碑破坏已久，现邢台开元寺仅存一角，残高73厘米，高60厘米，厚22厘米。额为阳刻，残存"照塔记"三字，但仅有"记"字完整。额下残存碑文十行、三十一字。现据中国图书馆藏全拓本转录。

《敕赐圆照塔记》全拓

《敕赐圆照塔记》残拓

敕赐邢州开元寺圆照塔记①

少室陈振撰②　具茨晁咏之书③

　　大观三年秋八月己亥有诏④，邢州开元寺大圣塔宜赐名圆照。主塔僧云祥持诏来请曰⑤："愿为大众说此因缘⑥。"振稽首为白大众曰："若等知佛之心乎⑦？知吾君所以报佛之意乎⑧？抑尝闻圆照之说乎？吾今试为若等妄论之。如珠在盘，宛转不定，是名为圆；如鉴在台，光明不碍，是名为照。玩珠求圆，圆不在珠；指鉴说照，照不在鉴。无珠无鉴，亦无圆照。如手指月，月不在指，亡月亡指⑨，尽虚空界。吾今以妄论之，若等亦以妄听之矣。

　　"佛法固有，所谓入于神通大光明藏⑩，乃至清净觉地，身心寂灭平等，本际圆满十分者，吾又可以妄论之，若等又可以妄听之耶？若等欲闻圆照之说，当以种种心，求种种法，则知一切见解，皆是妄生分别。然则，吾君何以报佛？佛何以得名圆照？顾佛有不可私议者，虽吾君圣哲，亦莫得而言传。姑取其可以示人者，号而读之耳。

　　"佛之示人以象，象必托物。无物无象，则大法不立。至其妙处，物象两亡，法亦随灭。今若等所见，宝构层七⑪，逾三百尺⑫。龛中趺坐，具足色身者⑬，何物何象？复有何法？既是泗州相⑭，何得来至此？此地亦何得住泗州相？若谓祈祷感应，本无祈祷感应；若谓显现灵异，本无显现灵异。百千万劫未来之时⑮，还曾有是否？百千万劫过去之日，欲复见是，还得见否？

　　尝试与若登其顶而望之，有梵刹崛起于前者，曰：'此二祖传钵之地也。'⑯有茂林秀发于后者，曰：'此赵州授衣之境也。'⑰有祥光异气葱郁于右掖者，曰："此佛图澄咒龙之冈也。'⑱今三大德者安在？若等能复听其说乎？又尝与若循其廊庑而阅之，有僧师安经营于宝元之己卯者⑲；塔之始兴也，有僧用实崇饰于嘉祐之壬寅者⑳。塔之既成也，今二师者安在？若等复能结此善因乎？彼既不知所在，此亦安得而固有之？故曰物象两亡，法亦随灭也。

　　若夫佛之心，与吾君所以报佛之意，则无量、无数、无边，与天地无穷矣。"

　　大众曰："善哉、善哉！"于是稽首归依，而作

偈言：

　　　　我闻一切法，皆有一切道。道本在虚空，
　　　　法亦虚空故。譬如水上波，波从水中起。
　　　　无水亦无波，何用妄分别？世间种种人，
　　　　行道不见道。如鱼虾蠃蚌㉑，在水不知水。
　　　　佛以大慈悲，救此众生苦。变现幻化中，
　　　　具有大神力。假象以示人，人亦随象化。
　　　　谓象真是佛，又是一种妄。如指光说灯，
　　　　光尽灯不见。若能解此义，是名为圆照。

119

大金邢州开元寺重修圆照塔记

金大定五年（1165）。《金石分域编》著录。原立于邢台开元寺圆照塔前，今佚。现据北京大学图书馆藏清缪荃孙艺风堂拓本收录。

金修開元寺圓照塔記

劉仲尹撰　張天穌正書　閻嵸篆額　大定五年歲

次乙酉八月丁丑朔十七日癸巳　在直隸邢台開元寺

大金邢州开元寺重修圆照塔记

文林郎行沃州赞皇县主簿兼县尉刘仲尹撰[①]
襄国医学博士张天和书丹[②]　　安阳阎崧篆额[③]

　　道以济物为功,教以踊俗为要[④]。□虖浮屠氏之教施之于世[⑤],其所以建大功德,作大因缘,警厉群心,鼓扬诸法,伟矣哉宏开方便之门,广开圆通之路,津梁庶汇[⑥],普逃色幻之空,轨躅群邪[⑦],共入宝花之妙,易苦海为甘露,变灾劫于青莲[⑧],虽曰为善不同,要之乎同归于治,则又焉得谓之无补于教化也欤。夫其教之兴也,肇自周昭王时[⑨]。按《古今述异记》云:"当是时也,国有瑞气,洞贯丹霄。周太史苏繇陈于王曰:'西域当有圣人生,其教千载之后,则入于中国矣。'"而后东汉永平间,岁在甲子[⑩],果有金人形于帝梦,帝意感异。因傅毅、王遵之言,明帝遂加笃信,遣使天竺,求索遗像及诸梵法,至月支而遇腾、兰辈[⑪],因以迎归,加之敷译[⑫],其法遂著。自兹而后,东渐于海矣。迨至梁、唐,枝派愈炽。武帝则大通年间分朝之暇[⑬],数幸同泰[⑭],躬升法座,为四部众说金字《摩诃般若经》义[⑮];太宗则贞观年间下诏[⑯],为战阵处崇立阁寺,仍命虞世南、李伯药、褚遂良、岑文本、颜师古、许敬宗、朱子奢等六人分为碑铭,以至四方风动,竟□福田交构,莲宫聚为宝塔[⑰]。

　　塔之为说也,以佛经论之,则与佛偕兴,梵音云窣堵坡,其义盖言其高显。今举其大者而言之,阿育起于白马之中[⑱],则见之于释论[⑲];澄观立于清淮之上[⑳],则得之于儒书[㉑]。论其所以,大意则不过使一切具瞻,共生正信,想象兮千圣音容之所现,恍惚兮诸天威佛之所移。较之功力,则不为不多矣。今邢州开元寺圆照塔者,斯塔之创也,寺僧相传及残碑所记,大略云有僧文籍鄙谚[㉒],号之曰皮裘道者,大概撼实而言之也。衡漳之间[㉓],一人而已。自定武逾恒山[㉔],拥徒而南道,过于邢。时有文殊院主法僧明则,稔习道者之戒行[㉕],乃白于伊徒曰:"必欲求功德主,假道力以终事,□斯人而奚择哉[㉖]。"乃率其徒以塔缘恭请于道者。道者乃扬眉竖拂而言曰:"汝岂不晤《金刚经》云:'若人以音声求我,若人以色见我,是人行邪道,不能见如来。'汝何诱我以有相之事乎?"明则徐□之曰:"不然。道者岂不欲推惠心于尘劫[㉗],假妙手于法轮哉[㉘]?道者亦将以有相为有乎?"道者善其通慧,因诺其请,驻锡而为之立缘。然犹罄力殚诚,始自宝元,至于嘉祐[㉙],积有年矣,方见涯涘[㉚]。

　　而后至和纪元[㉛],闻为风雨摧圮,柱栋不支,几至欹挠[㉜]。有主僧栖蕴者,虽欲缮葺,自相缘轻,乃请普贤院讲主师安,及广平郡律师用实者同力赞成。至嘉祐七年[㉝],大缘复集,工像方完。塔之初缘以泥金斗帐贮以大圣尊仪,故塔之榜名曰"大圣",宋元丰三年而刻石焉[㉞]。大观三纪秋八月己亥[㉟],宋诏复改名曰"圆照"。尔后政迁俗变,属宋之残,废易紫衣[㊱],崇尚黄冠[㊲],法道沦夷,静门凋瘵,而塔焉能独固哉!

　　迨自我国家启迹之初,化行代虚,道契无为,虽寺僧稍稍复集,而塔之仅存者,独有其遗迹败栋而已。率皆赤白漫漶,檐瓦崩漏,其何以称万目之观哉!噫嘻!法缘废兴,亦有阴数。兹者宣公上人心怀玲珑,慧眼明彻,洞六法之渊源[㊳],精五门之旨趣[㊴],深恐道缘轻坠,圣法难崇,而乃发布金之至愿,摅永宝之坚诚,载集良工,一新胜事,莫不文砖墥兽,势夺妙高⑩;绀瓦铺莲,样模兜率⑪。跨檐楹于天际,倚栌栱于云间。轮相摇金⑫,披崇朝之海日;铃音碎玉,撼永昼之松风。恍矣神功,寄之尘境,可谓绘染竭一时之妙,装严极四海之妍。夜梵起于层棱,声闻三界⑬;晨香泛于万仞,劳动九天⑭。应使神物护持,灵心顾湜⑮,而又鹊岩西揭,接太行万仞之秋⑯;鹈水东流,显襄国四平之胜⑰。南望乎蕙阳之故墟⑱,北瞰乎柏林之旧迹⑲。一方雄观,千劫圣缘。落成之日,士庶骈罗,香花散雨。

师复念其塔之载修,今已三数,乃绕视而叹曰:"若不砻贞石以识其始末,则何以永传于后哉!"因求文于士夫之辈。于斯之际,下走方以职事处沃之属,寓迹穆坛⑳。虽沃与邢其封相接,而闻师之行而未睹师之法。观何其偶耳,而适以家府自沃之鄗邑移宰唐山,以事趋州㉑,而暇日好谈空,多与僧流接,因与师有旧邂逅,挂及俗累,因举下走而言之。无何,数月之间,则塔缘告毕。师亦不揣其孤陋,独以其半面之私,乃见祝于斯文。辞之再三,义不获已。今勉强叙其岁时之实,其于发扬妙理,徽美大缘,斯所谓《圆觉经》云:"若人以思,惟心测量。"圆觉妙旨,是由举萤火而焚须弥山耳㉒,诚以不免于识者消焉。因复以俚语而为之铭曰:

　　昔在西域,挺生圣人,智谢五蕴,慧逃六尘。
　　足履觉岸,舌推法轮,引物归正,化俗即真。
　　千载而后,教始东至,行之如流,归者如市。
　　象形旃檀㉓,神显舍利,使诸众生,享此福事。
　　兹者宣公,宝塔是崇,是宰堵坡,与法俱洪。
　　陵谷可变,江湖可穷,劫火飞烈,而确乎处中。

大定五年岁次乙酉八月丁丑朔十七日□巳㉔,邢州开元寺东石辟院重修塔功德主管勾都僧正、特授广明大德传戒讲经律论沙门洪宣、同劝缘弥勒院管勾塔主僧祖靖立石

　　儒林郎安国军节度判官兼观察判官边兄鼎
　　信武将军安国军节度副使兼邢州管内观察副使肖辅速
　　宣威将军同知安国军节度使兼邢州管内观察使事上骑都尉金源县开国子食邑五百户完颜
　　金吾卫上将军安国军节度使兼邢州管内观察使上护军彭城郡开国侯食邑一千户实封一百户唐括李骨的㉕

注释:
①刘仲尹,字致居,号龙山,盖州(今辽宁盖县)人,后徙居沃州(今河北赵县)。一说辽阳(今属辽宁)人。正隆二年(1157)进士,撰此碑时任沃州赞皇县主簿兼县尉,累官至潞州节度副使、都水监丞。擅诗词,多为闲适之作。《金史》无传,此可补史之缺。
②③张天和、阎崧,《金史》均无传,生平无考。
④踵俗,即随俗。
⑤浮屠,亦作浮图、坲图,梵文音译,即佛陀、佛。浮屠氏之教即佛教。
⑥庶汇,即聚汇。津梁庶汇,像很多桥梁聚汇在一起。
⑦轨躅,规范的脚步。典出《汉书·叙传上》:"伏周、孔之轨躅。"轨躅群邪,规范各种邪见。
⑧青莲,本指产于印度的青色莲花,即"优钵罗",佛教常用以比喻眼睛。此用以代指智慧、觉悟。

⑨周昭王,即西周第四王姬瑕。

⑩东汉永平间,岁在甲子,即永平七年(64)。

⑪月支,又作月氏,古族名,秦汉之际游牧于敦煌、祁连间。汉文帝前元三至四年(前177—前176)遭匈奴攻击后,大部西迁塞种地区(今新疆西部伊犁河流域及其迤西一带),称大月氏;少数进入南山(今祁连山)者与羌人杂居,称小月氏。此指大月氏领地。腾、兰辈,即摄摩腾、竺法兰。

⑫敷译,即翻译。

⑬大通年间,即南朝梁武帝大通元年至中大通六年(527—534)。

⑭数幸同泰,数次舍身同泰寺。据文献记载,梁武帝曾先后四次舍身同泰寺,又令臣下以亿万钱奉赎。

⑮四部众,即比丘、比丘尼、沙弥、沙弥尼。《摩诃般若经》,后秦鸠摩罗什译,是大乘佛教的基础经典。

⑯太宗则贞观年间下诏,据《唐会要》卷四十八记载,时在贞观三年(629)十二月一日。其中,因破刘武周于汾州,立宏济寺,宗正卿李百药为碑铭;破宋老生于吕州,立普济寺,著作郎许敬宗为碑铭;破宋金刚于晋州,立慈云寺,起居郎褚遂良为碑铭;破王世充于邙山,立昭觉寺,著作郎虞世南为碑铭;破窦建德于汜水,立等慈寺,秘书监颜师古为碑铭;破刘黑闼于洺州,立昭福寺,中书侍郎岑文本为碑铭。

⑰福田、莲宫,均指寺院。

⑱阿育起于白马之中,阿育王塔创建于白马寺之中。白马寺在今河南洛阳,为中国最早的寺院之一。据传永平七年(64)汉明帝遣郎中蔡愔、博士弟子秦景等赴天竺求法。十年(67)同中天竺僧摄摩腾、竺法兰返回洛阳后,特在雍门(北魏改称西阳门)外三里御道之南创建此寺。寺式仿照祇园精舍,中有塔,或即此说阿育王塔。但今存白马寺齐云塔(即舍利砖塔)为金大定十五年(1175)重建。

⑲见之于释论,据《高僧传》说:"外国国王尝毁破诸寺,唯招提寺未及毁坏。夜有一白马绕塔悲鸣,即以启王。王即停坏诸寺,因改招提以为白马。"而《洛阳伽蓝记》说摄摩腾、竺法兰到洛阳时,"白马驮经而来",因以名寺。塔名阿育王塔,则因传说阿育王在位时,曾分派高僧至各国传播佛教,并分持舍利创建舍利宝塔八万四千座,白马寺中的佛舍利塔即其中之一,故有此名。

⑳澄观,即澄观塔,特指太平兴国七年(982)宋太宗敕命重建的泗州普光王寺僧伽大圣塔。因其临近淮河,故说"立于清淮之上"。

㉑得之于儒书,是说李白、韩愈、蒋之奇、黄庭坚、苏轼、苏辙、李纲等儒士均曾赋诗撰文,颂扬僧伽事迹且曾述及泗州僧伽大圣塔。

㉒文籍鄙谚,即文人雅士著文或乡间鄙野百姓传说。

㉓衡漳之间,衡水和漳水流域之间,泛指冀中、南地区。

㉔定武,特指金定武军节度使驻地定州博陵郡(今河北蠡县),辖有博陵、安喜、新乐、无极、永平、庆都、曲阳七县。恒山,即北岳,在今河北曲阳西北与山西接壤处。

㉕稔习,熟悉、熟知。

㉖斯人,此人。奚择,还有什么选择?

㉗尘劫,尘世间的劫难。

㉘法轮,佛法的别称。此指佛法不停滞于一人一处,辗转相传如车轮。《大智度论》卷二十五即说:"转轮圣王手转宝轮,空中无碍;佛转法轮,一切世间天及人中无碍无遮。"

㉙宝元、嘉祐,皆宋仁宗年号。但此说皮裳道者创建大圣塔"始自宝元"无误,"至于嘉祐"却与后文之"后至和纪元,闻为风雨摧圮"相互矛盾,故应为"至于皇祐"。据宋《敕赐开元寺圆照塔记》,皮裳道者创建开元寺大圣塔始于宝元二年(1039),基本竣工应在皇祐元年(1049),历时十年。

㉚涯涘,本指大海边际。此用以喻大圣塔的博大深邃。

㉛至和纪元,即至和元年(1054)。

㉜攲挠，倾斜倒塌。挠 ，恶、坏。

㉝嘉祐七年，即1062年。自至和元年至嘉祐七年，栖蕴、师安、用实主持重修大圣塔共用了八年时间。

㉞元丰三年，即1080年，时宋神宗在位。

㉟大观三纪，即大观三年（1109），时宋徽宗在位。

㊱紫衣，佛教的代称。因高僧身着紫色袈裟故。

㊲黄冠，道教的代称。本指道士的束发之冠，用金属或木类制成，其色尚黄，故称黄冠。

㊳六法，应指六神通，即六种法力。分别为神足通、天眼通、天耳通、他心通、宿命通、漏尽通。《俱舍论》卷二十七说，此六通“慧为自性”，即以慧为体，前五通修持四禅，凡夫亦可达到，第六通只有圣者即阿罗汉、菩萨、佛可得。

㊴五门，特指临济宗、曹洞宗、沩仰宗、云门宗、法眼宗等禅宗五支。

㊵文砖，雕有纹饰之砖。堿兽，台阶上石雕的瑞兽。堿，通礣。势夺妙高，其实超过了传说中的妙高台，亦即须弥山。

㊶样模兜率，模样就像传说中的兜率天宫。

㊷轮相摇金，即塔刹上的相轮金光闪闪。

㊸夜梵，指长夜中的诵经之声。层棱，指一层层的塔身。三界，即佛教所说的世俗世界，包括欲界、色界、无色界。

㊹九天，指中央和八方之天。据《吕氏春秋·有始览》，即中央钧天、东方苍天、东北变天、北方玄天、西北幽天、西方颐天、西南朱天、南方炎天、东南阳天。但有多种说法。

㊺顾湜，眷护它。湜，此，这。

㊻鹊岩，特指邢台城西某山峰，或说指内丘鹊山。

㊼鸩水，即鸳水，即发源于达活泉的牛尾河，又称响水河。襄国，邢台的古称。

㊽悳，“德”之异体。德阳之故墟，应指邢台之南悳阳县（今成安县）禅宗二祖慧可的圆寂之地元符寺，或慧可在该县的说法地匡教寺遗址。

㊾柏林之旧迹，特指赵州和尚从谂的说法地赵州柏林寺。

㊿下走，碑文作者刘仲尹的自谦之称。沃，即金沃州，北宋称赵州，治所在赵县。穆坛，特以赞皇县坛山代指赞皇县。坛山有摩崖石刻“吉日癸巳”四字，欧阳修《集古录》引《穆天子传》，定其为周穆王刻石，故有人称坛山为“穆坛”。

(51)家府，即家父。鄗邑，即今高邑县。唐山，曾名尧山县，今邢台市隆尧县一部，金时属邢州管辖。趋州，到达邢州城里。

(52)须弥山，又译作迷卢、须弥楼等，意即妙高、妙光、善高、善积等。相传该山高八万四千由旬，山顶为帝释天，四面山腰为四天王天，周围有七香海、七金山。七金山外有被铁围山所围的咸海，咸海周围有四大部洲。

(53)旃檀，梵译旃檀那的略称，即檀香。

(54)大定五年，即1165年，时金世宗在位。

(55)此碑官员题名以唐括李胥的职位最高，其下依次为完颜、肖辅速、边兄鼎。其中除边兄鼎外，其他三人均为金代女真贵族。但《金史》均无其传，地方志乘亦无其任何记载，故可补史之不足。

大定甲辰铁钟铭

金大定二十四年（1184）。铸铁质。钟高 320 厘米，下沿周长 750 厘米，最大直径 235 厘米，钟壁最厚处约 22 厘米，钮高 50 厘米，重达 9.1 吨。钟外壁自上而下分为四层三十二格，最上层南北二格钟铭"皇帝万岁，重臣千秋"、"香花供养，佛法僧宝"分别与最下层所铸八卦符号的"乾"、"坤"二卦相对应；其他六格分铸日、月、人、兽、牛、鱼等象征性的黄道十二宫图案，分别与最下层的其他六卦符号相对应。中间两层的十六格内铸有题记、题名十四组，其中最重要的一组为："定远大将军行县令轻车都尉开国伯食邑七百户王璧、主薄缺、武义将军行县尉□鲁薄剌都、都功德主住持僧定喜、功德主法师祥戒、功德主僧智云，时大定甲辰岁丁卯月庚申朔戊子日巽时铸造。"

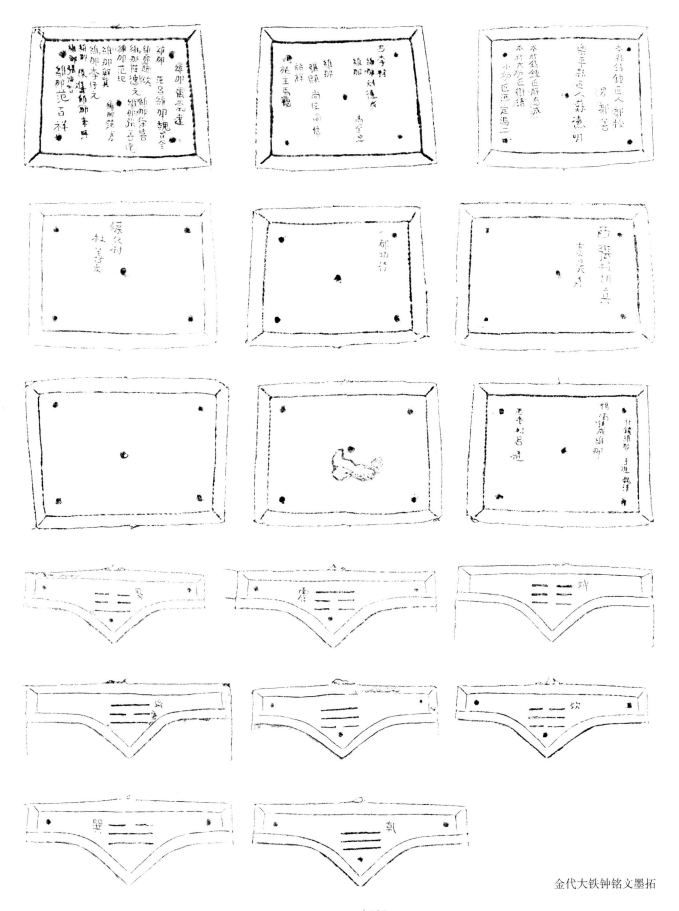

金代大铁钟铭文墨拓

邢州开元寺礼请广恩疏

　　蒙古窝阔台汗四年（1232）。碑已残，残高 49 厘米，宽 71 厘米。碑文上下分作数段镌，残存二疏。现存邢台开元寺。

（一）

……建善功，敢不资

……塔者，人间圣像

……立，巍巍乎惟

……称此功德，王仰惟

……世俗之津梁，为人

……于不二门中，方便

……岂辞至再，以至三

……云幢早降，终成

……院，幸无推让，须要

……日

……宴等

……伟

……旺

……副张宽

……知潘显

……刘

……刺火赤赵伯元

（二）

邢州开元寺僧正法英、僧……

月初七日，并在州随坊……

请到恩公菩萨和尚……

开元寺圆照宝塔外，今……

来本寺住持，除据石壁……

园二亩，不在施数，并张……

贾院主见住法华院南……

件，三院见住外，应有空……

施与恩公菩萨，永远……

完设，度无同今，不免……

恩公菩萨和尚

壬辰年三……

僧正……

乡老……

光焦……

睢进……

李春……

王评事……

通妙大师邢……

邢州开元寺资戒大会记

蒙古乃马真后二年（1243）。横式碑，高41厘米，宽81厘米，可能是镶嵌在资戒坛壁之石。现存邢台开元寺。

诸路讲师劝请万安大士,启建资戒大会,为国梵修,祝延圣寿无疆者。皇恩垂慈普广,为一万年末法之依。匡化再启戒坛,作四圣胎导述之首,既有可度即度,必须当行便行,运萨埵之贞心,启尸罗之妙会。

癸卯年二月　日
济南府大庆寺讲经论沙门宝玮
景州普照寺讲经论沙门德丛
沁州天宁万寿禅寺讲经沙门善概
济南府福胜院讲律论沙门崇衍
济南府福胜院讲律论沙门德超
博州超化寺讲经论沙门志琼
宣德州龙华寺讲经论普润大师真建
佛子山宝峰院讲经论道悟大师道隆
宗主德州太平兴国院讲律沙门德俦
宗主绛州翼城县大佛寺讲论沙门法□
宗主沧州兴国寺讲经律沙门□□
宗主淄州长白山福安院讲经沙门□□
宗主真定府庆寿院讲经论沙门□□

万安恩公碑铭

　　蒙古定宗皇后称制二年（1250）。《金石分域编》著录。刘伯熙撰书,赵安世[①]篆额。原碑破坏已久,现仅存上半部拓片, 可见半圆碑首的篆额左右及其上精美的线雕云龙纹饰。

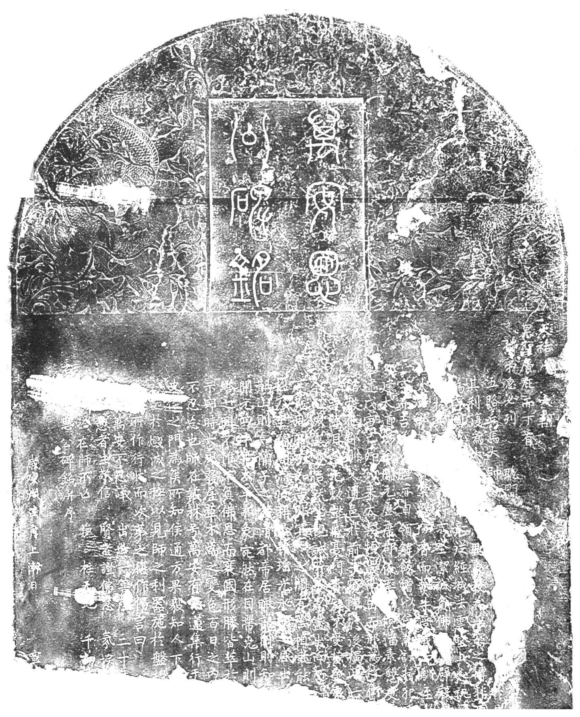

残拓

万安恩公碑铭

天佑大朝②

累圣,养庇而下有③

御弟忽必列④,聪明……

五路兵马大帅⑤……

其利,复为大□□□□□兴象教⑥,为无穷之传,非因……

为浮图,然父母不能夺,竞从经城法云坚上人⑦……

庵于其所居,自谓行不坚洁,诚负佛恩,乃辟谷⑧……

火自却,攘暴自禁,鸡琢香而爇,牛受戒而训,至⑨……

□而告□,□理亦自领解,饭僧以倍,乾□持犯⑩……

建大道场。会开元虚席,郡僚率阖境缁素恳史⑪……

逮戊寅、己卯以来,大兵频岁南出,而邢为之冲⑫……

馆谷。他郡则父通役于前,子窥隙于后,独此一郡⑬……

以菩萨目之。元勋懿戚、豪门贵族不爱黄金,众⑭……

今□灭无遗。□然坐视,诚所不忍,尽出向所得⑮……

度□用,□不如意,非冥冥之间,有阴相者能⑯……

楹,及重阁□□,复称□□瑶光,永□□盛,出⑰……

鹊山,则知简子之畿,清都帝居;瞰龙岗,则知⑱……

开元四□□太平气象宛然在目;带尧山,则⑲……

塔之兴,不惟不负佛恩,而襄国形胜皆萃于⑳……

示寂时,大风发屋,草木为之变色,百日之内㉑……

不忍忘也。师在丛林号万安,有《白莲集》行于㉒……

史侯之门,为侯所知。侯通方果毅,知人下㉓……

□□于毁灭之极,以见师之利器,施于盘根㉔……

□□所作行状而次第之,复作偈言曰㉕:

万安不思议,出世一菩萨。三十年……

愚者生敬信,贤者证佛慧。氛埃……

塔在师不亡,巍巍柱天地。千劫……

右　万安恩公碑铭并序。

岁庚戌正月上瀚日　　宣㉖……

注释：

①刘百熙、赵安世事迹均无考。或说刘百熙即刘因，但据《元史·刘因传》，刘因生于海迷失称制元年（1249），此碑树立时年仅一岁，绝无可能撰书此文。

②大朝，大蒙古汗国的简称。

③累圣，指创建蒙古汗国的成吉思汗及其继承人拖雷、窝阔台、乃马真皇后、贵由、海迷失皇后等。

④御弟忽必列，即元世祖，因其是拖雷之子，窝阔台之侄，贵由与海迷失皇后的堂弟，故称。据《元史·世祖纪》称，其少年时即"仁明英睿"，"尤善抚下"。二十九岁时（即岁甲辰，乃马真皇后三年）即"思大有为于天下，延藩府旧臣及四方文学之士，问以治道"。此碑谓其"聪明"云云，应即隐指于此，惜文残不得确考。

⑤五路兵马大元帅，特指史天泽，其作为燕京（今北京）之南最早投归蒙古汗国的地方豪姓武装首领，曾为蒙古铁骑灭金立下汗马功劳。所以，窝阔台继承汗位后，议立三万户分统汉兵，史作为首选，被授予真定、河间、大名、东平、济南五路万户，即此碑所说"五路兵马大帅"。此后缺文，当即《元史·史天泽传》所记："世祖时在藩邸，久知汉地不治，河南尤甚。请以天泽为经略，至则兴利除害，政无不举，诛郡邑长贰之尤贪横者二人，境内大治。"此实为忽必烈采纳刘秉忠建议，在邢台采用汉法治理，取得"邢州大治"事，即宋子贞所撰《改邢州为顺德府记》中所说，忽必烈取得邢州领地后，特选行总六部同议官李惟简为安抚使，东平路行军经历刘肃为安抚副使，"诛其不法尤为民害者一人，其余或黜或降，使不得害吾政，民之归者如市，未及期月，得户凡三万，老幼熙熙，遽为乐郡。邻郡望之，如别一国土者"。据此碑互证，"邢州大治"的实现，史天泽之功亦不可没。

⑥象教，即佛教。据相关文献、碑刻记载，史天泽不仅曾在蒙金战争中力保海云印简、万松行秀等高僧的生命安全，而且还是万松行秀的皈依弟子。忽必烈及史天泽之所以要在战争中"广兴象教""为无穷之传"，是因其充分认识了佛教以慈悲为怀，普度众生的宗旨，对于缓和民族矛盾，医治战争创伤，创建多民族共和的国家政权，最具感召力。

⑦据《〔光绪〕邢台县志》载刘百熙撰此碑节略，此行全文似可复原为："（年目冠，求出家）为浮图，（然）父母不能夺，（竟）从经城法云坚上人祝发，又从晖公受具戒，学禅临城山。阅数岁，游历诸方，还至枣强，与大姓霍氏契。"经城，北宋时所设县，金元时降为镇，在今邢台市威县境内。临城，即今邢台市临城县，金元时上属赵州。枣强，即今衡水市枣强县，金元时上属冀州。

⑧据《〔光绪〕邢台县志》载刘百熙所撰此碑节略，此行全文似可复原为："（因结）庵于其所居，自谓行不坚洁，（诚）负佛恩，乃辟谷，持《大悲》章句，不出户庭者五年。一日，霍氏儿供鲜桃二于隆冬，食之，遂多灵异。"

⑨据《〔光绪〕邢台县志》载刘百熙撰此碑节略，此行全文似可复原为："火自却，攘暴自禁；鸡啄香（而蒸），牛受戒（而训；至）时愈奇疾，扶颠危；复洌泉于涸井，溢斗粟为众食，皆前世所希见。"

⑩据民国喻谦《新续高僧传》依此碑所作《元邢州开元寺沙门释广恩传》，此行全文似可复原为："尝颂经而告义，妙理亦自领解。饭僧以倍乾计，持犯不问，斋敬等视。甘陵有塔基，欲复治之，发得石记，师名在焉。"倍乾，即二万。乾，借代"万"，典出《易传》"大域乾元，万物资始"。喻谦为通俗易懂，将"倍乾"易为"亿万"，不确。甘陵，今邢台市清河县的古称。

⑪据《〔光绪〕邢台县志》载刘百熙撰此碑节略，此行全文似可复原为："（即于其地）建大道场。会开元虚席，郡僚率阖境缁素恳史侯天泽，同疏请师住持。自癸酉中州板荡，所在萧条，脱网罟，保郡县者无几人。"癸酉，即金贞祐元年（1213），系蒙古铁骑在成吉思汗统一指挥下，首次南征中原之年。

⑫据《〔光绪〕邢台县志》载刘百熙撰此碑节略，此行全文似可复原为："逮戊寅、己卯以来，大兵频岁南出，邢为之冲，驿使络绎，穹帐迁卓，郡或不能供，至九流流寓，行客往返逆旅，并无所投，师皆为措置（馆谷）"戊寅，指金兴定二年（1218）；己卯，金兴定三年（1219）。

⑬据《〔光绪〕邢台县志》载刘百熙撰此碑节略，参考喻谦撰《元邢州开元寺沙门释广恩传》此行全文似可复原为："（师皆为措置）馆谷。他郡则父通役于前，子窥隙于后。独此一郡以师之故晏如也。玄风所扇，遐迩怀芳，人不能称其德，但（以菩萨目之）"。

⑭参考喻谦《元邢州开元寺沙门释广恩传》,此行全文似仅仅可复原为:"(但)以菩萨目之。元勋懿戚、豪门贵族不爱黄金,众以圆照塔"崇檐叠构,高出云表,大圣灵应,众望所归,实为燕赵首屈一指"云云。

⑮此行应为叙述广恩因圆照塔"今毁灭无遗,恻然坐视,诚所不忍,尽出向所得善缘资财,因其故基主持重建事。

⑯此行应为叙述广恩在元勋懿戚、豪门贵族布施下,重建圆照塔"众不靳力,工不秘巧,辇儎不惮数千里,艰险万状,皆得平达,随度施用,靡不如意,非冥冥之间有阴相者,能如是乎"。参见喻谦《元邢州开元寺沙门释广恩传》。

⑰此行应为叙述圆照塔重建工程在广恩主持下,"曾未十稔,屹然崒嵂,突地矗空,虽瑶光、永宁之盛,未易过此"。参见喻谦《元邢州开元寺沙门释广恩传》。崒嵂,形容巍然高耸之貌。瑶光、永宁,均为当时中国著名的寺塔。

⑱⑲⑳这三行文字均为叙述登上圆照塔后,四外眺望时所见之景。其中,鹊山在内丘县境,开元寺之北;龙冈在邢台县境,开元寺之西;尧山在唐山县境,开元寺之东,皆为邢州名胜。

㉑此行应为叙述广恩癸卯仲冬十月八日示寂时的感人情景。癸卯仲冬十有八日,即乃马真皇后二年(1243年)十一月十八日。

㉒此行应为追叙广恩著述《白莲集》及其平生度具戒僧千余,开元寺僧众恒不啻万指,纪律如一的高行大德之文。参见喻谦《元邢州开元寺沙门释广恩传》。

㉓㉔此两行似为叙述广恩生前与史天泽的交往,以及对史天泽和广恩的赞美之词。

㉕此行刘百熙自叙其据广恩弟子万松所作广恩行状而次第序文,并为之作铭事。但此万松乃广恩开创之大开元宗崇字辈僧人,而非在此前早已逝世的邢州净土寺高僧万松行秀。

㉖"岁庚寅正月上瀚日",即海迷失皇后二年(1250)正月上旬。上瀚日,即上浣日。"宣"与其后残缺之文应为刘百熙、赵安世之官衔题名。据喻谦《元邢州开元寺沙门释广恩传》可知,此碑为广恩弟子万松述其行状,请刘百熙撰写碑铭后,由御弟忽必烈旨谕五路兵马史万户天泽立石。

开元寺累降圣旨碑

此碑已佚。《金石分域编》著录曰："正书,猪儿年、狗儿年。在开元寺正殿后东隅。"1957 年北京大学刘慧达等对邢台地上文物进行调查后,发表于 1963 年第五期《文物》的《河北邢台地上文物调查记》亦说,这通蒙古国时期的白话碑上共有猪儿年、狗儿年两道圣旨。据此可知,此碑镌立于蒙古汗国时期。

《[光绪]邢台县志》书影

顺德府大开元寺重建普门塔记铭

元至元十六年（1279）。《寰宇访碑录》著录。原碑破坏已久。现邢台开元寺仅存残碑三块，其一残宽82厘米，高28厘米，残存碑文14行63字；其二残宽54厘米，高26厘米，残存碑文11行47字；其三残宽30厘米，残高85厘米，残存6行85字。另有残拓三张，尺寸不详。

残拓

反起邊釁以致攻圍我上蔡侵軼我鄧鄎龔襲華陽擾隨

州刼掠真陽數犯連水此皆出於使軺已入彼疆之後

將和而戰得無異議乎夫信與義自古所恃以為國者

也一旦棄捐自有任其責者矣向也大駕巡狩北庭以

平內難今巨魁授首已於正月廿六日還宮飲至頃因

行臺入覲陛見之日具以奏聞請重兵壓境以問其故

五月初五日奉聖旨此一事發端在我姑待之省府仰

體聖上仁慈尚存兼愛恐彿初心弗允所請且夫朝廷

欽定四庫全書　　　　秋澗集　卷六十七　　　三

大計已定此特有司之事耳今就委本路發司詳問焉

若復遷延不決秋高馬肥至時別有區處當司依奉省

劉令差諮議官崔明道兵馬副都李合義充詳問使移

文淮東副使即今國使安在何稽留不發并節次侵疆

之役具由回示以憑呈省施行請早示定議據此須至

牒者

　順德府大開元寺重建普門塔碑銘

國家以神武戡定區夏際海內外悉主悉臣其所以尊

顯釋教彌綸元化者方往昔為最重于以推弘濟之深
仁斂無量之洪福儧大寶錫犀生蹄六合於仁壽極樂
之域豈特崇奉而已哉順德府大開元寺爰自聖天子
潛邸迄於御極持護寵錫者前後非一至精藍淨眾特
命近臣主領不與他寺比三十年間續尤起廢集于大
成主僧崇嚴以寺之大緣實肇基寶塔今雖雄峙雲衢
未有紀述何以為壽無盡藏之傳至元丁丑秋懇蕢真
國師以其事請于朝制可命奉御脱烈傳吉翰林院定
撰合立碑文者臣謹按提點僧崇湛具列事蹟寺舊有
塔曰圓照癸酉之兵燼焉逮國朝辛卯萬安恩公來主
巫文始圖興復其感驗靈異有神化無方者初公既祝
髮心印佛秉機蟣利用鍊形辟穀面壁安禪結習於臨
城者五年建綠於清泉者有日演法出無礙妙辯濟物
現當機應身至回邪入正卻火返風雞悟靈而啄香牛
馴致而受戒寒泉復笤井之波斗粟周眾僧之供復以
慈善根力愈奇疾拯尼厄人藏髮餘珠壺舍利潔庵寮

欽定四庫全書

秋澗集
卷六十七

影印文渊阁《钦定四库全书·集部》之《秋涧集》书影

145

顺德府大开元寺重建普门塔碑铭①

　　翰林待制奉训大夫　　王　恽　奉敕撰文②
　　正奉大夫中书省参知政事安西王相商挺奉敕正书③
　　金紫光禄大夫平章军国重事监修国史耶律铸篆额④
　　国家以神武戡定区夏⑤，际海内外悉主悉臣⑥。其所以尊显释教，弥纶元化者⑦，方往昔为最重⑧。于以推普济之深仁⑨，敛无量寿之洪福，缵大宝⑩，锡群生⑪，跻六合于仁寿极乐之域⑫，岂特崇奉而已哉！
　　顺德府大开元寺爰自圣天子潜邸，迄于御极⑬，持护宠锡者，前后非一至。精蓝净众⑭，特命近臣主领，不与他寺比。三十年间，续光起废，集于大成。主僧崇严以寺之大缘⑮，实肇基宝塔，今虽雄峙云衢，未有纪述，何以为寿无尽藏之传⑯？至元丁丑秋⑰，恳辇真国师以其事请于朝⑱。制可，命奉御脱烈传旨翰林院⑲，定撰合立碑文者。
　　臣恽谨按提点僧崇淇具列事迹：寺旧有塔，曰圆照，癸酉之兵烬焉⑳。逮国朝辛卯㉑，万安恩公来主函丈，始图兴复。其感验灵异，有神化无方者。初，公既祝发，心印佛乘，机蟠利用，炼形辟谷㉒，面壁安禅，结习于临城者五年，建缘于清泉者有日。演法出无碍妙辨，济物现当机应身。至回邪入正，却火返风，鸡悟灵而啄香㉓，牛训致而受戒㉔，寒泉复智井之波㉕，斗粟周众僧之供。复以慈菩根力愈奇疾㉖，拯危厄；人藏发余，珠垂舍利，洁庖寮而俟馆谷㉗，代公私而息绎骚㉘。其感化方便，人叵具举㉙，第以菩萨目之。以致远迩隆向，愿言皈依。
　　及庙役兴，得能仁观音舍利三颗㉚，光大殊常。又易塔心柱础，因风自正。故勋贵豪富、巨商世农施献输给，同竟事缘；金币梓材，不期而辇至；艺巧工能，不率而子来㉛。风动云委，略无虚日。不十稔㉜，叠构重檐，轮奂离立；文阶层所，势乾坤轴㉝；藻栱榱题，翚飞尘外㉞。若乃绀瓦鳞差，金轮奂彩，覆法云于真境，耀慧景于康庄，绚烂动荡，若金光明中现无量化佛㉟。即之者火宅晨凉，重昏夜晓㊱，诚法界之宝宫，河朔之杰观也㊲。实经始于重光单阏之仲春㊳，断手于上章困敦之孟秋㊴。檐十有三，崇六十仞㊵。其工与费，不可殚计。
　　癸卯冬㊶，师拂衣禅室，归寂真空。即日有雨水花之异，塔位石像亦怛化流润，若潸焉出涕者。及殓，大众闻空中来妙音乐声；云光变幻，环刹成五色楼观，中现三大士像㊷。至有升塔投空攀号者。其具戒门资万数㊸，内嗣祖传法、解三藏教沙门今亦千计。其为世宗师，感来者盖如此。
　　乙酉岁㊹，嗣僧崇朗因太保刘秉忠奏疏，请圣上为大功德主，遂嘉纳焉。且闻师梵行清修，乃遣近侍护持及建塔赐铭，谥曰弘慈博化大士，敕寺额曰大开元寺，塔曰普门之塔。尔后累降纶恩㊺，优护赡恤，靡不备至。其绍化住持曰崇润㊻，嗣传住持曰崇朗、崇悟、崇瑀，至崇严凡六代。初缘清泉净土寺，乃大士宗侄崇音住持云㊼。

臣窃闻大雄氏之教⑱,以清净虚寂为心,方便慈悲为用,愍念大千众生堕落苦海,洪涛鼓风,飘流无际。世尊心运慈航,拯溺度厄,俾登彼岸,归净土正路。又虑一切爱欲,有迷闷终不觉其本来真心者。故假像设教,阆庞灵飚⑲,至理绝人区,事出天外。弗尔,奚能传悠久而警悟万亿劫耶!窣堵波之建⑤,假教高显,极矣。然道自人弘,功由缘立,非遇间气杰出⑫,智慧开济大士,畴克弘通法海,铺敦教基,如是光大者哉!且为圣天子终始崇奉如一,特诏赐铭,以昭永世。臣恽拜手稽首,谨献铭曰:

> 释迦挺生自西域,灵山玄风畅无极。
>
> 经从白马肆金光,法本诚心归利益。
>
> 仁皇应世悯言湮⑬,大千沦流苦海厄。
>
> 教因像设济无边,塔庙龙宫争涌出。
>
> 开元大士弘慈公,五载雷轰奋禅窟⑭。
>
> 法意演出琉璃筒⑮,建此道场化所服。
>
> 高标突地跨苍穹,一日雄尊三百尺。
>
> 雨华大风韵流铃,师虽示寂此长古。
>
> 圣皇锡号曰普门,臣今思议何恻怛⑯。
>
> 要欲手挈阎浮生⑰,跻彼仁寿极乐国。
>
> 臣闻大德必得寿,佛应回施无量福。
>
> 萝图巩固等弥卢⑱,圣子神孙千万亿。
>
> 　　　至元十六年岁次己卯八月吉旦

注释:

①1957年秋,北京大学刘慧达等来开元寺进行文物调查时,尚矗立于大雄宝殿(今观音殿)后之西北位置。后因人为破坏,仅剩三块残石、二三残拓。此碑文系自王恽《秋涧集》中录出。

②王恽(1227—1304)字仲谋,号秋涧,卫州汲县(今属河南省)人。《元史》有传。中统元年(1260)姚枢宣抚东平时,辟为详议官,擢任中书省详定官。二年春,转翰林修撰,同知制诰,兼国史院编修官。至元五年(1268),迁御史台,再拜监察御史。九年,授承直郎。十四年,除翰林待制,拜朝列大夫。二十九年,授翰林学士、嘉议大夫。元贞元年(1295),加通政大夫,知制诰,同修国史。大德八年(1304)逝世,赠翰林学士承旨、资善大夫,追封太原郡公,谥文定。著有《相鉴》五十卷、《汲郡志》十五卷、《秋涧先生大全集》一百卷。作为元好问弟子,为文自出机杼,独步当时。《顺德府大开元寺资戒坛碑》碑文亦其所撰,与此文堪称双璧。

③商挺(1209—1288)字孟卿,自号左山老人。曹州济阴(今属山东省)人。二十四岁时,因金汴京为蒙古攻克,北走依冠氏赵天锡。后与元好问、杨奂游东平,被严实聘为诸子师。严实卒,挺被实子严忠济辟为经历,出为曹州判官。蒙哥汗三年(1253),被忽必烈召至潜邸,旋以郎中职随杨惟中宣抚关中。次年,升宣抚副使。中统元年(1260),奉命与廉希宪宣抚陕蜀。二年,进参知政事。四年,赐金符,行四川行省枢密院事。至元元年(1264),入拜参知政事。二年,分省河东,俄被召还。六年,同金枢密院事。七年,迁金书。八年,升副使。九年,出任安西王相。十四年,被诬参与赵炳案被系狱中。十六年春获释。二十年,复任枢密副使,旋因病免。二十五年十二月逝世。延祐初年(1314)追赠推诚协谋佐运功臣、太师、开府仪同三司、上柱国、鲁国公,谥文定。《元史》有传。挺工诗善书,尤长隶书。此碑与《顺德府大开元寺资戒坛记》均由其书丹。

④耶律铸(1221—1285)字成仲,号双溪。耶律楚材之子,契丹王族后裔。义州弘政(今属辽宁省)人。自幼聪敏,

善属文,承家教,工书法。乃马真皇后三年(1244)五月楚材病逝后,嗣领中书省事。中统二年(1261),拜中书左丞相。至元元年(1264),加光禄大夫。二年,行省山东,旋被征还。四年,改荣禄大夫、平章政事。五年,复拜光禄大夫、中书左丞相。十年,迁平章军国重事。十三年,诏监修国史。十九年,复拜中书左丞相。次年十月因事被罢,徙居山后。二十二年逝世。至顺元年(1330),追赠推忠保德宣力佐治功臣、太师、开府仪同三司、上柱国、懿宁王,谥文忠。此碑与《顺德府大开元寺资戒坛碑》均由其篆额。

⑤区夏,诸夏之地,指中国。典出《尚书·康诰》:"用肇造我区夏。"戡定区夏,即平定中国。

⑥悉主悉臣,意即领土及其人民都归大元统治。主,即主权。臣,即臣民。

⑦弥纶,包罗,统括。元化,即德化。弥纶元化,即都被德政感化。

⑧方往昔,即比较于以往各朝代。

⑨深仁,淳厚的仁政。

⑩缵,继承。大宝,指皇帝之位。缵大宝,即继承皇位。

⑪锡,给予,赐给。锡群生,即赐福于民。

⑫跻,升、登。六合,天地四方。跻六合于仁寿极乐之域,意即要使天地四方都升化为仁寿极乐之地,尤如佛国一样。

⑬圣天子,指忽必烈。潜邸,忽必烈作为王子时的王府。御极,登上帝位。

⑭精蓝,精整的寺院。净众,戒行纯正的僧侣。

⑮主僧,即住持。据《顺德府大开元寺万安座下历代住持并垂训法名颂之碑》,崇严(或写作"俨")号龙溪,是广恩的嫡传弟子,继广恩之后任大开元寺第六代住持。后文所举崇湛、崇朗、崇悟、崇瑀,都是广恩嫡传弟子。

⑯寿无尽藏之传,意即千秋万代永远传诵。

⑰至元丁丑,即至元十四年(1277)。

⑱辇真国师,据《元史·释老传》,应即辇真监藏。他是继八思巴之后的第六位大元帝师,大德八年(1304)嗣位,大德十年逝世。但其代崇严请忽必烈敕准,在顺德府开元寺普门塔前为广恩树立纪念碑之事时,尚为国师。

⑲奉御,即皇帝的亲随官。据《元史·百官志》,奉御上属侍正府管辖,共二十四员,官秩自五品至七品不等。脱烈其人《元史》无传。

⑳癸酉,即崇庆二年(五月改元"至宁",1213)。据《元史·太祖纪》,当年八月,蒙古铁骑分三路大举进攻金之领地。其中,"术赤、察合台、窝阔台为右军,循太行而南,取保、遂安、肃安、定、邢、洺、磁、相、卫、辉、怀、孟"等州。"癸酉之兵烬焉",意即邢州开元寺圆照塔就在这次战火中化为灰烬。

㉑国朝辛卯,即窝阔台汗三年(1231)。国朝,特指蒙古汗国。

㉒炼形辟谷,即不食五谷,修炼导引长生之术。

㉓鸡悟灵而啄香,鸡因被赋予灵性而应命啄取香火。

㉔牛训致而受戒,牛因受到教化而如受戒律一样听话。

㉕瞽井,枯井。

㉖慈菩根力,如大慈大悲观世音菩萨一样的根性和业力。愈奇疾,治愈奇难杂症。

㉗庖寮,僧厨僧舍。洁庖寮,打扫干净僧厨僧舍。偫,储备。偫馆谷,储备足仓库里的粮食。

㉘绎骚,络绎不断的骚扰。此指战争年代过往军队因征派军需所造成的百姓负担和恐慌。息,平息。

㉙叵,不可。人叵具举,人们已不能一一列举。

㉚能仁观音,据《八吉祥颂》说,即释迦牟尼佛。

㉛子来,即自来。

㉜不十稔,不到十年。

㉝坤轴,古人想象中的地轴。势乾坤轴,形容普门塔就像矗立在天地之间的中流砥柱一样。乾,天的代称。

㉞藻拱,彩绘的斗拱。橑题,塔檐下的椽头。翚飞尘外,像鸟一样飞至天空。此用以形容普门塔的高峻壮丽。

㉟无量化佛,即无量寿佛,又称阿弥陀佛。无量化佛,幻化成了无量寿佛。《无量寿经》说:"无量寿佛,威神光明,最称第一。"故言。

㊱火宅,佛教喻指烦恼的俗界,就像被火烤灼的住宅一样。重昏,重重黑暗。

㊲法界,佛教界。河朔,泛指黄河以北的广大地域。

㊳重光单阏之仲春,即窝阔台汗三年(1231)二月。

㊴上章困敦之秋孟,即窝阔台汗十二年(1240)七月。

㊵仞,长度单位,但说法不一。有一仞为七尺、八尺、五尺六寸三说。此若按一仞为五尺六寸计算,六十仞则合三百三十六尺,即一百一十二米。

㊶癸卯冬,即乃马真皇后二年(1243)冬天。

㊷三大士像,即文殊、普贤、观世音菩萨的形像。

㊸门资,门徒、弟子。具戒门资,接受过具足戒的弟子。

㊹乙酉岁,即海迷失皇后元年(1249)。

㊺纶恩,皇恩。此指忽必烈亲下的诏书。

㊻绍化住持,直接继承的住持。

㊼嗣传住持,一代一代下传的住持。清泉净土寺,即临清夏堡净土寺,在今邢台市临西县下堡村。大士,特指广恩。宗侄,即广恩的俗家侄子,为僧后法名崇音。

㊽大雄氏之教,即佛教。大雄是释迦牟尼的尊号,寓其有大智力,能伏四魔。寺院主殿称大雄宝殿,即取此义。

㊾闳庞,宏扬广大。灵飈,佛教之风。直解即"灵山之风"。佛教称释迦牟尼曾讲《法华经》《无量寿经》于王舍城东北的灵鹫山,因简称该山为灵山、鹫峰。

㊿亿万劫,佛教认为从天地形成到毁灭为一劫。亿万劫,义即无数次的天翻地覆,毁而复生。

51窣堵波,梵语,即塔。

52间气,大气。或释为"大臣之气"。《春秋演孔图》说:"正气为帝,间气为臣,宫商为姓,秀气为人。"

53仁皇,特指忽必烈。悯言,慈悲之言。湮,埋没。仁皇应世悯言湮,意为忽必烈幼年时战乱不断,佛教也受到了摧残。

54禅窟,即禅寺,此指大开元寺。

55琉璃筒,即琉璃宝塔。此指大开元寺普门塔。

56恻怛,诚惶诚恐,惴惴不安。

57阎浮,树名。佛经说,阎浮洲上阎浮树最多。阎浮洲又称阎浮提,或说指中国及东方各国,即南瞻部洲。实指印度。

58萝图,罗汉浮图的简化,即罗汉塔。此亦指普门塔。弥卢,阿弥陀佛的住所。《阿弥陀经》说,佛祖在舍卫国祇树给孤独园时,"与大比丘僧千二百五十人俱,皆是大阿罗汉,众所知识"。普门塔是众僧修行的道场,据称可纳千僧,故言。

元
順德府開元寺資戒壇碑　　直隷
王磐譔　高挺正書　耶律鑄篆額
至元十六年八月歲次己卯八月癸酉十日癸巳

生。

　　圣皇凝旒白玉京,佛法□扬遍□□。

　　慈仁一念消彊梗,万国顺服无兵争。

　　琏珍大士佛国生,来游东方佐休明⑨。

　　登□说法如□□,蜇虫坏户潜震惊。

　　天花乱坠舍利出,塔际神光与天属。

　　戒法精严达者多,禹甸行慈似天竺⑩。

　　至元十六年岁次己卯八月癸酉十八日癸巳奉立石

注释:

①王磐(1202—1293)字文炳,号鹿庵,广平府永年县(今邯郸市永年县)人。金正大四年(1227)进士,授归德府录事判官而未赴任。避兵淮襄时曾仕南宋,为议事官。北归后应严实之邀,至东平授学长达二十年。中统元年(1260)应荐仕元,任益都路宣抚副使。后入朝,拜翰林学士同修国史。一度出任真定顺德等路宣慰使,还朝后复入翰林。著有《鹿庵集》。《元史》有传。

②③注见《顺德府重修大开元寺普门塔记铭》注。

④金仙氏,代指释迦牟尼,因汉明帝夜梦金人而遣使求取佛法而称。

⑤佛乘,即佛教。皇纲,特指元王朝的纲领性政策。

⑥至元丙子岁,即至元十三年(1276)。

⑦琏珍国师,即杨琏真伽,西藏活佛,时任江南释教都总统。

⑧崇湛,系广恩开创之大开元宗第二代僧,即广恩嫡传弟子。

⑨休明,美好清明。典出《左传·宣公三年》:"德之休明,虽小,重也。"潘岳《西征赋》有"当休明之盛世"句。

⑩禹甸,犹言中国。典出《诗·小雅·信南山》:"信彼南山,维禹甸之。"郑玄注曰:"禹治而丘甸之。"即把中国国土分成丘甸,以四丘为一甸,进行治理。后世因称中国疆域为"禹甸"。

大元元年残碑

　　此碑不见于著录,故不知其名与确切规制,亦不知撰文、书丹、篆额者姓名。现仅存残石一块,青石质,最高点43厘米,宽32厘米,残存碑文7行,末行可辨"大元元年"落款。"大元元年",即刘秉忠建议忽必烈取《易经》"大哉乾元"之义,正式定国号为"大元"的至元元年(1264)。

大元元年残碑文

……元宝中统楮币五千贯……

……大开元寺常住为永劫长生功……

……八月二十九日命大众转《般若金(刚经)》……

……薩智地成就诸佛无上菩提岂……

……辍已惠他难行能行于斯会……

……传永久尚有见贤思齐不厌……

……大元元(年)……

顺德府大开元寺弘慈博化大士万安恩公碑记

元大德五年（1301）。《金石分域编》著录。碑已残，今邢台开元寺仅存碑身上半部，残高240厘米，宽126厘米，厚41厘米。现将北京大学图书馆藏清缪荃孙艺风堂全拓一并刊出。

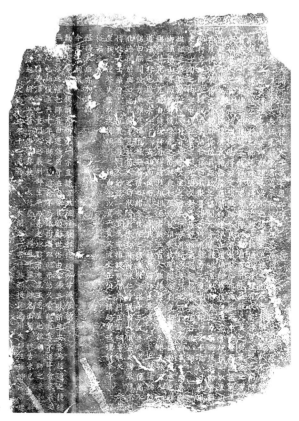

邢台开元寺现存残碑拓片

大開元寺弘慈博化大士萬安恩碑

王恩廉撰并正書　趙國輔篆額　大德辛丑五年冬十二月初吉日

在直隸邢台

顺德府大开元寺弘慈博化大士万安恩公碑①

中奉大夫征东行中书省参知政事王思廉②撰并正书资政大夫中书左丞赵国辅篆③

广恩，师名也。贾，师姓也。万安，师自号也。洺水之张华里④，上世之所居也。有服劳垄亩⑤，不慕荣利，重风节，乐施与，讳玉者，师考也。曰孚、曰珍，师兄也。经镇法云禅寺坚公，祝发之师也⑥；晖公，得戒之师也。临城山枣疆霍氏宅⑦，修习之地也。闭门绝食，诵持《大悲》章句⑧，勤劬精进，业之成也。

隆冬冱寒⑨，霍氏儿出，樵采榛莽中⑩，获桃二枚，鲜洁可爱，献师啖之⑪。自是所求益验，火莫之焚，暴莫之害，以致鸡啄香而藝⑫，牛受戒而驯，甘泉复已涸之井，斗米供万人之食。甘陵治古塔基⑬，得石文，预忏师名⑭。民有始发心布施⑮，既而中变者，归视箧笥⑯，莲花满帙⑰，起敬起信，冥契诸圣⑱，灵异之迹也。

同里武弁赵监军者⑲，化而为善。临清大帅路侯通请师建净土道场⑳，师为作白莲花会㉑，规模一以庐山远公为式㉒。真定等处五路万户史侯天泽㉓、安国军□节度使赵侯伯元㉔，洎两郡僚佐具疏致之㉕，构开元寺、圆照塔，富以财，贫以力，而助役于师者骈肩接武㉖。燕都大万寿寺开资戒大会㉗，万松禅□师行秀延师登坛说戒，大洒甘露，四众欢喜㉙，得未曾有，愿力之广也。

癸丑仲冬十有八日㉚，大风昼晦㉛，草木变色，师之示寂也㉜。其徒以师全身龛于□丈室㉝。十旬之内㉞，空中现五云㉟、宫殿，光明交射；菩萨妙相，花冠缨络㊱，略无虚日。后八年㊲，世祖皇帝在潜藩㊳，特旨塔于丈室之西二十步有畸，为安厝之所㊴。命断事官忽鲁脱花、宣差赵侯添喜率军士千人营葬，奉御铁铸山署职为外护㊵。启龛之际，颜貌如生，爪发俱长㊶，枕席间舍利充轫㊷，观者耸动，感应之祥也。四十九年，阅世之数也㊸；三十年，夏腊也㊹。门人相继住持，克遵先范㊺。自余从师有得，达性相根源者余五百人㊻；绍续慧命㊼，为人天眼者余百人；宠膺宝书，典司诸方及本宗者几半天下㊽，道法之行也。

岁己未㊾，世祖南伐，两幸其寺㊿。时悟禅师主丛席[51]，上慰谕询访[52]，闻师遗行，叹美再四。既践祚[53]，降(诏曰："朕闻设方无类[54]，建福有缘[55]，显菩萨之权[56]，念弥陀之号[57]，重修宝塔十三级，普度众生亿万人，道符古德[58]，义合今时。岂非童子之来[59]，或乃僧伽[60]之化。□德闻于舆口之嘉声[61]，事见于个人之行状。济斯末劫[62]，用所深仁[63]。寺塔因人，俱宜美赐，永垂不朽。顺德府开元寺赐 大开元，塔赐普门，师赐弘慈博化大士。" 续有旨："贾菩萨门人创设一宗，官属宗摄、提点、僧录、判正、都纲等职[64]。"又命先太傅刘文正公秉忠[65]、大丞相史忠武公天泽[66]、□宣政院使答失蛮[67]以次提调，赐白金以资工费。又从文正公之请，起资戒坛于本寺，国师琏真升坛演法[68]，凡度僧尼余十万人。(裕宗皇帝、□隆福太后亦加主护[69]。□今天子[70]嗣服，敕答失蛮仍旧提调大开元一宗，直隶宣政院，释教都总统所毋得管领，□三朝眷注之隆也[71]。

师有《白莲集》行于世，大概以劝励世俗由念佛三昧，祈生安养为趋道之捷径[72]。万松读而叹曰："此观音大士慈悲方便,济人□利物之心也。"师没垂六十年[73],沐师之恩,追念不忘,议树石以昭示悠久。蒙犯霜雪,不远十舍来求文者,宣授大开元一宗诸路都提点通辨大□师、法孙妙泽等也。重门人之义,列师生平而系之以铭者,鹿泉王思廉也。铭曰:

> 师之来如云之无心,师之去如月之在水。
>
> 去以缘尽,来(以缘起。胡不少留,作丛林轨[74]?
>
> 太行岩岩,横亘千里。师名山齐,终古未已[75]。
>
> 镌辞贞珉[76],后人仰止[77]。

大德辛丑冬十二月初吉[78],大开元一宗诸路都提点、通辨大师、法孙妙泽等建。□

注释:

①此碑已残,今仅存上半截。现据北京大学图书馆藏清缪荃孙艺风堂全拓本校录全文并点注。

②王思廉(1238—1320)字仲常,元真定府获鹿县人。幼师事元好问。至元十年(1273),由董文忠荐为符宝司掌书。十四年,任翰林待制,为帝、后、大臣进讲《资治通鉴》。后历任典瑞少监、太监、同知大都留守、枢密院判官。成宗时,历任翰林学士、工部尚书、集贤学士等。武宗即位,授太子宾客。仁宗即位,以翰林学士承旨致仕。卒后谥文恭。

③赵国辅,《元史》无传,其生平事迹无考。

④洺水,今邢台市威县。张华里,金、元时洺水县的里社名称。

⑤服劳垄亩,从事田间劳动。据此可知,广恩的父亲贾玉,兄贾孚、贾珍都是农民。

⑥经镇,原为经城县治,北宋熙宁六年(1073)省经城县为镇。坚公、晖公,对广恩之师的尊称。祝发,即剃度。得戒,即受戒,有三戒、五戒、八戒、具足戒之分。

⑦临城,今邢台市临城县。枣疆,即枣强。据此,枣疆霍氏是寓居在临城山区之民。

⑧大悲,佛教语。悲,慈悲。佛欲使众生都得解脱,悲心广大,故称大悲。典出《涅槃经》之偈:"三世诸世尊,大悲为根本","若无大悲者,是则不名佛。"大悲章句,应指《千手千眼观世音菩萨广大圆满无碍大悲心陀罗尼经》,其节文即《大悲呪》。

⑨冱寒,寒冷到了极点。冱,寒冷结冰。

⑩樵采,砍柴。榛莽,杂乱丛生的草木。

⑪啖,吃。

⑫爇,点燃。

⑬甘陵,今邢台市辖清河县的古称。

⑭预忏,预言吉凶祸福的文字或图形。预忏师名,指石碑上预先刻有万安的名号。

⑮布施,佛教语。梵语"檀那",是六波罗蜜之一。分为三种,即财施、法施、无畏施。此指财施,即施舍财物给寺院或僧人。

⑯箧笥,藏物之竹器。

⑰帙,本指书套、书函。莲花满帙,吉祥的莲花印满了藏在竹器内的书卷之上。此指幻觉之莲。

⑱冥契,暗合。诸圣,诸佛菩萨。起敬起信,冥契诸圣,即起了敬信之心后,幻觉中书卷上的莲花还会变幻成诸佛菩萨之相。

⑲同里,同村,指广恩俗籍洺水县张华里。武弁,从军的武夫。监军,军职名。

⑳临清,地名,今属山东省。但自后赵至金亡,其城址一直在今邢台市辖临西县仓上村一带。路侯通,即路通,临清路家庄人。该村现已并入临西县下堡寺村。净土,佛教谓庄洁净,没有五浊的极乐世界。道场,佛寺。净土道场,特指临清净土寺,其遗址在今下堡寺村,故俗称下堡寺。

㉑白莲花会,也称莲社。东晋时,僧慧远、慧永与刘遗民、雷次宗等十八人结社于庐山东林寺,同修净土之法,号称

白莲社。

㉒庐山远公，庐山东林寺僧慧远。他是佛图澄的再传弟子。为式，为模式。

㉓史侯天泽，即史天泽，当时获封蒙古汗国真定等五路万户侯。

㉔赵侯伯元，即赵伯元。安国军节度使，金王朝设在邢州的军政长官。据今存开元寺的壬辰年（1232）残碑。赵伯元礼请万安疏上所署官职为“达剌火赤”，亦即达鲁花赤。二碑互证，赵应为自金归附蒙古汗国者。

㉕洎，及至。两郡，其一为邢州，其二应指史天泽所据之定州即真定，但不得详考。具疏致之，写信恭请万安。镌刻此疏之残碑至今尚存。

㉖助役，赞助工役。骈肩接武，并肩接步，形容赞助人众多与争先恐后。

㉗燕都，金代又称中都，元王朝创立后则称大都，即今北京。大万寿寺，原为金世宗、金章宗的御用大寺。

㉘万松禅师行秀，即万松行秀，邢州净土寺高僧，曹洞宗第二十六世掌门祖师。

㉙四众，又称四部众。即比丘、比丘尼、优婆塞、优婆夷。俗称和尚，尼姑，男、女居士。

㉚癸丑，应为癸卯。癸卯仲冬十有八日，即乃马真皇后二年（1243）十一月十八日。若癸丑，则为元宪宗三年（1253），显与下文“后八年，世祖皇帝在潜藩，特旨”等史实不符。

㉛大风昼晦，大风使白天一片昏暗。

㉜示寂，又称圆寂，即逝世。

㉝龛，存纳。龛于丈室，安放在方丈室内。

㉞十旬，一百天。

㉟五云，五色祥云。

㊱花冠，鲜花编织的帽子。缨络，即璎珞，珠玉串成的项饰。花冠璎珞，均指菩萨佩戴的装饰物。

㊲后八年，特指海迷失皇后二年（1250）。其实，忽必烈应刘秉忠之请，禀海迷失皇后颁旨为广恩赐号建塔在此前一年。

㊳世祖皇帝，元世祖忽必烈。潜藩，指忽必烈未即帝位前设在开平的王府。

㊴安厝，安葬。

㊵断事官、宣差、奉御，均是蒙古汗国初据中原时的官职名称。外护，外部护卫，或称外护法。

㊶启龛，打开暂放广恩遗体的方丈室门。爪发，指甲和头发。

㊷舍利，原指佛骨，又称舍利子。分三种，即骨、肉、发舍利，色泽各异。充轫，充满。轫通仞。

㊸阅世，阅历世事，即享年。因知广恩享年四十九岁。

㊹夏腊，即僧腊，指和尚出家的时间。和尚以七月十六日为岁首。出家后，以夏腊计算年岁，犹常人称年龄为春秋。

㊺克遵先范，恪守先师（广恩）制定的僧仪寺规。

㊻性相，佛教语。性，指事物本质；相，指外相、形状。《大智度论》说：“性言其体，相言可识。”“如火，热是其性，烟是其相。”此即性相根源。余五百人，即五百多人。

㊼慧命，对高僧的尊称。天眼，佛教所说五眼之一，即天趣眼，能透视六道、远近、上下、前后、内外及未来等。

㊽宠膺，敬服。宝书，佛教经典。典司，掌管。典司诸方，管理各地寺院。本宗，指广恩开创的大开元宗。

㊾己未，蒙哥汗九年（1255）的干支。

㊿世祖南伐，指忽必烈率军征伐云南。两幸其寺，两次亲临邢州开元寺。

(51)悟禅师，指广恩弟子崇悟。丛席，犹丛林，指僧人聚集修行之地。此指邢州开元寺。主，住持。

(52)上，特指忽必烈。

(53)践阼，登基称帝。阼，本指王位前之台阶。忽必烈践祚，即中统元年。

(54)设方无类，犹有教无类。方，方丈的略称，系寺院长老、住持传授佛法之处。

(55)福，俗称富贵寿考为福。佛教则称福报为福田，欲获福报，须积德行善，即建福。缘，即缘分。

(56)权，本为衡器，此引申为公平。

(57)念弥陀之号，即口诵“南无阿弥陀佛”，是净土宗的一种修持方法。广恩虽为曹洞宗高僧，兼传净土法门，故言。

(58)古德，对已逝高僧大德的尊称。

(59)童子之来，据《观世音菩萨·得大势至菩萨受记经》，释迦牟尼在过去世为威德王，其左、右两朵莲花中化生出两位童子，即观世音、大势至二菩萨。岂非童子之来，岂不是当年在威德王身旁听法的童子，即观世音菩萨又来了。因当时信徒尊称广恩为贾菩萨，故言。

(60)僧伽，西域僧人，来华后曾被唐中宗尊为国师，封为普光王，唐懿宗则追谥其为证圣大师，俗称泗州大圣，因有种种神异之举，被视为观音菩萨化身。或乃僧伽之化，或是僧伽又化生成了广恩。这也是大开元宗亦称贾菩萨宗的理论依据。

(61)舆口，即舆论。嘉声，赞誉之声。

(62)末劫，最后一劫。佛教谓天地从形成到毁灭为一劫。说现在世正当末劫之间。斯世，当今世界。

(63)深仁，大仁，人心宅厚。

(64)宗摄、提点、僧录、判正、都纲，俱僧职，各有分工负责之事。

(65)太傅，刘秉忠获封的荣衔。文正，刘获封的谥号。“正”通“贞”，因有称刘为“文贞公”者。

(66)大丞相，史天泽曾任的实职。忠武，史获封的谥号。

(67)宣政院，元代专管宗教事务和西藏军政的中央机关，设院使二人，一由西藏上层喇嘛出任，一由答失蛮长期出任。凡军国大事，均可参与决策。答失蛮（1248—1304），蒙古克烈氏，孛鲁合第三子。幼事忽必烈于藩邸，充宿卫士、任书记。忽必烈即位后，任第一宿卫必阇赤，掌书记，兼斡脱总管府，主持朝廷财政借贷权。又兼户部尚书、内八府宰相。至元十八年（1281），升所掌斡脱总管府为泉府阁。后罢。二十四年，又从其请复立之。曾从忽必烈出征叛王乃颜，从皇孙铁穆耳出征叛王哈丹。迁任宣政院使。二十六年，从忽必烈再征海都。成宗元贞元年（1295），奉诏三征海都。大德三年（1299），兼翰林学士承旨，仍领泉府司事。逝世后，追封高昌王，谥忠惠。

(68)国师琏真，即杨琏真伽，西藏活佛，时任江南释教都总统。

(69)裕宗皇帝，即忽必烈至元十年所立太子真金（1243—1286），主张推行汉法，重用儒臣。至元二十二年（1285），因有江南御史奏请忽必烈禅位于太子，激怒忽必烈，致使其忧病而死。裕宗系追尊之号。隆福太后，即真金之元妃、元成宗生母阔阔真，因其住隆福宫，故称。其正谥为徽仁裕圣皇后。主护，即大护法。

(70)今天子，指元成宗铁穆耳（1265—1307）。真金第三子。嗣服，继承皇位。

(71)三朝，指元世祖、元裕宗、元成宗祖孙三代。眷注，眷恋关注。

(72)祈生安养，即安身养命。趋道，追求佛法。

(73)师，指通辨大师，元王朝赐予妙泽之尊号。垂六十年，将近六十年。从乃马真皇后二年（1243）到元成宗大德五年（1301），为五十九年。

(74)丛林，代指寺院。轨，仪规，即礼法规矩。此处有为人师表意。

(75)终古，久远。终古未已，犹言永垂不朽。

(76)镵辞，刻辞。贞珉，碑铭的美称。

(77)仰止，仰望，向往。典出《诗·小雅》：“高山仰止，景行行止。”

(78)大德辛丑，即大德五年（1301），辛丑是该年干支。

普门宝塔壁龛之记

元泰定三年（1326）。《金石分域编》著录。原碑久已破坏，今邢台开元寺仅存半圆碑首，上有王郁所篆之额。现据北京大学图书馆藏清缪荃孙艺风堂全拓本转录。

普門寶塔覽垣記

霍希賢撰

王郁 正書并篆額 泰定三年十月吉日 在直

隸 邢台開元寺

普门宝塔甃垣之记

寺之有窣堵坡[①]，盖常理也。阿育王造八万四千于人天龙海[②]，粧严相好，固非笔舌所能形容，而亦未可以枚数。在阎浮之鸣于四众者[③]，则泗之僧伽[④]，邢之圆照。圆照，即今之普门也。

历劫兴废，数有由然，前代碑铭可征不妄。在昔，万安祖师之起自草莱[⑤]，顿超三昧[⑥]，于兹金地作大因缘，以心感心而为说法，檀施山积[⑦]，远近称之曰："此观音如来之后身也。不然，安得世祖宪天述道[⑧]，仁文义武，大光孝皇帝为之外护哉！"[⑨]三百尺之突兀既成[⑩]，凡归佛乘、依象教者[⑪]，莫不瞻采天而参琉璃界[⑫]。然香奉供，日益月繁，门不得常关者于今百年。顾虽一心敬礼之徒不无，而于亵渎有所未免。尸其事之僧墉土以藩其外[⑬]，严致局钥[⑭]，可谓知所本矣。然于观仰间终不意惬，而修葺又岁烦月劳，识者病之。

粤有大士海公[⑮]，云游四方，以清净身行菩萨道，睹兹圣境，起坚固心，发无为愿。乃作不出户庭之观，寂然不动而能感诸有，使老弱负甃如负其子[⑯]，不终岁以成是垣。为尺咫四百六十有四，前后二门翚飞，矢棘穷壮一时[⑰]，其用若天雨鬼□。

静而思之，天岂有阴相之者。监开元寺事妙琬神其功[⑱]，谓不可不碑而未获文者。适予以简书至邢，寓提点所[⑲]，请纪其实，不可辞，乃告之曰："传不云乎，至诚而不动者，未之有也。不诚，未有能动者也。试以祖师出世之诚，而观此公之道，夫何言哉。"是为记。

奉议大夫知广平路威州事前翰林修撰知制诰兼国史院编修官霍希贤述[⑳]

忠翊校尉前汝宁府同知颍州事郡人王郁书丹并篆额[㉑]

泰定三年十月吉日监大开元寺事玄辨大师琬吉祥并众执事等[㉒]

管领顺德开元一宗诸路都提点明宗妙慧大师明吉祥[㉓]

奉训大夫管领顺德开元一宗诸路都提点通照圆明大师奇吉祥[㉔]

中奉大夫管领大开元一宗诸路都宗摄圆照普明光显大禅师益吉祥[㉕]

注释：

①窣堵坡，梵语，即塔。

②阿育王（？—前232）亦译作阿恕迦、阿输迦，意译为无忧王、天爱喜见王。古印度摩揭陀国孔雀王朝创始人旃陀罗笈多之孙。即位后曾征服羯陵伽国，除半岛南端外，统一全印度，并立佛教为国教。据传他在位时（前273—前232），主建过八万四千座寺塔。

③阎浮，南阎浮提的省略，梵语，又作"南瞻部洲"，即中国。

④泗，指泗州，治所在临淮（今江苏省泗洪县东南，盱眙对岸）。僧伽，特指建于泗州普光王寺中的僧伽大圣塔，因系为僧伽而建，故称。该塔初建于唐景隆四年（710）僧伽圆寂之后，后毁。宋太平兴国七年（982），宋太宗特敕重建，"务从高敞，加其累层"。此文将开元寺圆照塔亦即普门塔与泗州僧伽大圣塔并列，并推为当时中国之最，信非虚言。

⑤薮,即丛。草丛,意即乡野小寺。或指广恩出身农家。

⑥三昧,即"定",音译又作"三摩地",指心专注一境而不散乱的精神状态,佛教以此作为取得确定之认识,作出确定之判断的心理条件。

⑦檀施,即布施的钱物。

⑧世祖,特指元世祖忽必烈。

⑨大光孝皇帝,特指元世祖初立之太子真金。大光孝皇帝是真金病逝后所获庙谥。

⑩三百尺之突兀,普门塔的代称,三百尺是其高度,突兀是其气势。

⑪佛乘、象教,均为佛教别称。

⑫琉璃界,佛教徒理想中的一种清净境界,犹言西方净土。

⑬尸,主持。埔土,以土作墙。

⑭扃钥,门锁的钥匙。

⑮大士海公,应与妙琬等同辈,即大开元宗第三代僧妙海。

⑯甓,即砖。

⑰矢棘,笔直的砖墙,通畅的垣门。矢,直。棘,通"戟",《周礼·天官·掌舍》说:"为坛壝宫棘门。"意即古时王者外出,在野地行舍前插戟为门。

⑱监开元寺事,即开元寺的监院和尚。妙琬,大开元宗第三代僧,即文后题名的"玄辨大师琬吉祥","玄辨"是其所获朝廷赐予的尊号。称"吉祥"者,证明其受过藏地活佛所传之戒,兼通密宗。

⑲提点所,指大开元宗提点所,当时的开元寺内。

⑳㉑霍希贤、王郁,《元史》均无传,故此可补史之不足。

㉒泰定三年,即1326年。

㉓㉔明吉祥、奇吉祥,应与妙琬同辈,即大开元宗第三代僧妙明、妙奇。"明宗妙慧"、"通照圆明"分别是他们所获朝廷赐予的尊号。

㉕益吉祥,即损庵洪益,系大开元宗第五代僧。详见《管领大开元一宗诸路都宗摄损庵益公长老碑铭》。

岐王施长明灯记碑

元至顺三年（1332）。《金石分域编》著录。原碑已佚。现据北京大学图书馆藏清缪荃孙艺风堂全拓本转录。

岐王施長明燈記

正書 額篆書 至順二年 在直隸邢台開元寺

岐王唆南管卜施长明灯记^①

夫两仪中日月为一^②,而照物无私。三乘者性相不二^③,惟一灯之灵明不昧者乎。吾佛所谓作光明供,供养中而为最。所□鹫岭□光^④,□提续焰,亘古今□,真长朗。凡圣三昧无殊,破黑开昏,冲导生死,长夜照□,照未照之始,明天地未明之前。猎师挑而果彻因源,若举镜之玄照贫女,施而因□果海,犹帝纲之荧珠昭昭,守心之明,晃晃出色尘之外。义天星灿,觉树□阆。《□□经》以灯喻菩提之心^⑤,《梵网经》以灯为大戒之^⑥,或名神通藏,或号光明幢,灯之功□著矣。□名大士既授万二千天女无尽灯法门,从而谕之曰:"灯者皆明,明终不尽。"伊尹所谓以先觉觉后觉者也^⑦。世之焚膏继晷,号无尽灯,又□净名之心灯□。

古襄当南北冲要^⑧,开元为禅宗古刹,堂廊深邃,塔庙巍然,圣像尊崇,庄严□妙。上而王公,下而士庶,岁时瞻礼,迨无虚日。至顺壬申冬^⑨,岐王朝觐于都,途经顺德,躬降香于是寺,□其广大因缘,发□须□,承凤□力,不忘灵山付嘱^⑩,谨施中统元宝楮币二千五百缗,归终常住^⑪,所获子息^⑫,以为供佛长明之灯。鸠此胜心,端为祝延皇元圣祚,宝历弥新;次为保岐王自身安乐吉祥。

仍□众生昏蒙,此灯长照,风雨晦暝,此灯□□□心者,心华发明,照十方刹。睹此光者,□披云雾而瞻性天□,惟上照一天二天乃至三十三天,无方不照;下彻一地二地乃至三十八地,□暗皆□。□人人□□炬光明,令个个悟灯王种智^⑬,可谓日月灯明,佛本光瑞如此。承翠峰^⑭雅命,令筠永作记,姑纪岁时,作将来福田耳。

大元至顺壬申七月八日

大开元寺监寺□□书,照吉祥等立石^⑮

注释:

①据《元史》卷一〇八《诸王表》:"元兴,宗室、驸马通称诸王,岁赐之,颁分地之入,所以尽夫展亲之义者,亦优且渥。然初制简朴,位号无称,惟视印章以为轻重,厥后遂有国邑之名,而赐印之等,犹前日也。"其印分四种,即"金印兽钮"位尊,"金印螭钮"居次,"金镀银印驼钮"、"金镀银印龟钮"又次之。岐王共二,即岐王"脱脱木儿驸马,延祐四年由濮阳王进封",岐王"锁南管卜,泰定四年封",均执"金印兽钮"。此碑即为二世岐王锁南管卜而立。

②两仪,指天地。两仪位中,即天地之间。

③三乘,即声闻、缘觉、菩萨三乘,是佛教引导教化众生达到解脱的三种方法、途径或教说。中国佛教宗派对此有种种不同的发挥和说法。

④鹫岭,梵文音译"耆阇崛山"或"姑栗陀罗矩吒",意译"灵鹫山",简称鹫岭、鹫头、鹫峰等。在古印度摩揭陀国王舍城东北部。相传释迦牟尼曾在此居住和说法多年,所以许多佛教传说都与之相关。

⑤菩提,梵文音译,意译即"觉"、"智"等,指对佛教真理的觉悟。菩提之心,即智慧之心、觉悟之心。

⑥《梵网经》,全称《梵王经卢舍那佛说菩萨心地戒品第十》,又称《菩萨戒本》,为佛教戒律书,内容含十重戒、四十八轻戒。

⑦伊尹,商初大臣,名伊,尹是官名。传说其奴隶出身,原为有莘氏女的陪嫁之臣,汤用为"小臣",后任以国政。曾助汤攻灭夏桀。

⑧古襄,即古襄国,元顺德府,今邢台市。

⑨至顺壬申,即至顺三年(1332)。

⑩灵山,即灵鹫山。见注④。

⑪楮币,即纸币。常住,指寺院,此指大开元寺。归终常住,永远归大开元寺所有。

⑫子息,即放贷所获利息。

⑬灯王,指燃灯佛,又译作"提和竭罗"、"锭光佛"。《大智度论》说其出生时身边一切光明如灯。《瑞应本起经》则说,释迦牟尼前世曾买五茎莲花供献该佛,故被受记(预言)九十一劫后之"此贤劫"(现在之劫)时当成佛。"灯王种智"即指此事。

⑭翠峰,即普琳,大开元宗第四代僧,广恩座下第十三代嗣祖传法住持。

⑮照吉祥,应为大开元宗第五代僧、广恩座下第十八代嗣祖传法住持月照洪迈禅师。但因"照"字漫漶不清,可能有误。奉命撰写此文的"筠永",因非法讳,其为大开元宗第几代僧无考。

顺德府大开元寺万安座下历代住持并垂法名颂之碑

元后至元二年（1336）。《金石分域编》著录。原立于邢台开元寺广恩塔前。已佚。此据于嗳龙提供《［民国］威县志》卷十五《宗教·佛教》复印件转录。

威縣志 卷十五 九

百又募化得千二百南適金陵裂龍藏經七百函經成貲盡無以賄會金陵某望
族母病思食鴨梨北直產也苦不可得乃張吉白通衢映文應之期五日返成詣
金陵距北直往返數千里五日之期爲必不可能事映文乃晝夜奔馳三日以鴨
梨還某處族思有以酬之映文具告龍藏經事望族乃助之資俾齎經返戾諸海
藏菴之藏經樓藏經之富逢爲一邑冠云映文一子名思恭復施海藏菴地四十
一畝七分　採訪

四人物

金末元初吾邑中有創大開元一宗者威惟萬安大師
年老志力不衰加以老壽將軍號　耆舊書

北魏景證廣宗沙門年百歲太祖幸廣宗邀見於道奉致果物帝敬其
門絕食誦持大悲章句由是悟性靈異屢著
師凤有佛慈金末祝髮爲僧晋閏

北平京津印書局印

顺德府大开元寺万安座下历代住持并垂法名颂之碑①

广崇妙普　洪胜禧昌　继祖续宗　慧镇维方
圆明净智　德行福祥　澄清觉海　了悟真常①

开山祖师　万安菩萨
第二代　通慧崇润禅师
第三代　梅庵崇朗禅师
第四代　明空崇悟禅师
第五代　百泉崇瑀禅师
第六代　龙溪崇俨禅师
第七代　草堂广佺禅师
第八代　清泉崇音禅师
第九代　银山妙用禅师
第十代　柏山妙生禅师
第十一代　静岩妙安禅师
第十二代　损庵洪益禅师
第十三代　翠峰普琳禅师
第十四代　寿峰普俊禅师
第十五代　无极洪缘禅师
第十六代　高峰普镇禅师
第十七代　藏峰胜悦禅师
第十八代　月照洪迈禅师
第十九代　月溪禧顺诸禅师②
至元丙子中秋日立石③

注释：

① "广崇妙普"，复印件为"广从妙普"，据众多古碑考证，可知"从"应为"崇"，系刊刻之误，现予改正。万安广恩所定的这三十二字谱，至清同治十一年（1872）已传至第二十五代"澄"字辈。

②自成吉思汗十三年（1218）至后至元二年（1336），这十九代住持共管理邢台开元寺119年。明弘治元年（1488），又经153年才传至第二十四代住持祖翱，似不可解，期间很可能有非大开元宗一系僧人出任开元寺住持。但无可考。至清同治十一（1872）年三月前，开元寺住持为大开元宗第二十三代僧秀山福顺，三月后续任住持为其弟子祥祯。他们各为万安座下第几代嗣祖传法住持，亦无可考。

③至元丙子中秋日，即后至元二年（1336）八月十五日。

顺德路大开元寺护国仁王佛阁法堂之记

元至正八年（1348）。《金石分域编》著录。原碑已佚。现据北京大学图书馆藏清缪荃孙艺风堂全拓本转录。

開元寺護國仁王佛閣記

沙門法禎撰 李思明正書 成度篆額 至正八年

龍集戊子孟夏吉日 在直隸邢台今寺

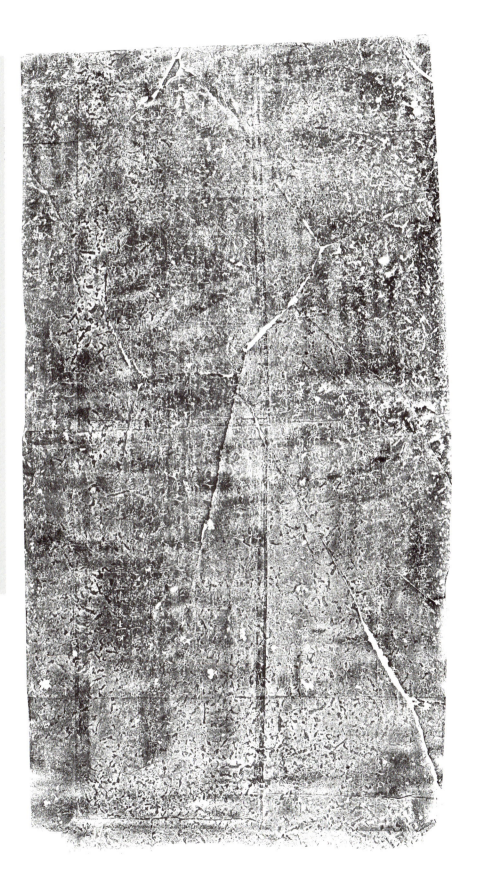

顺德路大开元寺护国仁王佛阁法堂记

奉旨开法英悟正印宗慧大禅师嗣临济宗前大都大竹林寺住持传法西堂沙门雪涧法祯撰①
中奉大夫江浙等处行中书省参知政事李思明书②
昭信校尉福州新军万户府下副万户成　度篆③

日者阴阳地理之说④,虽不可泥考,然古今人事亦不可毕逃。既其术之行,其言不无所据,惟所学有浅深也。其说或中或否,致惑者未之全信。如澄付之于暴赵⑤,一行之于季唐⑥,司马之□沩山⑦,禅师之属临济⑧,咸其事也。《华严》大经以天文地理、人相吉凶、鸟兽音声、云霞气候为善知众艺,童子所入,解照圣贤,其□□也远矣。而尚由之诟空⑨,概以他道为辞,况乾坤关键,一气所云。吾佛所谓真理妙用,无在亦无不在,顾用其用者,知所本与否焉。

河北大开元自金季残废,迨圣朝聿兴,万安大士以普门圣缘建大塔,新寺宇,伽蓝仪制与夫恒产所须,举无欠矣。惟佛阁、法堂未遑丈尺,将事经营,以西归之遽而寝。大德壬寅有日者⑩,莫明其所由来,圜视堂殿基址已,谓执事者曰:"人之吉凶晦咎⑪,必系乎内、外宅。僧虽方外人,寺亦僧之宅也。屋庐高下,须相称乃可。斯寺规模固佳,而前后轻轻有□,或有以致弗宁。旁建崇阁于殿之后,庶几全美。"时住持柏山玉公喜术者得万安遗意⑫,乃运材命役。工未半,而玉退席。甲辰⑬,静岩安公改著⑭,事始克继。筑檐级□水者三,承以□座,匾曰:"护国仁王佛阁"。然未能从事圣容。至大间⑮,中奉损庵益公住持⑯,于上级塑所事佛并千佛像⑰,下安宝华王座,丹垩圬墁,金碧交饰,雄雄堂堂,如浮幢王香水海中⑱,大落须弥⑲,诚汉地罕有。要将如善财所入⑳,宝髻所引㉑,使迷蒙因之以获世出世间,无异解脱。岂与夫滕王、黄鹤、岳阳、清风之檐楹竞奇㉒,水山争秀,与骚人墨客以迂阔之才,咏无用之句,戕窃虚名而已耶。

损庵归老石龙㉓,翠峰琳公复膺王者㉔。至是□惟三公数十年中㉕,能成其□成也。乃□上级殚供养之诚,下级尽招提之道㉖,开□学者大功,功于以扬仁王之风,于以盛熊丸之化春㉗。斯阁之不记也,更以为慊意,非雄翰逸才,如神龙方骧,以点滴之水拏云攫雾飞雨八荒者,则必不能特书始末来之原。师顾命以文,余老疾健忘,初意实难之。意□翠峰相知之厚,不得辞,勉为言曰:

仁王之义大矣。佛之言仁,唯梵语为殊。较其旨初,无异于《周礼》"惟王能仁"。非因安而教化,行仁不足则国危而民散。虽曰"护国",而实自护之也。所以云,唯仁者天下无敌。昔大雄演法舍卫㉘,大国之王膜拜而拱听焉。佛因以法付嘱之,若曰:"吾法于后世,非国王威力则不能振。"今其时矣。波旬辈日益昌炽㉙,奇窥巧伺,恒拟破灭。或假比丘形服,如喙腐鼠之鸠,妖音夜鸣,为贼内应,至以凿空为虚,御人□给,行粪而言璧者,泾渭混流。非仁王明鉴匡卫,殆将舍瘥趣肥,以无上法为寻常事,弗焜弗尚之矣㉚。虽然,佛之法乃有国之经,非经则仁无所施焉。法之行,则国以安,亦交感之道也欤。法轮既转,单传之旨益传。后生可畏,必青出于蓝,于人天前频呻哮之便,□□行于肝胆破裂,致佛、法、僧□仁王道,休明之时,岂不既盛矣哉。此佛阁、法堂所以上、下而设置也。谂尔来裔,应如是观。至正七年岁丁亥仲春吉日记。

至正八年龙集戊子孟夏吉日[31]

管领大开元一宗诸路都宗摄悟空真智大禅师当代住持传法嗣祖沙门翠峰琳吉祥立石

注释:

①②③见《顺德路大开元寺钟楼记》注。

④日者,古时占候卜筮之人。典出《墨子·贵义》:"子墨子北之齐,遇日者。"

⑤澄付之于暴赵,佛图澄把其听铃音预知休咎之术付之于后赵。暴赵,是法祯对石虎所行暴政的蔑称。

⑥一行之于季唐,据《宋高僧传》,一行(637—727)曾从金刚智、善无畏学密藏,是密宗的嫡嗣,曾受命主编《开元大衍历》,不仅精通天文地理,且善卜筮之术,并有著作传世。季唐,即晚唐、唐末,因唐玄宗天宝年间爆发"安史之乱",使唐王朝走上末路,故言。"一行之于季唐",意即一行用其密宗之学、占候卜筮之术服务于晚唐。

⑦司马之□沩山,司马指禅宗四祖道信(580—651),俗姓司马,据《续高僧传》记载,其不仅能自了生死,且能预知吉凶。沩山,指沩阳宗开创者之一沩山灵祐,灵祐嗣法于百丈怀海,是道信的六传弟子。幼年时曾有华巅之叟预言其为"佛之真子","必当重光佛法"。所谓"司马之□沩山",即由此演义而来。

⑧禅师之属临济,禅师指唐黄檗山希运禅师,临济指临济宗开创者、唐镇州临济禅院的创建人义玄(?—867)。义玄参学希运座下时,曾三度发问、三度被打,后得大愚禅师开示,方悟"黄檗佛法无多子"。"禅师之属临济",或即指此。

⑨讵空,岂都是空谈。而尚由之讵空,岂能因为尊尚佛法说四大皆空。

⑩大德壬寅,即大德六年(1302)。

⑪晦咎,隐而未发的灾祸。

⑫柏山玉公,柏山妙生禅师,柏山为其自号。他是大开元宗第三代僧、广恩座下第十代嗣祖传法住持。

⑬甲辰,指大德八年(1304)。

⑭静岩安公,即静岩妙安禅师,静岩为其自号。他是大开元宗第三代僧、广恩座下第十一代嗣祖传法住持。

⑮至大间,据《管领大开元一宗诸路都宗摄损庵益公长老碑铭》与此碑互证,损庵洪益出任大开元寺住持,时在至大四年(1311)。

⑯中奉损庵益公,即大开元寺万安座下第十二代嗣祖传法住持洪益。他是大开元宗第五代僧,损庵是其自号,"中奉"即"中奉大夫",是洪益于延祐三年(1316)所获元王朝赐予的官衔。

⑰上级,即上层。据此文前称"筑檐级□水者三",可知这座护国仁王佛阁上下共三层。

⑱浮幢王,犹言浮屠王,即佛祖释迦牟尼之代称。香水海,传说须弥山周围的七大香海。

⑲须弥,古印度神话传说中的山名,又称修弥庐、须弥楼等,意译即妙高、妙光、善高、善积等。许多佛教造像和绘画均以此为题材,用以表示天上佛国之景观。

⑳善财,即善财童子。据《华严经·入法界品》,善财因"生时种种珍宝自然涌出"而得名,先后受文殊、普贤二菩萨开示实现成佛之愿,是大乘佛教用以宣扬"即身成佛"的典范。

㉑宝髻,菩萨的代称。"宝髻所引",即指文殊、普贤二菩萨指引善财童子"行愿"成佛事。

㉒滕王、黄鹤、岳阳、清风,俱中国古代之名楼,唐王勃作有《滕王阁序》,崔颢作有《黄鹤楼》诗,宋范仲淹作有《岳阳楼记》,而清风楼就在邢台城中。据此,清风楼之名绝非始于明代,更非创建于明代。

㉓损庵归老石龙,据《管领大开元一宗诸路都宗摄损庵益公长老碑铭》,损庵辞去大开元寺住持之职,南归湖北石龙山宝林寺养老,时在至顺元年(1330)。

㉔翠峰琳公,即翠峰普琳,翠峰是其自号。他是大开元宗第四代僧、广恩座下第十三代嗣祖传法住持。

㉕三公,指妙生、妙安、洪益三代大开元寺住持。数十年中,指自妙生住持创建护国仁王佛阁的大德六年(1302),至洪益"归老石龙"的至顺元年(1330),前后将近三十年。

㉖招提,寺院的别称。招提之道,即寺院之法则。"下级尽招提之道",意即在下层设立法堂,供寺僧习经、禅修。

㉗熊丸,药名。唐柳仲郢少时好学,其母韩氏尝和熊胆丸,使夜咀嚼以助勤。后因以熊丸作为贤母教子之典。"盛熊丸之化春",即此典故之活用。

㉘大雄,释迦牟尼的别称。舍卫,即舍卫国,古印度一王国名,在今印度西北部拉普地河南岸。以崇佛而闻名的波斯匿王曾居此,城内有给孤独长者施舍的祇园精舍。传说释迦牟尼成佛后,曾安居此园二十五年。

㉙波旬,又作"波旬逾"、"波卑面"。释迦牟尼出世时的魔王名,为欲界第六天之主,其义为恶者、杀者。常以憎恨佛法,断人慧命为事。

㉚焜,明亮。弗焜弗尚,不能如此光明如此崇高。

㉛至正八年,即1348年。龙集,犹言"岁次"。龙,星名。集,次。

顺德路大开元寺钟楼记

　　元至正八年（1348）。《金石分域编》著录。碑身存邢台开元寺，高225厘米，宽98厘米，厚24厘米。僧法祯撰文，李思明书丹，成度篆额。下部略残且字迹泐蚀，多模糊难辨。现将北京大学藏清缪荃孙艺风堂全拓一并刊出。

元大開元寺鐘樓記
僧雪礀法禎誤　李思明正書　臧度篆額
至正八年六月歲舍戊子夏六月上吉

真隸邢臺

顺德路大开元寺钟楼记

奉旨开法英悟正印宗慧大禅师嗣临济宗前大都大竹林寺住持传法西堂沙门雪涧法祯撰①
中奉大夫江浙等处行中书省参知政事李思明书②
昭信校尉福州新军万户府下副万户成度　篆③

八音与政通，由所以正人心，而金革之用为夥④。即钟鼓而论，音韵则钟清且雄。自昔邦家庆赏⑤、宗庙大礼⑥，与夫圜丘有事⑦，必簴而焉⑧迨世数交变，虽□俗」之殊而类⑨，必以乐，皆以为清心涤虑，节宣郁滞⑩。盖心思无邪则气和，气和而神随畅。所以施之政事，行之日用而无舛戾焉耳⑪。

吾圣人降神世间，为天人师」矣⑫。于人之当为，所以垂训之说甚微细，如向所云，特土苴绪余⑬，顾其徒之宠繁也⑭。绚给孤长者请鹙子、奉成等而营伽蓝⑮，凡食时制戒⑯，即将演法而声钟。又」以三涂⑰酸楚无间，如千头之鱼，入阿鼻之狱⑱。以佛大弘愿力，随钟音所至，必暂停苦轮⑲。萧梁天监中⑳，武皇以菩萨为世界主㉑，四(余」江表，宴人神而明之，」荐及幽滞，乃梦神僧，谓曰："地狱有剧苦难忍，唯闻钟声则稍息。愿留意焉。"既寤，寻敕天下："凡撞钟必徐。"斯所以钟为巨器，而有巨用，非余音可及也。」

皇元一家海内，古邢开元为河北巨刹，有万安阐化，众常万指，且独振一宗，枝派盈异域。观其大塔、堂殿，出内财殖㉒，诚雄压中原。虽悬钟而击，为」国家警朝昏而危楼未建㉓，使蒲牢大鲸㉔，音未远闻。今当代住持翠峰琳公㉕，自至元乙亥钦膺」明旨㉖，主是刹，绾银章而位宗摄，道德学问，蔼在」帝心㉗，王臣举相加敬㉘，四方玄学就炉冶者，恒辐凑㉙。每」皇家大会㉚，升堂必致佳赏㉛，以大因缘益壮，产增库本㉜，新僧寮、仓廪、磨合油房，龛置藏教，彩绘殿堂，廊庑新旧以创以葺。眷斯楼未建之」无也。□□海众，皆欣」然以从，两班知事者宿各捐衣资助其费㉝，乃运材陶甓㉟，涓吉鸠工㊱。经始至正甲申㊲，落成翌年㊳。凡三其级㊴，而一鼓座危檐次㊵，翚戢栋飞，云鸳瓦□，绣甍雕□，」咸金碧眩耀，文藻交罗，可谓尽善美焉。楗椎试挥㊶，声韵逾远，四众仰观，举形赞声，如地涌而天降之也。

执事者恐后之好□始子，无以征岁月，□状本末，走」京师，乞文于余。尝闻声色之患，古今喻之鸩毒㊷。如吕政之钟㊸、齐王之竽㊹，隆基之霓裳㊺，褒姒之裂帛㊻，皆以寻常之好，而败国亡家，□□所□，正□唐文皇以为」由人与时，不系专于乐，宁有旨哉！虽然，不龟手药㊼，顾用之为，如何正之？谓中无过不及，《关雎》虽乐而不淫是也。况吾教以□根圆通，非余和合可及。斯所以为」此方教体，如能以彼之声，发我之声，而忘彼我于返闻之间。翳根既除㊽，则余五尘㊾亦声而已矣。如此，则天地一楼也，万物一钟也。天地万物，又皆我之一声，」以之警朝昏，集水云㊿。既如其时，以之警大梦，息苦轮，顿」长夜，开元盛化，随其声而无际矣。翠峰远誉，又可瞳也哉。故余不辞无陋而书，使归刻之。至正七」年岁丁亥二月吉日记㉑。

大元至正八年岁舍戊子夏六月上吉
管领大开元一宗诸路都宗摄所宗摄悟空真智大禅师当代住持传法嗣祖沙门翠峰琳吉祥立石㉒

注释：

①法祯（生卒不详）字蒙隐，号雪涧，祖籍定陶，北宋末因避战乱徙居寿春，遂为寿春人。自幼习诗赋声律，后因体弱皈依佛门，拜退庵无公大讲师为师。十七岁已通经论大旨，并于建邺升座开讲。旋即游学大都，于庆寿寺挂单，于临济宗主虚云座下深造。延祐三年（1316），奉敕为庆寿寺开堂弘法，再移易州兴国寺。次年，连奉二诏与西夏僧慧合译《菩提行释论》二十七卷，指授画工在大内宝云殿绘出大型壁画《高僧像》八十八龛，并为之亲作八十八传，金书其上。元英宗即位后，奉敕与湛堂、西谷为总督，率天下六十名僧重勘《大藏经》，治钢为版印行。泰定、至顺之交（1325—1332），佛教有大事必预议秉笔。后至元二年（1336），奉诏住持大都南城大竹林寺。至正八年（1348），奉诏重译《菩提行颂文》，得到元顺帝接见。同年作《驳邪论》，抵制王溥等人的抑佛之议。至正十四年（1354），移住潭柘龙泉寺。史称"出世四十余年，膺累朝眷顾，凡皇家大会演法，师为巨擘。王公有识，大人皆望尘加敬，名声振寰宇，碑志文言，殆遍海内"，"英悟正印宗慧大禅师"，是元王朝赐封之号。"西堂"，是海云住持竹林寺，弘传临济禅之地。明《补续高僧传》卷一有传。

②李思明（1260—？）《元史》卷一七九误记为张思明。字士瞻，祖籍获嘉，徙居辉州，遂为辉州人。为人颖悟，读书日记千言。至元十九年（1282），由侍仪司舍人辟任御史台掾，再辟尚书省掾。后因参与办理阿合马贪赃案，得到元世祖忽必烈赏识，擢升大都路治中，因治绩优异迁任湖广行省都事。元贞元年（1295），召为中书省检校，迁升户部主事。大德元年（1297），擢任左司都事，政绩突出。大德五年（1301），转任吏部郎中。九年，改任集贤司直。十年，除任江浙行中书省左右司郎中。至大三年（1310），迁两浙盐运使，未上任，又还朝参议枢密院事，改中书省左司郎中。皇庆元年（1312），再任两浙盐运使。次年，任户部尚书。延祐元年（1314），进参议中书省事。三年，拜中书参知政事，因切谏仁宗宠僧被贬，转任万亿库提举、工部尚书。五年，除任西京宣慰使。因左丞相哈散力荐，再任中书省参知政事，不久升任左丞相。元仁宗驾崩后，因不与拜住等阿比，被削职于家，杜门六年。天历元年（1328），被元文宗重任为江浙行中书省左丞，以年老力辞，未得允准。史称其"平生不治产，不畜财，收书三万七千余卷，尤明于律"，与谢仲和（谢让，有传）、曹鼎新同称"三绝"。逝后赠推忠翊治守义功臣、依前中书左丞、上护军、清河郡公，谥贞敏。《元史》记其逝于后至元三年（1337年），享年七十八。但此碑书于至正八年（1348），故知其享年当在九十岁左右。

③成度，其人其事不详。但据《元史·百官志》可知，元代武职散官共分三十四阶，其中有承信校尉、昭信校尉，正六品。诸路万户府分上、中、下三等，上万户府管军七千之上，其副万户一员，从三品，虎符；中万户府管军五千之上，其副万户一员，正四品，金牌；下万户府管军三千之上，其副万户一员，从四品，金牌。其官皆世袭，有功则升之。

④金革，多指甲兵。但在此指代音乐。金指金属之器，此指钟镈之属。革指皮革之器，此指鼓。《周礼·春官·大师》说，音乐"皆播之以八音：金、石、土、革、丝、木、匏、竹"。

⑤邦家，国家。或者说，邦指诸侯之邦，家指士家大族。

⑥宗庙，天子或诸侯祭祀祖先的庙堂。宗庙大礼，即在宗庙祭祀祖先的礼仪。

⑦圜丘，天子祭天的圆形高坛，又称天坛。圜丘有事，即天子要到天坛祭天。

⑧簴，支撑钟鼓的木架。必簴而焉，必然会悬架金钟等乐器奏乐。

⑨"虽口俗之殊而类"，意即事有尊卑雅俗之别，却有类似之处，即"必以乐焉"，亦即演奏音乐。

⑩节宣，节制和发泄。节，亦可释为预防。

⑪舛戾，差错、谬误。

⑫吾圣，即我佛。

⑬如向所云，就像佛祖一贯所说。特土苴绪余，特别是要教导那些身穿粗衣的普通信众对国家负责。土苴，粗麻织成的土布。绪余，残余，此指主体以外的零散部分。典出《庄子·让王》："道之真以治身，其绪余以为国家，其土苴以为天下。"

⑭寔，通实。顾其徒之寔繁也，眼看着他的徒众实在是太多了。

⑮给孤长者,即给孤独长者,亦即侨萨罗国富豪须达多。佛经说,当他欲购置太子祇陀的花园,为居无定所的佛祖及其弟子们建设伽蓝即建佛寺时,太子故意刁难,说要黄金铺满园地才肯答应。须达多满足了太子的条件,伽蓝终得建成,并被命名为"祇树给孤独园",简称"祇园精舍"。鹙子,佛祖大弟子舍利弗,智慧第一。义译为鸲鹆子。奉成,亦佛祖弟子。

⑯食时,吃饭时。"凡食时制戒",按戒律,僧人斋食时禁止说话。

⑰三涂,特指地狱、恶鬼、畜生,又称三恶趣、三恶道。

⑱千头之鱼,形容神通广大的鱼精。阿鼻地狱,佛教八热地狱之一。阿鼻,梵语音译,意为"无有间断"。无间有二,即身无坚、苦无间。所以,纵是千头之鱼,进入火热无间的阿鼻地狱也无活路。

⑲苦轮,地狱中旋转的苦难轮回。

⑳萧梁,即萧衍创建的南梁政权。天监中,天监年间(502—519)。

㉑武皇,特指南梁武帝萧衍,其笃信佛教,并曾四次舍身寺院,自称"三宝之奴",再由朝廷、臣属以重金赎回。以菩萨为世界主,是其崇佛的表现之一。

㉒内财,大内之财。出内财殖,即出于国家财政的支持而成。

㉓危楼,高楼。危,高峻。

㉔蒲牢,兽名。唐李善注班固《东都赋》"于是发鲸鱼,铿华钟"说,海中有大鱼曰鲸,海边又有兽名蒲牢。蒲牢素惧鲸,鲸鱼击蒲牢,辄大鸣。凡钟欲令声大者,故作蒲牢于上,所以撞之者为鲸鱼。由此可知,开元寺大铁钟上之钮名蒲牢而非龙。原用以撞钟之杵则为鲸形。

㉕当代主持翠峰琳公,据树立于后至元二年(1336)的《顺德府大开元寺万安下历代住持并垂训法名颂之碑》可知,即万安之下第十三代住持翠峰普琳禅师,系大开元宗第四代传人。

㉖至元乙亥,即后至元元年(1335),乙亥系该年干支。钦膺明旨,接受朝廷明确任命。

㉗蔄,通兰。蔄在帝心,像兰花的幽香浸润着元顺帝的心田。

㉘王臣,诸藩王与文武大臣。

㉙玄学,本指魏晋时期一种哲学思潮,主要以老庄思想糅合儒家经义,以取代衰微的两汉经学。此指兴起于两宋时期的理学,亦称道学,是以经学为基础,但以阐释义理,兼谈性命为主体的哲学流派。就炉冶者,主动接受佛教冶炼的人。恒辐凑,经常像车辐般凑集于大都城。

㉚皇家大会,由元王朝组织的全国性佛教大法会。

㉛升堂,在佛堂升座讲法。佳赏,珍贵丰厚的赏赐。"升堂必致佳赏"所略主语为普琳禅师。

㉜库本,寺库资本。元代寺院经济异常发达,尤其像邢台大开元寺一类御用大寺,资产非常雄厚。

㉝藏教,即包括经、律、论三藏的《大藏经》。当时邢台大开元寺建有藏经阁即护国仁王佛阁,故称。

㉞两班知事,特指开元寺东、西两序执事僧,按照《百丈清规》,东序有都寺、监寺、副寺、维那、典座、直岁六职,西序有首座、书记、知藏、知客、知浴、知殿六职,俗称东序六知事,西序六头首。耆宿,本指地方贤达,即老师宿儒。但佛教则称出家为僧在五十年以上者为耆宿。

㉟甓,即砖,在此代指砖瓦。陶甓,烧制砖瓦。

㊱涓吉,择取吉日。鸠工,聚集工人开工。

㊲至正甲申,即至正四年(1344),甲申为该年干支。

㊳翌年,明年。此指至正五年(1345)。

㊴凡三其级,三次拾级而上才能到达顶层,因知这座钟楼为三层式建筑且在高台之上。

㊵危檐次,最高层的檐庑之下。

㊶楗,鼓槌。椎,即撞钟之鲸棒。

㊷鸩毒,剧毒之药、酒。传说鸩是一种毒鸟,羽毛放入酒中能毒杀人。

㊸吕政,秦始皇嬴政。传说其为吕不韦与赵姬私生,故称。吕政之钟,意指秦始皇钟鸣鼎食的奢侈生活。

㊹齐王,春秋时称霸的齐桓公。齐王之竽,意指齐桓公嗜好宫廷之乐。

㊺隆基,即唐玄宗李隆基。霓裳,即《霓裳羽衣》舞曲,演奏起来非常美妙。据说酷爱音乐的唐玄宗曾亲自培养三千梨园子弟,与杨贵妃日夜沉湎于轻歌曼舞之中,最终导致了"安史之乱"。

㊻褒姒,周幽王的宠妃。传说周幽王为博其一笑,竟以烽火戏诸侯,导致杀身亡国之祸。裂帛,撕裂缯帛,在此用以形容褒姒清厉的笑声。

㊼龟手,手上的皮肤因寒冷或干燥而坼裂。不龟手药,手未龟裂而用药。

㊽翳根,遮蔽眼目的根源。

㊾五尘,即色、声、香、味、触。

㊿水云,本指雾,在此代指云游天下的行脚僧。

51 "大元至正七年岁丁亥",即1347年,丁亥是该年干支。

52 悟空真智大禅师,是元王朝赐予普琳的尊号。琳吉祥,据此可知普琳曾受藏传密宗之戒,禅、密兼通。

常山王看转藏经记

　　……洞一宗事、传法嗣祖沙门翠峰普琳……① 」

　　……史御史赵□……② 」

　　……□□传□袭祖梵衲无本可□……③ 」

　　……□集为藏曰经、律、论,历朝翻译,诞布华夏……日郎,焕乎盛哉。④ 」

　　……⑤ 」

　　朝□公侯尊崇佛……□者今□覩非日月处……⑥ 」

　　元勋刘公讳秉忠,字仲晦,号藏春,□士本……□村人,高曾仕□金□所……英姿天股,博综⑦ 」

　　经传,以至天文地理、阴阳卜筮、诸子百家……世间,当永出⑧ 」

　　世间事,遂遁迹邯郸紫山,草衣□食,乐道□……锐意参究⑨ 」

　　佛祖正宗,次见庆寿可庵,亲为证据。海云国……⑩ 」

　　朝,世祖一见异之,礼遇殊厚,尝扈从上都,即……⑪ 」

　　敕额景福,仍立庙坛,斋戒祷祀,精诚洞贯,兴……⑫ 」

　　天□交,谟谋国政,以简⑬ 」

　　帝心,累承优锡,授公光禄大夫、太保、参领中书省事……⑭ 」

　　太师、常山王。其言行之大,具载国史,兹不繁引。公生……⑮ 」

　　持,严奉香火,盖不忘其僧隐之本也。景福主僧普升……⑯ 」

　　王之先美,必期报效,鸠财五千缗,恭入本宗祖庭开……⑰ 」

　　王之忌辰营斋,禅众看转经、律、论,功德敬资冥福,兼利诸……德,从事住⑱ 」

　　久,需文以纪厥事。余曰:"王之生平,定□两融,真俗一致,达望……⑲ 」

　　……⑳ 」

　　难辨,能转经、律、论之大法轮,其不思议力,非特于……㉑ 」

　　王增崇善因,俾使熏闻同臻妙果,丛林百世而下,览斯文者亦……石以彰攸。㉒ 」

　　　　至正十五年岁次乙未…… 工,僧办所㉓ 」

　　管领大开元一宗诸路都宗摄佛心玄悟净觉妙□……㉔ 」

注释:

　　①此为碑文首行,因碑残,上、下均有缺字。依行文惯例,似可补为"顺德府大开元寺当代住持管领曹洞一宗事、传法嗣祖沙门翠峰普琳撰文"。据(后)至元二年(1336)所立《顺德府大开元寺万安座下历代住持并垂训法名颂之碑》,翠峰普琳系万安所创大开元宗第四代僧、第十三代传法嗣祖住持。

②此为碑文第二行,因碑残上、下均有缺字。依行文惯例,似可补为"兼修国史御史赵□篆额"。

③此为碑文第三行,因碑残,上、下均缺字。据《金石分域编》著录,此碑为"衲无本正书"。依行文惯例,此行似可补为"□□传□袭祖梵衲无本可□书丹"。无本为其自号,可□为其法名。另据今存《顺德路邢台县重修玉泉禅寺碑》所镌"玉泉寺住持□法嗣祖沙门无本□□篆额",可知无本当时是玉泉寺住持,兼擅楷、篆。

④此为碑文第四行,上、下与中间皆有缺字。观残文之意,系概述佛教经、律、论三藏在中国的传播情况。

⑤此为碑文第五行,碑面无一字残留,其内容无从得知。

⑥此为碑文第六行,中间与下部均有缺字。观残文之意,系概述佛教在元代传播之盛况。《元史》卷二○二《释老列传》对此则概述为:"元兴,崇尚释氏,而帝师之盛尤不可与古昔同语。"

⑦⑧此为碑文第七、八行,中间皆缺字。残文系叙述刘秉忠家世及其学问。《元史》卷一五七《刘秉忠传》记载此为:"刘秉忠,字仲晦,初名侃,因从释氏,又名子聪,拜官后始更今名。其先瑞州人也,世仕辽,为官族。曾大父仕金,为邢州节度副使,因家焉。故自大父泽而下,遂为邢人。""秉忠于书无所不读,尤邃于《易》及邵氏《经世书》,至于天文、地理、律历、三式六壬遁甲之属,无不精通。"张文谦所撰《刘文贞公行状》确言,刘秉忠为邢台县静安村人,自幼风骨秀异,志气英爽,豪放不羁。

⑨此为碑文第九行,中间缺字。接续前行,知为叙述刘秉忠脱俗出家事。《元史》卷一五七《刘秉忠传》记此为:"十七岁为邢台节度使府令史,以养其亲,居常郁郁不乐。一日,投笔叹曰:'吾家累世衣冠,乃汨没为刀笔吏乎? 丈夫不遇于世,当隐居以求志耳!'即弃去,隐武安山中。久之,天宁虚照禅师遣徒招致为僧,以其能文词,使掌书记。"张文谦撰《刘文贞公行状》记刘出家前语为:"丈夫不得志于世间,当求出世间事",先避世于武安之清化,"又迁滴水洞,苦形骸,甘淡泊,宅心物外,与全真道者居","草衣木食,以求其志"。当邢台天宁寺虚照禅师闻其"复欲西游关陕"时,因"爱其才而不能舍,遣弟子辈诣清化,就为披剃,与之俱来",并因其"知经书,工翰墨,命掌书记"。

⑩此为碑文第十行,下有缺字,若接续上行,知为简述刘秉忠随师就食云中,得遇海云事。《元史》卷一五七《刘秉忠传》记此为:"后游云中,留居南堂寺。世祖在潜邸,海云禅师被召,过云中,闻其多学博材艺,邀与俱行。"张文谦撰《刘文贞公行状》与此基本相同。关于其与海云及临济宗的师承关系,赵孟頫撰《临济正宗之碑》说,海云为临济宗第十三世宗师,有大弟子二人,"曰可庵朗、颐庵儇,朗公度萃庵满及太傅刘文贞",与此碑记刘转随海云,"锐意参究佛祖正宗,次见庆寿可庵朗,亲为证据"同。

⑪此为碑文第十一行,下有缺字,若接续上行,知为简述刘秉忠因海云推荐,深得忽必烈器重信任事。《元史》卷一五七《刘秉忠传》记此为:"既入见,应对称旨,屡承顾问。""论天下事如指掌,世祖大爱之。海云南还,秉忠遂留潜邸"。赵孟頫撰《临济正宗之碑》记为,海云"以文贞公机智弘建,使事世祖皇帝,当是时,君臣相得,策定天下,深功厚德,祖于元元,卒为佐命之臣"。

⑫此为碑文第十二行,下有缺字,但可知系叙述忽必烈特为刘秉忠敕建景福寺,"仍立庙坛",供其"斋戒祷祀",使其"精诚洞贯"儒、释、道三教真谛事,为其他文献资料所未见。这座景福寺或即《元史》卷一五七《刘秉忠传》所记,至元十一年(1274),刘扈从元世祖忽必烈至上都开平,"因其地有南屏山,尝筑精舍居之"的南屏山精舍,但不得确考。

⑬⑭此为碑文第十三、十四行,第十四行下有缺字,但可知系简述刘秉忠辅佐忽必烈创建大元王朝,功成名就事。《元史》卷一五七《刘秉忠传》记为至元元年(1264),元世祖忽必烈因刘"久侍藩邸,积有岁年,参帷幄之密谋,定社稷之大计"的忠勤劳绩,特命其还俗,并拜其为光禄大夫,位太保,参与中书省事。

⑮此为碑文第十五行,下有缺字,但可知为概述刘秉忠逝后荣获封赠事。《元史》卷一五七《刘秉忠传》记为:至元十二年(1275)"赠太傅,封赵国公,谥文贞。成宗时,赠太师,谥文正。仁宗时,又进封常山王"。

⑯⑰此为碑文第十六、十七行,下皆缺字,但可知系概述刘秉忠逝后,元世祖命僧住持守护景福寺,"严奉香火",以示"不忘其僧隐之本"事,以及景福寺住持普升为了追念、报效刘对创建大元王朝及汉传佛教发展做出的特殊贡献,特捐资五千缗,送入本宗祖庭顺德路大开元寺,举行转经大法会事。普升为万安所创大开元宗第四代僧。另据碑文

首行,翠峰普琳自署"管领曹洞一宗事",则此时的大开元寺不仅是大开元宗的祖庭,亦是曹洞宗的祖庭。

⑱此为碑文第十八行,中间缺字,但可知为叙述大开元寺僧众在至正十五年(1355)秋八月壬戌日,即刘秉忠的忌辰,举行转经大法会,为其"敬资冥福"事。

⑲⑳㉑此为碑文第十九、二十、二十一行。第十九行下部缺字,第二十行因断裂无法辨认,第二十一行中间缺字,但可知主要内容为碑文作者普琳对刘秉忠生平"定慧两融,真俗一致"的赞叹,对转经大法会树立纪念碑之社会与历史意义的表述。

㉒此为碑文第二十二行,中间缺字。但可知为此碑年款。至正十五年,即1355年,时元顺帝在位。

㉓此为碑文末行,为"管领大开元一宗诸路都宗摄"僧题名,其中,"佛心玄悟"四字为朝廷所赐大师之号,"净觉"为字,"妙□"为法讳。因知其为万安所创大开元宗第三代僧。此碑碑阴题名,则有"东领"僧提点普镇、提点普万、监寺□□、□□普兴、维那胜文、副寺洪在、副寺洪增、典座洪忠、直岁洪彬;"西纲"僧首座洪□、藏主洪安、侍者洪聪、知客洪温、钱帛洪海、外库洪定;都宗摄所经历洪涓、知事普兴等。共涉及大开元宗"妙"字辈、"普"字辈、"洪"字辈、"胜"字辈四代僧人。

开元寺累降圣旨碑

　　此碑已佚。《金石分域编》著录曰："正书，有至正年号。在开元寺正殿后西隅。"1957年北京大学刘慧达等对邢台地上文物进行调查后，发表于1963年第五期《文物》的《河北邢台地上文物调查记》说，其在开元寺所见这通白话《累降圣旨碑》上，共有中统二年（1261）、至元十三年（1276）、至元十四年（1277）、至元十六年（1279）四道圣旨。由此可知，此碑虽镌于至正年间（1341—1368），内容却属元朝早期。

《[光绪]邢台县志》书影

线刻罗汉图

　　元（1260—1368）。现与嘉靖四年（1525）重修药师宝殿砖刻题记并列，镶嵌于邢台开元寺药师佛殿（现称大雄宝殿）前庑壁上。砂岩质，正方形，边长60厘米。线刻二罗汉立像，居左者头呈异形，右肩袒露，斜披袈裟，右臂上曲，右手半握向下，左手平端胸前并握有法器；居右者头颅硕大，侧身而现行走之势，双手合十，手指交错。

白描

墨拓

云鼓门枕石

元（1260—1368）。青石质。底长 121 厘米,通高 111 厘米,厚 44 厘米。圆鼓之下自左而右分作三阶,前端高浮雕云朵形成鼓座。鼓面平整如镜，鼓身边缘浮雕鼓钉两周,历历可数。鼓身正中浮雕圆形装饰图案,十分华丽。系邢台开元寺元代佛殿门侧所用。

大雄宝殿雕龙石柱题记

石柱共四根,高浮雕,明正德十三年(1518)重修邢台开元寺大雄宝殿(现称观音殿)时,树于该殿外庑檐下,工艺极其精美。通过这些题记可知,创作出这组艺术精品者为临城县的腰堂、腰继元父子。

邢台开元寺大雄宝殿石雕龙柱全景

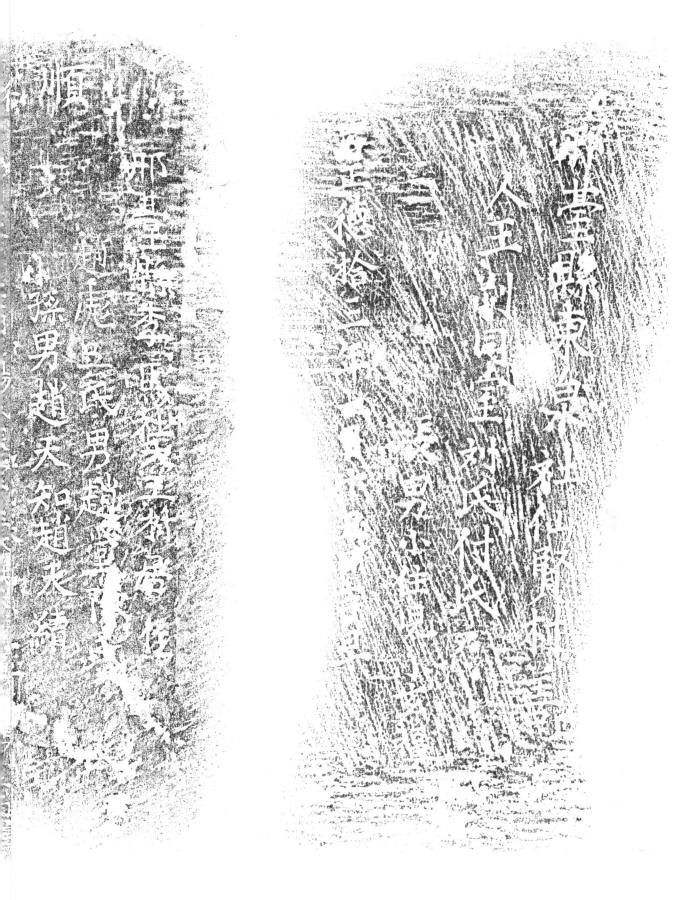

大雄宝殿雕龙石柱题记

（一）

顺德府

沙河县册井社人氏　　见在于册井村居住

信士男善人张翥　　侯氏　　王氏　　武氏　　李氏

长男张文孝　王氏　　张文强　杨氏　　张文皋　李氏

张文能　吴氏　　张文深　郝氏　　张文谅　杜氏

张文志　　　孙男　　小园表小管成

正德十三年七月十五立

真定府赵州临城县腰堂　　男　腰继元

（二）

顺德府

沙河县固坊社人氏　　见在于九家村居住

信士　男善人侯谦　刘氏　　长男侯茂　秦氏

次男侯相　杨氏　　侯堂　王氏　侯天禄　苏氏　孙男小江南　小云南

弟妻郡氏　　长男侯胜　　侯璠

正德十三年七月十五日立

（三）

顺德府

邢台县李马社大王村居住

赵彪　吴氏　　男赵堂　张氏　　孙男赵天知　赵天续

赵其　王氏　　男赵义　张氏　　小三哥

赵时　鲁氏　　小四哥

赵仁　程氏　　赵喦　赵豸　赵

正德十三年七月十五日

石工腰堂　　男腰继元

（四）

邢台县东泉社仙贤村善人王刚同室刘氏　傅氏　长男小住儿　小玄福
时正德十三年七月十五日吉旦

开元寺药师佛殿柱础题记

  明嘉靖四年（1525）。碑记为一特制方形青砖，边长45厘米，上镌"重修药师宝殿碑记：观世音菩萨、南无阿弥陀佛、大势支菩萨。嘉靖四年七月十九日立"等34字。柱础题记共四则，其中一则为"直隶顺德府邢台县见在宋家庄居住善人宋氏、亡过夫主，发心施明柱六根、柱石六块，永远在□。嘉靖四年七月十九日立"。其他三则仅题布施人姓名。

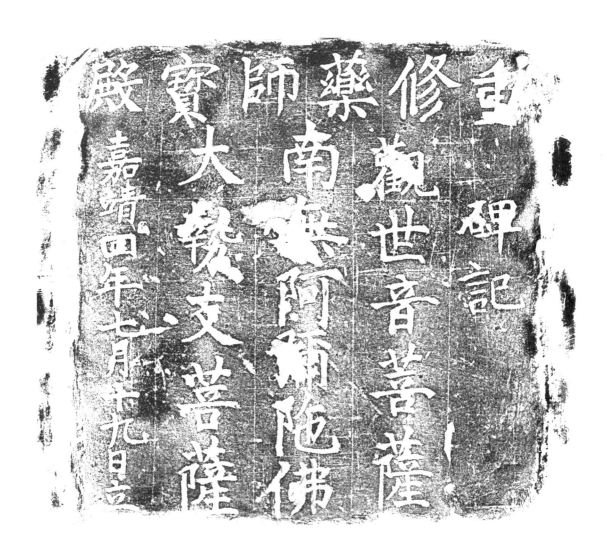

重修碑記

觀世音菩薩

藥師阿彌陀佛

南無大勢至菩薩

寶殿

嘉靖四年七月卅九日吉

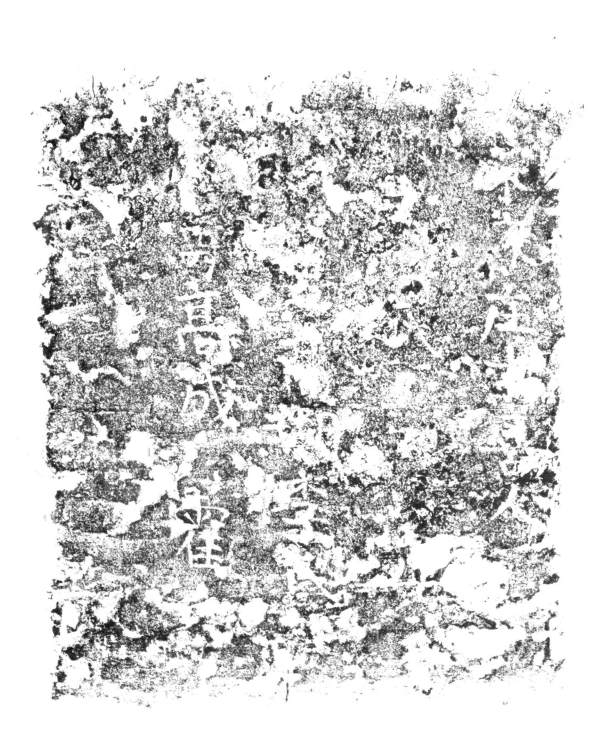

重修开元寺殿阁记

明嘉靖十七年（1538）。碑身高 300 厘米，宽 120 厘米，厚 34 厘米。朱裳撰文，王震书丹，陈大策篆额。现存邢台开元寺。

重修开元寺殿阁记

赐进士第通议大夫都察院副都御史沙河朱裳撰文①

赐进士第通议大夫应天府府尹　　郡人王震书丹②

前军都督府武平伯　　　　　　　陈大策篆额③

嘉靖丁酉秋④,顺德府都纲续安、副都纲继腾⑤、僧人继宗、继忠来谒予而请之曰:"吾开元寺乃古刹也,在府治东北隅,唐开元时所建⑥。内有圆照塔一座,岁久毁坏⑦。弘治元年⑧,住持祖翱募缘修完⑨,改名普门阁⑩。有大雄殿一座,岁久颓敝。正德十三年⑪,都纲昌俊、副都纲祖岩同请僧人祖奎募缘重建⑫,三载工完⑬。又有药师殿一座⑭,亦岁久倾圮。嘉靖四年⑮,续安、继腾又同请祖奎募缘,修理完备。嘉靖九年⑯,继腾用已资重修天王殿一座,焕然改观。此皆累年修理之工程也。切念吾刹四十余年殿塔颓坏⑰,其僧官、僧人相继修理,亦可谓劳矣,敢请记之,以光吾刹焉。"

予固辞之,其请益坚。予不得已,乃为之言曰:开元寺乃祝延圣寿之所⑱,与他寺弗同。予又曾读书僧人继宗、祖禅之精舍。今请益坚,予安得辞乎?夫修理之事,大略如前矣,予复何言哉!彼佛乃西域之所生,其说自汉明帝始流入于中国⑲,与圣人之道不同⑳,亦未暇论也。然而诸僧修理之劳,则有不可得而泯者㉑。夫天下之事,未有不以勤而成,以惰而废者也。亦未有不以慎而成,以慢而废者也。若昌俊、继腾、续安、祖岩、祖翱、祖奎、继玫,其僧官、僧人中之勤慎者乎!余见续安、继腾之为人忠厚小心,墨名儒待㉒,是又勤慎中之出色者乎!

予又有言,续安、继腾辈无人督责,而勤慎若此,使当时业儒而有民社之寄焉㉓,其建功立业又当何如耶?后之儒者观此而思之,亦所以警矣㉔。呜乎?予之言岂独为诸僧修理记哉?立石者祖忠,其人亦勤慎。而出镌石之工资者,内邱胡端、王仲友、胡朝纲、王麒、胡朝章、王秉彝也。因并记之。

嘉靖十七年岁次戊戌春正月吉旦㉕,顺德府庠生刘顺民书㉖。

注释:

①朱裳(1482—1539)字公垂,青年时自号安贫子,入仕后改号安斋。明顺德府沙河县人。正德九年(1514)进士,官至御史、巡按山西盐政。后又巡按山东,多有建树。正德十五年(1520),出任巩昌府知府。嘉靖二年(1523),任温、处二州兵备道,后升任浙江副使、左参政、福建按察使、浙江左布政使、右副都御史等职。父丧后还乡守孝。嘉靖十八年(1539),奉命以右副都御史职总理河道,因冒酷暑由运河迎送章圣太后灵榇还京,病逝于通州马头船中,得御赐祭葬。隆庆时,追赠户部右侍郎,谥端简。其墓在今邢台市北陈村东,原树有礼部右侍郎崔锐所撰神道碑。

②王震(生卒年不详),明顺德府任县十里亭村人,后移居邢台县,故其自称"邑人"。弘治六年(1493)进士,初任户部主事。三年后,因父丧还乡守孝。弘治十三年(1500),起复原职,后升任户部员外郎、郎中、郧阳府知府,再升河南参政,转任河南布政使、应天府知府。退休还乡后,把所藏图书全部捐赠顺德府儒学。为人至孝,曾在邢台城郊建永感堂,追思母德。

③前军都督府,明中央军事统御机构,为五军都督府之一。洪武二十六年(1393)定制,统领在京天策、龙骧、豹

韬、龙江、飞熊五卫,在外直隶九江卫、湖广都司、福建都司、福建行都司、江西都司、广东都司。永乐十八年(1420)后,削其龙骧、豹韬、飞熊三卫统辖权,增辖湖广行都司、兴都留守司。武平伯,明代以公、侯、伯三等爵封功臣、外戚,分世袭、不世袭二种。其才而贤者,得任京营总督、五军都督府官等军职。陈大策事迹待考。

④嘉靖丁酉,即嘉靖十六年(1537),丁酉为该年干支。

⑤都纲、副都纲,俱为朝廷任命的僧职,主管府治内的佛教事务。按照广恩所定大开元寺宗谱系,续安为该宗第十一世僧;继腾及后文提及的继宗、继忠、继玫,均为该宗第九世僧。

⑥唐开元时建,此说不确,应为开元二十六年六月一日,遵唐玄宗敕命,得立开元寺额。但此并非开元寺创建之年。参见《唐会要》卷四十八。

⑦岁久毁坏,此说不确。开元寺圆照塔即普门塔实为后至元十五年至十八年间(1355—1358),被顺德路总管刘绍祖以"寺僧多行不义"为由,纵火焚毁。但《元史》记刘绍祖为刘起祖。参见光绪版《邢台县志》所录刘健《邢台县重建学宫记》。

⑧弘治元年,即1488年。

⑨祖翱,按照广恩所定大开元宗谱系,其与后文提及的祖岩、祖奎、祖禅、祖忠,均为该宗第十世僧。

⑩普门阁,应即李京在《古刹春游》诗序中提及的五华殿。今已不存。

⑪正德十三年,即1518年。据此与今观音殿前滚龙柱所镌题记,这些龙柱应为当年祖奎募修大雄殿时所用。今存万历十三年《重修开元寺菩萨殿记》碑可互证。

⑫昌俊,按照广恩所定大开元宗谱系,为该宗第八世僧。

⑬三载工完,用了三年时间才完成这一工程。三年,即正德十三年至十五年(1518—1520)。

⑭药师殿,即今大雄宝殿,其殿门西侧墙上所嵌砖铭为:"重修药师宝殿 南无阿弥陀佛、观世音菩萨、大势至普萨。嘉靖四年七月十九日立。"正与此碑记载史实相符。

⑮嘉靖四年,即1525年。

⑯嘉靖九年,即1530年。

⑰四十余年,自弘治元年到嘉靖九年(1488—1530),计四十三年。

⑱祝延圣寿之所,地方官员庆贺皇帝千秋节,恭祝皇帝万寿无疆的场所。圣,皇帝。据药师殿前所立康熙二十一年碑文,开元寺这种特殊的政治地位自明代一直延续到了清代。

⑲其说,指佛教学说。自汉明帝始流入于中国,事见《高僧传·摄摩腾传》。

⑳圣人之道,特指中国传统的儒家学说,即孔孟之道。

㉑泯,泯灭,消失。得而泯者,已经得知却任其默默无闻的事迹。

㉒墨名儒待,墨客的名声,儒士的待遇。意即续安、继腾作为学问僧,出任都纲、副都纲,堪称出类拔萃。

㉓民社,犹言里社。使当时业儒而有民社之寄焉,是朱裳对自己曾寄宿于僧人继宗、祖禅之精舍所发感概语,意即这些僧人修寺不单是为弘扬佛法,还可以为来儒学攻读的穷苦儒生提供家一样的食宿条件。

㉔警,警醒,自警自励。

㉕嘉靖十七年岁次戊戌,即1538年。

㉖顺德府庠生,即顺德府儒学秀才。前言王震书丹,此言刘顺民书,前后矛盾,不知孰是。

王景施银敬造龙柱题记

　　明嘉靖十七年（1538）。龙柱高 16 厘米。主体为四方形，面宽 18 厘米。已残，亦不知原用于何殿。现存邢台开元寺。题记为："直隶顺德府邢台县致仕官王景、室人李氏、子王□、王□、王诞，伏念合家，舍银造石柱二根，愿我父于天上人间，逍遥于□华之会上。皇明嘉靖戊戌年春三月初三日吉立。"

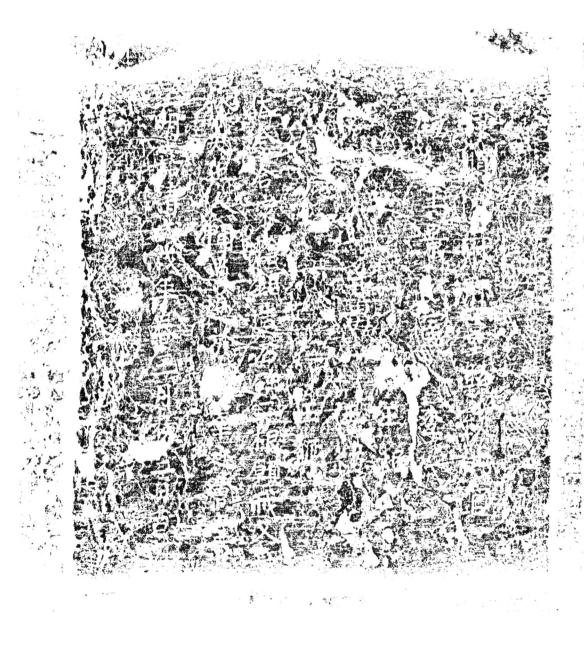

开元寺铜佛记

此碑已佚。《金石分域编》著录曰："在开元寺后东北隅荆棘中。"1957年,北京大学刘慧达等人对邢台地上文物进行调查后,发表于1963年第五期《文物》的《河北邢台地上文物调查记》说, 这通碑镌立于明嘉靖四十三年（1564）。主要内容应是开元寺铸造铜佛的纪念文字。

重修开元寺菩萨殿记

明万历十三年（1585）。残高 71 厘米，宽 41 厘米，厚 14 厘米。下部略有残缺。今存邢台开元寺。

重修□□□□□□□□□□記

□創開□□□□□□□南巍然禪林之勝躲也歲久火燄不

□□□塔雄時於□而南巍然□□□□□□□□□□□

首其重為備盡計安本之典已載載始告成功迺同事之

而任事得專且從當□□□文於五佛則金其身於四壁

二株以副送佛之上增木□以理之佛之下增千磚以砌之若

汾殊油上于四旁燄然為之一物退工也肇□□慶二年之季

之初夏歷時則人計費煩多恕之康□□□寶興僧徒縉紳

太工之費者則楊大賢老炳等樂施之義不可□□傳并記其□

前月十□年歲次□酉孟夏吉旦立石

重修开元寺菩萨殿记

殿在开元寺之西北侧,启形三才①。考本为(万安菩萨而设②。□□□□□□□□阁峻起,古塔雄峙于西南③,巍然禅林之胜概也。岁久大敝,不□□□□□□□□□首其事,为修葺计。土木之兴,已经数载,始告成功。乃同事之□□□□□□□□而任事,独专且久。当殿工之就备,又于五佛则金其身,于四壁□□□□□□□□二柱以副之。佛之上增木龛以覆之,佛之下增千砖以砌之。若□□□□□□□□以硃油上下四旁,焕然为之一新。

是工也,肇自隆庆二年之季□□□□□□□□□之初夏,历时则久,计费颇多。恕之廉介,菩萨无尘。实兴伟绩,并□□□□□□□□火工之费者,则杨大贤、毛炳等,乐施好义,不可不传,并记其略,刻□□□□□。

万历十三年岁次乙酉季夏吉旦立石④。

注释:

①三才,古称天、地、人。《易·系辞下》:"有天道焉,有人道焉,有地道焉,兼三材而两之。"启形三才,意即菩萨殿与其他殿阁一起,构成了开元寺的合理布局。据此可知,当时菩萨殿并不在开元寺的建筑中轴线上。

②考本为(万安菩萨而设,经考证可知,这座菩萨殿原本是为纪念万安菩萨而建设的。据此可知,万安任住持时,邢州开元寺尚无菩萨殿。

③古塔,特指万安恩公塔。

④据此似可补为"肇自隆庆二年之季春,告竣于万历十三年之初夏",即1568—1585年,共十八年。

续曹洞正宗法派记

明万历二十一年（1593）。残碑，仅存上半部，高99厘米，宽103.5厘米。现存邢台开元寺。据《［乾隆］顺德府志》可知，此碑篆额者为"赐进士及第中顺大夫知顺德府事蒲城樊东谟"。据残文之意可知，此碑是为纪念小山宗书而立。

续曹洞正宗法派记

赐进士及第翰林院国史修撰承务……」
赐进士及第中宪大夫光禄寺少卿□……」
赐进士及第中顺大夫知顺德府事蒲城……」
曹洞宗,禅门正宗之杰出。而□徒□□□……」
道,又家门不易,承绍□兴。然达摩大师□佛□……」
惟善□,厥□者固不滞于一,□□无极,□师者……」
昏教,精勤刻苦者三十龄。□归□俟师□之□……」
师坚临□之道,开法都门。□一□,湖□衲子□……」
□子既已,召以衣法付之。内廷太监张公遄等□……」
重德,归奉祭禘之仪,设供□簋,以会阖初耆宿,□……」
代大德□□有□□□,国朝二百余载,所立□……」
□辞之□□者宿亦恳请不已,□说□□□□□……」
□□师之志者,上足□□永□也。相与并□□□……」
本矇一,真清净之界,□色离□□□□口所□□□……」
生,然毕寘寽四十九年,牢谈一字□□□□□□□……」
□颜之后,西天□□,东土二三,所施□□□□□□……」
耳目口鼻之于身,所用各有异,岂可以用异而□□□……」
尝一是,则五家□□,又何易其指归?然而□□□□□……」
前,剔眉以视,则其嵩山一会,少室九年,□□□事□□……」
师,其于寂灭定中,振声一喝,直□大地,耳聋者□闻……」
是为记。」
大明万历二十一年岁次癸巳□□□□□立。」

重新金身碑记

明万历三十三年（1605）。碑高94厘米，宽44厘米。现存邢台开元寺。碑文首句为："重新关圣贤金身并立神龛、桌等项，施过资财姓名于后。"其后七行为题名，以清军厅官吏胥役为主，如清军厅吏书王行政、张纪、胡启聪、李秉哲、王业、曹应祯、刘应宣，清军厅门役李登，清军厅快手崔新化等等。末行为年款："万历三十三年岁在乙巳七月口日吉旦立石。"字迹大多漫漶不清，很难辨认。

（一）石佛记

象石居士曰①：佛以有骨为空相②，以无骨为真际③。真际无住，住本空也。空相不动，相本真也。知不动相者，知常住法④。众生故作二观，觅如来身，修清净业，不知佛紫磨金色⑤，八十种好身⑥，何处住来？

异哉石像，或云起之大地之中，而登之寝室，莹然光透，炯尔耀比⑦。仰首而观，妄思有情之为木石。惟石性坚，

虼殍而有(动色⑧。如鹜如鹭⑨，色从何生？四大冥干无觉⑩，静鼓大风，动转地瘿⑪，杳邈于玄宫⑫，流行于梵阁。遍满众体，不窥盈缩⑬。孰者立置⑭，鄞鄂而颜⑮。石之为城廓，意万界之结疑。释五丁之椎凿⑯。淫精瞩视⑰，不冥不昧，如如意珠⑱，偕生无碍。缟衣去涅⑲，铁莲离盉⑳，现法界像，留卧净存㉑。居士抚帝宫而睹石函之光㉒，解吏绶而起石丈之拜㉓，稽首皈诚，玄精用载㉔。

甲寅之秋七月金沙象石周泰峙书于邃邃然斋㉕。

注释：

①象山，本文作者周泰峙的表字。居士，在家修行的佛教信徒。梵语称优婆塞。象山居士，周泰峙自称。

②空相，佛教指一切皆空之表相。《大智度论》说："虚空有相汝不知，故言无，无色处是虚空相。"

③真际，佛教指不生不灭的宇宙本体，犹言真如、真谛。

④常住，恒久不变。《法华经》之《方便品》说："是法住法位，世间相常住。"与无住相对而言。

⑤紫磨，上等的黄金。紫磨金色，指金光闪闪的佛像。佛教谓佛身如紫金光聚，故言。

⑥八十种好身，极言佛祖变相之多。

⑦炯尔耀比，形容光亮无比。

⑧虼殍，轻微的瑕疵。

⑨鹜，凤鸟。鹭，即雕。隐指中印度的灵鹫山。该山为佛说法之地。如鹜如鹭，就像鹜、鹭一样五彩斑斓。

⑩四大，即地、水、火、风。佛教认为此四大能产生一切事物和道理。冥干无觉，高远玄妙而无所觉察。

⑪地瘿，大地珍藏之物。

⑫玄宫，位于北面的佛殿（或佛塔）地宫。开元寺石质卧佛出土"北阜"，即位于北面的大殿遗址基台之下，故言。

⑬盈缩，本义为有余与不足。此引申为岁月变化。不窥盈缩，即看不出经历了多少个朝代的变迁了。

⑭孰者，什么人。"孰者立置"，这究竟是什么时候、什么人雕塑安置在这儿的呢？

⑮鄞鄂，边沿，楞坎。喻形体。典出《参同契》正文："经营养鄞鄂，凝神以成躯。"

⑯五丁，五个力士。传说秦惠王欲伐蜀而不识路，因造五头石牛，把金放在石牛尾下，扬言石牛能屙金。蜀王负力信以为真，派五丁拉石牛回蜀，遂为秦开通伐蜀之路。

⑰淫精，长久淹留下来的精华。

⑱如意珠，即佛珠，梵语"真多摩尼"之意译，相传是用佛舍利制成。

⑲缟衣，洁白的细绢所制之衣。涅，黑泥、黑色颜料。"缟衣去涅"，犹言除去洁白之衣上的黑点。

⑳铁莲离盂，铸在铁盂上的莲花图案与铁盂分离开了。"缟衣去涅，铁莲离盂"，都是很难做到，也很神奇的事情。因用以类比开元寺石佛的出土，即下文的"现法界像，留卧净存。"

㉑卧，卧佛造像的简称。佛祖留存于佛教界的卧相，即其涅槃之相。涅槃亦作"泥洹"，义译为灭度，即脱离一切烦恼，进入自由无碍之境界。故此记有"偕生无碍"之句。

㉒帝宫，实指地宫，亦即石佛出土的殿址。石函，一般用于安放舍利的金函、银函之外。但此石函应指安置卧佛的棺床或基座。

㉓吏绶，官吏佩印的丝带。解吏绶，喻放下官架子。起石丈之拜，宋米芾好奇石，知无卫军，初入州廨时见有立石甚奇，即命袍笏而拜之，呼为"石丈"。此言自己拜石佛犹如米芾拜"石丈"。

㉔玄精，本指运行于人体内的元气。此指黑色而精整的石碑。

㉕甲寅之秋，据同碑所刊侯文才《书石佛记后》年款，可知即万历四十二年（1614）的秋天。甲寅是该年干支。据《[乾隆]顺德府志》记载，周泰峙为直隶金坛县人，进士出身，万历四十年（1612）以北京工部郎中出任顺德府知府。三年后加俸一级，升任山东济宁道副使。但周作此记自称"金沙象石"，其"金沙"地望不知何指。

（二）书《石佛记》后

此石佛者，传发之土中，具兹卧相。余从郡伯公祝厘于此①，顾瞻其地，见岁久屋池，牖风上□，辟余篆缡②，庭可博鼠③，□有怛焉④，莫为新者。公以佛心，弘倡圣果⑤。此邦士庶，咸欣子来，经之□□，□□成辉煌。彻上乘之□□盛⑥，奚丽奚赭⑦，□□□璀璨、幽玄之为巅，契天□□，石相晬容以梦金⑧。是故巍巍谑谑⑨，永著无为之寂；尘尘劫劫，长开得意之津⑩。法相闲安⑪，人天自在。希□不锬⑫，景鉴昭然，斯其福国福民之盛举乎！敬诵鸿章，络言□志，命彼苾刍⑬，勒之兰若⑭。

时万历甲寅秋七月清军……蜀侯文才识⑮。

注释：

①郡伯，从吏对任知府者的尊称。此指时任顺德府知府的周泰峙。祝厘，祝福。

②辟，通壁。篆缡，烟熏的痕迹。篆，形容燃香之烟袅袅上升之状。缡，形容女子的青丝一缕为缡。辟余篆缡，残壁断垣上还留有烟熏的痕迹。

③博鼠，捕捉老鼠。与李京《古刹春游》中"柏子庭前鼠咬藤"意同，极言当时开元寺之荒圮萧疏之貌。

④怛，惊愕、惨然。触目惊心。

⑤圣果，神圣的结果。或与"胜因"相对，释为善果。

⑥上乘，即大乘，相对于小乘而言，梵语摩诃衍。佛教认为，开一切智，尽未来际众生化益之教为大乘。比喻修行法门为乘上等大车，故名。

⑦奚，如何、何如。奚丽奚赭，为什么如此壮丽红火。赭，火红色。

⑧晬容，周岁或满百日时的容貌。石相晬容，这尊卧佛还是佛出世不久的婴儿之相。梦金，幻想成佛后的金身。

⑨巍巍谑谑，形容伟岸欢乐之状。因这尊石塑卧佛为其出世之相，天真烂漫，故言。

⑩津，津梁，即桥梁。

⑪法相，佛教语，本指宇宙一切事物的形象。《大乘义章》释《空义》说："一切世谛，有为无为，通名法相。"

⑫锬，锐利。不锬，不锐利，不深刻。

⑬苾刍，梵语，僧人的总称，意谓佛之弟子。

⑭兰若，寺院，梵语阿兰若的省称。意谓寂净，无苦恼烦乱之地。此指邢台开元寺。

⑮清军,不知何意,应为侯文才之官职名称。据《[乾隆]顺德府志》记载,侯文才为四川营山人,举人出身。万历三十八年(1610)出任顺德府同知。

(三)石佛殿铭并叙①

昔佛际震旦②,万缘咸以为本来之障,悉取山石大地而幻之,入空离相,其根宗也③。佛吐三昧火自焚④,其徒胶余烬以成像⑤,是佛假无相以脱有相,而徒即有相以求无相,是亦□哉。然毫端须弥精操⑥,明□有无,不立相以权⑦,教何碍焉!

襄国之野⑧,有出石佛于土中者,郡人□之殿以覆之,岁久而圮。郡伯周公修成,令二三从事各为颂说,稽古有称,勒石镌碑铭右,按效而为铭⑨,铭曰:

道有虚寂,教衍耀□,昌形法界,扬光大千。

诞□□□,□□□□。云胡石□,□□□□……

注释:

①此文因碑残缺而失作者姓名,但其作为顺德府知府周泰峙的"二三从事"之一,其文又镌列于同知侯文才文后、推官黄秉石文前,应为时任顺德府通判的孙养霖。据《[乾隆]顺德府志》记载,孙养霖为南直隶海州人,选贡出身,万历四十年(1611)出任顺德府通判。

②际,通视、示。此用表示之义。震旦,中国。

③根宗,根本之宗旨。

④三昧,佛教语,梵文音译,又作三摩提、三摩帝。意谓"定"、"正定"等,即排除一切杂念,使心神平静。后称解脱束缚为三昧。三昧火为真火。

⑤其徒胶余烬以成像,相传释迦牟尼圆寂荼毗即火化后,其弟子用其骨灰和胶,塑成其像供养。今藏传佛教徒供养之擦擦像,即用其遗意。

⑥须弥,佛教传说之宝山名。又译作苏迷庐、须弥楼,意译为妙高、妙光,传说以四色宝光各异照世。精操,精进的操行。

⑦权,权衡、规范。

⑧襄国,邢台的古称。由项羽改定,意为赵襄子之国。

⑨按效,按照和效仿。

(四)石佛颂并叙①

郡伯周公修石佛殿成之月,大火方流②,凉飚乍起③。公与宾佐酌水□之④,洒翰说赞⑤,敷慧扬慈,曭□祥云之霭⑥,廉纤法雨之润⑦,文成垂璐⑧,施甚布金⑨,爰命从行咸通其意,而法曹淮阳黄秉石遂为之颂⑩。颂曰:

谁琢山骨,颜此丈六⑪? 如如不动,相好具足⑫。

泥不度水,木不度火,劫火大千,若今烂否!

乾坤可旋,山岳可摇。此嗒焉者⑬,梦然一觉。

五蕴四大⑭,于尔何有?□□□眼,须□□□……

注释：

①此题目为点注者所加。

②大火，星名，即营惑星，亦即星宿中央的红色大星。大火方流，意即七月之初，典出《诗·豳风》："七月流火。"

③凉飚，凉风、秋风。七月为秋季之始，故曰："凉飚乍起。"

④宾佐，僚属。

⑤翰，毛笔，古以羽毛为笔，故以翰代笔。洒翰，即挥笔。

⑥曛，日出而温暖。霭，云盛貌。

⑦廉纤，细微、纤细。有时用作细雨的代词。法雨，佛教形容佛法普度众生，如雨之润泽万物。

⑧垂璐，下垂的美玉。

⑨施其布金，即布施了极多的资金。

⑩法曹，即推官一职的别称。黄秉石，据《［乾隆］顺德府志》记载，系南直隶高崞人，选贡出身，万历三十八年（1609）出任顺德府推官。

⑪丈六，即丈六金身的简称，是佛教形容诸佛菩萨的法相语。

⑫具足，佛教语，即圆满。

⑬嗒焉，典出《庄子·齐物论》："仰天而嘘，荅焉似丧其偶。"其《释文》称"荅"又作"嗒"，"嗒焉"为"解体貌"语，后多用以形容失魂落魄之状。此指石佛被掩土中之时。

⑭五蕴，佛教语，亦称五阴、五众，即色、受、想、行、识。四大，亦佛教语，即地、火、水、风。

重修开元寺山门两殿记

　　明崇祯三年（1630）。碑已佚。1957年，北京大学刘慧达等人调查邢台地上文物后所作《河北邢台地上文物调查记》，发表于《文物》1963年第五期，文中所列开元寺十五通古碑中，就有此碑。但其说此碑为"梅元鼎书"有误，应是"傅梅元鼎书"，"傅"为姓，"梅"为名，"元鼎"为字。傅梅其人其事，《明史》及清代诸版《顺德府志》《邢台县志》均有载。

新建群墙柏树碑记

　　明崇祯二年（1629）。碑高 128 厘米，宽 67.5 厘米，下部略残。碑文首行即"新建群墙柏树碑记"8 字，二行为"姓名予后"四字，下列皆施主题名，因字迹太小不可卒读。末行为"崇祯二年岁在己巳五月造，开元寺僧□□书，化缘僧圆智、□□、□□"。现存邢台开元寺。

开元寺第二十四代住持祖翱修建普门阁题记

　　明（1368—1644），但无具体纪年。碑毁，现存那台开元寺之残石高112厘米，宽19.5厘米。上镌题名有：□州判官吴宪提，内丘县李田社善人李氏，麻村施主杨浩、柴春、柴敖，内丘县清修村王□、王堂等，张二庄苑陈良、苑满等，南和县侯□、李氏等，在城东门□□街王谅等，任县干寨村骆仲和等，石相村任志学等，共数十人。末行字体较大，即"第二十四代住持沙门祖翱立石"，但无年款。

香案施主题记

明（1368—1644）。题记有二，镌于香案两侧案腿之上的浮雕图案档上，档出两耳，青石质，十分精致。题记虽无年款，香案造型及石雕风格显属明代。

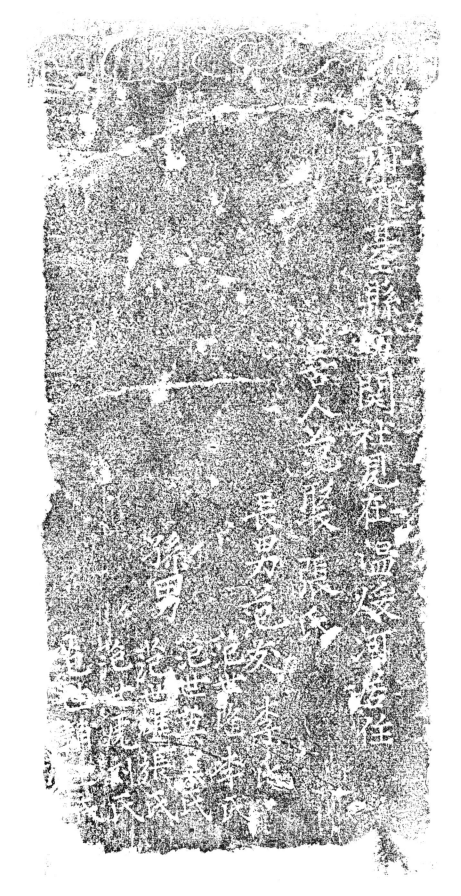

香案施主题记（一）

本府邢台县在城社东杨窝村居住善人田通、韩氏，长男田让、赵氏、李山、侯氏、李林、王氏

临城县石匠杨伯川、赵聪同刊（二）

本府邢台县坊关社见在温暖河居住善人范聚、张氏，长男范世友、李氏、范世隆、李氏、范世英、吴氏、范世雄、张氏、范世虎、范世辅

僧众题名残碑

明（1368—1644）。残高48厘米，宽68厘米，厚20.5厘米。残存广恩开创之大开元宗第十代僧祖虎、祖□，第十一代僧续隆、续琪、续端、续营、续玫、续溁、续常、续珣、续洪、续用、续万，第十二代僧宗存、宗□等题名。

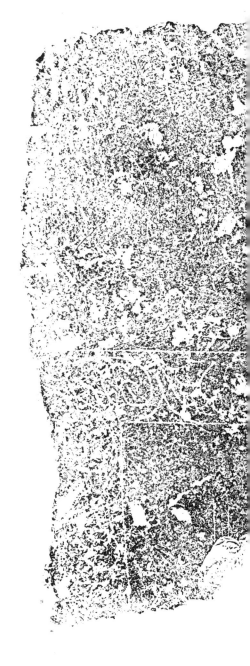

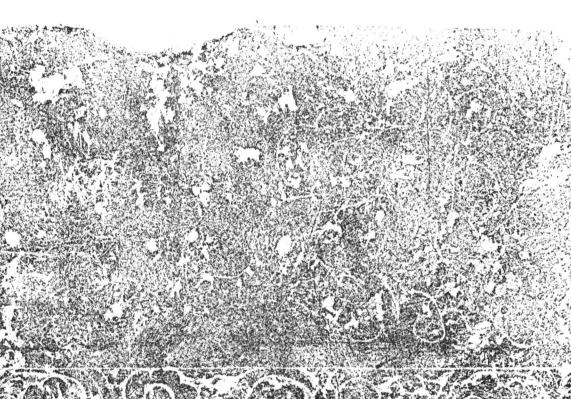

邢台开元寺藏经印

　　明（1368—1644）。共四枚。其中，"古开元寺"为2.1×2.1厘米篆书方印，"顺郡城内古开元寺"为2.5×1.5厘米楷书长方印，二印均钤于明成化丁亥（1467）重刊金韩道昭《改并五音类聚四声篇》、明成化庚寅（1470）重刊金韩道昭《改并五音集韵》、明正德乙亥（1515）重刊金韩道昭《改并集韵》（内府本）、明正德十一年（1516）大慧寺刊《新编篇韵贯珠集》四种古籍上。"开元堂记"为3.8×1.5厘米楷书长方印，"开元寺"为2.1×0.8厘米楷书长方印，均钤于明洪武二十九年（1396）朱丝栏手抄《佛说四十二章经》上。"顺郡城内古开元寺"、"开元堂记"、"开元寺"三长方印又称为朱记。

　　这些钤有明邢台开元寺藏经印的古籍善本书，与清邢台开元寺僧澄明手抄的《地藏菩萨本愿经》、"开元寺弟子比丘澄明心源敬书"的《佛说盂兰盆经》、"光绪二十四年二月初八日，开元寺东禅堂弟子敬书，顺德府邢台县东城有一名东大寺弟子敬书"的《药师琉璃光如来本愿功德经》、"释澄利沐手薰"抄的《地藏菩萨本愿经》，以及清开元寺僧手抄本《销释金刚经科仪录说记》《妙法莲华经》，与大量明清木版藏经均珍藏在武安市图书馆。

重修古邢州开元寺碑记

清顺治十一年（1654）。残高190厘米,残宽77厘米,厚35厘米。现已断为两块,但可缀合。金之俊撰文,金震出书丹,连登篆额。现存邢台开元寺。

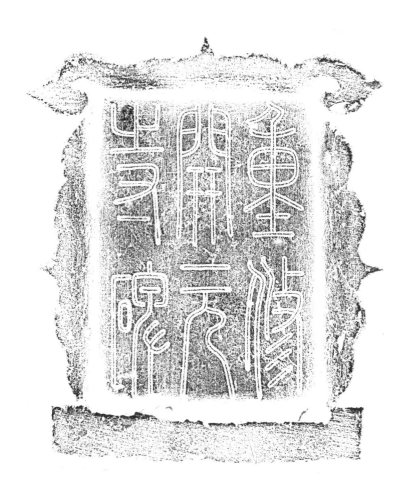

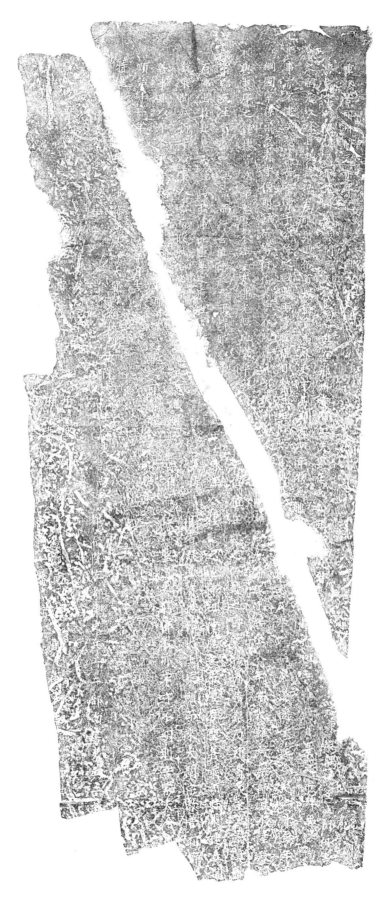

重修古邢州开元寺碑记 」

唐元宗时①,修建天下梵刹,多以开元、天宁名之。其在邢州者有二,天宁在城之西,开元在之东北隅。元至元之间②,相传□□□」之。嗣是以降,日就荒圮矣。邢州风俗贫朴。予昔为外吏③,守其郡者四年④。物无雕□,□□□□,衣无罗绮,□□之市肆无悬肉,□□□」事亦不逮吴越远甚。余尝于公余之暇,过两寺瞻礼,目击荒圮,慨然有兴工□□,未及举行而余遂迁去,迄今越二十余年⑤。

今 有 僧」纲圆宰谋于众⑥,有寺僧明录荷铎行化⑦,与善人陈应元、孔定邦、耿文炳等协力劝缘,□鸠工大举,而大雄殿、药师殿、水陆殿⑧、□□□」与东序之钟楼皆次第整葺,金碧耀天,佛光照地。嗟乎!以贫朴之俗,值兵燹之余⑨,较之畴曩⑩,物力倍艰,乃□费□□、□□竟出□□」桑,知死生祸福之无常,而行善植德之为恃耶?

以予观于古来至人栖息之地,佛祖神应之事屡有。圣善乘愿将来,建立开 元 古 寺,」石佛出于北阜⑪,大钟浮于滹沱⑫,灵异之应,往往□天龙神为之护持⑬。异其者疑必有应化大士乘愿而来⑭,大阐宗教,普利群生。」邪 端 昃 说乘间盛行,干以坏人心而败风俗⑮,其首□□,致兆祸乱,始知助□□他而佐传圣道之穷⑯,佛教亦不可不明。则吾蒙大令之请⑰,表 彰」善事,且以了余夙 昔 未遂之志,兼 可 忆 邢州旧游,事之可言者,余是故乐为之纪。」

顺治十一年岁次 丙 申 嘉平月吉⑱」

特进光禄大 夫 太 子少保兼太子太保内翰林国士院大学士前吏部尚书都察院左都御史兵工二部尚书吏工二部尚 书」□□殿侍讲读卷官金之俊撰⑲」

原任顺德府知府升湖广湖南□□副使金 震 出 书 丹」⑳

原任顺德府知府升□南粮道道副连 登 篆 额」㉑

□□□□□知府升□……」

注释:

①唐元宗,即唐玄宗李隆基。古人因避讳而改"玄"为"元"。

②至元之间,元世祖至元元年至三十一年(1264—1294)。或指后至元年间(1335—1340)。

③外吏,在朝廷之外任职的地方官员。

④守其郡者四年,据《[乾隆]顺德府志》,本文作者金之俊约在明天启末年(1627)出任顺德府知府,历时四年,故称。

⑤迄今越二十余年,至今已过二十多年。据明《顺德府署官佐题名碑记》,金之俊于天启七年(1627)七月出任顺德府知府,崇祯四年(1631)离任,至顺治十一年(1654),其离开顺德府已经二十五年。

⑥僧纲圆宰,按照广恩所定大开元宗谱系,为该宗第十七代僧。僧纲,管理府辖各县佛教事宜的最高僧职。

⑦明录,按照广恩所定大开元宗谱系,为该宗第十八代僧。铎,铜质大铃。荷铎行化,即振铎化缘,募集资金。

⑧水陆殿,即观音殿,又称水陆道场,本指普度水陆众生脱离苦海的大法会。因观音菩萨被尊为大慈大悲救苦救难普度众生之化身,观音殿遂被称为水陆殿。

⑨兵燹,因战争而遭受的焚烧破坏。兵燹之余,犹言战火之后。顺治十一年(1654),顺德府一带明王朝军队与李自成起义军及清军之间的连年混战平息不久,故称"兵燹之余"。

⑩畴曩,往日。畴,助词,无义。

⑪北阜,北面的高台。石佛出于北阜,精美的石佛出土于北面的高台之下。据万历四十二年(1614)周泰峙所撰开元寺《石佛记》,这尊石佛呈卧相,"或云起之大地之中"。今佚。

⑫大钟,指至今尚存的金大定二十四年(1184)铸大铁钟。考该钟铭款,有"沃州福胜院",金沃州即明、清时的赵州,地当滹沱河流域。"大钟浮于滹沱",即传说开元寺大铁钟系从滹沱河漂浮而来。这是迄今所知,明、清时有关开元寺大铁钟的又一种传说。

⑬天龙神,又称天龙八部,佛教分诸天龙及鬼神为八部护法,即一天、二龙、三夜叉、四乾闼婆、五阿修罗、六迦楼罗、七紧那罗、八摩睺罗伽。因八部护法以天、龙二部居首,故称天龙八部。

⑭应化大士,随时随事变化而来的佛菩萨。

⑮干以坏人心,即干蛊以坏人心。干蛊,本指子谋父业。此取蛊惑之意,即迷惑、毒害人心。

⑯圣道,圣人之道,亦即孔孟之道。圣道之穷,孔孟之道达不到的地方。

⑰大令,对知府的尊称。查《[乾隆]顺德府志》,可知当时的顺德府知府为米国治,奉天人,贡生出身。

⑱"顺治十一年岁"可校补为"顺治十一年岁次丙申",即1654年,丙申为该年干支。

⑲金之俊(?—1670)字岂凡,江南吴江人。万历四十七年(1619)进士,仕明时曾任顺德府知府,官至兵部侍郎。清兵入关后降清,仍任原职。顺治二年(1645)调任吏部侍郎;五年,擢工部尚书;六年,加衔太子太保;八年,调任兵部尚书加太子少保兼太子太保;十年,调任左都御史,迁吏部尚书,授国士院大学士;十五年,改授中和殿大学士兼吏部尚书;十六年,奉诏为明崇祯帝撰文立碑,加衔太子太保兼太子太师;十七年,加衔太傅;十八年,改授秘书院大学士。康熙元年(1662)致仕。九年逝世,谥文通。《清史稿》有传。

⑳据《[乾隆]顺德府志》,此处缺文可补为"金震出书丹"。金震出,湖广人,顺治元年(1644)出任顺德府知府,也是清王朝任命的首任顺德府知府,两年后升任湖广湖南兵备副使,离开邢台。

㉑据《[乾隆]顺德府志》,此处缺文似可补为"连登篆额"。连登,辽东人,进士出身,约于顺治四年(1647)出任顺德府知府,旋即升任山东副使而去。此言"□南粮道道副",又似可补为连登的后任李盛枝。李盛枝为山东人,进士出身,顺治五年(1648)出任顺德府知府,后升副使而去。连登与李盛枝在此碑上之题名孰先孰后,尚待确考。

重修顺德府开元寺残碑题名

　　清顺治、康熙年间（1644—1722）。残高 119 厘米,残宽 89 厘米,厚 34.5 厘米。残存原顺德府知府升某某副使徐逢时,原顺德府知府升山东登莱道副使连登,原顺德府知府升霸州兵备道副使朱国治,原任顺德府同知高来凤、傅尔栻、陈于宸,通判陈邦彦,推官萧震,原任邢台县知县金渐皋、张重龄,原任广宗县知县升南通州知州钱国琦,原任钜鹿县知县刘洪进,以及开元寺见任都纲净耀,候缺都纲方略,耆旧明目、维诵、镇经、维荣等题名。

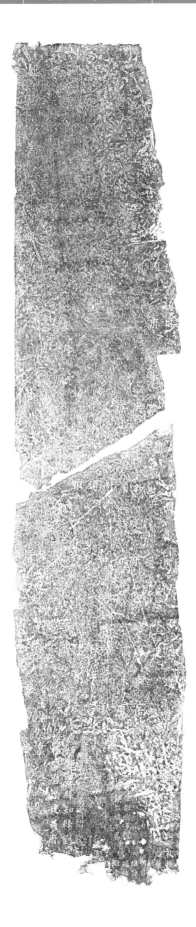

重修钟楼碑记

清顺治十二年（1665）。已残，仅存上半部。残高 61 厘米，宽 77 厘米。现存邢台开元寺。

重修钟楼碑记

太守王公重修开元寺……」
大清顺治皇帝之十八年辛丑,一冬……」
太守王公握符下车。越明年壬寅……」
今上皇帝改元之首,化公虑民之□……」
雨民是,有秋八月,霪雨又□□……」
虽有雨如霖如□,未如我公……」
□,若□□,若□□,若脱辐,若……」
世宗大定二年重修,五百年……」
□仰□□之焉。知其中不有……」
□□捐俸重修焉。工兴而……」
□□通神也。□公□成……」
□钟,公之劝民之绩……」
□南官□门□□而□……」
二年七月廿一日□……」
顺德府知府王思治……」
同知□□徐士振」
通判程际 云
推官肖 震

重修开元寺碑铭

清乾隆三十一年（1766）。耿寿平撰文，黄琛书丹。碑身已被砸为十多块，其主要部分缀合后残高 186 厘米，宽 94 厘米，厚 29 厘米。现存邢台开元寺。

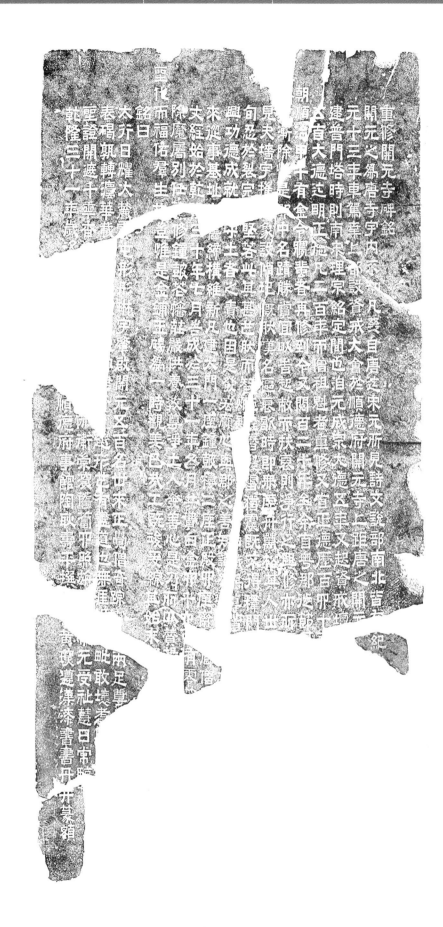

重修开元寺碑铭」

开元之为寺,宇内不知凡几。自唐迄宋、元,所见诗文说部南北皆有……①」
元十三年②,车驾幸上都③,设资戒大会于顺德府开元寺④,上距唐之开元……」
建普门塔时⑤,则南宋理宗绍定间也⑥。洎元成宗大德五年⑦,又起资戒坛……⑧」
□自大德迄明朝正德,凡二百年,而僧祖魁者重修⑨。又自正德历百四十年……」
顺治甲午⑩,有金令寝董者再修⑪,到今又阅百二十年矣⑫。余自粤郡徙节……⑬」
□渐除,惟是郡中名迹胜赏,宜以时起敝而扶衰,则净行之兴修⑭,亦所……」
见夫墙宇摧□,象设倾圮,慨状叹名区衰歇,时即无虚舟、万松其人⑮,世……」
旬忍于裂完□坚若此,其甚芒然。而智炬虽潜⑯,法雷犹震,既不得释门……」
兴,功德成就,亦守土者之责也。因是发宏愿心,与郡之善知识、□尊者……」
来从事,基址依旧,缔构维新,凡建大门一座、钟鼓楼二座、正殿四座、斋、□、廊、僧舍……」
丈,经始于乾隆三十年七月⑰,告成于三十一年冬月,共费白金四十四两有零。□……」
除魔属,别任董修,钟鼓花幡,庄严供养。教尊净土,人发善心是乃。所以赞扬……」
圣化,而福佑群生,□岂惟是金铺玉蝐,为一时观美已哉!工既竣,爰综其始末而为之纪……」

　　　　　　　铭曰:」

　太行日耀,大麓云屯⑱。彤彤琳宇,肇起开元。
五百名山,来正觉僧。奇踪灵□,□□□□。
□两足尊,□□□□。□□□□,□□□□。
□□」衣偈,孰转法华⑲?载□□□,□□□□。
□□□□,□□□檀越。形芒有尽,道也无涯。
□□□□,□□□□。□毗敢坏,耆□□□。
□□□□,□□□□。□□」圣证,开遮千年。
香□□□,□□□□。□□□□,佛卫崇深。
簷葡四照,旃□□□。□□□□,□□□□。
□元受祉,慧日常临。」

乾隆三十一年岁次丙戌□□□□知顺德府事馆陶耿寿平撰文……黄琛遵汉漆书书丹并篆额⑳」

注释:
①诗文说部,泛指古人所著诗文笔记一类的文献。
②元至元十三年,1276 年。

③车驾幸上都,指元世祖忽必烈巡幸上都(遗址在今内蒙古正蓝旗东闪电河北岸)。该城宪宗六年(1256)由刘秉忠设计营建,中统元年(1260)忽必烈即位于此时,称开平府。四年加号上都。自后岁常巡幸,终元一代与大都并称两都。

④资戒大会,由朝廷批准,佛教领袖及高僧大德共同主持,面向全国僧众开坛授戒的大型法会,实际上是对比丘、比丘尼得授具足戒的资格授予和认证仪式。

⑤建普门塔时,据王恽《顺德府重修大开元寺普门塔记铭》,圆照塔即普门塔的重建始于窝阔台汗三年(1231)二月,竣工于十二年(1240)七月,共用了将近十二年时间。

⑥则南宋理宗绍定间也,窝阔台汗三年至十二年,即南宋理宗绍定四年至嘉熙四年,期间还经历了端平三年。此说实为广恩开始重建圆照塔的南宋纪年。

⑦大德五年,即1301年,大德为元仁宗年号。

⑧又起资戒坛,又举行了一次资戒大法会。这是迄今所知,邢台开元寺在蒙元时期举行的第三次资戒大法会。但其具体规模尚待考证。

⑨自大德迄明朝正德,凡二百年,只是一个概数。据朱裳嘉靖十七年撰《重修开元寺殿阁碑》,祖奎(魁)重修开元寺大雄宝殿竣工于正德十五年(1520),上距大德五年(1301)开元寺又起资戒坛已经220年。

⑩顺治甲午,即顺治十一年(1654)。甲午系该年干支。

⑪金令寝萐,即时任邢台县知县的金渐皋,字寝萐。据《[光绪]邢台县志》可知,金是浙江钱塘人,举人出身。

⑫到今又阅百二十年,概数。自正德十五年(1520)至顺治十一年(1654),实为135年。若自朱裳撰《重修开元寺殿阁碑》的嘉靖十七年(1538)起算,至顺治十一年则为117年。

⑬粤郡,粤为今广东省简称。此称粤郡,当为广东行省某府,详指待考。

⑭净行,据广恩所定大开元宗谱系,为该宗第十九代僧。

⑮虚舟、万松,均为广恩所创大开元宗高僧并曾主持修葺开元寺者。但虚舟、万松均为其自署雅号而非谱系法讳,此万松也绝非与广恩同时的邢州净土寺之万松老人行秀。此不可不辨。

⑯智炬,智慧之火炬。炬,光明。此用为释迦牟尼之代称。佛经有《智炬如来心破地狱真言》。潜,圆寂。

⑰乾隆三十年,即1765年。

⑱大麓,即大陆泽的简称。云屯,像云海屯集。

⑲□□衣偈,勊转法华,若依佛教界传说,前缺二字似应补为"曹洞",但广恩正传究系曹洞禅还是临济禅,因史无确指而成疑案。此碑提出"勊转法华"之疑,犹增其疑。法华宗又称天台宗,尊《法华经》为最高经典,尊龙树菩萨为初祖,实际创始人则是其四祖智颉(537—597)。据民国三十二年(1943)《重修开元寺碑记》,当时该寺住持议果则"传贤首宗,由废而兴"。贤首宗即华严宗、法界宗,以宗奉《华严经》而得名,实际创始人为法藏(643—712)。但议果并非广恩大开元宗传人。另有说广恩所创大开元宗为莲宗,即净土宗者。凡此,皆为开元寺的宗系传承研究提供了课题。

⑳黄琛,其人其事详情待考。汉漆书,本指汉代用漆书写的竹简。此指汉简上的书法风格。

重修开元寺碑记

清乾隆三十二年（1767）。母矜宪书丹。碑高 209 厘米,宽 80 厘米,厚 22 厘米。现存邢台开元寺。

重修开元寺碑记

从来天下之事,有兴必有废,而废者可以复兴。其兴亦必有果决者破群疑以主持之,而后乃可以观成。吾郡大寺有二①,其列于乾者曰天宁②,列于艮者为开元③。遗构宏敞,植柏郁葱,实为郡城大观。肇自隋唐④,号称古刹,代不废葺治,规模罔替于旧⑤,而鸠庀时增其新⑥。故其昆仍也多⑦,困力也少。

今此数十年,以供费无藉,缺于踵事⑧,殿阁堂庑悉摧风雨,砖瓦木石尽剥星霜⑨。郡人士咸抱感于古制之不可复睹矣。前太守朱公、金公屡思修复⑩,旋格于众议,志焉未逮。兹值馆陶耿太公祖来守是邦⑪,政通人和,百废俱举。暇尝巡阅两寺,触目心疾,卜日捐金而鼎新之。爰属琰等谕曰⑫:"郡城二寺,或为镇治之大观,或为蔚文之卓地,姑亦弗论。但念戒地也,而鞠为荆榛之薮⑬;精舍也,而夷为刍牧之场⑭。祇树旃林⑮,讵堪重衰⑯?布金舍宅,其谓之何⑰?尔等宜各竭精诚,董治斯事。大观复兴,人文蔚起,或亦将有赖于斯乎!"于是,公亦殚神瘁虑,指画周详,不啻家事之切切也⑱。阅一岁而告成,垣墉朴斫⑲,一仿前型;丹雘坚茨⑳,有加往昔。备庄严之宝相,振鼓楼于莲邦㉑,功德之昭,广矣大矣。

夫缮修祠宇,固贵官长者所时有也。独兹之如来净土,功大费夥,无可措手。公毅然肩之,略不疑惧。此固时之当兴,虽云佛力之默佑,抑何莫非公之果决不疑所成也。□琰等恭承嘉命,获预善因,快千秋之龙象㉒,值大檀那而重展光明也㉓。缘综颠末,用勒贞珉,俾奕禩而后㉔,有以知公之不□□□挠众勇于任大,而启于图艰   莅民行政之规。数十年以来,固已斑斑可考。其殆将由此而恢诸朝廷也欤!

监生母矜宪书丹

大清乾隆三十二年五月谷旦㉕

督工:贡监生王琰、邢炜章、谷重德、王锡乾、崔仕林、母矜宪、杨兆鳌;善信傅景德、张行远、随楚善、和信公立

总监工:优生谷重德

注释:

①吾郡,我们顺德府。顺德府城曾为襄国郡、钜鹿郡治所,故称。

②乾,西北方向。列于乾者,坐落于城内西北的寺院。

③艮,东北方向。列于艮者,坐落于城内东北的寺院。

④肇自隋唐,创建于隋唐时期。不确,据今存寺内后赵残碑可知,其创建远远早于隋唐。

⑤罔替于旧,不曾超越、替代过旧制。

⑥鸠庀时增其新,集工重修时有新增项目。

⑦昆仍,后代子孙。此指大开元宗法系子孙。

⑧踵事，继续重修事宜。

⑨星霜，代指岁月。

⑩前太守朱公、金公，特指在耿寿平之前出任顺德府知府的朱鸿绪、金文淳。

⑪馆陶耿太公祖，特指时任顺德府知府耿寿平，其为山东馆陶人。太公祖，对任知府者的尊称。

⑫爰属，于是嘱咐。谕，告白、晓示。

⑬戒地，寺院之地。因僧人均须恪守戒律，故称。鞠，穷极，困难之极。荆榛之薮，长满荆棘野草的荒凉之地。 薮，本指大泽、荒泽。

⑭夷，创伤，有糟践意。刍牧之场，放牧牛羊的地方。

⑮祇树，祇园之树。代指古印度憍萨罗国祇陀太子的园林，为祇园精舍所在地。后用以泛称寺院。旃林，旃木造像之林。相传释迦牟尼在世时，拘睒弥国优填王欲见无从，乃用旃檀木造释迦像，称之为旃檀像。此用以代称佛殿。

⑯讵，何，怎么。讵堪重袭，怎么可以遭受如此严重的亵渎？

⑰其谓之何？这又算得了什么？

⑱不啻，无异于。

⑲朴斫，即斫雕为朴，亦即去浮华，崇质朴。

⑳丹腹，红色油漆。墍茨，以泥涂抹。典出《书·梓材》："若作室家，既勤垣墉，惟其涂墍茨。"茨，本指用茅草盖的屋顶。丹腹墍茨，极言装饰装修之简朴。

㉑莲邦，代指寺院。

㉒龙象，佛教语。称诸阿罗汉中，修行勇猛有最大力者为龙象。水行龙力最大，陆行象力最大，故以龙象为喻。在此则泛指佛教造像。

㉓大檀那，大施主。又称檀越，梵语陀那钵底。

㉔俾，待到。奕禩，累世。禩，"祀"的异体。

㉕乾隆三十二年，即 1767 年。

开元寺钟楼悬钟石柱题记

清嘉庆五年（1800）。柱为正圆，青石质，残高120厘米，直径36厘米。素而无华，仅镌此题记曰："嘉庆五年岁次壬午月丙申虔造。监院静志、会长、智宽、德□并行太、行祥等同立。"他们皆为广恩所创大开元宗之僧。其中，静志为第十九代，智宽为第二十代，德□为第二十一代，行太、行祥为第二十二代。

重修开元寺毗卢殿记

清咸丰元年（1851）。碑首篆额"重修毗卢殿碑"。碑高 177 厘米，宽 70 厘米，厚 19 厘米。下部略残。谷汝霖撰文。现存邢台开元寺。

重修开元寺毗卢佛殿碑记

　　教立三门①,鼎峙岂可分乎高下!道无二辙,川流总会于至岸。精一固足模范人心②,真空亦可津梁寰宇③。古刹之建无因④。郡城东北隅旧建有开元寺,其规模宏敞,为邑中诸寺最。内有一毗卢佛殿三楹,环列传戒便道⑤,一周岧峣,门通四达,似本慈悲之意,大开方便之门。因事制宜,措置甚妥。然前后皆有佛殿,当日何为,传戒于斯⑥?说者毗卢佛,即释迦牟尼佛也。自受衣钵,为佛世相⑦,传真如之密谛⑧,设大会于无遮⑨,引入羯摩⑩,使参上乘,诚为昏□,愿作苦海慈航;乃睠中土,聿来迦卫⑪。遂以兑方之象教⑫,流为震旦之形临。座□莲花,大开觉路,经繙贝叶普□。然欲代传三乘⑬,因先广布三古⑭。迄今历年已久,风雨损伤;轮奂之美,废形颓败,翚飞之势⑮,渐就倾圮。住持目□生尘,游廊积垢,慨然有举莫废之心,以遂爱体存羊之愿⑯。爰邀大众,因心种果,齐输虔诚,共襄盛举,遂鸠工□,不旬月而告竣⑰。行看旧址增圆,庄严耀金,复成巨观。但一木一椽,无非檀那之力;寸甍寸瓦,多是长者之金。□于佛面有光,而赞佛之功德亦无量焉。因并勒诸砺珉,以垂不朽云。

　　大清咸丰元年岁次辛亥春三月⑱

　　岁贡生候选儒学邑人谷汝麟撰文

　　丙戌进士前南和令偃师殷圻　　书　　丹⑲

　　住持僧行裕　暨徒福兴、福旺,孙祥□、□□

　　谨　　立⑳

注释:

①教立三门,意即中国树立的宗教文化分为儒、释、道三种。但儒教其实只是中国传统的思想文化,而非宗教。

②精一,专一。精通一门。模范,规范。

③真空,真正的四大皆空,指佛教。津梁,桥梁。

④无因,没有原因。古刹之建无因,意即古老寺院的创建原由及时代都无从考证了。

⑤传戒便道,即开元寺毗卢殿四周的八角形戒坛。

⑥当时何为,传戒于斯? 当年举行资戒大会,为什么要在这个地方授戒?

⑦世相,佛祖以象设教,并化为各种形象教化众生,这些化身就称为佛之世相。毗卢佛则是佛祖所化世相之一。

⑧真如,佛教语,指永恒常在的实体、实性。宇宙全体,即是一心,不生不灭,故名为真。此真心无异无相,故名为如。密谛,即密宗的三密真言。三密即语密、身密、意密。三密同时相应,便可使凡身成佛。

⑨无遮,佛教语,指宽大容物而无遮碍,解免诸恶道。无遮大会,是为世间所有生灵举行的祈愿大法会。

⑩羯摩,梵语,义译为作业。指比丘、比丘尼受戒、忏悔等业事的仪式。《南史》记载,梁武帝太清元年"幸同泰寺,设无遮大会。上释御服,服法衣,行清净大舍,名曰羯磨"。

⑪迦卫,古天竺国名,梵语劫毗罗筏窣睹城,亦作迦维罗卫国、迦毗罗,省作迦维、迦卫。为释迦牟尼出生之地。佛没后,大迦叶和千罗汉在此第一次结习三藏。

272

⑫兑方，西方。象教，即佛教。

⑬三乘，佛教以车乘喻佛法，学者因接受能力不同，可分为声闻、缘觉、菩萨三乘。声闻者，悟诸谛而得道；缘觉者，悟十二因缘而得道；菩萨者，因六度而得道。

⑭三古，含义不详。据上下文意，似指古佛、古寺、古塔，但不得确解。

⑮翚飞，形容佛殿的高峻壮丽。典出《诗·小雅·斯干》："如鸟斯革，如翚斯飞。"翚，本指五彩山雉。

⑯爱体存羊，应为佛教故事，有爱屋及乌义。出处待考。

⑰不旬月，不到十个月。

⑱咸丰元年岁次辛亥，即1851年，辛亥为该年干支。据此，这次毗卢殿重修工程应始于道光三十年（1850）七八月间。

⑲丙戌进士，即道光六年（1826）丙戌科进士。

⑳据广恩所定大开元宗谱系，这位开元寺住持行裕为该宗第二十二代僧，其徒福兴、福旺为第二十三代僧，其法孙祥□等为第二十四代僧。

开元寺僧众题名残碑

　　清（1644—1911）。残高 45 厘米，残宽 19 厘米，厚 35 厘米。残存广恩开创大开元宗第十四代僧镇考，第十五代僧维抚、维汉、维领、维诚，第十六代僧方洪、方镇、方惠，第十七代僧圆嵩、圆嶷、圆璨，第十八代僧明兴、明举，第十九代僧净观、净忍等及居士刘泗源、郭雄演、刘得胜等题名。

开元寺施主题名残碑

　　清（1644—1911）。残高133厘米,残宽18.5厘米,厚27.5厘米。自上而下,残存六组施主题名,第一组残存王从礼、史谦、史斌等8人,第二组残存张鉴、张文选等8人,第三组残存苑彪、苑琓、马文钊等12人,第四组残存郭尚文、郭奈、郭尚中等9人,第五组残存陈良、宋鉴等8人,第六组残存田敬、李名、孙成等8人,涉及的地名有南和县洛驼牧、北澧社、晋祠村、南和县贾郭村、祝村、崇礼街、张村。

邢台开元寺瞻拜记

　　中华民国三十一年（1942）。汉白玉石质。碑身高187厘米，宽78厘米，厚25厘米。品相完好。齐燮元撰书。现存邢台大开元寺。

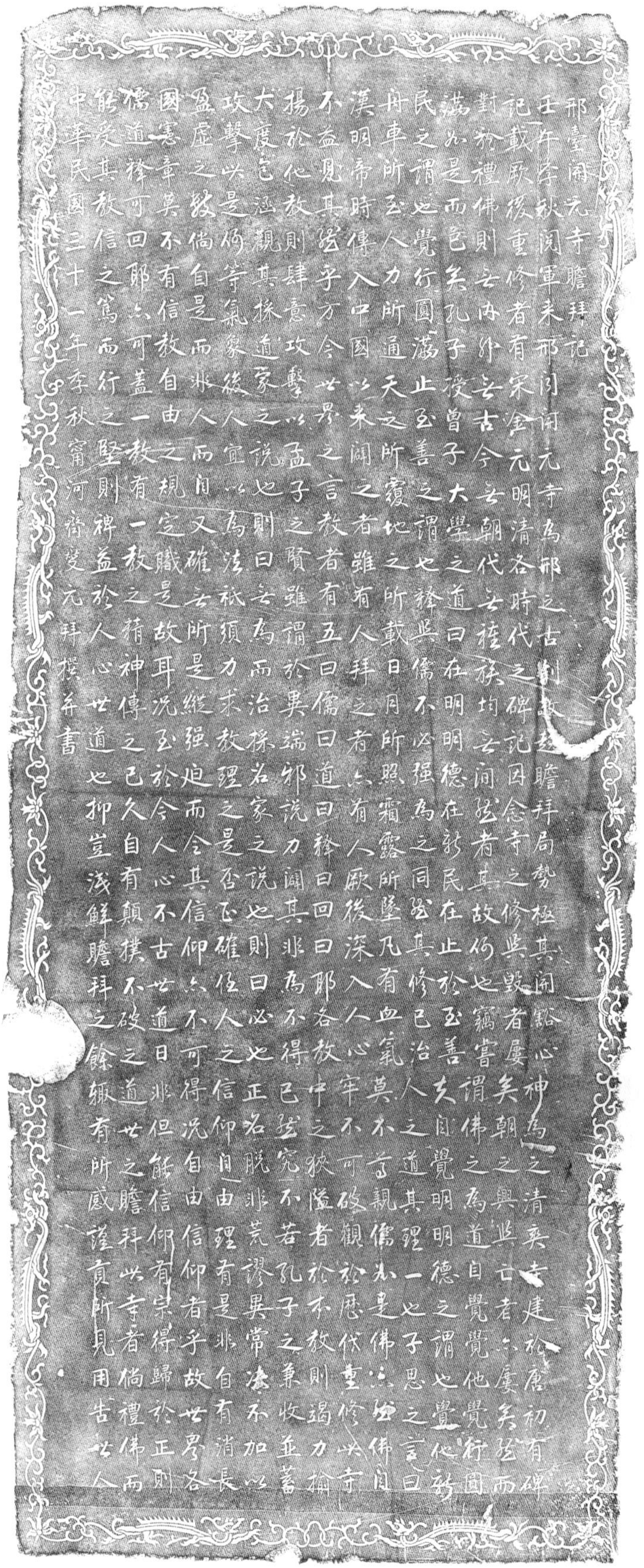

邢台开元寺瞻拜记

壬午季秋[1]，阅军来邢[2]，闻开元寺为邢一古刹，敬趋瞻拜，局势极开豁，心神为之清爽。寺建于唐初，有碑记载。厥后重修者，有宋、金、元、明、清各时代之碑记。因念寺之修与毁者，屡矣；朝之兴与亡者，亦屡矣。然而对于礼佛，则无内外、无古今、无朝代、无种族，均无间然者[3]。

其故何也？窃尝谓佛之为道，自觉觉他[4]，觉行圆满[5]，如是而已矣。孔子授曾子《大学》之道[6]曰："在明明德[7]，在新民[8]，在止于至善[9]。"夫自觉，明明德之谓也；觉他，新民之谓也；觉行圆满，止至善之谓也。释与儒，不必强为之同。然其修己治人之道，其理一也。子思之言[10]曰："舟车所至，人力所通。天之所覆，地之所载。日月所照，霜露所坠。凡有血气，莫不尊亲。"[11]儒如是，佛亦然。佛自汉明帝时传入中国以来，辟之者虽有人[12]，拜之者亦有人。厥后深入人心，牢不可破。观于历代重修此寺，不益见其然乎！

方今世界之言教者有五，曰儒[13]、曰道[14]、曰释[15]、曰回[16]、曰耶[17]。各教中之狭隘者，于本教则竭力揄扬，于他教则肆意攻击。以孟子之贤[18]，虽谓于异端邪说力明其非为不得已，然究不若孔子之兼收并蓄大度包涵。观其采道家之说也，则曰"无为而治[19]"；采名家之说也[20]，则曰"必也正名[21]"，脱非荒谬异常[22]，决不加以攻击，此是何等气概？后人宜以为法。只须力求教理之是否正确，任人之信仰自由。理有是非，自有消长盈虚之数。倘自是而非人，而自又确无所是，纵强迫而令其信仰，亦不可得，况自由信仰者乎！故世界各国宪章[23]，莫不有信教自由之规定，职是故耳[24]。况至于今，人心不古，世道日非？但能信仰有宗，得归于正，则儒、释、道可，回、耶亦可。盖一教有一教之精神，传之已久，自有颠扑不破之道。世之瞻拜此寺者，倘礼佛而能受其教，信之笃而行之坚，则裨益于人心世道也，抑其浅鲜[25]！

瞻拜之余，辄有所感，谨贡所见，用告世人。

中华民国三十一年季秋，宁河齐燮元拜撰并书[26]。

注释：

①壬午季秋，中华民国三十一年（1942）九月。壬午是该年干支。季秋，秋季的最后一个月。

②阅军，检阅军队。

③间然，间断。

④自觉觉他，佛教语。即自己觉悟并引导他人觉悟。

⑤觉行圆满，佛教语，即领悟和实践佛教真谛都完满无缺。

⑥孔子，即孔丘（前551—前479），儒家学说的创始人。曾子，即曾参（前505—前435），春秋鲁南武城（今山东费县西南）人，字子舆，孔子的弟子。《大学》，本《礼记》篇名，后成为《四书》之一。

⑦在明明德，为《大学》开宗明义之句。据朱熹解释："明，明之也。明德者，人之所得乎天，而虚灵不昧，以具众理

而应万事者也。"意即在于明白人所应具备的德行。

⑧在新民，《大学》开宗明义之句。"新"本作"亲"。据朱熹解释："新者，革其旧之谓也。"与"在明明德"联释，即"既自明其明德，又当推以及人，使之亦有以去其旧染之污也"。意即在于引导他人也明白人应具备的德行。

⑨在止于至善，《大学》开宗明义句。朱熹解释为："止者，必至于是而不迁之意。至善，则事理当然之极也。"总释"在明明德，在新民，在止于至善，"即"明明德、新民，皆当至于至善之地而不迁。盖必其有以尽夫天理之极，而无一毫人欲之私也。"并指出："此三者，《大学》之纲领也。"

⑩子思（前483？—前402）名伋，孔丘之孙，孔鲤之子。曾为鲁缪公之师。著有《子思》二十三篇。唐后佚。宋儒汪晫辑有《子思子》一卷，九篇。

⑪"舟车所至"云云，皆引自《子思子》。

⑫辟，排除。

⑬儒，儒学的简称。自秦汉以来，儒士皆以孔子为宗师，即《汉书·艺文志·诸子略》所说："游文于六经之中，留意于仁义之际，祖述尧舜，宪章文武，宗师仲尼，以重其言，于道最为高。"儒教其实是一种学说，而非宗教。

⑭道，道教简称。奉元始天尊、太上老君为教祖。原创于东汉张角、张道陵的太平道、五斗米道。至晋称天师道，后遂简称道教。道教后与道家学说合流，故又尊老子即李耳为始祖，奉其所著《道德经》为基本教义。

⑮释，释教简称，亦即佛教。因尊释迦牟尼为佛祖，故称。

⑯回，回教简称，即伊斯兰教。又称清真教、天方教等。是7世纪初阿拉伯半岛麦加人穆罕默德创立的一种神教，与佛教、基督教并称世界三大宗教。该教以《古兰经》为宗旨，尊安拉为唯一的神，以穆罕默德为安拉之使者。7世纪中叶传入中国，先后在回、维吾尔、哈萨克等多个少数民族中传布，因回族人最多，故被称为回教。

⑰耶，耶稣教简称，即基督教，与佛教、伊斯兰教并称为世界三大宗教。包括天主教、东正教、新教及一些较小派别。信仰上帝（天主）创道并管理世界。耶稣基督是上帝之子，降世成人，救赎人类。以《旧约全书》《新约全书》为圣经。唐初始传入中国，时称景教；元代时又一派别传入中国，称也里可温教，后皆中断。明、清时，该教多个教派先后传入中国，信其教者渐多，但以称基督教、天主教者为主流。

⑱孟子（约前372—前289），战国时思想家、政治家、教育家。名轲，字子舆。邹（今山东邹县东南）人。受业于子思的门人，著有《孟子》，被推崇为孔子学说的继承者，有"亚圣"之称。

⑲无为而治，出自《论语·卫灵公》："无为而治者，其舜也与！"但"无为"又是道家的哲学思想。即顺应自然变化之意。老子认为宇宙万物的根源是"道"，而"道"是"无为"而"自然"的，人效法"道"，也应以"无为"为主，即其《道德经》所说："道常无为而无不为，侯王若能守之，万物将自化。"佛教亦有"无为法"，则指离因缘造作，永恒不变的法性真理。

⑳名家，战国时一个学派，又称形名家、辩者。其代表作现仅存《公孙龙子》。名家强调"指名责实，参伍不失"，着重研讨"名"、"实"关系问题，对古代逻辑学发展具有一定贡献。

㉑必也正名，出自《论语·子路》："子路曰：'卫君待子而为政，子将奚先？'子曰："必也正名乎！"指君君、臣臣、父父、子子的名分。

㉒脱非，若不是。脱，副词，倘若、假若。

㉓宪章，即宪法，是国家的根本大法。

㉔职，主要。职是故也，主要因为这一原因。

㉕抑，连词，有则、然、或义。浅鲜，微薄。抑其浅鲜，或者就是这里所表达的十分浅薄的道理。

㉖齐燮元，见民国三十二年（1943）戴峻鹏撰《重修顺德府开元寺碑记》注。

㉔阿逸多,梵语。

㉕阎浮提,梵语。即南瞻部洲。俗谓此洲指中国及东方诸国,实则佛经专指印度言。

㉖波旬,梵语。又作波旬踰、波卑面。释迦牟尼出世时的魔王名,为欲界第六天之主,其义为恶者、杀者。波旬之焰,即波旬之灾,此指战火。

㉗阳九,有多种解释,此指灾荒年景和厄运。王一峰邀戴峻鹏撰此碑文的1943年正是邢台的大灾之年。

㉘梯山,泛指邢台西部太行山脉。湡水,邢台七里河之古称。

㉙黄梅,代指创立东山法门的禅宗五祖弘忍。因其居于黄梅东山寺(今属湖北),故称。曹溪,代指被尊为禅宗六祖的慧能,因其在曹溪(在今广东曲江)宝林寺弘法而称。

㉚优婆塞,梵语。指在家奉佛的男性居士。光山,县名。今属河南省。因知此碑文作者戴峻鹏是籍贯光山县的佛教居士,但其其他事迹不详。

㉛静海,县名。今属天津市。据此碑书丹者高毓浡在其姓名印下所钤"癸卯翰林"印,可知其在光绪二十九年(1903)曾以翰林学士衔任清史馆修撰,故其自称"前史官"。但其其他事迹不详。

开元寺悬大钟碑

　　民国三十二年（1943）版《邢台县志》著录，高珏书丹，立于民国三年（1914）。原碑已毁，今邢台开元寺仅存碑下部不规则状残石两块，青石质，其一高 39 厘米，宽 39 厘米，残存文字 8 行；其二高 37 厘米，宽 33 厘米，残存文字 10 行，可以缀合。

开元寺悬大钟碑残文

……不群□告语归美于诸君夫
□……

……扬众命继也不须多工此殆有
……

……武君子听钟声则□□□□此一
悬而武风振焉藉封疆之……

……矣今喜诸君能成此□□□我佛
祖于钟之一起一落……

……□□邑人王洛正……

清太医院东□□医傅济川撰文

清候选教谕□生沈秉为篆额

清存城千总云骑尉张聚宝督工

清邑庠生　高珏书丹

……民国甲寅年四月

288

重修开元寺因缘记

中华民国三十三年（1944）。高德林撰，吴一木书。残碑，仅存下半部，残高 136 厘米，宽 89 厘米，厚 33 厘米。题目系编者拟定。现存邢台开元寺。

時異景遠每多滄桑遠周枸余乎
久坐回作却之哀慘幸今告小如僧仿少
刪如進而得来一鮮余乃讃歎不忘置寶昨日事也鈍根如余具充元老玉
側如金身則膜之結水水性不莊之寺信心之余因是故一于入
有證於水源鬼妙相相引來兹一千實余軍人此拜因往往
又盟有鬼可思識者耶法輪廢而作永存今其
碑文或多有滄桑之感何相奇曰故冷分了平干
而哭何偈曰昧此置書撰文記云

重修开元寺因缘记

……□□□时异景迁，每多沧桑之感。初，余率□□□□□□□

……□□□，□人生诸劫之哀惨。幸今告小安，崔符少□□□□□□□

……□□□久固，昨日事也。钝根如余，莫参其究竟者，□□□□□

……三毒，而弭乱源，劝皈依三宝。余军人也，捍国卫民□□□□□

……作进一解，余乃赞叹弗置曰："有是哉！"因是□□□□□□开元

……侧如来弟子之列，敢不罄引来兹，一新□□□法□□□□□大

……肃金身，则膜拜者复靓妙相庄严，信心永住，□亦□□□□□十

……益有证于水之结冰，水性不灭之旨矣。□一寺□□□□□□

……又岂可思议者耶！法轮常转，现满行□，今日之□□□□□

……雷音不远，要知寺虽废而佛永存，寺虽兴而佛□□□□□而存

……读碑文，或多有沧桑之感，如余今日，故修葺□□为文，略记因缘。

……微笑而唱偈曰："咄！云何相，云何法，千万年，一刹那。"

……南阳高德林撰记

……吴一木书文

……篆额

……月谷旦

重修开元寺大雄殿并立碑落成典礼记

中华民国三十三年（1944）。碑身高252厘米，宽88厘米，厚28厘米。金召南撰文，康桐生书丹，薛柏龄篆额。现存邢台开元寺。

陆军中将华北绥靖军第十一集团司令高公子儒①

重修开元寺大雄殿并立碑落成典礼记」

盖闻佛法有兴衰，寺庙有隆替，此二气循环，有定数也。然而，法不能自兴自衰，寺不能自隆自替，必假之人，兴衰乃见。当知衰□□□□□□□也。兴隆者□□□□□□□□□□□□□□□」者略言之，不假于帝王卿相，即假之重臣名将。证之往古，名山圣境，指不胜数。

窃考我邢，自金人梦示于东汉②，华夏始开佛法。绀钵连□，□后赵邢襄即蒙佛恩。世龙石勒③□□□□，□经天竺圣僧佛」图澄以佛法化为救世英主，一代浩劫，平安度过。此佛法施于邢者初。相传邢台之有塔寺，盖自此始也。殆至唐、宋两季，虽迭经世乱，邑境晏然也。阙后金、元相袭，我邢□□□□，浩劫临迩，人心惶恐」，幸赖开元寺之祖师万安禅师出面维持。他郡则父逋子蹶④，独此一方以师之故晏如⑤。故人感其德，因师俗姓贾，即以贾菩萨称之，并为之募金建塔修寺，以报其德。元世祖两幸⑥此寺，佛法为之大兴。」此佛恩施于邢者再。时天宁寺沙门、邑人刘秉忠者，乃虚照禅师之高足。世祖为世子时，知其贤，征而用之。佐世子于王邸，奇谋卓画，言听计从；资以兴国安邦之策，知无不言，言无不尽。元朝之天下」大定，一人之功也。世祖嗣位之初，以青衣而擢为太保，冠领群臣。迨后师以弟贵，弟以师隆。不第天宁寺重修一新，而虚照禅师衣钵之塔，亦高耸于云端。□我邢佛造之兴隆，未有胜于斯时矣。邑无」不奉佛之家，家无不念佛之人。圣凡互感，蒙佛垂佑。越明、清两代，如永乐之劫⑦、李闯之灾⑧、洪杨之乱⑨，无不化险为夷。此皆佛恩施于我邢者再再也。至近晚三、四十年，新学发明以来，不曰破除迷信，即」曰打倒宗教。于是拆寺毁像之风一倡百合，无地不然。最堪惜者，南关之宝寿庵⑩，建自康熙末年，□年不过三百，殿宇宏敞，工料坚实，佛像金漆，雕刻精致，庄严辉煌，于邑为冠，至今惟余残迹，寺貌佛」像一歼无遗矣。所幸东、西两寺⑪，虽久作宿营，殿宇多倾圮，佛像率颓残，规模尚存，犹能重修。惟事变前⑫欲修而势不能，事变后能修而力不及。

谚云：否之极，即泰之始。诚哉是言也！适逢我」司令高公子儒系出南阳，道宗东鲁⑬，学识渊博，贯通佛儒，慨世衰时危，投笔从戎，数经率军驻邢。事变后旧地重游，视邢台为第二故乡。民溺己溺，民饥己饥，痌瘝在抱，无时或释。办清乡，剿土匪，商民」得以乐业；严约束，明纪律，士卒毫无违法。兵不欺民，民不畏兵，兵民相亲，水乳交融，秋毫无犯，职无亏时。尝微服出营，询民疾苦，遇困周济，遇难解除，恩德所及，身受者多，不知其为谁何也。余如」开实业，救灾平粜⑭，种种善举，或提倡于前，或援助于后，无不赖公而成者。实惠及民，实难悉数。施之者故不忘报，受之者岂能忘情？地方小民每欲颂扬德政，送匾伞，立碑铭，数次兴意。公闻之，必招而」止之，皆婉词谢绝。一则曰无德于民，再则曰职所当尽，既则曰民实疾苦，吾不欲重添其累，愿众人勿违我意。再再终止。公善根深厚，性耆佛法。戎马之余，常究内典⑮，境入精邃。每与人曰："乱世浩劫，众」业积成。以杀止杀，终非究竟。不以佛法改变人心，莫能挽救。而佛法非人提倡，不能普及于民，深入人心。"遂议重修开元寺，以为之倡。于是独力捐囊，先修大雄宝殿，释迦金身又现庄严，并拟立碑重」训，启发后人。适逢督办齐公⑯出巡莅邢,公余谈心,详述梗概。而齐公亦久发菩提心者,闻而赞叹,并亦拟立碑详释佛法妙谛。刹那工竣立碑,是故有今日之盛典也。

上云佛图澄、贾菩萨、刘秉忠,皆菩」萨乘愿再来之人。岂知我公亦乘愿再来之菩萨也。典礼告成,邢台商会会长杨和雨居士、开元寺住持议果法师等,及全体与会者挽余为记。余何记?惟记是日也,岁逢癸未月小阳春望越五日己」卯良辰⑰,拂晓微雨,天宇一新,六合清静,一尘无痕。冠盖济济,刍荛⑱欣欣,不约而会,越数千人。曷故臻此?感公恩深,立石垂记,万古长存。是为记,并赘俚言以为颂。其颂曰:」

猗欤司令,南阳高公,学识渊博,器量宽宏。

慨世之乱,投笔从戎,作民保障,为国干城。⑲

驻节斯土,纪律严明,兵则卫民,民不畏兵,

兵民相亲,水乳交融。」剿抚兼施,德威并行,

奸宄灭迹,土匪潜踪。再来菩萨,现将军身,

寻声救苦,发政施仁。重修佛寺,崇拜佛尊,

宏法挽劫,发菩提心。立碑垂示,启予后人,」

恩德普及,笔何能申?敬祝司令,百福骈臻。

菩萨戒居士、邑人召南金树棠⑳撰文」

国立北京师范大学国文系讲师、邑人凤来康桐生㉑书丹」

前清贡生、邑人永生薛柏龄㉒篆额」

中华民国三十三年正月谷旦」

注释:

①高公子儒,即高德林(1910—1950)字子儒,河南南阳人。1923年投身军伍,在吴佩孚部效力,由士兵历任营长、团长。1931年转投韩复榘部,任少校副官。1933年进入二十九军。1935年末任河北省保安第一旅少校副官。1937年12月,至彰德杨寿先部任第七支队司令。1938年率部降日,任皇协军特务旅旅长,率部驻扎邢台、沙河。1941年,所部改编后任绥靖军第十一集团司令,中将军衔。抗战胜利后,接受国民党改编,任第九路二十八军军长。旋即率部离邢,至保定高碑店一带驻防。1947年初,改任国民党第十一战区第一路第二纵队中将司令。2月率部移驻通州后,改任副司令兼第二师师长。1948年,调任国民党华北集团军总部军训团教官。北平和平解放后被捕,1950年11月被邢台县人民政府以汉奸罪镇压。

②金人梦示于东汉,指汉明帝梦一金人相示西方有佛法,因命秦景等西行至大月氏,写取四十二章经,又至天竺邀请摄摩腾、竺法兰入华弘扬佛法,佛教因得传入中国事。

③世龙石勒(274—333),勒为名,世龙为字。羯人,以襄国(今邢台市)为国都,是创建后赵政权的开国皇帝。在位时曾尊佛图澄为"大和上","有事必咨而后行",且许各族百姓出家为僧,是形成中国佛教第一次发展高潮的推动者。

④父逋子踬,即父子逃亡,流离失所。逋,逃亡。踬,颠仆。

⑤晏如,犹晏然,即安然无恙,快乐无忧。

⑥两幸,两次光临。

⑦永乐之劫,俗称"燕王扫北",特指明成祖朱棣于建文元年(1399)为夺取帝位,发动靖难之役时对反抗军民的屠杀。永乐是其夺得帝位后所建年号。

⑧李闯之灾,李闯即李自成。此特指李自成领导的明末农民起义所造成的社会影响。

⑨洪杨之乱,洪指洪秀全,杨指杨秀清。此特指洪、杨发动太平天国起义,指挥太平军北伐造成的社会影响。

⑩宝寿庵,创建于康熙末年(1721)的佛教建筑群,遗址在今中兴东大街(原马路街)东头,原邢台二中校园操场处。乾隆帝曾为之亲书"宝寿禅林"石额,至今尚存。

⑪东、西两寺,分别指邢台开元寺、天宁寺,俗称东大寺、西大寺。

⑫事变,特指发生于1937年7月7日的卢沟桥事变,或称"七七事变",是日军发动全面侵华战争的开端。

⑬道宗东鲁,意即遵循孔孟之道。东鲁,指山东,是孔丘、孟轲的故乡。

⑭平粜,以平价出售粮食,是旧官府在灾荒之年为防止粮价飞涨,对粮行采取的强制性措施。

⑮内典,特指佛教经典。

⑯督办齐公,即齐燮元(1879—1946)字抚万,直隶宁河(今属天津)人。北洋武备学堂毕业,后为直系军阀。曾任江西督军、苏皖赣巡阅使等职。1924年与皖系卢永祥混战获胜,同年因在第二次直奉战争中失败,被北洋军阀政府免职。1937年抗日战争爆发后投敌,曾任华北临时政府治安部总长、华北政务委员会治安总署督办、华北绥靖军总司令等伪职,是高德林的顶头上司。抗战胜利后以汉奸罪被捕,1946年被枪决。

⑰岁逢癸未月小阳春望越五日己卯,特指民国三十二年(1943)农历正月二十日。癸未为该年干支;月小阳春,即正月;望,指农历每月的十五日,望越五日即二十日,己卯为当日干支。

⑱刍荛,割草砍柴之人。泛指劳动人民。

⑲干城,干指盾牌,干和城都比喻捍卫者。

⑳召南金树棠,即金召南,字树棠,邢台南关靛市街富商。民国十三年(1924)任邢台商会会长期间,曾以商会名义发行铜元券,遭到商民抵制,并因此被迫于民国十五年(1926)辞职。民国二十六年十月二十四日(1937年10月15日),日军侵占邢台城后设立维持会,任首任会长(此据1938年版《河北省顺德道公署周年特刊》,一说王一峰为首任会长,金为副会长,不确),两个月后转任邢台商会会长,维持会会长由王一峰接任。金因此被定为邢台头号汉奸。

㉑风来康桐生,即康风来,字桐生,邢台南关靛市街人。科举废除后,邢台首批接受新学的知识分子,擅书法,为此碑书丹时已是北京师范大学国文系讲师。

㉒永生薛柏龄,即薛永生,字柏龄,邢台人。贡生出身。作为前清遗老,应邀为此碑篆额。

尊胜陀罗尼经残幢

唐（618—907）。原在邢台开元寺塔林。现在邢台塔林公园。其他构件已佚，仅存此幢身，砂岩质，八面体，面宽14厘米，高约135厘米。第一、二面镌《尊胜陀罗尼经咒》，其他六面无字。虽无其他记载及年款，其抄经书体及用材却具有明显唐风。另，邢台开元寺塔林作为冀南平原历时最长、规模最大的塔林，原有上百座唐、宋以迄明、清的风格各异，大小不一的古塔。对此，刘敦桢曾作过实地考察，在其《河北古建筑调查记》中有所论证并留下了一些珍贵的摄影照片。可惜，令人叹为观止的塔林却在"文革"中被毁于一旦。所以，本书只能把幸存至今的少数元代石塔文字作为"塔林遗珍"刊载、介绍，而对那些唐、宋古塔上更为珍贵的文字资料，只能付之阙如。

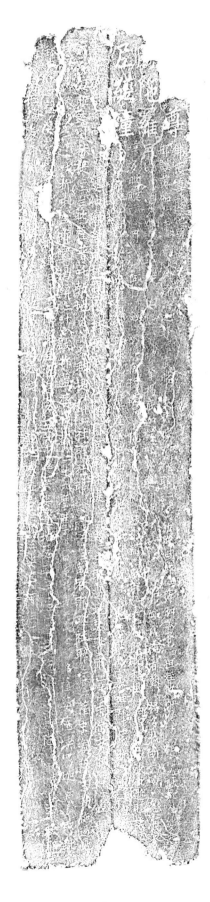

石雕经幢华盖（一）

　　唐（618—907）。原在邢台开元寺塔林，现存邢台塔林公园并被错配于元代僧塔之上。盖为八面体，厚26厘米，每面宽约35厘米。角饰高浮雕饕餮衔环璎珞八垂，璎

珞之上高浮雕佛祖造像及人形鸟等。盖底浮雕奏乐、舞蹈飞天各二,有俯有仰,动静结合,长带飘飘,相互关联,造型丰满而传神,线条流畅而自然,构图独特而巧妙。立面雕饰与此类似的唐代八面体经幢华盖,在邢台塔林公园还有一件,亦被错配于元代僧塔之上,其平面与塔身平面基本相同,其底面浮雕图案内容不详。

石雕经幢华盖（二）

　　唐（618—907）。原在邢台开元寺塔林,现存邢台塔林公园。八面体,对角直径约 74 厘米,中心最高点约 22 厘米。底面向内叠涩三收而成庑檐,中心八角柱头下凿一八角卯,可与幢身对接;柱头外每角立雕一斗三升托檐。檐上八脊攒顶,中心预造一榫可与幢刹对接,结构科学,雕琢精到,堪称研究唐代建筑艺术不可多得的珍贵文物。

石雕经幢构件

　　唐（618—907）。原在邢台开元寺塔林，现存邢台塔林公园。八面体，残高34厘米，对角直径50厘米。每面高浮雕一菩萨造像，高坐于台座之上。虽为残件，却是确证邢台开元寺塔林始建于唐的文物之一。

石雕经幢莲座

北宋（960—1126）。原在邢台开元寺塔林,现存邢台塔林公园。圆形,最大直径69厘米,厚20厘米。由上而下渐向内收,浮雕为仿真复瓣仰莲,但上层莲瓣因上有饰线而无瓣尖,每瓣内浮雕有不同的宝相花,每瓣之间浮雕有纵向水曲线,设计大方而兼具小巧,工艺严整而注重细腻,从而使整个莲座的艺术风格既写实又浪漫,极富装饰美感。

百泉瑀禅师塔

元至元十六年（1279）。原在邢台开元寺塔林,现在邢台塔林公园。除此塔身外,其他构件均为后配。塔身为六面体,面宽 35 厘米,高 170 厘米。正面镌塔额"百泉瑀禅师塔",其他五面自左而右转,第三、四面与第五面第一行镌《尊胜陀罗尼经咒》,然后依次镌年款、立塔人、造塔人名讳、塔主传人题名,即:"至元十六年五月　日,众小师妙昺等同立石。石匠冯贵、巩德进刊。小师妙易、妙旨、妙昺、妙珍、妙晟、妙蕴、妙证、妙询、妙恒、妙备、妙俸、妙德、妙倧、妙俭、妙俌、妙□、妙企、妙□、□□、□□、妙□、□□、□□、□□;尼小师妙粲、妙□、妙□、妙□。"第一、六两面无字。据妙昺等题名,可知塔主法讳崇瑀,是大开元宗开山祖师广恩的嫡传弟子。

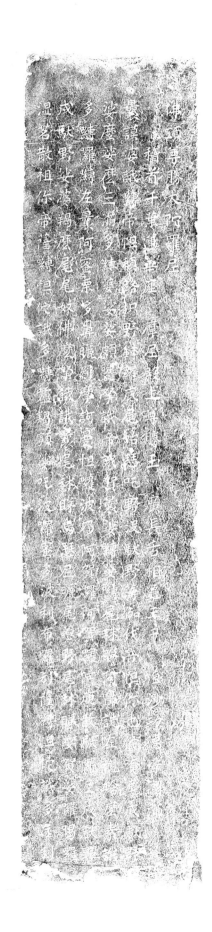

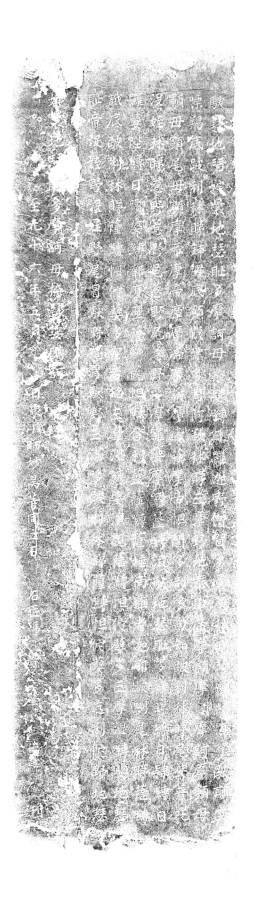

安慧大师之塔

　　元至元十七年（1280）。原在邢台开元寺塔林，现在邢台塔林公园。除塔身外，其他构件均为后配。塔身为八面体，面宽20厘米，高128厘米。第一面镌塔额"安慧大师之塔"，并镌四小字"灯公监寺"；第二、三、四面镌《尊胜陀罗尼经咒》；第五、六、七面依次镌年款、立塔人及塔主传人题名，即："至元十七年十月望日，小师妙琬等同立石。百泉□□。小师妙恒、妙永，僧正妙烈、妙义、秒则、妙□、妙竹、妙□、妙春、妙□、妙敬、妙超、妙梵、妙□，庵主妙毕、妙文，侄妙喆、妙峰、妙海、妙信、妙兴、妙烈、妙玉、妙题、妙聪；法孙普昌、普兴、普滋、普闰、普云、普成、普就、普□、普□、普圆、普满、普全、普□、普盖、普顺、普中、普念、普□、普演、普志、普净、普海、普□、普诏、普明、普清、普□、□□、普达、普进；重法孙洪智、洪玩、洪珍；尼小师妙翼、妙缘、妙迈、妙钦、妙真；尼法孙普秀、普顺。"第八面无字。据妙琬等题名可知，塔主法讳崇灯，是大开元宗开山祖师广恩的嫡传弟子。

安慧大
師之塔
燈公監寺

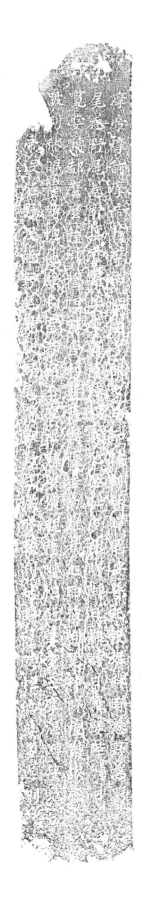
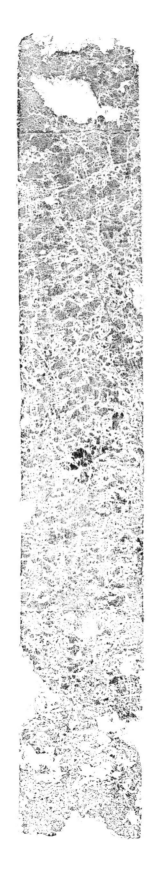

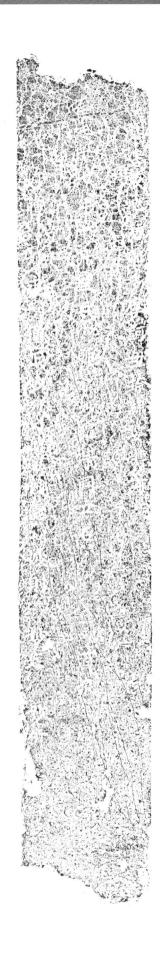

圆融大师通悟大师塔

　　元至元十八年（1281）。原在邢台开元寺塔林，现在邢台塔林公园。除塔身外，其他构件均为后配。塔身为四面体，面宽62厘米，高124厘米。正面镌塔额"圆融大师通悟大师"，右面依次镌塔主传人题名、年款、立塔人、造塔人题记，即："小师妙安、妙现，长老妙殿、妙榕、妙□、妙颜，讲主妙行、妙兴；法孙普义，尚座普顺、普□、普瑞、普训、普济、普津、普付、普进、普心、普雄、普喜、普灿、普汝、普璃、普筍、普圭、普越、普刚。至元十八年九月望日，顺德、广平等路僧判妙泽等同立石。龙冈赵琬刊。"据小师妙安、妙现等题名可知，塔主圆融、通悟大师是大开元宗"崇"字辈高僧、该宗开山祖师广恩的嫡传弟子。

喜公庄主之塔

元至元二十一年（1284）。原在邢台开元寺塔林，现在邢台塔林公园。除塔身外，其他构件均为后配。塔身为八面体，面宽16厘米，高116厘米。正面镌塔额"喜公庄主之塔"，第二面镌年款"至元□十一年五月望日"，以及立塔人、造塔人题名，即"普弘、普政等同立石。鸳水匠人赵琬刊"。第三、四、五面镌《尊胜陀罗尼经咒》。第六、七、八面无字。据普弘、普政题名，可知塔主法讳妙喜，是大开元宗开山祖师广恩的再传弟子。

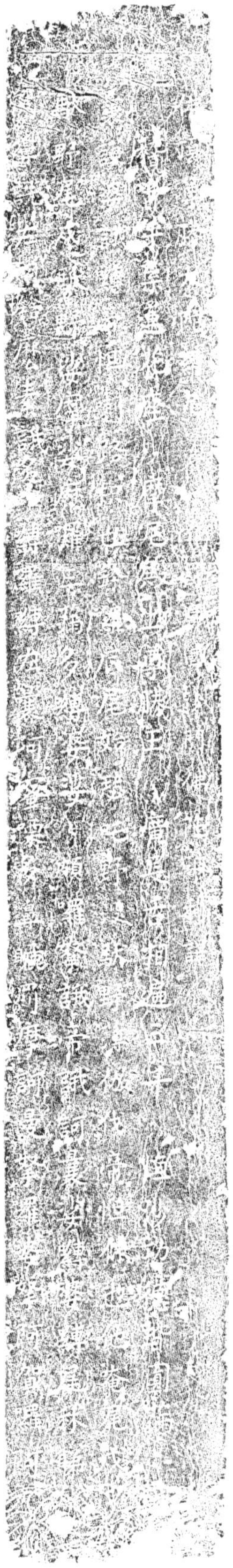

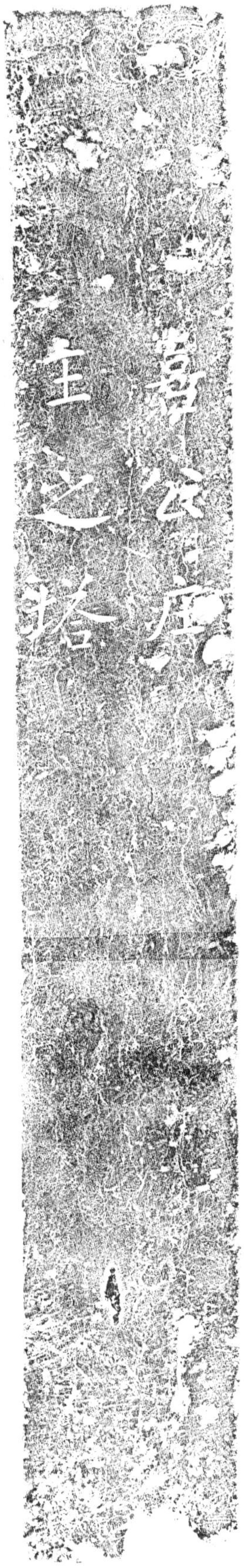

□山讲主□公之塔

　　元至元二十二年（1285）。原在邢台开元寺塔林。现在邢台塔林公园，但除此塔身外，其他构件均为后配。塔身为八面体，面宽15厘米，高120厘米。正面镌塔额"□山讲主□公之塔"，二、三、四面镌《尊胜陀罗尼经咒》，第五面镌："顺德广平等路大开元一宗前僧录兼本寺官门执事妙昱书丹；小师普甫、普美、普孚、普辑、普淑；侄男妙亶、妙行；至元廿二年重九日，普美等立石；顺德府路石匠作头巩德进刊。"其他三面无字。据普甫等题名，塔主应是大开元宗第三代僧，即"妙"字辈，但妙亶、妙行题名又自称"侄男"，颇为费解。此二僧或许为塔主俗侄而与其同时出家、同拜一师者。但不得确考。

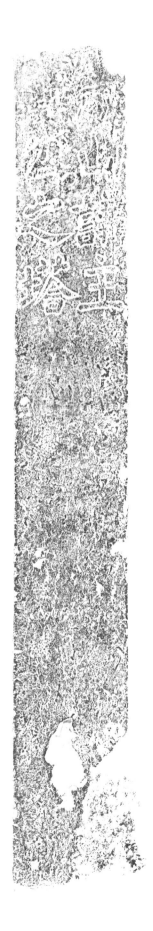

通理大师都提点隐公塔

　　元至元二十五年（1288）。原在邢台开元寺塔林。现在邢台塔林公园。除塔身外，其余构件均为后配。塔身为六面体，面宽41厘米，高183厘米。首面镌塔额"通理大师都提点隐公塔"，二、三、四、五面镌《尊胜陀罗尼经咒》，第六面镌年款、立塔人、造塔人名讳，即："至元廿五年十月　　日，妙旭、妙增等、侄男□□□同建，顺德路石匠作头巩德进、男巩诚刊。"据妙旭、妙增题名可知，塔主法讳崇隐，是大开元宗开山祖师广恩的嫡传弟子。

通理大師都
提點隱公塔

宗主慧明大师之塔①

　　元至元二十六年（1289）。原在邢台开元寺塔林。现仅存塔身，八面体，面宽 18 厘米，高 104 厘米。首面镌塔额"宗主慧明大师之塔"，第二至五面镌塔主生平，第六面镌撰文者、书丹者名讳与年款，第七面镌塔主传人名讳。第八面无字。现存邢台开元寺。

宗主慧明大师之塔

宗主者,俗姓郭氏,乃延安府三水县族②,以首陀世修邦社之家③。近二纪值兵革④,人不安居,逐于流民诣邢台⑤。专慕空门,投礼十方资福道院讲主濬公和尚为师⑥,下发训名惠道⑦,随师供讲筵僧⑧,轮番知事。补修□勤,策无时□。无何,退还浴室祖刹⑨,悫志创赓北殿⑩,翻宄南堂⑪、东西云厨、会廊、两挟等舍。增置□广,园囿仓廪盈益,便用无亏,百色成就,寺封和穆⑫,一众宁密,云水师僧解包有□⑬。

至元十二祀⑭,俗士公者雷天祐于总所庆寿长老处话师勋德⑮,湛闻尤悦⑯,加一宗之主,伟号惠明大师,户持本院⑰,彻□□□。至元十八年八月初六日⑱,辞众告卒。身后佳声转炽,檀那辐辏,斋钵连绵,皆师□□□之力也。若不以幢勒于翰墨,日往月来,已成革胥之说⑲。以此备礼,命工拣砥,乞辞垂裕后者,而为铭曰:

梦透延安三水,舒光襄国名开⑳。资福因缘为始,
乘缘励志赓修。胜图次第挨排,连甍一色炳焕。
蓓练万种荧回㉑,老幼高低见喜。僧俗远近和谐,
外彰赋性淳厚,内实深蕴英才。有智有力机谋,
无前无后胸怀。置就祖父田园,仓廪盈益堆危㉒。
一众丰食安帖,四向云水多来。户户述门设供,
家家竞作香斋。百色既然已毕,退闲守分如灰。
一日告卒归真,襄城谁不哀哉!蜕后声光愈重,
勋业满口难该。幸有小师智忠㉓,鸠工谨捐长财。
运石磨棱勘缝,一塔高树云埃。层层远迓诸方,
遐龄永镇邢台。
顺德路前僧尼都提领、见住持闲心院袭祖通辨大禅师梅轩撰㉔
顺德路僧录司见知书、邢台县玉山院僧真昶 书㉕
门人小师 智和、智贤、智忠、智相、智通
法孙　性温
至元二十六年八月十二日㉖　　智忠立石
龙岗石匠作头巩德真　　　　　刻㉗

注释:

①此塔为石幢体,原在邢台开元寺塔林。今仅存八棱形塔身,高 1.04 米,每面宽约 0.18 米,已移至开元寺内保护。塔身正面上端正书题额,二、三、四、五面镌铭文,第六面为塔主徒众题名,第七面为撰文、书丹者题名。现据行文规

范调整。

②延安府三水县,汉代首置,金元时上属延安府,在今陕西省邠县境,因界内有罗川谷三泉并流而得名。

③首陀,本梵语,也作"戍陀罗"、"首陀罗",为古印度四种姓之一。《楞严经义疏》注曰:"西天贵贱,族分四姓。首陀,农夫也。"邦社,按字义,即国家之村社,亦即农村。

④二纪,二十四年。近二纪,即二十来年。兵革,即战争。

⑤逐于流民,追逐着流民。诣邢台,意即来到邢台。诣,本作"见"解。

⑥十方资福道院,又名资福寺,金大定年间建,在邢台城西北苏村。潧公和尚事迹无考,若据其为弟子训名"惠道"而言,其绝非广恩法系之僧;若据其弟子惠道、惠宣之塔均树于开元寺塔林的事实而言,其与开元寺确有密不可分之关系。所以,其与开元寺的宗脉关系极有可能始自金代,即广恩应邀住持开元寺之前就已存在,应属主邀广恩的金开元寺僧正法英、通妙大师一系。

⑦惠道,即潧公和尚为慧明大师所起法讳。

⑧讲筵僧,出席法会讲解佛经之僧。但此非指惠道,而是指潧公和尚。"随师供讲筵僧",即随着作为讲筵僧的老师去出席讲筵。

⑨浴室祖刹,洗浴剃度为僧的祖寺,此指十方资福院。

⑩悫志,非常诚谨的立下志向。创赓,继续创建。

⑪翻甂,翻修。甂,音瓦。

⑫寺封和穆,即寺风和睦。

⑬云水师僧,即到处挂单的行脚僧,又称游方僧,以其行踪不定,如飘逸的云水而得名。

⑭至元十二祀,即至元十二年(1275)。

⑮总所,即顺德路僧录司,设在开元寺内。庆寿长老,时任顺德路僧录司都提领。其他事迹不详。

⑯湛闻,非常高兴地听说。湛,通"忱"。

⑰户持,即住持。

⑱至元十八年,即1281年。

⑲革胥之说,时过境迁十分遥远的传说。

⑳襄国,顺德路的古称,即今邢台市。后文"襄城",即襄国城的简化。

㉑蒨练,昌盛整齐。

㉒堆危,高堆。盈益堆危,即十分丰满。

㉓小师,即座下弟子。智忠与同塔题名的智和、智贤等皆是惠道的嫡传弟子,性温是其再传弟子。如果潧公和尚与金开元寺僧正法英同辈,应该讳法潧。若此,可知其宗谱中有"法惠智性"四字,但不得确考。

㉔袭祖通辨大禅师梅轩,应即自广恩始,大开元宗在开元寺的第三代住持梅庵崇朗。梅庵、梅轩通用,皆为其雅号。

㉕见知书,即现任知书。知书,即秘书一类的僧职。邢台县玉山院,在南王村。真昶,为当时常住玉山禅院的僧人,其他事迹不详。

㉖至元二十六年,即1289年。

㉗龙岗,即龙岗县,是邢台县的古称之一。石匠作头,石匠一行的为首者,又称行首。

宣公讲主大和尚塔①

元至元二十六年(1289)。原在邢台开元寺塔林。现仅存塔身,八面体,面宽17厘米,高111厘米。首面镌塔额"宣公讲主大和尚塔",二至八面镌塔主生平等文字。现存邢台开元寺。

宣公讲主大和尚塔

宣公者,俗姓抹撚[2],铜台朝城世袭元帅裔也[3]。辨李之年[4],与父姥随□圣驾适汴京次[5]。泰康一纪[6],母纳阃同父舍圣佛寺[7],拜祖戒作师,习学近三纪[8]。天兵南下[9],遇太师国王下使臣赵监军[10],见师俊利,如子之亲,将诣□诸邢[11],□□敕军为州牧。寻后舍于浴室[12],复师潯公[13],侍之巾瓶,颜于意者。

届乙酉[14],遇马士读试经,精者官之。师不意自此主领寺门,无右师者。老师圆寂后[15],有继师荣公[16],对先师真容前待嗣开演[17],就请尸持资福[18]。抵至元八年[19],上选诸路师德教乘明者,受法旨大衣。詹元十一[20],众推僧录[21]。荷之三载,事厌繁冗,退闲守道。元年十七[22],上复拣德师,取届大都[23],轮番演法。宣至琼华岛[24],赐白金一锭,钞帛等。次日就新寺阁内,国师授戒本一部[25],各路受戒[26]。

回至本府十方资福道院,依上与众僧传受,隙间披读圣典四帙各三[27]、华严百部。城之里外,讲座恒然。俗寿七旬有六,僧腊三十有二[28]。嗣法英彦二十一员,落发小师二十余众,俗徒二百余人。一日,忽患风恙。至元二十三年二月初三日[29],呼徒谕之毕,泊然而逝,三日神色无异,殁后声光愈之。茶毗之际,颇有祥异。今呆、喜思师厚德,贯迈诸方,迨次湮没[30],共议鸠工捐资,勉力命工,拣石树于祖坟[31],后为标望,聘礼求予作绪。辞不获己,粗为铭曰:

灵明欲质之日,散彩梦化朝城,世袭官门之裔,
族以抹撚彰名。忽尔天交地运,那堪时变人更?
因兹迁南复北,致使舞□踏邢。先依祖戒作准,
后秉潯老为凭。继师资福住持,因缘道价峥嵘。
上闻特加伟号,洪慈博化群生[32]。清高大衣受赐,
德重白锞亲承。各路传持戒本,分坛普谕师僧。
倾囊粧严圣像,励志修盖房楹。供客将无作有,
斋僧远接高迎。法旨僧权数载,恩临阐化三乘[33]。
五经诵持百部[34],二时佛祀千名[35]。嗣徒各炽一方,
门资并秀英灵。一旦五蕴山摧[36],六根八识无萦[37]。
身先声光浩浩,殁后美谕玲玲。幸有小师呆喜,
诚心命匠功行。偊石勒铭输,塔婆竖之于茔。
巍巍幻出云霄,吾师万古遐龄。
至元二十六年二月十五日[38],小师智呆、智喜等立石
石匠作头巩德进同男巩诚　刊
小师芳名于后:
智朗、智鉴、智辉、智仙、智超、智谭、智祐、智呆、智喜、智沼、智柔、智勤、智宁、智奂、智整、智

禧、智宽、智方、智秀、智敬、智行、智闰、智赟

法侄　智兴

传法讲师颁列于后^㉟：

汤头温泉院超讲主、石象洪教院斌讲主、

皇寺玉泉院聚讲主、鹊峰黑壁寺晖讲主、

张贾龙泉院满讲主、顺德大开元测讲主、

石村龙泉院从讲主、南王玉山院玉讲主、

东杨罗汉院隽讲主、平台文殊院通讲主、

北光洪济院祐讲主、八方观音院印讲主、

大贤洪福院辉讲主、辛张妙觉院广讲主、

王村普照院信讲主、皇寺玉泉院照讲主、

驿头灵光院端讲主、小王法性院整讲主、

时村建福院清讲主、泽畔安乐寺蕴讲主

古并榆次县坚讲主。

顺德路前僧尼都提领、见住持闲心院袭祖通辨大禅师　　　　梅轩撰^㊵

顺德广平等路大开元一宗前僧录兼本寺官门执事

昱吉祥书^㊶

注释：

①此塔为石幢体，原在邢台开元寺塔林。现仅存八棱体塔身，高1.11米，每面宽约0.17米。正面上端正书题额，其余各面依次镌刻铭文与题名。现已移入开元寺内保护。

②抹捻，金代女真贵族姓氏之一。

③铜台朝城世袭元帅裔，《金史》卷九十三有《抹捻史扢搭传》，称其为临潢路人，"其先以功授世袭谋克"，其于泰和六年（1206）战死。同书卷一有《抹捻尽忠传》，记其为上京路猛安人，进士及第后曾任高阳路朝城县主簿、临潢提刑司知事，再历任顺义军节度副使，翰林修撰同知德昌军节度事，滑州刺史，恩州刺史，山东按察副使，赣州、乾州刺史，吏部郎中，累迁中都，西京按察使、左副都元帅、尚书右丞、行省西京。贞祐元年（1213），进拜左丞。金宣宗决定自中都（今北京）迁汴（今开封）时，进拜都元帅，左丞如故，奉命与右丞承晖留守中都（时任左都元帅）。当年十月，进拜平章政事，监修国史、左副都元帅如故。次年五月初，金宣宗率群臣南迁。不数日，尽忠即以援绝弃中都，乘夜携家奔汴。九月被诛。宣公（惠宗）和尚应即尽忠之孙。铜台，元帅府之别称，因其掌铜符、握兵权而称。

④辨李之年，即三岁。

⑤父姥，即父母。圣驾，特指金宣宗。

⑥泰康一纪，安宁健康地度过一年。纪，应为"祀"，因古人以十二年为一纪，若真为"一纪"则与塔铭所叙史实不符。

⑦纳阑，女真贵族姓氏，也写作"纳兰"。舍，即弃、送。"母纳阑同父舍圣佛寺"，意即父母把他舍弃于（或曰送进）开封圣佛寺。此年应为金贞祐三、四年（1215—1216）事，宣公和尚时年约四、五岁。

⑧三纪，应为"三祀"，即三年，详见⑥。

⑨天兵，指蒙古军。"天兵南下"，据《金史·宣宗纪》，兴定四年（1220）"大元遣赵瑞以兵攻孟州"，《元史·太祖纪》记载，此年木华黎率蒙古铁骑进攻中原，"彰德、大名、磁、洺、恩、博、滑、濬等州户三十万来归"，同书卷一一九

《木华黎传》记此为"遣蒙古不花分兵略定河北、卫、怀、孟州,入济南,严实籍所隶相、魏、磁、洺、恩、博、滑、濬等州户三十万诣军门降"。此年三月,木华黎卒于军中。联系后文,可知"天兵南下"即指这次蒙、金之战。

⑩太师国王,指木华黎。赵监军,所指或即木华黎所遣率兵攻打孟州的赵瑞。

⑪将诣□邢,应为"将诣诸邢",意即把这小沙弥携至邢台。

⑫寻后,随后。舍于浴室,送到了寺院浴室披剃。

⑬濬公,见《宗主慧明大师之塔》注,时任邢台县苏村资福寺住持。

⑭乙酉,即金正大二年,蒙古成吉思汗二十年(1225)。

⑮老师,特指濬公。

⑯荣公,应为濬公同门师兄弟,讳法荣。

⑰待嗣开演,为选资福寺继任住持而让僧众公开讲法,一试高低。

⑱尸,神像。指濬公真容即画像。此指代死者受祭人,以晚辈充任。尸持,即代替已逝者担任住持。资福,即邢台县苏村资福寺。

⑲至元八年,即1271年。

⑳詹元十一,即至元十一年(1274)。詹,仰望,通"瞻"。"詹元十一",意即眼看着到了大元十一年。忽必烈接受刘秉忠建议,正式创建大元朝的最初几年,其纪年只称"大元"而不称"至元"。邢台开元寺就有纪年为"大元元年"残碑。

㉑僧录,僧录司长官,代表政府管理地方僧尼事务。

㉒元年十七,即大元十七年,亦即至元十七年(1280)。

㉓上,特指元世祖忽必烈。取届大都,即选取后前往大都(今北京)。

㉔琼华岛,在今北京市北海公园内。在元代,琼华岛是皇家禁苑之一,其东为灵囿,养有各种珍禽异兽;南有白玉桥与园坻(即团城)相通,园坻建有仪天殿;东有木桥,可通大内;西有木吊桥,可通兴圣宫。琼华岛、园坻、犀山台与太液池(即今中南海与北海)交相辉映,形成海上仙山,琼楼玉宇的壮丽景观。

㉕新寺,应即创建于至元八年(1271)的大圣寿万安寺(明代改称妙应寺),是当时大都城内最著名的藏密佛寺,也是文武百官演习礼仪,广作法事之地。寺内曾设有忽必烈及其太子真金的影堂。国师,特指西藏高僧剌吉塔(1268—1287),他是继八思巴、亦连真之后,被元王朝敕封的第三位国师。

㉖受戒,即授戒。"受"通"授"。"各路受戒",意即前往各路向僧众授戒。

㉗披读圣典四帙各三,意即认真诵读四大部经各三遍。

㉘僧腊三十有二,据此可知,宣公和尚虽自幼出家,但接受具足戒,成为比丘时已四十四岁,时在蒙哥汗四年(1254)。

㉙至元二十三年,即1286年。

㉚迨次,待到以后。迨次湮没,意即待到以后渐渐埋没。

㉛祖垅,即祖坟。此指开元寺塔林。据此可以确证,宣公和尚及其师濬公和尚虽非广恩一系僧众,其师承关系却在开元寺,且在广恩住持开元寺之前,即金代。

㉜"洪慈",应是元世祖忽必烈加封给宣公和尚的尊号。

㉝三乘,指引导信众达到解脱的三种方法、途径,即声闻乘、缘觉乘、菩萨乘。

㉞五经,一般指《法华》《华严》《金刚》《楞伽》《涅槃》。五经诵持百部,是对前文"披读圣典四帙各三、华严百部"的复述。

㉟二时,即早晚二时。二时供佛,是僧侣常课。

㊱五蕴,又称五众、五阴,即色蕴、受蕴、想蕴、行蕴、识蕴。

㊲六根,即眼、耳、鼻、舌、身、意。八识,即眼、耳、鼻、舌、身、意、末那、阿赖耶八识。

㊳至元二十六年，即 1289 年。

㊴此下所列传法讲师，即前文所说"嗣法英彦二十一名"，与其前列"小师芳名"一样，均为"智"字辈僧人，如"超讲主"，即智超。其中，鹊峰黑壁院、北光洪济院、驿头灵光院遗址在今邢台市内丘县境内，汤头温泉院遗址在今邢台市沙河境内，平台文殊院遗址在今邢台市广宗县境内，泽畔安乐寺遗址在今邢台市隆尧县境内，古并榆次县即今山西省榆次市。其余寺院遗址均在今邢台市、县境内。

㊵梅轩，见《宗主慧明之塔》注 。

㊶昱吉祥，应与梅轩崇朗同辈，即崇昱，"吉祥"，系元王朝为曾从帝师受戒之僧所加尊号，是与藏传佛教关系密切者。"顺德广平等路大开元一宗前僧录兼本寺官门执事"，则标明了昱吉祥在大开元宗僧众中的地位。本寺，即指顺德路大开元寺。

弘范大师僧录会公之塔

元至元二十八年（1291）。原在邢台开元寺塔林。现在邢台市桥东区申家庄村内。仅存塔身，四面体，面宽62厘米，高122厘米。正面镌塔额"弘范大师僧录会公之塔"，左面、背面及右面首三行为《尊胜陀罗尼经咒》，其后镌塔主传人题名及年款。其传人名讳多漫漶难辨，仅可依稀辨出共有小师普升、普宝、普□、普□、普成等十二人。立塔人题名依稀为"普升等建"。年款为"至元二十八年五月初八日"。造塔人题名为"石□赵琬刻"。据普升等题名，可知塔主法讳妙会，是大开元宗开山祖师广恩的再传弟子。

顺德府莲净庵住持尼进宗主创置祖坟寿塔记

元至元二十八年（1291）。原树于邢台开元寺塔林边缘，现在邢台塔林公园。碑高44厘米，宽28厘米。碑阳竖镌大字"顺德府莲净庵住持尼进宗主创置祖坟寿塔记"，右落小字年款"至元二十八年三月初一日工毕"。碑阴无字。

提点大士渭公之塔

元至元年间（1264—1294）。原在邢台开元寺塔林。现仅存塔身，八面体，面宽 19 厘米，高 133 厘米。首面镌塔额"提点大士渭公之塔"，二至五面镌"大佛顶尊胜陀罗尼神咒"，第六面无字，第七、八面依次镌塔主传人名讳，即尼妙研、妙寿与僧妙整、妙满、妙恕、妙果、妙进，法侄妙环、妙珍、妙伶、妙兴、妙玟，尚座妙颜、妙辛、妙敬、妙吟、妙徵，尚座妙智、妙文，维那妙玹、妙趣、妙侃、妙姿、妙景、妙换诸小师；普然、普定、普灯、普便、普鄂、普量、普让、普开、普佩、尚座普蕴、普柔、普□、普时、普江、普钦诸法孙。因知塔主法讳崇渭，是大开元宗开山祖师广恩的嫡传弟子。但无年款。今存邢台开元寺。

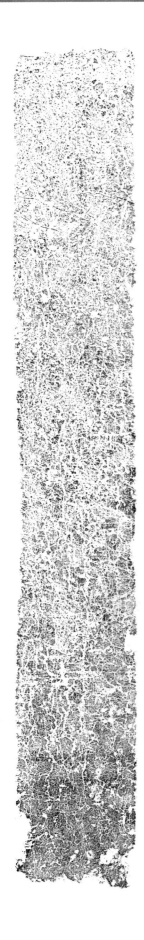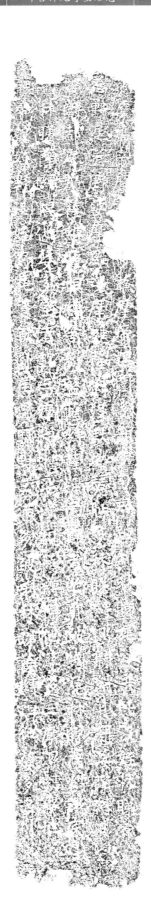

瑄公庄主之塔

元至元年间（1264—1294）。原在邢台开元寺塔林，现在邢台塔林公园。除塔身，其他构件均为后配。塔身为八面体，面宽16厘米，高126厘米。正面镌塔额"瑄公庄主之塔"及"尚座妙心书"，左面镌《无量寿佛往生净土陀罗尼神咒》及普音、普利、普便、普定题名，其他六面无字。据普音等题名，可知塔主法讳妙瑄，是大开元宗开山祖师广恩的再传弟子。

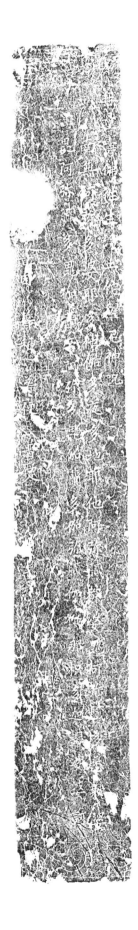

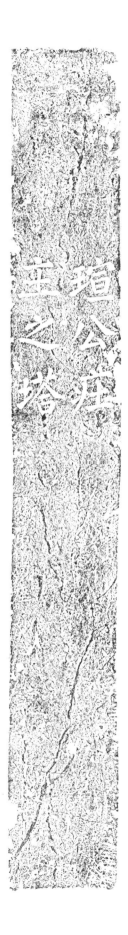

弘济大师之塔

　　元大德二年（1298）。原在邢台开元寺塔林,现在邢台塔林公园。除塔身外,其他构件均为后配。塔身为四面体,面宽46厘米,高153厘米。正面镌塔额"弘济大师之塔",左面镌《尊胜陀罗尼经咒》,右面镌《弘济大师□塔铭》及立塔人题名。背面无字。

弘济大师□塔铭^①

大开元寺普玘撰^②

师姓刘,名崇珏,洺水天长人也^③。母□氏,生三子,师居其次。年十岁,父母送出家,礼经镇□□禅寺第一座泫□^④,为师训今名。弱冠受具戒,为大僧。□寓襄国开元、天宁二大刹^⑤,众以师善□□□,俾任维那之职^⑥。至元十三年春^⑦,世祖皇帝有旨,命有司于顺德府大开元寺建资戒大会^⑧,仍命琏真国师登坛说法^⑨,师时莅□开元^⑩,获受大戒。

十八年北游^⑪,礼五台^⑫,礼佛光于那罗延洞。即而^⑬,于金色光中现文殊师利骑师子像^⑭,□□睹殊胜^⑮,求衷怀礼,穿□交颐^⑯,遂捐衣资,斋万僧,日诵阿弥陀经咒等数万言。优济生一中^⑰,早夜孜孜,□生安养。二十四年^⑱,宣授诸路释教都总统,以师道行超卓,特加旌异,赐号弘济大师。

大德二年夏四月^⑲,小师妙春,妙蕴暨侄男妙赜等来告余曰^⑳:"亲教师世既^㉑,七十有九,幸且无□。我辈□者,□师教载之恩,无以报德,各捐大盂,为师立塔于弘慈博化大士祖茔之侧,子其为我铭之!"余曰:"汝师行迹,黄童白发靡不知之^㉒,奚须余文而后传焉。虽然,余嘉汝之义,慕师之德,不容自默。"谨拜手稽首,为之铭曰:

龙冈之西,鸳水之湄^㉓,郁郁佳城,唯□之归。
泉甘而□,土壤而肥,公寿有年,饮食是宜。
公之小师,提□厚德,建塔□□,以介尽域。
无影无形,无延无余,古往今来,清风何极。
大元大德二年岁次戊戌四月十五日
小师妙春、妙蕴、侄男妙赜等同建。

注释:

①泐残之字应为"寿"或"灵"。

②撰文者普玘系大开元宗第四代僧,即"普"字辈。

③崇珏,广恩弟子、大开元宗第二代僧。洺水,即今邢台市威县。天长,元洺水县村镇名,今失所考。

④经镇,在旧威县城北五十里,原为北魏孝文帝时所设经城县治所在,北宋熙宁六年(1073)省为镇后,归属宗城县,至元改归洺水。经镇□□禅寺,应即经镇法云禅寺。该寺亦是广恩最初出家之处。"第一座"即首座,禅宗寺院西序六头首之一,其职责为统领全寺僧众谨守条章戒律。泫□,应为"泫公",其行实无考。

⑤□寓应为"旋寓"。襄国,即元顺德府,今邢台市。

⑥维那,禅宗寺院东序六知事之一,主掌僧众威仪进退纲纪。《百丈清规》述其职权:"维那(即统摄)众僧,曲尽调摄。堂僧挂搭,辨度牒真伪,众有争竞遗失,为辨析和会;戒腊资次,床历图帐,凡僧事内外,无不掌之。"

⑦至元十三年,即1276年。

⑧资戒大会,即三坛传戒大法会,届时依受戒者的不同资历分别授戒。但三坛传戒一般只授具足戒。

⑨琏真国师,即杨琏真伽,时任宣政院江南释教总统。据《元史·释老志》,杨琏真伽因受元世祖宠信,不但总统江南释教,且可直接干预军国大事,权倾朝野。曾在钱塘、绍兴等地公开挖掘南宋帝陵及其大臣坟墓,搜罗奇珍异宝。

⑩苾□,应为苾礼。大戒,即菩萨戒。

⑪十八年,即至元十八年(1281)。

⑫五台,即山西五台山,传为文殊菩萨显灵说法道场。那罗延,梵语即金刚。那罗延窟,即金刚窟,据说是罽宾高僧佛陀波利的隐身之地。

⑬既而,此后。此指祈求过后。

⑭文殊师利,即文殊菩萨,又称妙吉祥菩萨,坐骑应为白象。

⑮殊胜,特异、绝好的情景。

⑯颐,腮、下颌。交颐,以面部表情相互交流思想。

⑰济生一中,即日中一食,是佛教依戒修持的饮食法。

⑱二十四年,即至元二十四年(1287)。

⑲大德二年(1298),时元成宗在位。

⑳小师妙春、妙蕴,均为塔主崇珏弟子,与妙赜等均为大开元宗第三代僧。小师、侄男均为纪念前辈时的谦称。

㉑世既,即逝世、过世。

㉒黄童,即幼童;白发,指老翁。靡不知之,没有不知道的。

㉓湄,即滨、水边。鸳水,即发源于达活泉的牛尾河。

355

欣公藏主之塔

　　元大德五年（1301）。原在邢台开元寺塔林，现在邢台塔林公园。但除此塔身外，其他构件均为后配。塔身为四面体，面宽36厘米，高100厘米。正面镌塔额"欣公藏主之塔"，左面镌经咒，右面镌塔主传人题名、年款及立塔人题名，即："小师妙揖、妙罿；法孙普甦、普顺、普海、普□、普庆。大德五年六月吉日，妙揖等立。"据妙揖等题名，可知塔主法讳崇欣，是大开元宗开山祖师广恩的嫡传弟子。

正信弘教大师提点寿公之塔

　　元大德六年（1302）。原在邢台开元寺塔林。现仅存塔身。六面体，面宽45厘米，高199厘米。正面镌塔额"正信弘教大师提点寿公之塔"，二至五面无字，第六面依次镌塔主传人、立塔人、造塔人名讳及年款，即："小师普兴、普灵、普完、普进、普庆、普住、普□、普贵、普宗、普和、普聚、普江、普□、普然、普印、普当、普从、普春、普誉、普转、普贤、普尧、普恭、普改、普□、普增、普序、普祐、普常、普汴、普友、普瑞、普几、普宣、普□、普侃、普恩、普起、普清、普谊、普果、普远、普声、普观、普山、普海、普明、普元、普温、普固、普闲、普□、普焕、普秀、普初、普濡、普惟、普泰、普角、普罴、普瓦、普益、普千、普闻、普立、普盖、普升、普一、普成、普开、普仁、普柔、普胜、普惠；尼小师普志、普玉；法孙洪□、洪□、洪彦、洪满、洪武、洪奕、洪明。大德六年七月吉日，小师普进洎男大憨，奴□□同立。鸳水□□、□□玉刊。"据普兴等题名可知，塔主法讳妙寿，为大开元宗开山祖师广恩的再传弟子。今存邢台开元寺。

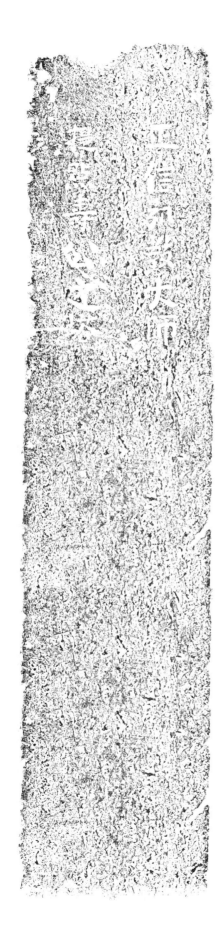

岱公首座之塔

元大德六年（1302）。原在邢台开元寺塔林。现仅存塔身，四面体，面宽有二，分别为38厘米、44厘米，高128厘米。正面镌塔额"岱公首座之塔"，左面镌《尊胜陀罗尼经咒》，右面依次镌塔主传人名讳、年款、立塔人及造塔人名讳，即："小师普安、普宾、侄男普救、得任；法孙洪善、洪德、洪珍、洪祐、洪忍、洪庆、洪成、洪忠、洪照；重孙胜进、胜运、胜海。大德六年八月吉日，普安、普救等立石。开元寺僧普爱书，鸳水赵琬、刘庭玉刊。"由普安等题名可知，塔主法讳妙岱，是大开元宗开山祖师广恩的再传弟子。现存邢台开元寺。

昙公禅师之塔

元大德八年（1304）。原在邢台开元寺塔林，现在邢台塔林公园。除此塔身外，其他构件均为后配。塔身为四面体，面宽 58 厘米，高 120 厘米。正面镌塔额"昙公禅师之塔"，左、后面无字，右面依次镌塔主传人名讳、年款、立塔人、造塔人题名，即："小师妙璞，僧主妙因、妙□、妙奉、妙琦、妙□、妙璋、妙进，尚座妙延、妙嵩、尚座妙福、妙海、妙翙、妙金、妙耘、妙清、妙柳；法孙普源、普济、普□、普□、普江、普泰、普深、普浩、普荣、普玉、普安、普□、普胜、普义、普行、普信、普仁、普善、普铠、普智、普德、普慧、普吉、普忠、普兴、普秀、普旺、普珍、普圣、普矸；侄男□闰甫、普德，知客普圭；侄女大姐、妙益、妙聚。大德八年八月吉日，妙延等同立石。鸳水刘庭玉、赵琬刊。"据妙璞等题名可知，塔主法讳崇昙，是大开元宗开山祖师广恩的嫡传弟子。

荟公禅士之塔

　　元大德年间（1297—1307）。原在邢台开元寺塔林。现仅存塔身，六面体，面宽22厘米，高120厘米。首面镌塔额"荟公禅士之塔"，二、三、四面镌《大佛顶尊胜陀罗尼咒》，第六面依次镌塔主传人及造塔人名讳，即："小师普亮、普□、普寔、普略、普□、普□、普顺、普□、普光、洪进、洪□、洪慧、洪□、洪兴、洪贵、洪宣、洪义、胜常、普口同建。□□□□□信都赵琬□□□□……"据小师普亮等题名可知塔主法讳妙荟，是大开元宗开山祖师广恩的再传弟子。此塔年款虽泐，却因赵琬造塔均在大德年间而可定其大概时代。今存邢台开元寺。

叡公禪師之塔

普化大师珊公之塔

　　元大德年间。原在邢台开元寺塔林。现在邢台塔林公园，仅存六面体塔身且断为两截，面宽 23 厘米，通高 130 厘米。正面镌塔额"普化大师珊公之塔"，右面镌"仲秋乙丑吉日，众小师等同建，古襄赵琬、□庭玉刊"。

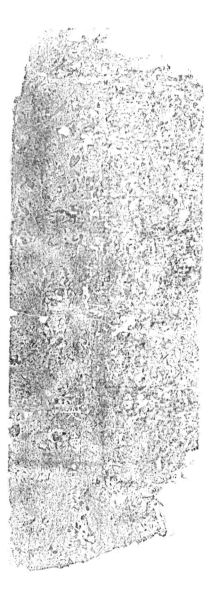

欢公长老无尽寿塔

　　元（1279—1368）。原在邢台开元寺塔林，现存邢台塔林公园。青石质，高51厘米，横长40厘米，原为砖塔之石额，但无纪年。欢公应为广恩开创之大开元宗第二代"崇"字辈僧，即广恩嫡传弟子崇欢，"无尽"则为其雅号。但不得确考。

开元寺无名塔

元（1279—1368）。此塔原在邢台开元寺塔林。现仅存四面体塔身一节，青石质，每面高 145 厘米，宽约 64 厘米。由于此塔身现紧贴邢台市桥西区胡家营一建筑墙体而无法翻动，可见一面所刻文字为《佛顶尊胜陀罗尼经》，其他三面文字内容尚不得见，故塔额、塔主生平、立塔人、立塔年月不得而知，因而暂定其名为"开元寺无名塔"。

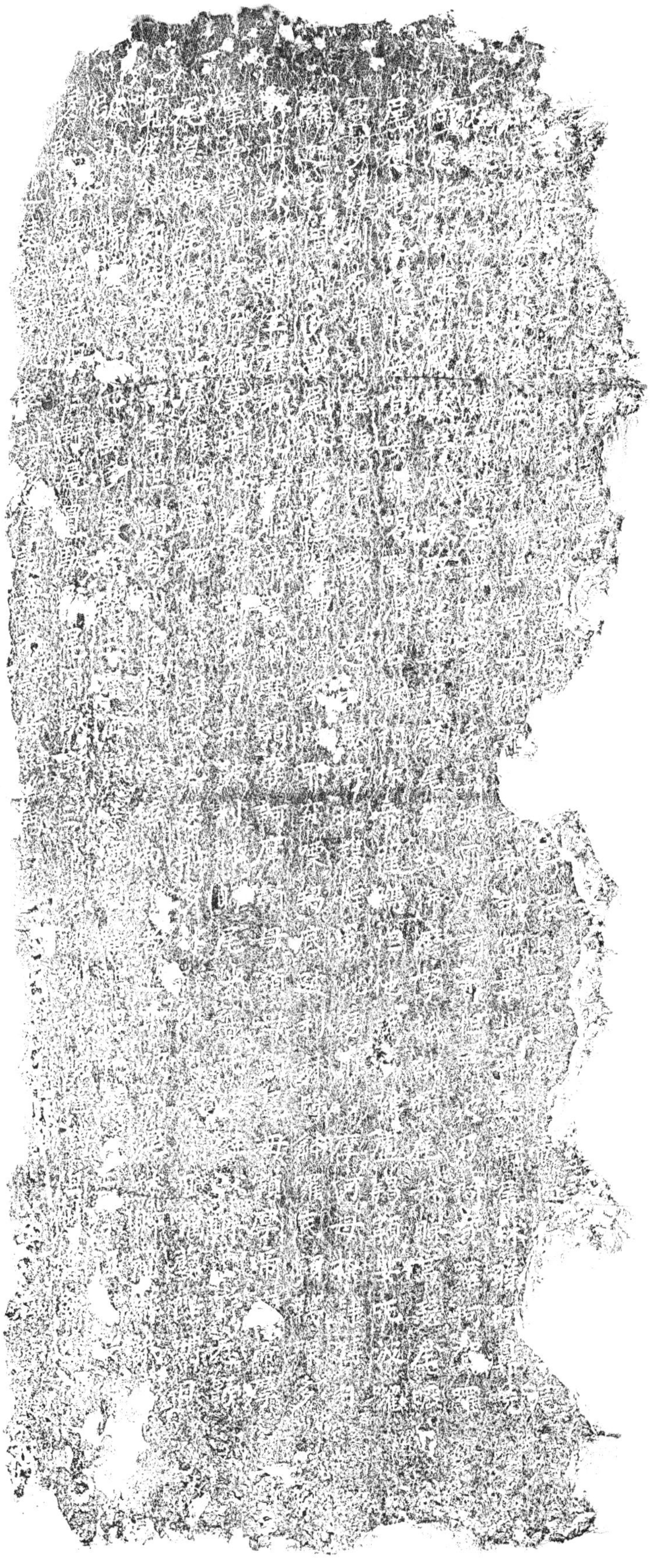

开元寺妙□长老之塔

元（1279—1368）。此塔原在邢台开元寺塔林。现仅见四面体塔身一节，青石质，每面高131厘米，宽41厘米。由于此塔发现于紧贴邢台市桥西区胡家营一建筑墙体而无法翻动，可见一面文字为立塔人题名及立塔时间，而塔额及塔主生平尚不得知，塔名亦为编者暂定。立塔人题名及立塔时间为：

小师

普明、普宁、普声、普琮、普运、普尞、普宽、普德
普安、张孝、普龙、普就、普环、普愿、普仲、普□
普瑛、普访、普埏、普许、普陈、普忠、普当、普道
普晖、普威、普意、普□、普□、普喜

法孙

洪福、洪慧、洪通、洪全、洪心、洪口、洪清
洪历、洪祯、洪义

天历二年重阳日　　　　　　　众小师普喜等立石
住持天长法云禅寺长老琳吉祥书　　　石匠赵鑑□

据此可知，塔主为万安开创的大开元宗第三代僧妙□，此其一；此塔立于天历二年（1329）九月九日，此其二；琳吉祥即翠峰普琳在任大开元寺万安座下第十三代嗣祖传法住持之前，还任过天长（今安徽省天长县）法云禅寺住持，此其三。

中山长无庄主妙和之塔

元（1279—1368）。此塔原在邢台开元寺塔林。现仅见四面体塔身一节，青石质，每面高 131 厘米，宽 38 厘米。由于此塔身现紧贴邢台市桥西区胡家营一建筑墙体而无法翻动，可见一面仅镌此塔额，其他三面文字尚不得知，故塔主生平、立塔人、立塔时间均不详。但据此塔额可知，塔主妙和系万安开创的大开元宗第三代高僧。

圆寂亲教师□修立禅师天乾公和尚觉灵之位碑

明万历三十三年（1605）。半圆首，碑高150厘米，宽70厘米。碑阳正中镌"圆寂亲教师□修立禅师天乾公和尚觉灵之位"，右落年款及立碑人题名，即："万历三十三年十二月，孝孙觉那、觉仲、觉像，孝重孙陆惠，尹兰、尹茶、尹宗印、尹□□、尹香。"据此可知，碑主为大开元宗第二十五代僧澄立、觉那等系大开元宗第二十七代僧，陆惠应是第二十八代"海"字辈，此署或为其号。尹兰等应为碑主俗亲。

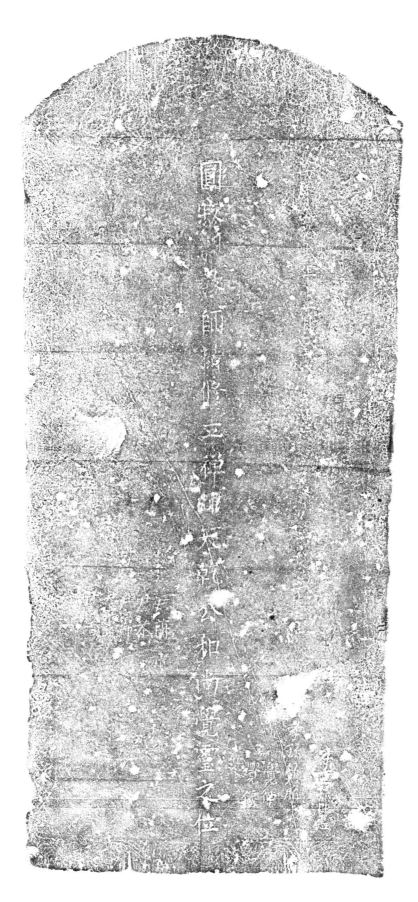

圓寂□□師徒作三神棚祖乾九柏尚覽靈之位

圆寂亲教师祖演空法公觉灵碑

　　明崇祯七年（1634）。半圆首，碑高114厘米，宽49厘米。碑阳正中镌"圆寂亲教师祖演空法公觉灵"，右落年款及立碑人题名，即："崇祯七年三月初四日立，孝孙方在、重孙圆修、曾孙明夆。"据此可知，碑主为大开元宗第十四代僧镇法，方在系第十五代，圆修为第十六代，明夆为第十七代。

圓寂親教師祖演空法公覺靈

崇禎七年二月初四日立

孝孫在重修圓修曾孫明金

西域轨范意旨单

　　清同治十一年（1872）。现藏武安市图书馆。纸本经折装，开本 44.5×10.7 厘米。系清代邢台开元寺僧人追悼先师的规范文本，虽非金石，却具有十分珍贵的史料价值。

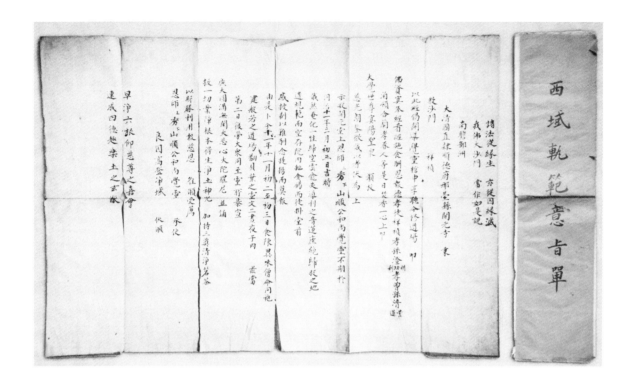

西域轨范意旨单

诸法从缘生,亦从因缘灭。

我佛大沙门,常作如是说。

大清国直隶顺德府邢台县开元寺秉教沙门祥祯,以此经偈开导,觉灵棺中享听:今修道场,叩佛资冥、唪经看经、施食酬恩报德孝徒祥祯,孝孙澄明、澄功、澄利,孝曾孙清意、清莲,泊领合兰孝眷人等,是日焚香,一心上叩大觉世尊、冥阳圣众,愿放慈光朗鉴微诚,以者伏为上示寂开元堂上恩师上秀下山顺公和尚觉灵,不期于同治十一年三月初三日吉时,俄然奄化,一性归空,云龛失导利之音,莲座绝归投之地,遗规范而空存院内,抛金锡而徒挂堂前。感披剃以难酬,念提携而莫报。

由是,卜今十一年十一月初二至初三日,食陈异味,僧命同袍,建般若之道场,翻贝叶之灵文,二昼夜于内。兹当第二日,复劳大众,同至灵所,恭宣《广大圆满无碍大悲心大陀罗尼》,并诵《拔一切业障根本得生净土咒》加持,三奠清净茗茶,以斯胜利,用报慈恩,惟愿受荐恩师上秀下山顺公和尚觉灵承伏良因,高登净域。伏愿:

早净六根,仰慈尊之嘉会;

速成四德,趣乐土之玄猷!

三、开元流泽

集賢大學士昭文館大學士榮祿大夫司農兼御史中丞

蓬山張晏篆額

師諱洪益號損巷姓徐氏隨之應山人也以申統四年九月二十

九日生自幼不茹葷天賦甚穎異聞至言多警悟體若不勝衣而

意氣實雄萬夫然無嗜俗意年十五從石龍山寶林寺善公視髮

《志一百六　金石十四　元　　　王

肆習道業晝夜不息既具戒益奮厲卓然以徹證自期徧諸方參

宗匠遇白雲治公識其根器靡常授以心印且囑之曰汝必際盛

緣向後於老僧頭上有萬丈光明汲引後來隨種視病宜自勉焉

大德三年歸口值寶林嗣代乏賢眾欣迎以主方丈師慨然以古

道自任十一年遷嵩山法主聲價益振四方學徒響風大至冠蓋

縉紳望塵加敬至大四年承詔遷元開元乃古之名刹也口

雲寓指統一宗制度典獻雖存而大紀口口師至未幾頟綱復振

主上聞之深嘉乃績延祐丙辰特授中奉大夫制加圓照普門光

顯大禪師錫二品銀章賜金襴衣命都攝宗門事英宗臨祚玄德

升聞親詔褒美泰定乙丑趣闕謝恩明年又加特旨至順庚午辭

歸故山壬申詔復徵還元統甲戌力以疾辭退怡於寺之西徧嘗

有句云莫將世事累青眼再取閒雲伴白頭尋復口歸于石龍山

寶林禪寺第四代住持損巷盆公長老碑銘

嗣林濟宗英悟正印宗慧大禪師前大都大竹林寺住持

傳法沙門雪澗禛吉祥譔

翰林學士承旨榮祿大夫知制誥兼修國史...書

錢依祖庭沙林禪寺傳

住持嗣祖曹洞

正宗第二十四世

小山大章書

開靈塔

大明隆慶六年歲次壬申歲

孟春吉旦建

門光顯大禪師

磁州武安县定晋寺重修古定晋禅院千佛邑碑

五代后唐天成四年（929）。螭龙碑首,已残,高92厘米。碑身高233厘米,宽115厘米,下部有残缺。龟趺高约80厘米,龟首残失。碑阳镌正文及安国军节度使及其部属官员题名,碑阴满镌千佛邑施主题名。现在武安市定晋岩。

磁州武安县定晋山重修古定晋禅院千佛邑碑……①

邢州开元寺……②」

原夫佛理，志大意巍，有德而风靡三皇③，无位而匡乎八表④。化迹隐显，利用投机……⑤」

宣戒善，日用日新；道证无生，不的不莫⑥。有相不惮于理⑦，执空恐滞于魔⑧。昔在千人，志居中……」

也。生知罪福，□性猛列，出家志气，异于常徒。顿舍亲，孤然山峪，暑风寒雪，已辨春秋；叶落花生，方知冬夏……」

东魏黄初三年⑨，高欢帝所造也⑩。又《杂集异记》云：魏时有大业僧，不知生族，诸天降食，以供其斋。忽夜梦二坚⑪，凭……」

稠树，本坚枝密，其僧将法衣往树欲挂，其树忽尔开而集之，俨然掩合，神力弥缝，乃婚媾，长于二子。后一十二年，却至树边，树开而……」

乎约杖，□而皆饵伏，后之人因其树，号稠禅师之寺焉⑫。又改为定晋禅院，禅宝山岩，唯高唯邃，龙池虎穴。左之右之。上至天宫，下穷于地狱，乃……」

基，特兴盖造，从大唐同光元年岁次癸未七月起功⑬，至天成元年岁次丙戌九月院成⑭，法堂僧堂，厨库闲屋，并在岩峦之下。禅□石宝，佛缘……」

兽，涧畔成群。洞口祥风，泉源细水。花芳艳翠，香逐云波。散雨龙寒，飞霜石冷。幽闲异境，大圣所居⑮。古迹金田，遂重修葺。昔曰禅定石宝，一卯□□□□□□□道具数件，乃是稠□□」

僧所用之物也。有单梯一条，邻高百尺，倚于岩下，莫知年载。有坐禅棚一所，出于峻壁之中，下去地一十五丈，于同光三年九月十日特然修换⑯。林□□□□□有阿弥陀佛一尊，圣僧一坐，」

倚子一只，盖一顶。道清睹此圣事⑰，乃全枯意马，苦楚心猿，又罄勤忠，焚香发愿，别化千人之邑⑱，同修一劫之缘⑲，盖造高楼，安排佛像。兹愿既集，碑纪巍功。所经山中，素无青石，求之莫有。于天成」

二年岁次丁亥七月三日⑳，有二龙斗于寺前峪内，雷訇电耀，水溢沟穿，现出青石一条，长一丈七尺，琢之如珉，磨之莹然。龟头赑屃㉑，皆获足矣。建兹福事，际会明朝；立世之功，上」

归皇化。君圣臣贤之代，民康鼓腹之年，牧薮歌而乐乎哉㉒，风雨时而礼何有！三郡潜龙之地㉓，九州一统之时，帝孟尧风，皇宗舜海㉔。金枝黄铖，掌钜鹿之山河；」

帝子亲王，兼邢台之旄节㉕。□□乐业，丰稔田畴。民义于君，君贤于德，罚恶劝善，刑法无差；举直退私，人兹寿富。皇天后土，翼肋山河；湮毁困穷，皆霈霈泽。浩」

浩九围之道㉖，民无德而称；溜溜六合㉗，禹无间然矣。滏阳西面，古迹重兴；云岭岩前，金园再建。巍峩宠瓦，播霄汉以廷廷；耸峻峻嶒，掩莲宫之郁郁。稠禅解斗之虎㉘，」

窠穴仍多；贤良造化之基，器用不少。凡施功□暗叶神聪㉙，求彼之柷㉚，如蒙圣肋。无私善事，众慕如归;利物深缘,易为成就。千门万户,自舍家财;伐木穷山,人心不惮。有邑首都维那三人、次维」

那十人㉚,悟身若幻,生务生□,共构良因,互相勉导。逐处乡邑,次立维那。举其万□之门,结会千人之数,各有名氏,镂之碑余㉜。基我家邦,垂诸善则。乡川率命,动静咸宜。化召信心,从风集事。继」

千佛之大行,蹑百福之遐想功。克荷僧徒,捐情圣业。笃篁志气,山岳心田,重义轻金,守公奉法。岁寒如一,违顺始终。建碑勒名,以彰成事。邑主沙门□□□心化利㉝,上报」

皇恩,录彼圣踪,请叙文也。沙门宗仁㉞,僧仁无艺,儒教荒疏,自度铅刀难镌宝王,岂将瓦砾连布琼瑶?频垂雅命,坚令撰修,兑之既难㉟,实录前志,后之□□□□□□□□□所冀,殊祯绝瑞,历代」

长存;巨福良因,千年不泯。更显前事,章句颂焉:日月□照,乾覆坤维。四时列序,万象咸宜。去彼取此,昭德塞违。天地之心,圣人则□。(一)□□□□,东魏仁□。」

一匡天下,八表咸宾。稠禅是敬,悟法精。金田创造,宝辇勤勤。(二)化缘有尽,圣道多门。或隐或显,有去有存。」

留真设像,资福降□。□□□□,□利后人。(三)」

一僧坚操,二利俱陈㊱。深山宋道,古寺求真。心猿息虑,古节于身。岩峦作伴,虎豹为邻。(四)三业障重㊲,六贼为亲㊳。劝修十善㊴,远劫粮□。□□□□,□□□□。」

巨善邑会,日用日新。(五)大唐天成四年岁次己丑九月九日建㊵。」

竭忠建荣兴复功臣、安国军节度使、邢洺磁等州观察处置使、金紫光禄大夫、检校司徒使持节邢州诸军事、守邢州刺史兼御史大夫、上柱国□□□㊶;」

安国军行军司马、金紫光禄大夫、检校尚书左仆射兼御史大夫、上柱国李从信㊷;安国军节度副使、银青光禄大夫、检校工部尚书……」

紫光禄大夫、检校工部尚书守磁州刺史兼御□□上柱国安审约㊸;安国军节度押衙充三州诸军马步使银青……」

紫光禄大夫、检校司徒、前守河东左右厢步军指挥、三州都招权使、澶州防御使、杨刘镇马步军都指挥使、瓦桥关都指挥使、瀛洲……」

军节度使判官、朝议郎、检校尚书、全部员外郎赐紫金鱼袋李琼㊹;邢洺磁等州观察判官、朝议郎检校……」

□□掌书记、将仕郎试大理评事兼察御史张珪㊺;节度押衙知客、银青光禄大夫检校工部尚书兼御史大夫、柱国杜从绍;……」

□□军事判官、将仕郎试大理评事徐处凝;登仕郎守磁州录事参军刘弘立;朝散大夫、守磁州武安县全试□……」

□□□□□勾当武安镇务马宾;节度押衙前守武安镇使银青光禄大夫检校工部尚书兼御史大□夫□……」

□□□□□□衙、左忠顺指挥使、银青光禄大夫检校工部尚书兼御史大夫柱国冯□;□义军节度押……」

□□□□□□使转受捉生指挥使、银青光禄大夫、检校太子宾客殿中……」

□□□□□□使、银青光禄大夫检校左散骑常侍兼殿中侍……」

□□□□□□□州兵马使、银青光禄大夫检校太子宾客监察柱……」
□□□□□□□银青光禄大夫检校工部尚书兼御史大夫……」

注释：

①磁州，后唐时与邢、洺二州同属安国军节度使管辖，安国军节度使衙门设在邢州，又称邢洺磁节度使。磁州治所设在滏阳县（今磁县），下辖滏阳、武安、涉县、邯郸等县。定晋山，今称定晋岩，在武安县里水乡京娘湖景区内。古定晋禅院，今名禅果寺。千佛邑，佛教邑社组织名称。

②依例，此处依次为碑文作者、书丹者题名，而据碑文所记，碑文作者即自谦"僧门天艺，儒教荒疏"的"沙门宗仁"，故知"邢州开元寺"后残没之字中的题名即"宗仁"，但此碑书丹者是否"宗仁"，现无从考知。

③三皇，传说中的远古帝王，有多种说法，此处应指天皇、地皇、人皇。说见《史记·补三皇本纪》引《河图》《三五历纪》。

④八表，泛指八方以外极远的地方。

⑤投机，即契机。佛教因缘说特重契理契机，所谓"化迹隐显，利用投机"，意即在此。

⑥无生，又称无生法，与涅槃、实相、法性等佛教术语含义相同，认为一切现象之生灭变化，都是世间众生虚妄分别的产物，本质在于"无生"，"无生"即"无灭"，故寂静如涅槃，为诸法"实相"、"真如"。若能认识"无生"的真谛，则称"无生忍"或"无生法忍"。修得无生，即是涅槃。的，目标。莫，通谟，即谋划、谋求。不的不莫，是形容"道证无生"后方能达到的那种无欲无求的境界。

⑦有相，与无相相对。《大日经疏》说："可见可现之法，即为有相。凡有相者，皆是虚妄。"有相不惮于理，意即"有相者皆是虚妄"之说作为佛教真谛，是不怕与人论辩的。

⑧空，佛教认为世间一切现象皆是因缘所生，刹那生灭，没有质的规定性和独立实体，假而不实，故谓之"空"。但说法不一。小乘佛教主张"人我空"，大乘佛教在主张"人我空"的同时，还讲"法我空"，即"二空"。此所谓"执空"，意即修持"诸法皆空"之道；恐滞于魔，意即唯恐滞迷于魔道（即错误理解"空"的真谛）而不得进入涅槃之门。

⑨东魏黄初三年，查中国历史纪年，东魏时只有天平、元象、兴和、武定四个年号，而无"黄初"。故"东魏黄初三年"应为"曹魏黄初三年"，即222年。明崇祯四年（1631）所立《定晋岩创建乌龙桥碑记》就明确记此为此寺"开辟于魏文帝黄初三年"。并称系见禅轴之文而知。

⑩高欢（496—547），东魏渤海郡蓨（今河北景县）人。一名贺六浑。世居怀朔镇（今内蒙古包头东北），成为鲜卑化之汉人。曾参加杜洛周流民起义，继归葛荣，后又归降尔朱荣。尔朱荣死后，他依靠鲜卑武力，联络山东士族，执掌北魏兵权，称大丞相。后逼孝武帝西奔长安，他另立孝静帝元善见，建立东魏，执掌权柄十六年。死后，其子高洋取代东魏建立北齐，被追尊为神武帝。

⑪二竖，两个童子。

⑫稠禅师，指僧稠（480—560）。北齐高僧，俗姓孙，祖籍昌黎（治所在今辽宁义县），后居钜鹿瘿陶（今邢台市宁晋县）。学通经史，曾为太学博士。二十八岁投钜鹿景明寺僧寔法师出家，从道房受习止观，北游定州嘉鱼山，常依《大般涅槃经》行"四念处"禅法。五年后，又诣赵州嶂洪山道明禅师，从受"十六指胜法"。后至嵩山少林寺，被佛陀禅师赞为"自葱岭以东，禅学之最"。后在西王屋山、青罗山等地修禅。北魏孝武帝永熙元年（532），为其在怀州（今河南沁阳）马头山中建禅室。北齐文宣帝天保二年（551）诏其入邺，从其受禅法和菩萨戒。次年，文宣帝又为其在邺西南龙山建云门寺，令兼石窟大寺主。曾应黄门侍郎李奖之请，著《止观法》二卷，论述禅要。唐道宣《续高僧传》评其禅法曰："稠怀念处，清范可崇"，"可崇则情高易显"，因与达摩禅法各具千秋。据此碑文，后唐时的定晋禅院亦为僧稠修禅之处。而碑文开始至"后之人因其树，号稠禅师之寺焉"，所述主要内容就是高欢为僧稠在该处修寺的史实及僧稠在该处挂衣修禅的神话传说。

⑬同光元年，即923年，亦即后唐庄宗李存勖（885—926）开创后唐政权三年。碑文称"又改为定晋禅院"事，应

即李存勖继李克用嗣传晋王之后事。

⑭天成元年,即926年,干支纪年"丙戌"。

⑮大圣,特指僧稠。

⑯同光三年,即925年。

⑰道请,据碑文应为奉安国军节度使李从温等官员之命,重修定晋禅院的邢州开元寺僧。明崇祯四年所立《定晋岩创建乌龙桥碑记》则称其为"神僧"。该碑还记载,隋开皇八年(588),比丘县广就曾主持重修此寺,但当时尚称"稠禅师之寺"。

⑱千人之邑,即碑额、碑题所称"千佛邑",是自北朝兴起的佛教邑社组织。其成员僧、俗混杂,为首者称"都维那",其下有称"次维那"、"维那"者。"千人邑"又称"千佛邑",是由佛说"人人皆有佛性"而来。

⑲劫,意为极为久远的时节。佛教对"劫"说法不一。一般分为大、中、小劫。说世上人寿命有增有减。每一增(自十岁开始,每百岁增一岁,增至八万四千岁)一减(自八万四千岁开始,每百年减一岁,减至十岁),各为一小劫,合一增一减一中劫。一大劫包括"成"、"住"、"坏"、"空"四个时期,通称"四劫",各包括二十中劫,即一大劫包括八十中劫。

⑳二年,指天成二年,即927年。干支纪年为"丁亥"。

㉑龟头赑屃,即碑趺,又称碑座,呈赑屃即螭龙状,故称。

㉒牧薮,治下的草野之民。

㉓三郡,特指安国军节度使治下的邢、洺、磁三州。潜龙之地,皇帝未即位之前居住的地方。李嗣源未即帝位之前,曾任邢洺磁节度使八年,坐镇邢州,故称。

㉔帝孟尧风,皇宗舜海,对后唐明宗李嗣源的恭维语。比喻其勤政爱民有尧之风范,舜之修养。孟,勤勉、努力。典出班固《幽通赋》:"盍孟晋以迨群兮,辰倏忽其不再。"

㉕金枝黄钺,掌钜鹿之山河;帝子亲王,兼邢台之旄节,对安国军节度使李从温、李从信等官员的恭维语。据新、旧《五代史》,李从温、李从信皆为后唐明宗的子侄,故称其为"金枝黄钺"、"帝子亲王";而他们又以这种显贵的身份出任安国军节度使等职,坐镇邢台故称其"兼邢台之旄节"、"掌钜鹿之山河"。邢台、钜鹿均是安国军所辖邢、洺、磁三州的代称。因邢台是安国军治所,唐天宝时又是钜鹿郡治所。

㉖九围,即九州。典出《诗·商颂·长发》:"帝命式于九围。"

㉗六合,指天地四方。见《庄子·齐物论》:"六合之外,圣人存而不论。"

㉘稠禅解斗之虎,据唐道宣《续高僧传》卷十六《僧稠传》,僧稠在山中禅修时,"闻两虎交斗,咆响震岩,乃以锡杖中解,各散而去"。后人因说僧稠有伏虎神通。

㉙暗叶神聪,不觉间契合了神灵。叶,通"协"。聪,听觉灵敏,引申为有所闻。

㉚柷,古乐器名,又名"控"。雅乐开始时击之。《尔雅·释乐》:"所以鼓柷谓之止。"郭璞注曰:"柷如漆桶,方二尺四寸,深一尺八寸,中有椎柄,连底桐之,令左右击。止者,其椎名。"求彼之柷,即求佛祖指点迷津,即所谓打破漆桶。

㉛邑首都维那,佛教邑社组织的领导者。后文中的"维那",则是其分支的领导者。

㉜碑余,即碑阴。此碑碑阴题名上下共分七大组,最上一组为邢、洺、磁三州各寺住持,居首者系"邢州开元寺赐紫大师玄朗",其右依次为"邢州资福禅院沙门藏信"、沙河县"温汤院沙门惠恩"等;第七大组中则有"税官靳宗男廷副住邢州南关城"、"邢州龙冈县东临邮坊靳□"等人题名。由此可知,发动与支持这次定晋禅院重修工程者是安国军节度使衙及其所辖邢、洺、磁州各级政府官员,住持募缘集资者为邢州开元寺住持玄朗,具体落实者为邢州开元寺僧道清,捐资者则包括邢、洺、磁三州各阶层百姓,共有千人之多。

㉝邑主沙门□□□心化利,据前或可校补为"邑主沙门道清发心化利"。发心化利,即志愿组织千佛邑,把定晋禅院的这两次重修化为自利利他的一大善举。

㉞沙门宗仁,即撰写碑文者。据此可知,碑文题目下之"邢州开元寺"后残缺之文者题名,即"沙门宗仁",因可校

补为"邢州开元寺沙门宗仁撰",而书丹者是否宗仁,尚不得确考。

㉟兑,通"悦"。《释名·释天》:"兑,悦也,物得备足,皆喜悦也。"兑之既难,既然难以使其满足。

㊱二利,即自利利他。

㊲三业,佛教语,指身业、语业、意业。

㊳六贼,佛教语,又名六境、六妄、六尘、六衰,特指"十二处"中的"外六处"、"十八界"中的"六境"界,即眼、耳、鼻、舌、身、意六识所感觉认识的色、声、香、味、触、法六种境界,因其"能劫持一切善法"而被称为"六贼"。

㊴十善,佛教语,又称十善业,与十恶相对,即不杀生、不偷盗、不邪淫、不妄语、不两舌、不恶口、不绮语、不贪欲、不嗔恚、不邪见。

㊵天成四年,即929年,干支纪年"己丑"。

㊶此行题名"上柱国"后残缺之三字,据《旧五代史》可校补为"李从温"。该书卷三十九《唐书》第十五《明宗纪五》记载,天成三年三月"丁巳,以邢州节度使王景戡为华州节度使,以前北京副留守李从温为邢州节度使。"《旧五代史》卷四十一《唐书》第十七《明宗纪七》记载,长兴元年(930)三月"甲戌,延州节度使高允韬移镇邢州";四月,"以前邢州节度使检校司徒李从温为左武卫上将军"。此碑立于天成四年九月,因知"上柱国"后残缺三字题名即"李从温",而碑上所镌李从温官职官衔,可补史之不足。另,同书卷八十八《晋书》第十四有"李从温传"。

㊷李从信,新、旧《五代史》均无传,但按其名行辈,应与李从温同为后唐明宗的子侄。

㊸安审约,新、旧《五代史》均无传。但《旧五代史》卷六十一《唐书》第三十七"安金全传"说其"子审琦等皆佐至方镇",传后附有其侄"安审通传";同书卷一二三《周书》第十四有安审琦、安审晖、安审信传,因知安审约亦为安金全子侄。

㊹李琼,《旧五代史》卷九十四《晋书》第二十有传。"字隐光,沧州饶安人。少籍本军为骑士。庄宗平河朔,隶明宗麾下"。石敬瑭因其救命之恩,"荐于明宗,明宗赏之,寻赴授军职"。后晋开运二年,曾任洺州团练使,累官至加检校司空。次年授护圣右厢都指挥使领岳州团练使,旋又改授威州刺史,赴任时在郑州遭乱兵袭击,中箭而死,享年六十五岁。此碑镌其正职为"安国军节度判官",或即后唐明宗为其"超授军职"。

㊺张琲与在其后题名的杜从绍、徐处凝、刘弘立、马宾、冯□等六人,新、旧《五代史》均无传,可补史之不足。

襄州凤山延庆禅院传法惠广大师寿塔碑

北宋淳化五年（994）。据碑文,原碑应在襄州（今湖北襄阳）凤山延庆寺附近。今存与否不详。现将碑文自清《襄阳府志》卷十八《金石》录出,并加点注。

學秀芬福當兮

驾兮延埏承孤墳晝掩兮永絕光曈哀哀孝子兮泣血霑

衣兮禍兮反歸寒邓慘兮月色微輪車

水兮縈迴夸峨山巍魏

案自張元瓢自此諸石見存鹿門

書院

宋

襄州鳳山延慶禪院傳法惠廣大師壽塔碑　在襄陽縣

延慶寺外東海湜平撰　北嶽信天書丹　化五年六月　字

元才泉萬仞行獨魯　提挈而得人　如乾坤之頂青峰妙千

佛龕菩薩字大比立提挈捨而人　里年如法道青隆　古橫弘干

法雨慈雲高卓　達炬字　三郎之地妙悟尋　性達煙郎尋夜濟

志守室二見八　里名心元祖于尋話　法令斯人夜潛

四遠敏室　尋古林之坤覆　青峰時碧潤

曰　十年名十年　青達炬性祖了風令悟旦　心澤漪而

求菩出苦提大　天書　願字父地本　版齋開地煙之心潭

家蓮願　一歲天本願字　父朗缺若五月暮二十八

之母缺煙山有二游字

襄陽府志卷第八

金石　二十五

八百八十九

口下云龍烟之重人長蘇慶鹿戒戒常之如水日延

照中少横南郑觀沈水師於菀月如旦乃聚添為禪

示學秋年夜天含賞嶺閱兩見南初神達湜命珠瓶欲悟

喻人心意大總珠見上勤禮靈襲北慕夏情眠大閣不禮早

頓息蚕師師顧問道忽令提撰揖天使往佛禪

息瑞師云室因又崖拓之偈无篆藉若發然蠢志云遇理源

如一海上後威顯一問解開雖離汝勤而靠太唐

四輪衆拱峻人問拂沈珠泂一東知之人問洛蓉立若浦而志為

海艇雲室囚之放初浩知念到元秀盧無人理師三

之色集乃遂面西五峰然十性浮當到時年四

聞先特升一堂前過峄嶢嶺微分日壽地見八五

雲特升一堂請到廣漢黃雨不止异之向離念自字日天之孤

似似面益口朝口拂到五无缺津师开道語十月

狂昧天隨周云對細邮波當邊欲耀地經薪為口從

一口何上師上輕虎田天至是清於泉與對城

襄州^①凤山延庆禅院传法惠广大师寿塔碑

东海潘平撰^②　北岳信天书^③

碧涧元泉万仞,衍弥卢之顶^④;青峰妙岭千寻,凌渤澥之心^⑤。理满三才^⑥,天即地而人即法;道隆千古,法即人而地……(缺28字)佛证菩提,喜舍话三乘之性^⑦;祖令顿悟,慈悲开五叶之源^⑧。法雨高垂,益润等乾坤覆载^⑨;元风远布,光辉齐日月……(缺28字)达此是真如之境^⑩;识心了性,悟斯为般若之源^⑪。有以见惠广大师之旨趣也。

师名归晓,字信天,本　□□□□□□□山……(缺21字)光元年岁在癸未^⑫,诞生之日天地朗肃,青烟绕空,白日凝空,仁里荣观,亲疏共庆。年六岁^⑬,父令诵诗□□□□音菩萨。幼不食肉,□□随母……(缺11字)旦,白父母曰:"志求出家,愿垂允。"慈父问曰:"出家何谓?"云:"愿归清净之门,早悟真源之理。"唐清太三年四月八日。年十□^⑭,□栾城延寿禅院^⑮,礼清遇和尚为师。初到□□□□□□家,当为何事?"对曰:"我欲见佛。"师云:"汝若志心,佛当必见。"自始采薪击磬,汲水添瓶。暑往寒来,积勤靡闲,朝昏扫地,念《维摩经》^⑯。至是身如聚沫,不可撮摩,凝然而立云:"浮生□□。"□□与语^⑰,惊喜讶之,乃命阇黎^⑱,便与落发。幼秉天性,雅静雍和,言直志端,异常罔测。

大晋天福五年暮春月十六日^⑲,向邢州开元寺授戒,始达毗静威仪,登般若元门,被四分之律风^⑳,耀一轮之戒月。神情耿耿,如鹙子立于鹫峰^㉑;眉秀昂昂,似饮光行于鹿苑^㉒。初夏,师令诵律,半月念终。五年依止于师边^㉓,一志精度于旦暮。师忽问曰:"汝知元理幽微,何不往乎参问?"于是辞师,南北渡水穿云,游东洛,入西秦。访□林,礼知识^㉔。后至长水,见灵泉道人^㉕,乃申一问:"无云还有雨也无?"对云:"有。"良久沉思,礼三拜,遂离洛汭,入卢氏峡,过黄沙五渡,涉渌水田,重观商岭之烟云,闻含珠之秀丽^㉖。遐汉上,到卧龙追虎之郊^㉗;遍赏襄阳,见解佩沉碑之浦^㉘。西之广德,冒细雾之轻烟^㉙;南届含珠,上巅崖之峻峤。

初到时,师竖起拂^㉚,对云:"海上龙横,人天总见。"师又拈拄杖,放在面前,对□:"□□罔测。"师云:"少年老大。"尔后因之入室,乃遂升堂,请益朝昏,随流上下。中秋夜,师大上堂,海众云集,特申一问:"明月当天,为何不照学人心意?"师云:"一轮皓色光三界,八识憧狂昧□□^㉛。"□斯示喻,顿息机缘,如四海之闲云,似五天之孤月^㉜。一从参觐,六换炎凉,采蕨采薇,以申供侍^㉝。忽一日,暂辞香砌,略别师颜,造随阳护国名筵,至安陆竺乾胜会^㉞。有时途路上,见□□□□。野甸有霜宿,孤峰无水斋。白云随步步,黄叶落挨挨。若遇杉松里,风寒□碧崖^㉟。而又前之荆渚;懒诣湖湘^㊱,旋回五缘于凤山,乃挂六镮于延庆^㊲。随当院通性大师来自芭蕉,□□□住,一从慕德,八载依仁^㊳。翊辅辛勤,星霜靡闲。不期通性示寂,缘终□□。□园分明属授,虽惭薄解,退让德人,匪敢承当,深增愧荷,乃请首座惠超上人开堂为众。未由半载,又谢□□□^㊴。

大宋建隆元年十二月十九日,惠崇院主、守口维那及大众等密上请^㊵,疏闻王太师^㊶:"愿请院主晓上人开堂为众说法住持,勿阻告投,喜从众望。"岂谓台情喜允,又舍□天□□□大斋,共申礼请。于是龙幢虎节,□僧俗齐赴以邑邑⁴²;远迩英贤,厕莲幕金璋而济济。众乃策登花座,如月满以当空;信礼焚香,似放花而映水。坐定良久,师云:"道德荒闲,虚授贤侯,见愧荷□,硕德吹扬。逊让未惶,倍多悚惕。而诸佛密意,总在目前。悟即刹那,迷之永劫。既承三请,须露一言,幸对人天。有疑请问。"寻有僧问:"师唱谁家曲,宗风是阿谁?"对云:"□□□□□□,慈 云法雨布人天。"又有僧问:"如来是佛?"对云:"赵州出矮子。"后有进士樊蒙问:"生死色空,如何免会?"对云:"有路易寻三岛客,无门难觅九天人⁴³。忝承重命⁴⁴,但性轻□。若论古圣□□□□□一佛刹,至一佛刹,曲为□□,如诸祖□元枢有异⁴⁵,青霄碧落,明之者目下醒醒,昧之者途中浩浩。"尔后禅材益茂,海众增盈。八方清信,鸿音咸皆景重;丹禁公卿,朱紫尽总钦依。遂使水天门辉,烟月□□,天禽去而瑞鸟来;绿竹□修,丹凤集而苍龙至。

洎开宝二年⁴⁶,南阳侍中张公讳永德闻师道⁴⁷,仰师德,甚欲披云,无由觐月,虽邻封境,限守藩篱,徒聆清净之芳音,莫到白云之□□。是飞章表,愿降天□。果蒙圣主允从,特赐皇恩紫绶⁴⁸。由是,专差人使,送至凤山,表三台景望之恭虔⁴⁹,作一旦辉令之耀古。太平兴国五年⁵⁰,寿州驸马、太尉王公承衍⁵¹,以天边响誉,日下钦名,遥瞻雪峤以倾心,远望莲台而礼足,载陈章奏荐,乞加恩沐,天慈赐"惠广"师名⁵²。承□□□□□洒,元林苍翠,致使襄江楚口,高深……(缺12字)龙神踊跃;藤萝葐郁,映天河月岛以连云。殿阁峥嵘,构鸳瓦虹梁。而对日霜钟,暮击清声,扬六律之音;月磬朝鸣,□□门五音之韵⁵³。师恒为众,每日□□。诸佛有者,一切众生亦有;众生无者,一切诸佛亦无。乃有高品刘供奉⁵⁴者问:"龙廷金□问,□何对王机⁵⁵?"师对云:"凤阁龙楼远,尧云舜日新。"又有□□:"不□诸圣,不重□□□□?" 对云:"此问太低,何不近上?"又有道士刘岳问:"得失是非,一齐放却时如何?"对云:"这一索口阿谁解。"师云:"一真理性同天地,以难穷五蕴⁵⁶,虚云浮□□□而易。"遂有天水公赵普⁵⁷者,理让通明,玉石金兰作性;温良□义,青松白月为心。实阛阓之笙簧,乃人伦之龟镜⁵⁸。□师示谕,不觉凄清,遂舍家财,拟修寿塔,粗表精索,以俟送终。乃与师言,愿垂永许。师忽闻□,默然未从,虑害于人,恐伤于物。普又与□□城刘氏再三共礼,方可从之。

洎端拱元年岁在戊子五月一日⁵⁹,师寿年六十六,择胜地;选良时,赵公以舍宝营材,班鲁运霜斤雪斧⁶⁰,俄然先立塔亭一座,三间九架,奇哉壮丽,轮奂□□,明窈虚幽,豁然鲜雅。巧墁了日⁶¹,清风至碧露凝;结瓦圆时,玉兔旋而金乌绕⁶²。后有僧义永上人者,天雄挺秀,御承精英,为奈苑之香枝,作祇园之翠叶⁶³。睹斯胜事,拟助良缘,自□□能,以修石塔。众皆忻赞,不可违之。天水赵公闻之甚喜⁶⁴,于是开山取石,随日月以忙忙;造壁穿崖,遂寒喧而□□。□□因缘契合,□□心坚,匠巧材丰,俄然告足。乃般乃运,以凿以锥,□□□,砻之合成,莫不上下高耸,方圆□□。周回而山海□□,内外而花云簇簇。盘龙走凤,飞腾如出水奔山;□□□□,□□似□天□地。腰短拂□,如舞踏以惊人;脚细□□,似吹弹□□□。巍峨□丽,□祥烟上贯三天;□□□□,□瑞雾平吞九地。其塔也,东连东海,西接西天,南观□□□,北望□云紫塞。欲使陵迁永在,谷变恒存⁶⁵,非凭琬琰辞文⁶⁶,莫记年华岁月。□平才非二陆,学谢三张⁶⁷,□□天……(缺9字)之法,而又忝随秋贡,过南宫,陪丹凤⁶⁸,翱翔口岂谓春□□□□□□失意而后,因之汉上,乃届禅扃⁶⁹,蒙硕德以延容,向□□而栖隐。时观水榭,如登阆苑之门⁷⁰;且□□,□□□□□□。有□□□□□人,忽将实录,来托撰文。承重命非轻,乃□□□,及抽毫水畔,乏雕金琢玉之刀;演恩云闲,叙达士通仁之记。然虽小器,敢述大名。不□□□,以为铭曰:

法□□□，□□□□。□□烈□，□□□□。

天即地也，人即法焉。非真非假，非后非先。

一法生千法，千灯起一灯。人间无挂碍，天上有升腾。

□西竺□□，□圣□南□。□□能□人，□□□□□。

非爱亦非憎，日月往□□。目□自□□，□□□□□。

□出去往□□，一识分明荡荡；六尘湛寂渊渊，信行恭谦端谨，慈悲喜舍周圆。古圣今贤，共说超生越死，同……（缺27字）越旧……（缺8字）□地□□，原来万里山连。出□四海日，三秦烟笼；楚岫明珠浦，月照襄川。□汉津□□□巍峨分镇地、天披云……（缺8字）日月兮□□□，一轮金相分光三界，千载昭□永万年。

□□□岁次甲午六月㉑。

注释：

①襄州，西魏恭帝改雍州立，治所在襄阳（今湖北省襄阳市）。唐时辖境相当于今湖北襄阳、谷城、光化、南漳、宜城等县地。宋宣和元年（1119）升为襄阳府，治所仍在襄阳县（今襄阳市）。襄阳市在今湖北省北部，邻接河南省，境内有汉江、唐白河交汇，地处华北、华中交通要冲，自古即为军事重地，凤山为襄阳名山，是延庆禅院所在地。

②东海，郡名，秦置，或称郯郡，治所在郯（今山东郯城北）。东晋元帝初割吴郡海虞县（今常熟）北境侨置，永和时移至京口（今江苏镇江市）。南朝刘宋时改称南东海郡；南朝齐移治涟口，改称北东海郡。东魏武定七年（549），则改北海郡为东海郡，治所在安流（今江苏连云港东南），隋开皇初废，至大业初又改海州为东海郡，治所在朐山（今江苏连云港西南海州镇）。东海县即是朐山县的别称。此之东海，应即朐山。潘平，《宋史》无传，但据此文可知，其曾"□随秋贡，过南宫，陪丹凤"，失意后在凤山延庆禅院栖隐，与归晓交往。

③北岳，恒山的别称。在今河北曲阳西北。恒山作为郡名，治所在真定（今河北正定南）。此之"北岳"，即代指真定。信天，即此文所记"惠广大师"归晓，字信天。因此可知，这篇碑文由潘平撰就，由归晓亲书。这在纪念性碑文中十分罕见。

④元泉，即玄泉、幽泉。在此文中，"玄"均作"元"，是潘平避讳之字，后不再注。仞，古代长度单位，有一仞八尺、七尺、五尺六寸诸说。万仞为形容极高之词。弥卢，即须弥山的音译"修弥卢"、"苏弥卢"的简化。意译又称妙高、妙光、安明、善高、善积等。相传此山高八万四千由旬，山顶为帝释天，四面山腰为四天王天，周围有七香海、七金山。许多佛教造像和绘画以此山为题材，表示天上景观。

⑤千寻，形容极高。寻，古代长度单位，八尺为一寻。渤澥，古指东海的一部分，即渤海。渤澥之心，像大海一样广阔的心胸。

⑥三才，即天、地、人。典出《易·系辞下》："有天道焉，有人道焉，有地道焉，兼三才而两之。"

⑦菩提，佛教名词，意即"觉"、"智"、"道"等，用以指豁然开悟，如人睡醒，如日开朗的彻悟境界，又指觉悟的途径、觉悟的智慧。三乘，佛教名词，即声闻乘、缘觉乘、菩萨乘。佛教认为，人有三种根器，故有三种不同的修持途径，并把这三种修持途径比作所乘的三种车，简称"三乘"。

⑧祖令，佛祖释迦牟尼所定的佛教宗旨。五叶，特指禅宗的五个枝派临济宗、曹洞宗、沩仰宗、云门宗、法眼宗。

⑨等，如同、就像。乾坤覆载，即天覆地载。

⑩真如之境，如佛一样的境界。真如，佛教名词，佛教认为用语言、思维等表达事物的真相，总不免有所增减，不能恰到好处。要表示其真实只能用"照那样子"的"如"字作形容。《成唯识论》说："真谓真实，是非虚妄；如谓如常，毫无变易。谓此真如，于一切位，常如其性，故曰真如。"

⑪般若，佛教名词，意即智慧。佛教用以指如实了解一切事物的智慧，为表示其与一般智慧不同，故用梵文音译。

大乘佛教称之为"诸佛之母"。

⑫该版《襄阳府志》著录此文时,缺字或用□□表示,或注"缺若干字",依本书《凡例》,凡用□□表示者,不再注"缺若干字",凡用"……"表示者,仍照其旧,随注"缺若干字"。"□光元年岁在癸未",即五代后唐同光元年（923）,癸未是该年干支。这也是归晓的出生之年。

⑬年六岁,时当后唐天成三年（928）。

⑭清太三年,即后唐清泰三年（936）。年十□,据前记归晓生年,可校补为"年十四"。

⑮栾城,即今石家庄市栾城县,在北宋邢州即今邢台市之北。

⑯《维摩经》,全称《维摩诘所说经》,亦称《维摩诘经》。该经通过描述居士维摩诘与文殊师利等共论佛法,宣扬达到解脱不一定要过严格的出家修行生活,关键在于主观修养,"亦有资生而恒观无常,实无所贪;亦有妻妾采女,而常远离五欲淤泥",并称此为"通达佛道",是真正的"菩萨行"。

⑰洙,洙泗之学,亦即孔孟之道的简化。因洙泗二水之间曾是孔子聚徒讲学之地,故简称孔子教泽为"洙泗",如珍珠。撮摩,"琢磨"一词的俗化。

⑱阇黎,即阿阇黎,又译阿遮黎耶,意即规范师,为佛教名词。

⑲大晋,指五代后晋。天福五年即公元940年。暮春月,即三月。当年归晓十八岁。

⑳四分之律,特指佛教《四分律》中规定的比丘戒二百五十条,又称"具足戒"。只有接受、修持此戒,方得称"比丘",俗称"和尚"。由此可知,归晓为开元寺僧。

㉑鹜子,幼小的鹜鸟。此用为佛教徒之代称,犹言佛子。鹫峰,即灵鹫峰,又称灵鹫山,梵译耆阇崛山,在古印度摩揭陀国王舍城东北部,相传释迦牟尼曾在此居住,说法多年。因"山顶似鹫",山中多鹫而得名。

㉒饮光,菩萨名号。鹿苑,鹿野苑的略称,亦称"仙人论处"、"仙人住处"、"仙人鹿园"等。佛教圣地,在中印度波罗奈国,传为释迦牟尼成道后最初说法之地,听法者则为阿若憍陈如等佛祖五侍者。

㉓五年,特指天福五年至开运元年（940—944）,归晓十八岁至二十二岁。但归晓在邢州开元寺受具足戒,学习《四分律》之师的法讳,今已失考。

㉔东洛,东都洛阳的简称。西秦,西京长安的代称。□林,应为"丛林"之泐残。丛林,禅宗寺院的代称。知识,善知识的简化,高僧的代称。

㉕长水,古地名。灵泉道人,僧传无载,生平无考。

㉖洛汭,古地区名,指洛水（今洛河）入古黄河处,在今河南巩县境。卢氏,县名,在今河南省西部、洛河上游,邻接陕西省,境内多崇山峻岭,北有崤山,南有熊耳山。卢氏峡即在其间。黄沙五渡,应即古黄河的五个渡口。渌水,古河名,应为黄河支流。商岭,即商山,又名商阪、地肺山、楚山。在陕西省商县东南,地形险阻,景色幽胜。含珠,即湖北襄阳含珠山,又名凤山。

㉗汉上,即汉江之上。卧龙追虎之郊,即隆中,在襄阳城西,近临汉江,曾为诸葛亮隐居之处,因其自号"卧龙",故称。虎,隐指刘备、关羽、张飞。

㉘解佩,典出刘向《列仙传》,说江妃二女曾解佩赠予郑交甫。唐张九龄《杂诗五首》有"汉水访游女,解佩欲谁与"句,即用郑交甫请汉皋游女"解佩"相赠与,寄托对知音的追求。沉碑,典出《晋书·杜预传》:"预好为后世名,常言'高岸为谷,深谷为陵',刻石为二碑,纪其勋绩,一沉万山之下,一立砚山之上,曰:'焉知此后不为陵谷乎!'"唐杨巨源《襄阳乐》有"碑沉楚山石,珠彻汉江秋"句,与此文"解佩沉碑之浦"略同,均为二典连用。

㉙广德,县名,在今安徽省东南部。

㉚据契嵩《传法正宗》卷八记载,此处之"师"应指含珠山即凤山延庆禅院的审哲禅师,法讳通性。

㉛三界,佛教名词,指欲界、色界、无色界。八识,亦佛教名词,包括眼识、耳识、鼻识、舌识、身识、意识、末那识、阿赖耶识。

㉜五天,佛教名词"天"的引申。佛教之"天"为五趣之一,六道之一,十界之一,亦称天界、天道、天趣。其有二义,

一指佛教所说世间（迷界）中最高最优越之有情,亦称"天人"、"天众"、"天部";二指这些有情生存的环境。《大毗婆沙论》说:"问何故彼趣名天?答于诸趣中彼趣最胜、最乐、最善、最妙、最高,故名天趣。"所谓"五天",即指这五"最"之"天趣"。

㉝一从参觐,六换炎凉,指后晋开运二年至后汉乾祐三年（945—950）。蕨,一种山野菜,又称乌糯,幼叶可食,俗称蕨菜。根茎所出淀粉俗称蕨粉、山粉,亦可食用。薇,又名大巢菜,豆科,幼苗可食。"以申供侍",意即把采来的山野菜供师食用。

㉞随阳,疑指随县,在湖北省北部,桐柏山与大洪山间,溳水上游。"随阳护国名筵",应指在随县某寺举行的护国大法会。安陆,县名,在今湖北省。"至安陆竺乾胜会",意即到安陆竺乾寺参加了盛大的法会。

㉟据《八琼室金石补正》,此碑文自"有时途路上",至"风寒□碧崖",为归晓所作五言律诗《至安陆竺乾胜会》。

㊱荆渚,荆江是长江自湖北省枝江至湖南省岳阳城陵矶段的别称。荆渚,泛指荆州附近的长江岸边。五代时荆州治所在荆门,北宋时荆门辖境相当于后之荆门、当阳二县地。此文"荆渚"代指荆州。湖湘,湖指洞庭湖,湘指湘江,在此代指长沙及今湖南省的广大地域。

㊲五缘,佛教有"四缘",即因缘、等无间缘、所缘缘、增上缘之说,此之"五缘"不详何解。六镮,特指六镮锡杖。"乃挂六镮于延庆",即挂单于延庆禅院。挂单又称驻锡。

㊳一从慕德,八载依仁,应指后周广顺二年至显德六年（952—959）。或指后周广顺三年至北宋建隆元年（953—960）,即通性大师辞世前的八年。

㊴又谢□□□,似可补为"又谢众示寂"。首座,又称上座、第一座、禅头等,原为禅寺三纲之一,唐末始为禅寺两序六头首之一的专名,分前堂首座、后堂首座,均选德业兼修者担任,统领全寺禅僧。

㊵建隆元年,即公元960年,时为宋太祖赵匡胤发动"陈桥兵变",创建北宋王朝的开国之年。院主,又称监寺、监院、主首,禅宗寺院东序六知事之一,总管一寺事务。维那,原为寺院三纲之一,后为禅寺东序六知事之一,总管一寺事务。

㊶王太师,特指王溥（922—982）字齐物,并州祁县人。登后汉乾祐进士甲科,后周时累官参知枢密院事加右仆射。宋初,进位司空,罢参知枢密院。乾德二年（964）罢为太子太保;五年加太子太傅;开宝二年迁太子太师。赵匡胤曾向左右大臣称赞其"十年作相,三迁一品,福履之盛,近世未见其比"。太平兴国元年（976）获封祁国公;七年八月逝世,谥文献,赠侍中。《宋史》有传。

㊷龙幢虎节,代指皇亲国戚、文武重臣。龙幢,为皇室专用仪仗;虎节,为刺史、节镇重臣仪仗。邕邕,形容和谐之氛围。

㊸三岛,古代神话传说中的东海三神山蓬莱、方丈、瀛洲的别称。三岛客,即神仙的客人。九天,即九重天。《九辩》有"君门九重",形容天子居处深不可及。此所谓"九天",当隐指九天之上,天帝所居之宫。

㊹忝,有愧于。常用作谦词。

㊺元枢,即玄机。

㊻开宝二年,即公元969年,时宋太祖赵匡胤在位。

㊼张永德（928—1000）字抱一,后周太祖郭威之婿。后周世宗时累官至殿前都点检,加检校太尉,同中书门下平章事。北宋初,加官兼侍中,归本镇（即武胜军节度）。太平兴国六年（981）进封邓国公,历知沧、雄、定、镇、并州。真宗即位后进封卫国公。咸平三年（1000）逝世,赠中书令。生前因遇淮阳书生（后为僧）而笃信佛道,《宋史》有传。南阳,为武胜军节度使治所,即今河南南阳。

㊽圣主,特指宋太祖赵匡胤。特赐皇恩紫绶,指宋太祖特赐归晓金紫袈裟。

㊾三台,汉代对尚书、御史、谒者的总称。尚书为中台,御史为宪台,谒者为外台,合称"三台",亦称"三公"。唐宋时,以太师、太傅、太保为三公。张承德曾加官检校太尉,故说"表三台景望之恭虔"。

㊿太平兴国五年,即980年,时宋太宗赵光义在位。

(51)王承衍（952—1003）字希甫，洛阳人。因尚宋太祖之女昭庆公主而为驸马都尉、右卫将军。历官恩州刺史加本州防御使、应州观察使、加检校太保、彰国军节度使。真宗即位后任河中尹、护国军节度加检校太尉。咸平六年（1003）逝世后，赠官中书令，谥恭肃。

(52)天慈，特指宋太宗赵光义。“惠广”，即宋太宗赐归晓大师之号。

(53)六律，特指工尺谱中的第五声“六”，用以形容钟声。五音，特指工尺谱中的第六声“五”，用以形容磬音。或有另解。

(54)高品刘供奉，据考，应为刘知信（943—1005），字至诚，邢州人。宋太祖母杜太后妹之子，与宋太祖为姨表兄弟。建隆三年（962）起，授供奉官，历仕太祖、太宗、真宗三朝，中外践历，最为旧故，官至东都巡检使，知定州。曾参与“雍熙北伐”，有战功。逝世后赠太尉、太平军节度。《宋史》有传。

(55)此为刘知信代宋太宗问禅语。

(56)五蕴，佛教名词，又作“五众”、“五阴”，包括色蕴、受蕴、想蕴、行蕴、识蕴。作为对一切有为法的概括，其狭义为现实人的代称，广义指物质与精神世界的总和。是佛教全部教义分析研究的基本对象。

(57)赵普（922—992）字则平，幽州蓟县人。曾参与策划赵匡胤发动的“陈桥兵变”，以功授右谏议大夫，充枢密直学士，后迁兵部侍郎、枢密副使。建隆三年（962）拜枢密使。乾德二年（964）拜相。赵匡胤视其为左右手。北宋初，重大国策皆曾参与谋划制定。太宗时，又曾两度为相，封梁国公，改许国公。淳化三年（992）拜太师，封魏国公，逝世后赠尚书令，封真定王，谥忠献。“半部《论语》治天下”之典，即出于赵普。《宋史》有传。

(58)阛阓，市区之门户。笙簧，吹奏乐器。实阛阓之笙簧，意即赵普是在遵循王道为宋王朝唱赞歌。龟镜，像龟壳一样圆的镜子。人伦，即“父子有亲，君臣有义，夫妇有别，长幼有序，朋友有叙”。乃人伦之龟镜，意即赵普堪称处理人际关系的典范而为人借鉴。

(59)端拱元年，即公元988年，戊子是该年干支。

(60)班鲁，即鲁班，春秋时鲁国的能工巧匠，姓公输，名般，据传是木作工具的发明者。霜斤雪斧，代指非常锋利的木作工具。霜、雪，形容斧刃之词。

(61)墁，铺瓦。巧墁了日，巧妙地铺完瓦的那天。

(62)玉兔，月亮的代名词；金乌，太阳的代名词。

(63)柰苑，果园，犹言兰若。祇园，全称“祇树给孤独园”或“胜林给孤独园”。相传释迦牟尼成道后，给孤独长者用大量金钱购置波斯匿王太子祇陀在舍卫城南的花园，建筑精舍，供释迦牟尼居住、说法。这处精舍因以祇陀太子与给孤独长者的名字命名。祇园与王舍城的竹林精舍并称佛教最早的两大精舍。此文说义永上人“为柰苑之香枝，作祇园之翠叶”，即说其为佛门弟子。

(64)天水赵公，即赵普。但天水只是赵姓的郡望，而非赵普的故乡。

(65)陵迁、谷变。典出《诗·小雅·十月之交》：“高岸为谷，深谷为陵。”本喻君子处在下位，小人反居上位。《后汉书·杨赐传》有“冠履倒易，陵谷代处”语，后遂以陵迁、谷变喻世事变迁，高下易位。此言“欲使陵迁永在，谷变恒存”，意即不管世事如何变迁，归晓的佛学修养、赵普等人对佛教的信仰赞助，都会通过凿凿青史永远留传。

(66)琬琰辞文，即碑文。琬琰，形容玉一样的美石。

(67)二陆，代指西晋文学家陆机与其弟陆云。三张，代指西晋诗人张载与其弟张协、张亢。

(68)秋贡，秋季举行的科举考试。南宫，特指宋代皇室子弟的学塾。《宋史·职官志》记载：“南宫者，太祖、太宗诸王之子孙处之，所谓睦亲宅也。”据此可知，潘平曾在南宫任过教授，教育诸王子弟，即“陪丹凤”云云。

(69)禅扃，犹言禅关、禅门。扃，门户、门窗。

(70)阆苑，传说中的神仙住处。

(71)据“甲午”这一干支，可以考证此年为淳化五年（994），故此年款可校补为“时淳化岁次甲午六月”。

德州齐河县刘宏镇报德慈恩院旬公和尚碑

元皇庆元年（1312）。僧洪益撰文，智澄书丹，张孝思篆额。原树于山东德州齐河县刘宏镇东门外崇旬塔前。现状不详。此碑文由中华民国二十二年（1933）版《齐河县志》录出。

齊河縣志卷之三十三

墓誌

德州齊河縣劉宏鎮報德慈恩院第一代住時旬公和尚碑銘

洪益

詳夫澄源湛寂靈機轉側而不涉言詮法海汪洋性相融通而不

拘動靜然動靜不拘者佛與衆生性相即一也言詮不涉者心與

法空理事不二也可謂靜以虛其應動以利於物實聖人之大體

也聖人之大用也所以佛祖有不傳之旨聖人其一貫之機非爲

谿達靈根亦乃同歸性海故不滅而生不亡而壽也蕩蕩乎非意

識可知巍巍乎非耳目所到真空妙有物我一如心性無染歷刼

齊河縣志〖卷之三十三〗藝文 墓誌 一

常存天地變化平陰陽日月盈虧平寒暑包括萬象通貫古今德

被三賢道資十地此佛祖之要也夫沙門者味道餐風利生接物

紹隆佛種各化一方棲心乎不居般若之鄉證聖乎不入涅槃之

界三家店上披荆榛而建寶坊十字街頭拾瓦礫而興梵處之

德而不矜居元功而不幸鳴乎若我旬公者其斯人也歟師諱崇

旬京兆乾州人也俗姓任氏幼而穎異童而不羣志樂出家世緣

不染自聖朝天兵安民之後聞邢臺宏慈博化之風迤邐跋跋乎

山川杖履直造乎襄國躬詣開元丈室瞻禮萬安慈容欣然鍼芥

相投師資契合染衣祝髮歲在壬寅當年受具永絕葷茹徧習經

論復承祖師垂訓塔緣之務領略行緣同修寶塔時師之德言行

德州齐河县刘宏镇报德慈恩院第□代住持旬公和尚碑铭①

　　详夫澄源湛寂,灵机转侧而不涉言诠②;法海汪洋,性相融通而不拘动静。然动静不拘者,佛与众生,性相即一也;言诠不涉者,心与法空,理事不二也。可谓静以虚其应,动以利于物,实圣人之大体,亦圣人之大用也。所以,佛祖有不传之旨,圣人具一贯之机,非为俗达灵根③,亦乃同归性海④。故不灭而生,不亡而寿也。荡荡乎非意识可知,巍巍乎非耳目所到。真空妙有,物我一如,心性无染,历劫常存。天地变化乎阴阳,日月盈亏乎寒暑,包括万象,通贯古今,德被三贤⑤,道资十地⑥,此佛祖之要也。

　　夫沙门者,味道餐风,利生接物,绍隆佛种⑦,各化一方。栖心乎不居般若之乡⑧,证圣乎不入涅槃之界⑨。三家店上,披荆棘而建宝坊;十字街头,拾瓦砾而兴梵利(刹)。处至德而不矜,居无功而不宰。呜乎! 若我旬公者⑩,其斯人也欤⑪!

　　师讳崇旬,京兆乾州人也⑫。俗姓任氏。幼而颖异,童而不群。志乐出家,世缘不染。自圣朝天兵安民之后⑬,闻邢台宏慈博化之风⑭,迤逦跋涉乎山川,杖履直造乎襄国⑮,躬诣开元丈室⑯,瞻礼万安慈容,欣然针芥相投⑰,师资契合⑱,染衣祝发,岁在壬寅⑲。当年受具,永绝荤茹,遍习经论。复承祖师垂训塔缘之务⑳,领略行缘,同修宝塔。时师之德,言行相符,不辞寒暑。富者财之,财者力之,砺砥砮丹㉑,舆金辇帛㉒,碧瓦朱甍,焕然光灿。郢匠缩手㉓,鸠工憩心㉔,宝塔之功稍成㉕,观音之像未备㉖。

　　自癸卯菩萨圆寂之后㉗,于乙巳杖锡之初㉘,既身辞鸳水㉙,迹寓齐河,古多胜概之名,今实刘宏之镇。有校尉张公㉚,巡检本乡。耆老檀那㉛,敬修书状,请住慈恩,师欣受之,更不谦让。于古基址,兵烬之后,片瓦不存;内外荒芜,高低荆棘,唯砖塔七级存焉。师乃领徒开基,重建梵刹。当时云兴乎土木,岳积乎资粮。十有寒暑,蘧席大备㉜,堂殿圣像、廊庑一新;钟楼、真堂、前后厨库,内外创建五十余间㉝。入真堂,则博化之像俨然;瞻院额,则慈恩之名远播。匡徒院事三十余载,于城东南续置田土千亩之余,桑麻俱备。僧之堂供,岁月不乏。唯师一人不味五谷,菜枣充饥十有余年。平生戒行,若冰霜之清洁;每升净发㉞,获舍利于锋刀,迄今俗徒供养犹存。师之苦行,守颜(严)寒见义而为,扶宗教当仁不让。此实释中之夷齐㉟,僧门之颜闵者也㊱。

　　师以至元二十年岁在癸未正月十有七日㊲,示微疾告终,右胁而逝。停于正寝十有余月,肉身不朽,容貌俨然,金身塔于镇之东门北地。剃度门人百余,受戒俗徒不可悉数。春秋八十有三,腊四十有九。门人妙盖等持师行实,躬诣顺德大开元之祖庭,往复有三,不远千里,炷香乞铭。义不获辞,谨为之铭曰:

　　瞿昙真源㊳,设教机权。法本无得,心空理圆。

　　动静隐显,迥出二边。师之才德,契佛真诠㊴。

成一大事，化万人缘。为万安嫡子，履头陀深渊⑩。

庄严宝塔，利益人天。人天之智，性相不二。

返真归源，同一性地。寓迹刘宏，岁在乙巳。

遗慈恩基，大檀那施。慎而怀仁，猛而见义。

匡徒而剪荆榛，驻锡而戏三昧。俄经岁月，丛席大备。安僧以堂，设僧以馈。唯师清孤，五谷不味。

莱枣度时，立铁石志。戒行冰霜，生感舍利。

终于癸未，右胁而逝。寿八十三，腊四十九。

既了法空，不存窠臼。德之不孤，邻之必有。

齐河之埂⑪，有石至坚。树碑勒铭，向千万年。

大元改元皇庆，岁次元黓困敦孟夏初吉⑫

宣授顺德路大开元寺住持、传法嗣祚沙门洪益撰⑬

济南大神通寺金舆长老智澄　　　　　　书⑭

历山进士张孝思　　篆

住持、讲论沙门妙盖、普润等　　立石⑮

清亭方茂实、方茂兴、本镇马亮　　　刊

进义校尉德州路齐河县县监达鲁花赤兼管本县诸军

奥鲁劝农事　　札木合蛮子海牙

注释：

①旬公，对崇询之尊称。

②言诠，典出《庄子·外物》："荃者所以在鱼，得鱼而忘荃"；"言者所以在意，得意而妄言"。诠，通"荃"、"筌"，是捕鱼的竹器。后因指在言词上留下的迹象为"言诠"。

③灵根，或称灵府、灵明，即心。因古人认为心是思维器官，人对主客观事物的认识都源于心理活动而称。

④性海，佛教认为"性"即"法性"，或称"真如"、"本"、"理"、"体"，世界诸法非由"法性"随缘而造，而是本来具足；体用不二，真如之体本具三千诸法。所以，性海即法海。

⑤三贤，即三贤位，是佛教修行的初级阶位。大乘佛教以十心住、十行、十回向为三贤位。《仁王护国经疏》解释为："十住、十行、十回向诸位菩萨皆称贤者……未入圣位，故名贤。"

⑥十地，指佛教修行的十个阶位。常见有两种说法，一是三乘十地，是声闻、缘觉、菩萨共修的阶位，依次为乾慧地、性地、八人地、见地、薄地、离欲地、已作地、辟支佛地、菩萨地、佛地；二是大乘菩萨十地，依次为欢喜地、离垢地、发光地、焰胜地、难胜地、观前地、远行地、不动地、善慧地、法云地。此处显指后者。

⑦绍隆，继承和发展。佛种，佛教的种子。

⑧般若，即智慧。全称"般若波罗蜜多"，意即"智度"、"明度（无极）"等，为六度之一，即通过智慧到达涅槃之彼岸。般若之乡，即佛国。

⑨涅槃，又译为"泥洹"，意即灭度、寂灭、无为等，是佛教全部修习所要达到的最高境界。一般指熄灭"生死"轮回而后获得的一种精神境界。大乘佛教认为，进入涅槃之界是成佛之标志。

⑩旬公，即崇旬，是广恩在顺德路大开元寺开创的大开元宗第二代僧。

⑪其斯人也欤，他就是这样的人啊。

⑫京兆乾州，即京兆府路乾州，金设，府路治所在京兆府（今西安市），元废。乾州，即今陕西乾县。

⑬圣朝，指元王朝（包括蒙古汗国）。

⑭宏慈博化，特指创立大开元宗的广恩和尚。"宏慈博化大士"是元世祖忽必烈在中统二年（1260）三月敕赐广恩之号。

⑮襄国，即元之顺德府，今之邢台市。

⑯开元丈室，即开元寺方丈，为广恩住持之所。

⑰针芥相投，马臻《送僧山云上人诗》有"钱塘烟草无心遇，针芥相投杜德机"句，磁石引针，琥珀拾芥，故以"针芥相投"比喻性情契合。针芥，比喻极细小之物。

⑱师资，师徒。资，门资。本指取得入室弟子资格之人。

⑲岁在壬寅。即南宋淳祐二年、蒙古乃马真后元年（1242）。时崇旬四十二岁。但据后文说其"春秋八十有三，腊四十有九"，壬寅当为"壬辰"之误，即崇旬至开元寺拜广恩为师。削发受戒之时为窝阔台汗四年（1232），三十二岁。

⑳祖师，特指广恩。垂训塔缘之务，解说重建开元寺圆照塔的种种因缘和工程进展事务。

㉑砺砥，即磨石。砮，音弩，《说文》解为"石可为弩"。"砺砥砮丹"典出《禹贡》，意即把石料磨平，把木料涂红。

㉒舆金辇帛，用车辆运来金帛，此指所需资金物料。

㉓郢匠，楚国郢都的巧匠，用以代指能工巧匠。

㉔鸠工，召集管理工匠的工头。

㉕宝塔之功稍成，据《顺德府重修大开元寺普门塔记铭》，广恩重建圆照塔的工程始于窝阔台汗三年（1231），告竣于窝阔台汗十二年（1240）七月。若据此碑铭，直到乃马真后二年（1243），该塔的重建仍属"稍成"而未最终竣工。

㉖观音之像未备，据此可知，广恩生前并未完成其要在重修的圆照塔内供养观音菩萨造像之心愿。

㉗癸卯，即乃马真后二年（1243）。菩萨，特指广恩。

㉘乙巳，即乃马真后四年（1245）。杖锡，手持锡杖出行。此指离开顺德府大开元寺。

㉙鸳水，代指顺德府，因其境内有古鸳水。

㉚校尉，武职官名。

㉛耆老，德高望重的老人。檀那，即施主，又称檀越。

㉜㙳通"丛"。丛席，即僧众聚居修道之地，又称"丛林"。

㉝真堂，即祖师堂。崇旬奉广恩为祖师，所以下文说："入真堂，则博化之像俨然。"博化之像，即广恩的画像。

㉞每升净发，每次升座剃头。

㉟夷齐，伯夷和叔齐的略称。商代孤竹君之二子，是历代士大夫阶层所尊奉的高尚守节之典型。

㊱颜闵，指孔子的弟子颜渊和闵子骞。他们都是贫而不仕，以品德高尚著称者。

㊲至元二十年，即1283年。癸未是该年干支。据此，可知崇旬生于金泰和元年（1201）

㊳瞿昙，释迦牟尼之姓乔答摩的别译，此作释迦牟尼之代称。

㊴真诠，对所奉经典的正确解释。

㊵头陀，梵文音译，意为"抖擞"，即去掉尘垢烦恼之义。头陀行为佛教苦行之一，共有十二种修行规定，即著粪扫衣、著三衣、常乞食、不作余食、一坐食、节量食、住阿兰若、冢间坐、树下坐、露地坐、随地坐、常坐不卧。

㊶埛，本指余地、隙地。齐河之埛，即齐河县这地方。

㊷元默困敦，即干支壬子。皇庆壬子，即皇庆元年（1312）。由此可知，这通碑铭完成时，上距崇旬逝世已经三十年。

㊸洪益（1263—1340）号损庵，大开元宗"洪"字辈传人。至大四年（1311），奉诏住持顺德路大开元寺，直至元统二年（1334），详见《中奉大夫管领大开元一宗诸路都总摄圆照普门光显大禅师、宝林禅寺第四代住持损庵益公长老碑铭》。

㊹济南大神通寺金舆长老智澄,为此碑铭书丹者,其他事迹无考。

㊺妙盖、普润,分别为崇旬的嫡传弟子和再传弟子,大开元宗"妙"字和"普"字辈传人,均较洪益辈分高。

涿州创建龙泉寺碑铭

　　元延祐四年（1317）。原树于涿州市松林店镇南马村龙泉寺遗址,现存涿州市文物保管所。汉白玉质,残高163厘米,其中碑身残高85厘米,宽79厘米,厚25厘米。现自《古涿州佛教刻石》转录。

涿州创建龙泉寺碑铭

昭文馆大学士荣禄大夫司徒佛□……①

资善大夫……②

朝列大夫大都路……③

粤自大教西来，法雷东震，炽光明于兹土，警憬寝于迷途，契之者合群有而即真……

皇元启祚，奄有万方，积善施仁，光宅天下，抵隆平于至治，布慈泽之洪。尧天恢宏（下空转行）

帝□与佛□齐明；舜德昭彰，金轮并法轮同转。禅教全盛，今古一如。涿郡郭门之石……④

法于弘慈博化大士贾公⑤，季之兴缘济物⑥，声霭丛林。师经趋季公法席祝发⑦，而师……

正法眼藏，触处圆明，尤神于砭钶参术之智⑧，所在多赖全活。中统三禩⑨，师来范阳⑩……」

业充盛，以地委而施之师，创建道场，奋力开辟。未及岁余，夷平如砥。阄郡归心，贫……」

泉，四十余载，粝其食，麻其衣，时节大会，擅施盈余，缁侣云臻，道风远播，非辅教师……」

义悉录，上足门资普德、普旺、普贵绍师道行⑪，绘画释迦佛会，位于正殿；观音大士……」

新之，经之营之，肯堂肯构，此亦辅教师法力之所资持也。一日，乃辈拜于万山曰⑫……」

天永念，□□一石，请师著铭，昭示后来。余曰：」

"当今圣明□□，神文圣武，进德任贤，国界翕然，雨旸时若，万方溥受，其赐三教，均洽其恩……」

纶音，敕大都留守资善□公同余提调翻麻哈吃剌寺来此⑬，汝既端肃虔诚，以师资创……」

天命永绵，达于丕圆，诚可为后来龟鉴矣。"万山稽首焚香，著之铭曰：」

莎题郭右寺龙泉⑭，辅教誉公辟福田⑮，脱哥施地意纯度⑯，……」

门资继袭各贤贤，堂构经营志愈坚。圣像金碧焕仑美，地……」

圣□，祈」

天永命万斯年。」

□□□□□年岁在强圉大荒落解夏自恣日⑰」

小师普川、普德、普苾、普镇、普秀、普就……」

普兴、普海、普和、普明、普载、普聚⑱」

司徒侍者圆琚、圆珠、圆性、圆碥」

大都路涿州……」

进义校尉大都路涿州……」

将仕郎大都路涿州……」

承德郎武卫新军千户□庆、承事郎大都路涿州范阳县尹兼管大……」

承德郎少府监郭伯颜察儿、修武校尉大都路涿州范阳县达鲁花赤……」

注释：

①此为碑文撰作者万山时任官职及封号残存，据《元史·百官志》，荣禄大夫为文散官，从一品。据明河《补续高僧传》卷十三及《无见先睹传》，无见和尚曾"参见万山宝公于瑞岩西庵"，"虽有所契，未臻其极，遂筑室华顶峰，精苦自励。一日作务次，焕然发省，平生凝滞，当下冰释。乃走西庵呈所解，（万）山以偈印之。辞还华顶，山不能留也"。因知万山曾在华山瑞岩西庵修禅。该传转引梦堂噩公序曰："至元、大德间，无见先睹禅师以万山宝公之道唱东南，于是天下英俊之俦、高洁之侣、雄豪魁杰之伦闻其风而神驰，觌其迹而心服，莫不襫肩葡足，忍饥渴，冒寒暑，形骈影属，以趋座下"。由此可知万山禅风影响之大。喻谦《新续高僧传》卷六十一《元泰安灵岩寺释思泉传》记载："思泉亦受慧济大师之号于昭文馆大学士万山司徒，盖当时加号，出自朝廷，国师而外，更出自达官。抑昭文馆或谓属之司徒，即朝官司僧教者乎？"但明河、喻谦均未为万山立传，故其其他事迹不详。

②此为篆额者所任官职残留，据《元史·百官志》，资善大夫为文官正二品。

③此为书丹者所任官职残留，万山碑文中所谓"大都留守资善□公"，据《元史·百官志》，朝列大夫为文散官，从四品。

④涿郡，即今涿州市。郭门，即城门。涿郡郭门之右，应是广恩之弟子、龙泉寺创建者妙 之师崇季在涿州弘法寺院的具体方位，惜寺额不明。

⑤弘慈博化大士贾公，即邢州开元寺住持广恩，弘慈博化大士是中统元年（1260年）三月，元世祖忽必烈敕赐广恩之号。贾，为广恩俗姓。

⑥季，即后文之"季公"，据前后文互证，可知季公即广恩弟子崇季，是广恩开创之大开元宗（即贾菩萨宗）第二代僧。

⑦季公法席，即崇季弘法之地。祝发，即按照律仪剃发为僧。

⑧砭钠参术，即针灸医术，佛教又称医方明，为佛教五明之一。

⑨中统三禩，即中统三年（1262）。

⑩范阳，指元涿州所辖范阳县，时为涿州附郭，即今涿州市。

⑪普德、普旺、普贵与文后题名之普川、普芯等皆为妙砉弟子，是广恩开创之大开元宗第四代僧。

⑫万山，即碑文作者。

⑬大都留守资善□公，即碑额篆写者。翻麻哈吃刺寺，蒙语寺名，含义不明。

⑭莎题，据《汉书·地理志》，汉有莎题县，属清河郡，但其遗址在今枣强县城，万山用以代指涿州，不知何据。寺龙泉，即龙泉寺。

⑮辅教砉公，即妙砉，崇季的弟子，广恩开创之大开元宗第三代僧，辅教大师可能是妙砉的封号。

⑯脱哥，应为蒙古贵族，但《元史》无传。

⑰强圉大荒落，即丁巳年，亦即元仁宗延祐四年（1317）。解夏自恣日，即七月十五日。根据教规，自四月十五日至七月十五日，僧人应定居一寺，专心修行，不得随意他往，称安居，又称结夏，结夏日满的七月十五日，僧众会集一堂，接受他人批评并自行忏悔，称为自恣。

⑱小师，已经受戒成为比丘者，是普川等僧在为其师立碑时的谦称。他们和其后的"司徒侍者圆琚"等，或官或僧，都是树碑题名者。

大伾山大元帝师法旨之碑

元泰定三年（1326）。此碑原树河南浚县大伾山东麓天宁寺中，碑阳额题"大元帝师法旨之碑"，碑身上、下两部分别以八思巴文和汉字书写"大元帝师法旨"；碑阴连额共分八个单元，碑额造像顶际并两旁镌刻佛门宗派，额下镌树碑意图，再下六个单元依次为大开元宗在此寺传续各代僧人题名。现自《［康熙］浚县志》录出碑文，予以点注。

大元帝师法旨之碑①

　　皇帝圣旨里,帝师公哥·罗古罗思·监藏班藏□法旨②! 军官每根底③、□□每根底、□子里达鲁花赤官□每□底④、往来的使□每根底、和尚每根底、百姓每根底,教谕的法旨,依圣旨体例,和尚、里可温先生每可拣什么差发休着者⑤。告天祝寿者么道⑥,大名路浚州大伾山天宁寺里住持的讲主朗吉祥根底⑦,执把行的法旨与了也⑧。

　　这的每寺院里、房舍里,使臣休安下者,铺马祇应休着者,税粮休与者。但属寺家的水土、园林、碾磨、解典、店库、铺席、浴堂、人口、头匹,不拣什么,他的寺院里休夺要者,休倚气力者。这般教谕了呵! 别了的人也□□□那什么,这的每□□法旨,无体例句,当休做者。做呵,他更不怕那什么! 法旨。

　　鸡儿年十月十五日⑨,大都有时分写来⑩。

　　泰定三年正月吉日⑪,当代住持□朗等立石。

注释:

①大元帝师,自至元七年(1270)藏传佛教萨迦派第五代祖师八思巴被元世祖忽必烈拜为帝师,进封大宝法王,统领西藏十三户后,元代新帝即位前必先从帝师受戒。帝师作为元王朝的重要官员,统领总制院事。总制院改称宣政院后,统管全国佛教和西藏地方政务,帝师则具有一人之下万人之上的政治和社会地位,且可在全国佛教界及西藏代替皇帝颁布法旨,并具有与圣旨一样的无上权威,任何人都不得违犯。此碑所镌的这一汉文法旨,就由八思巴文译出,俗称"蒙古白话碑"。

②公哥·罗古罗思·监藏班藏卜(1299—1323),元代第八位帝师,今译作公哥儿·古罗思·监藏班藏卜。

③每,即们。根底,犹言听着。

④达鲁花赤,蒙语音译,是元代官职名,意为镇压者、制裁者、盖印者,转而又有监临官、总辖官之意。元代多数行政机关及各路府州县均设此职,多由蒙古人出任,或参用色目人出任,以掌印办事,把握实权,汉人则不得出任此职。

⑤里可温先生,即基督教传教士。蒙语称基督教为也里可温,元代人又称其为十字教。这句话的大意是,不论何种差役赋税,都不准向寺院和基督教堂征收。

⑥告天祝寿者,帝师自谦时的称谓。

⑦朗吉祥,指时任大伾山天宁寺住持崇朗。他是顺德府大开元寺高僧广恩的嫡传弟子、大开元宗第二代僧人。在元代,凡从帝师受戒者,可加吉祥之号。

⑧执把行的法旨与了也,意谓"我把这付诸执行的法旨颁发给你了"。

⑨鸡儿年,藏历纪年,应即泰定二年(1325)。

⑩大都,即今北京。

⑪泰定三年,即1326年。

417

大伾山天宁寺佛门宗派碑

　　元泰定三年（1326）。即《大伾山天宁寺大元帝师法旨之碑》碑阴所镌。本无题目。《［康熙］浚县志》编者所加题目为《佛门宗派碑》。此题为本书编者所拟，以示与邢台天宁寺之别。

悄那甚麼法旨雖見年十月七五日大都有時分行寫来泰宏

三年正月吉日當代住持口朗等立石

佛門宗派碑

存

連額作八層在法旨碑陰

額中佛像頂際並兩旁字

勅賜宏慈博化大士

洪勝禧昌　繼祖續宗　祖師萬安廣恩菩薩　慧鎮維方　廣崇妙普

第二層

缺不待求而自口施口恩口口口口報口長存永鎮山門大

書石刻示現去來今之口世指揭口中口之諸口仰荅恩口

俯傳宗派口然若是畢竟如何登不見法師共聖旨宗圖與

浮圖無盡者泰人趙存義順口口

第三層

大伾山天寧萬壽禪師宗派之圖　山主大禪師崇口

第四層

妙善橫列僧名二十　講主妙行大師滑漪等處佰正

第二人不盡識

第五層

普聰橫列僧名二十二人　講主口口文慧大師

第六層

洪演至洪雲中刿蝕不盡識

第七層

金石錄　卷下　八

大伾山天宁寺佛门宗派碑①

敕赐 宏兹博化大士、祖师万安广恩菩萨

广崇妙普　洪胜喜昌　继祖续宗　慧镇维方

……不待求而自□施□恩□□□□报□长存,永镇山门,大书石刻,示现去来今之□世,指撝□中□之诸□,仰答恩□,俯传宗派,□然若是,毕意如何? 岂不见法师共圣旨,宗图与浮图无尽者!

秦人赵存义顺□□

大伾山天宁万寿禅师宗派之图

(图略)

山主大禅师崇□②

妙善……(横列僧名二十二人,不尽识)

讲主妙行大师滑浚等处僧正③

普聪……(横列僧名二十二人)

讲主□□文慧大师④

洪演……洪云⑤(横列三十七人,中剥蚀,不尽识)

胜□……(横列约二十人,不尽识)⑥

胜倚……(横利六人)

支院⑦:白马县福圣院⑧、开州长垣白莲庵⑨……讲经论沙门慧正大师□受□□并宣政院符文,任滑、浚、德安府僧□□⑩……讲主妙悟广慧大师□□传法,王子付衣,大□领释教……睢州襄邑福庆院⑪、□州下堰兴福院、襄阳□子□随龙寺⑫……

注释:

　①此为广恩在顺德路大开元寺所创大开元宗(又称贾菩宗)三十二字宗派的前十六字,后十六字为 "圆明净智,德行福祥,澄清觉海,了悟真常"。

　②崇□,即崇朗,亦即碑阳 "法旨" 中的 "大名路浚州大伾山天宁寺里住持的朗吉祥"。

　③此为碑阴文第四单元僧众题名,由妙善到妙行,共二十三人,均为 "妙" 字辈,即广恩开创之大开元宗第三代僧。

　④此为碑阴第五单元僧众题名,由普聪到□□文慧共二十三人,均为 "普" 字辈,即广恩开创之大开元宗第四代僧。

　⑤此为碑阴第六单元僧众题名,由洪演到洪云,共三十七人,均为 "洪" 字辈,即广恩开创之大开元宗第五代僧。

　⑥此为碑阴第七单元僧众题名,加上第八单元胜传等六人题名,共列 "胜" 字辈二十六人,均为广恩开创之大开元宗第六代僧。

　⑦支院,又称下院,相对其主寺而言,具有附属性质。

⑧白马县,古县名,遗址在今河南滑县旧城,元代为滑州州治所在。

⑨开州,金皇统四年(1144)改澶州置,治所在濮阳县,辖境相当于今河南濮阳、清丰、长垣、范县西北部地。

⑩德安府,治所在安陆县,辖境相当今湖北安陆、应山、应城、云梦、孝感等县地。

⑪睢州,治所在襄邑(今河南睢县),辖培相当于今河南睢县、民权、柘城及兰考县东部。襄邑,即今河南睢县。

⑫襄阳,为元襄阳路治所,即今湖北襄樊市,与河南省毗邻。

大伾山天宁禅寺创建拜殿碑

元至顺二年（1331）。此碑原树河南浚县大伾山东麓天宁寺中，现状不详。现自《［康熙］浚县志》中录出碑文，加以点注。

頫舉選彌勞宅物於濟溺民父之于里河潤晝省夫咻夜息

平辉有牛濕濕有犬狄狄世皇龍御電嚠雷震將同軌文首

削方鎮爾爪爾牙可布可信沐浴泰和勇退怯進乃治田廬

謴緻印閶里相歡歲月一瞬英嗣闐興克遒前訓秩訐

謀恢恢游刃游斧盤根徐櫛亂鬐繼兼二車炗倖列郡身名

覆遷冢聞益振帝制榮寵光袚幽襯階焜煌勳爵崇俊生

若沈寘歿也慙燃才猶在昔人用弗盡遭遇在今天報罔新

窈窕碑勒美百世不璘不璘雖何子孝孫順

大寧禪寺抝建拜殿碑

存

金石錄　　卷下　　主

正書在大伾山東天甯寺

性庵主人瞖瞖屁士泰川趙存義述

蓋聞似則不住住則不似達向上之元機修之乃興興之乃

修了簡中之能事這般公案隨處道場直下承當方爲究竟

第碩大伾之靈跡豈惟在浚之偉觀遒具瞻古今感若䁈

乾旋坤轉之有隆替然地久天長而無變遷惟住持者得大

扁德大力量人則修建也成最希奇最殊勝事有如是覲可

不讚揚共惟本寺當代住持妙悟廣慧大師秋昺講主朔公

年齒精力未衰時節因緣偕至由化善惡之道推利人利

物之心又爲客又爲貪此有財此有用規模度越緇素飯依

內卦交修而無遺始終效勤而無倦何況下不記衆僧之功

上克報諸佛之恩前後修建殿室樓廄置造像儀供具如此

大伾山天宁禅寺创建拜殿碑

性庵主人嚣嚣居士秦川赵存义述^①

　　盖闻似则不住,住则不似,达向上之元机^②,修之乃兴,兴之乃修。了个中之能事^③,这般公案,随处道场,直下承当,方为究竟。第硕大伾之灵迹^④,岂惟在浚之伟观?遐迩具瞻,古今咸若^⑤,虽乾旋坤转之有隆替,地久天长而无变迁。惟住持者得大福德,大力量人则修建也。成最大稀奇、最殊胜事,有如是辈,可不赞扬?

　　惟本寺当代住持妙悟广慧大师、秋岩讲主朗公^⑥,年齿精力未衰,时节因缘偕至,由化善化恶之道,推利人利物之心,又焉吝,又焉贪?此有财,此有用。规模度越^⑦,缁素皈依^⑧,内外交修而无遗,始终效勤而无倦。何况下不记众僧之□,上克报诸佛之恩?前后修建殿堂楼庑,置造像仪供具,如此者凡十有余年,政所谓巨刹之栋梁,方袍之领袖云^⑨。尔谣之旨^⑩,已闻于世,嗣之者未卜其人。匪托坚贞^⑪,恐遂堙没。其他戒行,备载丰碑。此等功劳,宜龛植壁。姑列新建事迹于左,以劝将来者云。

　　一拜殿三间一所,计三间,伏承本州北关信士邢聚同室田氏、张氏、蒙古氏一家长幼等施财助建,乞保阖宅轻安,生理丰阜者;一西无愿门一所,(伏承)一大雄宝殿金字牌额一面,伏承本州信士李孝先启心施财建造,乞保家门清吉,仕路亨通者。□具如前,伏请帝龙天洞鉴^⑫,缁素咸知。谨记。

　　大元至顺辛未六月朔^⑬,本寺尊宿普润偕诸知事等志^⑭

　　平川石工吴义刊

注释:

　　①秦川,自大散关以北至岐雍、渭河两岸的千里沃野泛称秦川,约包括今陕西、甘肃两省之地。赵存义,即该寺所树《大元帝师法旨碑》碑阴“佛门宗派”之下序文的作者,性庵主人、嚣嚣居士皆为其雅号,生平不详。

　　②元机,即玄机,神妙的机宜。

　　③个中,这个当中。

　　④第硕,依次最为硕大。大伾山,在今河南浚县西南,《禹贡》记载“东过洛河,至于大伾”,即指此山。山有巨型摩崖造像,即所谓“大伾灵迹”。

　　⑤古今咸若,古今都是这样。

　　⑥朗公,即崇朗,为顺德路大开元寺高僧广恩的嫡传弟子。妙悟广慧大师是元王朝赐予崇朗的封号。秋岩,为崇朗的表字或雅号。

　　⑦规模度越,依照佛教的教规以身作则,度化施主。越,檀越的略称。或解为“规模超过了前代”。

　　⑧缁素,僧俗人等。

　　⑨方袍,僧衣。此用以代指僧众。

　　⑩尔谣之旨,你所传颂的佛门宗旨。

⑪坚贞,代指碑石。匪托坚贞,不依托碑石。

⑫龙天,佛家语,指八部中之龙众与天众。

⑬至顺辛未,即至顺二年(1331)。

⑭普润,广恩所创大开元宗第四代僧。

管领大开元一宗诸路都宗摄损庵益公长老碑铭

元至正二年（1342）。原树于湖北应山县城北宝林寺，通高250厘米，宽约123厘米，碑首篆额"损庵益公道行之碑"。现况不详。现自《湖北通志》录出碑文，加以点注。

額篆
書

中奉大夫管領大開元一宗諸路都宗攝圓照普門光顯大禪師
寶林禪寺第四代住持損菴益公長老碑銘
嗣法濟宗英悟正印宗慧大禪師前大都大竹林寺住持
傳法沙門雪澗禎吉祥讚
翰林學士承旨榮祿大夫知制誥兼修國史朵兒只班書
丹
集賢大學士昭文館大學士榮祿大夫司農兼御史中丞
蓬山張晏篆額

師諱洪益號損菴姓徐氏隨之應山人也以中統四年九月二十
九日生自幼不茹暈天賦甚穎異聞至言多警悟體若不勝衣而
意氣實雄萬夫然無嗜俗意年十五從石龍山寶林寺善公視髮

肆智道業書夜不息既具戒益奮厲常授以心印且囑之曰汝必際盛
宗匠遇白雲治公識其根器靡常授以心印且囑之曰汝必際盛
緣向後於老僧頭上有萬丈光明汲引後來隨種種得病宜自勉焉
道自任十一年遷嵩山法主聲價益振四方學徒繼風大至冠蓋
大德三年歸口值寶林嗣代乏賢眾欣迎以主方丈師復還古
雲寓指統一宗制度典獻雖存而大紀口口師至未幾頹綱復振
主上聞之深嘉乃頒延祐丙辰特授中奉大夫制加圓照普門光
顯大禪師錫二品銀章命都攝宗門事英宗臨祚玄德
升聞親詔褒美泰定乙丑趣闕聲謝明年又加特旨至順庚午辭
歸故山壬申詔復徵還元統甲戌力以疾辭退怡於寺之西偏嘗
有句云莫將世事累青眼曹取閑雲件白頭尋復口歸于石龍山

志一頁六
金石十四元
壬

中奉大夫管领大开元一宗诸路都宗摄圆照普门光显大禅师 宝林禅寺第四代住持损庵益公长老碑铭①

嗣临济宗英悟正印宗慧大禅师前大都大竹林寺住持传法沙门雪涧祯吉祥撰②

翰林学士承旨荣禄大夫知制诰兼修国史朵儿只班书丹③

集贤大学士、昭文馆大学士荣禄大夫司农兼御史中丞张晏篆额④

师讳洪益，号损庵，姓徐氏，随之应山人也⑤。以中统四年九月二十九日生⑥，自幼不茹荤，天赋甚颖异，间至言，多警悟。体若不胜衣，而意气实雄万夫。然无嗜俗意。年十五，从石龙山宝林寺善公祝发⑦，肆习道业，昼夜不息。既具戒，益奋厉卓然，以彻证自期。遍诸方，参宗匠，遇白云治公⑧，识其根器非常，授以心印，且嘱之曰："汝必际盛缘，向后于老僧头上，有万丈光明，汲引从来，随种视病，宜自勉焉。"

大德三年归□⑨，值宝林嗣代乏贤，众欣印以方丈。师慨以古道自任。十一年，迁嵩山法王⑩，声价益振，四方学徒乡风大至，冠盖缙绅望尘加敬。至大四年⑪，承诏迁主开元。开元乃古之名刹、白云寓，指统一宗⑫，制度典献虽存，而大纪□□。师至未几，颓纲复振。主上闻之，深嘉乃绩。延祐丙辰⑬，特授中奉大夫，制加"圆照普门光显大禅师"，属二品银章，赐金襕衣⑭，命都摄宗门事。英宗临祚⑮，玄德升闻⑯，亲诏褒美。泰定乙丑⑰，趣阙声谢。明年，又加特旨。至顺庚午⑱，辞归故山。壬申⑲，诏复征还。元统甲戌⑳，力以疾辞，退怡于寺之西偏，尝有句云："莫将世事累青眼，留取闲云伴白头。"

寻复□归于石龙山之旧址，杜门却扫，淡世味。惟学徒填□，弗容力拒。矧其他之子弟㉑，虽抱奇韫胜，皆自不慊，薪一语以相百诺者，又纷然麋至。师咸兴时奖抑，淬厉以器之。

至元庚辰㉒，嵩山少林祖庭虚席，金谋举阄以尝之㉓。三探三得，众皆愕视，相谓此无乃鼻祖意。遂专使具疏币㉔，以必得师为嘱。使者致命，师引项□然曰："吾今耄矣，旦夕人耳。幸勿以是见累也。汝亟去，毋费辞！"使祈哀逾旬，敦逼再四，且曰："不敢以寺务累，惟乞师至，□主宗盟，岂不与丛席有光？"卒辞不获，黾勉治任而行㉕。既至少林，玄风丕变，衲子辐辏，凡一时麟龙㉖，争愿出席下。师居无何，忽一旦自知时至，罄以衣钵畀常住㉗。越三日，具浴更衣，挝鼓升座，示众以无生忍法㉘。弟子号恸请留，师乃瞪目叱曰："大无□□生。"遂瞑目跏趺而逝㉙，时庚辰冬十二月十九日也㉚。奠龛七日，容色如生，阇维祥光烛空㉛，收舍利如菽㉜，不可计。

师存日，尝构寿塔于石龙旧山之北原。次年辛巳春㉝，迎取余体舍利藏于其间。宝林寺住持浩公知余与师契㉞，乃遣徒求铭于予。予辞曰："师之行业，匪维季运，彰人耳目，谁得暴白而磨灭之邪？"答曰："山门以师齿、德、位重，足以表百世，宜刻石以昭来裔也。"余韪其言，不敢终辞，故著以授之。师卒时年七十有八，腊六十有四。其徒七十余人，嗣法者二十余人。浩宝林其嫡也。余者皆金玉其声。

吁！师之道德崇峻，人天响仰，累朝宠命，历处名刹。而师了一真，妙断诸缘想，未尝以富贵沐其心。律身之法，愈勤愈严，布衣粝食，薄团竹几，甘淡苦节，胁不至席数十余年。师尝以佛魔同一关键，开大捷径，宏正知见；燕坐觉场，摄化四众，故蹟彰于江汉，声闻于中原，化流于穷发㉟，皆师勋德感召。呜乎！世降以还，道术为裂；幸而圣朝光霁，佛运因之以宏。师非古佛出世，而亦莫能纲吾宗也。未知后来作者，孰有能过之者也，因为之铭。铭曰：

凡物之性，靡不有初，及究其终，来去同途。

师宏至道，高超物表，巍坐道场，作狮子吼。

天人皈抑，声遍九垓，回首少林，撒手悬崖。

坚骼不朽，窀于石龙㊱，神鬼呵护，夜光瞳瞳。

匡扶末运，其如后何？勒之于石，万古不磨。

至正二年岁次壬午七月吉旦㊲

中顺大夫德安府达鲁花赤兼劝农事迷尔哈□立石

注释：

①圆照普的光显大禅师，为元王朝所赐洪益之荣号。

②雪涧祯吉祥，即法祯，字蒙隐，号雪涧，吉祥以及"英悟正印宗慧"则为朝廷所赐尊号。俗姓蒋，定陶人。曾先后奉诏住持大都庆寿寺、大竹林寺、潭柘寺及易州兴国寺，成名后身历武宗、仁宗、英宗、泰定帝、文宗、顺帝六朝，是当时著名全国的大学问僧，所撰碑文遍及海内，邢台开元寺的《钟楼记》《皇元护国仁王佛阁法堂之记》，即其所撰。

③朵儿只班（1315—1354）或作"朵尔直班"，字惟中。蒙古札剌亦儿氏，木华黎七世孙。文宗时任工部郎中，顺帝元统元年（1333）任监察御史，至正元年（1341）任翰林学士知经筵事。五年，任中书参知政事，升右丞，后历任御史中丞、辽阳行省平章政事等职。十一年，任中书平章政事，因反对屠杀农民军，谪任陕西行台御史大夫，再迁湖广行省平章，寻病卒。

④张晏字彦清，元顺德府沙河县（今邢台市沙河）盖里村人。张文谦之子。少有文名，举进士出身。历任至集贤大学士、昭文馆大学士、荣禄大夫、司农卿兼御史中丞。逝世后赠山西行省平章政事，封魏国公，谥文靖。

⑤随之应山，应山县元代属随州管辖，故称。

⑥中统四年，即1263年。

⑦石龙山宝林寺，在应山县旧城之北二十里，遗址尚存。善公，有学者考证其法讳普善，为大开元宗第四世僧，洪益为第五世。另据《应山县志》记载，洪益的弟子无念，法讳胜学，显为大开元宗第六世僧，同书"僧会"条下所记"禧圆、禧禅、禧常、昌政、昌寿、继超、祖文、续文、续誉"，显为大开元宗第七、八、九、十、十一世僧。

⑧白云治公，今开元寺塔林遗址尚存《崟公禅师之塔》，据塔身题名，可知其座下小师（即弟子）均为"妙"字辈，法孙均为"普"字辈，因知其为大开元宗第二代僧、广恩的弟子崇治。崇治逝世于大德八年（1304）夏。塔身所镌"崟"，应为"白云"二字合体。据此可知，洪益"遇白云治公"，就在顺德府大开元寺。

⑨大德三年，即1299年。归□，应为"归省"。

⑩嵩山法王，即河南嵩山法王寺。

⑪至大四年，即1311年。

⑫白云寓，即白云和尚栖居之寺。指统一宗，特指中统元年（1260），忽必烈称帝后特旨"贾菩萨门人创设一宗（大开元宗），官属宗摄、提点、僧录、判正、都纲等职"，以及元仁宗特"敕答失蛮仍旧提调大开元一宗，直隶宣政院，释教都总统所毋得管领"事。所以后文又说"制度典献虽存"云云。

⑬延祐丙辰,即延祐三年(1316),丙辰为该年干支。

⑭金襕衣,即用金缕织成的袈裟。

⑮英宗临祚,暗指至治元年(1321)。

⑯玄德,深妙的德行,或曰厚德。

⑰泰定乙丑,即泰定二年(1325),乙丑为该年干支。

⑱至顺庚午,即至顺元年(1330),庚午为该年干支。

⑲壬申,至顺三年(1332),壬申为该年干支。

⑳元统甲戌,即元统二年(1334),甲戌为该年干支。

㉑矧,况且、何况。

㉒至元庚辰,即后至元六年(1340),庚辰为该年干支。

㉓佥谋举阄以尝之,商议决定以抓阄的方法落实人选。

㉔疏币,此指邀请洪益出任少林寺住持的书信和礼品。

㉕黾勉,尽力、努力。

㉖麟龙,犹言龙象,意即拔尖人才。

㉗畀,给予。罄以衣钵畀常住,把所有的衣钵物品都给了少林寺僧人。

㉘无生忍法,又称"无生法忍","忍"指对于"真理"的认可,即"智"的别称。"无生"指佛教关于无生灭的理论。《大智度论》说:"无生忍法者,于无生灭诸法实相中信受。通达,无碍,不退,是名无生忍。"系大乘菩萨于佛教修习到一定阶段时,对"无生"这一"实相真如"所获的认识。

㉙跏趺,即结跏趺坐。相传为释迦修道时之坐姿,分全跏坐、半跏坐两种。全跏坐又称双盘、降魔坐、吉祥坐或莲花坐;半跏坐又称单盘或吉祥坐(密宗)。

㉚庚辰冬十二月十九日,即后至元六年十二月十九日。

㉛阇维,又称荼毗,即火化、火葬。

㉜菽,豆类。收舍利如菽,收到的舍利像豆粒大小。

㉝次年辛巳春,即至正元年(1341)春。辛巳是该年干支。

㉞住持浩公,洪益弟子,法讳当为胜浩。后文言及的"浩宝林",与此为同一人,系大开元宗第六代僧。

㉟穷发,谓极荒远之地。典出《庄子·逍遥游》。

㊱窆,穿地为穴。

㊲至正二年,即1342年。

大庆寿禅寺住持秋亭禅师亨公道行碑

此碑原树于元大都（今北京市）大庆寿禅寺，久佚。碑文载《金华黄先生文集》卷四十二。《全元文》收录于卷九七四"黄潜"目下第四十，现据以录出，并加注释。

眾共覩師坐五色雲端凝然不動遺爐中古根不壞得舍利無數其徒相與謀而起塔於觀堂之若干步師所度弟子得其法者曰德禹嗣主觀堂曰普曜住車溪廣福教院曰慧炬及宗勝英辯寧至道主居安等今同居天竺靈山寺行法華三昧以千日為期云銘曰

衡台之教固言以傳惟真如師匪託空言以淨信心由解起行其四三昧圓修圓証摠持萬法安住一乘乃發弘願接物利生天神降靈寶華現瑞感應之交靡容思議化期既畢駕言西歸萬目所瞻真身在茲昔本非來今亦非去寫以銘詩式嗣摧慕

道行碑

大慶壽禪寺住持秋亭禪師亨公道行碑

黄學士文集卷四十二　十一

有大比丘曰秋亭禪師被

今天子命住持大都大慶壽禪寺其謝事而去迨今十有四年王公大人莫不高之學徒欲望其聲光接其辭氣而不可得今住持臣僧顯儀實師法嗣之上首謀立石以頌其德使覽者有所觀感而興起焉至正十年夏四月九日

上御興聖殿便殿翰林學士承旨臣哈剌八都兒臣拜住以為言制可其奏事下本院命侍講學士臣潛撰文學士臣好文書丹別敕集賢侍講學士臣期頤篆題其額臣潛謹按師名洪亨順德之慕陽鎮孔氏子也家本業農而其父嗜讀書為善士母仁慈而有賢行尤崇信釋氏之說一夕夢金像滿室釦曰而師以生師天稟迥異常兒自幼不茹葷飲酒每慨然懷出塵之想父母不欲遺其志七歲即令出家禮本府開元寺須公為師服勤左右朝夕匪懈性醇厚而言蘭樸人未嘗見其喧謔戲笑年二

《金华黄先生文集》书影

十得度受具偏游講肆微言奧旨無所不達謂單提直指乃向
上宗乘之捷徑遂至京師謁西雲禪師安公於大慶壽寺一見
報加賞識命入室侍香師勤於咨決雖示以可責畧無動色西
雲大奇之傳衣而付法焉西之廣福寺法兄雲禪師延公嗣
于大同還駐竹林寺未幾復歸休于慶壽尋以北谿命主彭村
之觀音院乃命師主城西之崇福寺居歲餘翠瓶錫南游襄漢江
之一新北溪退席法兄雲逝而師以公舉補其處亦止四年小大
領其衆首命師開堂演法出世住持奉聖州之保寧寺第一代立會
禪師法座東拂拈香堂上云魯雲禪師興公繼之命於
之務靡不盡心策勵其徒多成法器俄一日大書偈曰和南上
淮間凡名山巨刹大善知識無不與之相叩擊而完其旨趣甫

《黃學士文集卷四十二》
十二

禮諸高德別請他人抵釣釭書畢投偈于地芒鞋竹杖出門徑
去泉皆大驚奔走求之不得或報師隱于文明門外一小院兩
不值一文錢眾莫知所為乃起再書偈曰策杖腰包歸去也再來
班執事率眾邀迎師遂相率於宣政院遣客省使詣師挽
乃從上流傳之遺風客省使還院白其事皆數曰去富而就貧
留之仍詢以遠引之故師有云三年不去五年不住此
真所謂高僧也太師右丞相秦王伯顏在中書亦遣官再三勤
諸者不可強乃聽其被上吉永補其處乃遣迎致神師於
故所住觀音院以便展省師年乄七十耳聰目明住世歷刼未
戸者踰十年顯儀既被
及永平開元寺住持某等若干人惟慶壽實四方禪師宗列刹之
易量也所度弟子勝喜勝寧等若干人嗣其法者今慶壽顯儀

《金华黄先生文集》书影

大庆寿禅寺住持秋亭禅师亨公道行碑①

黄溍②

　　有大比丘曰秋亭禅师，被今天子命③，住持大都大庆寿禅寺。其谢事而去，迨今十有四年④，王公大人莫不高之。学徒欲望其声光，接其辞气，而不可得。今住持臣僧显仪⑤，实师法嗣之上首，谋立石以颂其德，使览者有所观感而兴起焉。至正十年夏四月九日⑥，上御兴圣便殿，翰林学士承旨臣哈剌八都儿、臣拜拜以为言⑦，制可其奏。事下本院，命侍讲学士臣溍撰文，学士臣好文书丹，别敕集贤侍讲学士臣期颐篆题其额⑧。

　　臣溍谨按，师名洪亨⑨，顺德之綦阳镇孔氏子也⑩。家本业农，而其父嗜读书，为善士。母仁慈而有贤行，尤崇信释氏之说。一夕，梦金像满室，翌日而师以生。师天秉迥异常儿，自幼不茹荤饮酒，每慨然怀出尘之想。父母不欲违其志，七岁即令出家，礼本府开元寺口公为师。服勤左右，朝夕匪懈。师性醇厚，而言简朴，人未尝见其喧哗戏笑，年二十，得度受具，遍游讲肆。微言奥旨，无所不达。谓单提直指，乃向上宗乘之捷径，遂至京师，谒西云禅师安公于大庆寿寺⑪。一见辄加赏识，命入室侍

431

香。师勤于咨决，虽示以呵责，略无动色。西云大奇之，传衣而付法焉。

西云唱灭，师法兄北溪禅师延公嗣领其众⑫，首命师主城西之广福寺⑬。居岁余，挈瓶锡南游襄汉江淮间，凡名山巨刹、大善知识，无不与之相叩击，而究其旨趣，会于大同。还驻竹林寺⑭。未几，复归休于庆寿。寻以北溪命，主彭村之观音院⑮。垂及五年，四众倾慕，施者坌集。大殿、丈室、门庑，咸为之一新。

北溪退席，法兄鲁云禅师兴公继之，命于第一代玄冥禅师法座秉拂拈香⑯，开堂演法，出世住持奉圣州之保宁寺。甫四⑰年，信响者愈众。鲁云逝，而师以公举补其处，亦止四年，小大之务，靡不尽心。策厉其徒，多成法器。俄一日，大书偈曰："和南上礼诸高德，别请他人拯钓舡"。书毕，投偈于地，芒鞋竹杖，出门径去。众皆大惊，奔走求之不得。或报师隐于文明门外一小院，两班执事率众邀迎，师不为起，再书偈曰："策杖腰包归去也，再来不直一文钱"。众莫知所为，乃相率白于宣政院⑱，遣客省使诣师挽留之，仍询以远引之故。师曰："祖师有云：'三年不去，五年不住'。此乃从上流传之遗风。"客省使还院白其事，皆叹曰："去富而就贫，真所谓高僧也。"太师右丞相秦王伯颜在中书，⑲亦遣官再三劝请。度不可强，乃听其所之。

师遂归隐于顺德之开元寺，足不出户者逾十年⑳。显仪既被上旨来补其处，乃遣迎致师于故所住观音院，以便展省。师年垂七十，耳聪目明，住世历劫，未易量也。所度弟子胜喜、胜宁等若干人。嗣其法者，今庆寿显仪及永平开元住持某等若干人。惟庆寿，实四方禅宗列刹之首，朝廷尝刻玉为印以赐之，崇阶显位之所加，后先相望。当路知师雅意谦退，第奏请降旨，赐号某大禅师。其高风远致，概可想见。而臣潜起自衰退，久窃宠荣，顾何足以知师？受诏书辞，无任媿惧。其铭曰：

巍巍人师，祖道是承。兼善三学，实为一乘。

精求博访，玄机密契。灯皆同明，海无异味。

推其自利，用以利他。云奔川凑，如客赴家。

功成身退，拂衣远举。蚁聚鳞集，如儿失母。

四众攀慕，万夫莫迴。迹有隐显，心非玄来。

动也时行，静也时止。出以济物，处以全己。

龙象所萃，人天具依。鸿飞冥冥，弋者奚为？

名之我随，上彻当宁。词臣作颂，清风千古。

注释：

①大庆寿禅寺，据北京古籍出版社1983年版《析津志辑佚》记载："庆寿寺圣容之殿在顺承门里，近东"。据考证，大庆寿寺。原址位于今北京市西长安街电报大楼西侧，明代曾改名大兴隆寺、慈恩寺，清代被分为两处，靠近双塔的一处俗称双塔寺，位于双塔东北数百米之外的一处乃名庆寿寺。1955年，双塔及双塔寺、庆寿寺均被拆除。

②黄潘（1277—1357）字晋卿，婺州义乌（今浙江义乌）人。元延祐二年（1315）进士，授台州宁海县丞，改诸暨州判官。入朝后任应奉翰林文学，转国子博士。出为江浙儒学提举，累官至翰林侍讲学士，著有《金华黄先生文集》传世，《元史》卷一八一有传。

③今天子，特指元顺帝。

④迨今十有四年，据此可知，秋亭辞去大庆寿寺住持，时在后至元三年（1337）。

⑤显仪，法讳无考，但其作为秋亭法嗣之上首，必与后文述及的胜喜、胜宁同辈，皆为广恩开创之大开元宗第六代

僧。

⑥至正十年,1350年,即此碑镌立之年,这年的四月九日,则是元顺帝敕准,黄溍为秋亭撰纪念碑文之日。

⑦哈剌八都儿、拜拜,《元史》《新元史》均无其传,生平不详。

⑧臣溍,黄溍谦称。臣好文,即李好文,字惟中。大名府东明县〈今山东东明南〉人。至治元年(1321)进士,授大名路浚州判官。泰定四年(1327)任太常博士,主修《太常集礼》。至正四年(1344)任礼部尚书,与修辽、金、宋史,九年,授翰林学士兼谕德,教授太子,编著《端本堂经训要义》《大宝录》《大宝龟鉴》进奉。累官至翰林学士承旨。《元史》卷一八三有传。期颐,《元史》《新元史》均无其传,生平不详。

⑨洪亨,即秋亭法讳,因知其为广恩开创之大开元宗第五代僧。

⑩顺德之綦阳镇,今邢台沙河綦村镇。

⑪西云禅师安公,生平不详。或说其为海云印简再传弟子。

⑫北溪禅师延公,与后文所述鲁云禅师兴公,及秋亭同为西云安公的嗣法弟子,但其生平均不详。

⑬广福寺,文称在元大都城西,应为大庆寿寺下院之一。

⑭竹林寺,据《析津志辑佚》:"在海云寺前稍东,亦有古台城之制,有洞房。前金国戚之所宅,而后易而为寺,古德海公所住,迄今宗门有录曰海西堂是此也。"

⑮彭村观音院,在元大都城南,为大庆寿寺下院之一。

⑯第一代玄冥禅师,金代高僧,也是临济宗在大庆寿寺的开山,史称玄冥麇公。

⑰奉圣州,即今河北涿鹿。

⑱宣政院,元代管理藏、汉佛教的最高权力机构。

⑲太师右丞相秦王伯颜(约1281—1340)蒙古贵族,历仕元武宗、泰定帝、元文宗、元顺帝四朝,累官至中书右丞相,后因恃功专权被其侄脱脱定谋驱逐,病死于流放途中。《元史》卷一三八有传。

⑳据注④推断,秋亭辞去大庆寿寺住持时在后至元三年(1337),则其归隐顺德府大开元寺"逾十年",约即后至元四年至至正八年(1338-1348),而至正八年其"年垂七十",即六十九岁,其生年约即元世祖至元十七年(1280),而其住持大庆寿寺约在至顺三年,到后至元三年(1332-1337)其辞职前,共计四年。

金陵天禧寺佛光大师德公塔铭

元翰林学士承旨荣禄大夫知制诰兼修国史赵孟頫撰书。至治二年（1322）树立于江宁县（今属南京市）张家山佛光大师舍利塔前。现状不详。现自《钦定四库全书·集部》之《蒲室集》卷十二录出碑文，加以点注。

钦定四库全书　　蒲室集　卷十二　　六

金陵天禧讲寺佛光大师德公塔铭　代赵魏公作

东汉佛法入中国而佛之遗言莫克大备唐太宗时有玄奘法师者躬往身毒求之得经律论归授其徒窥基为笺疏释之世传为慈恩宗云国朝以仁慈为政万尚佛教又益信慈恩之学先是其学盛于北方而传江南者无几至元廿五年诏江淮诸路立御讲三十六求其宗之经明行修者分主之使广训徒时东昌德公首被选其迹

既寿考亦终化仪可拜可瞻龟山之石虬睹其真兹焉示之默默或恃其盈我以无得胡濚其原胡尝其施亦母复恫于道如仕弗克甚彼学人有来如驿有辩云兴吾事庶曰御侮拥幢大方人萦袞补师居不宁式归将卒俾予执彊予宗贾勇万夫师有立言侯公气沮曰匪维括之阳天作其区其良荐生族大不居神睒有德而年卒予后死者忍铭耶又义弗可拒乃铭而系诸辞曰志之予与云屋临川万一山雅相厚逾五十年二兄同

金陵天禧讲寺佛光大师德公塔铭

　　东汉,佛法入中国,而佛之遗言莫克大备[1]。唐太宗时,有奘法师者[2],躬往身毒求之[3],得经、律、论归,授其徒窥基[4],为笺疏释之,世传为慈恩宗云[5]。国朝以仁慈为政[6],笃而尚佛教,又益信慈恩之学。先是,其学盛于北方,而传江南者无几。至元廿五年[7],诏江淮诸路立御讲三十六[8],求其宗之经明行修者分主之,使广训徒。时东昌德公首被选[9],世祖召见[10],赐食与衣[11]。奉旨来建康[12],住天禧、旌忠二寺,日讲《法华》《楞严》《金刚》《华严》大藏等经[13]。

　　三十一年[14],又赐号佛光大师。师既善讲说,又能力行,故人笃信之。每施戒人,父子兄弟相教毋犯,至然顶、指为誓[15],且愿出财力,新其殿庐楼阁。初,寺废,僧星居如逃亡家。及兹大有羡粟[16]。岁饥,为食道上,活殍死数万[17]。流俗尚醲醴相雅[18],好结官吏。师独以律绳其徒[19],令先自谨饬[20],出止坐起有常度。若韭薤蒜葱、酪乳辛荤等,咸毋蓄食。凡物之属于公者,勿毛发互用,误一罚十,故者摈[21]。久之,皆化服,徒无犯令。

　　自居建康三十余年,一布衲皮履[22],终身不易。午过不食,夜危坐达晨。以苦诵读,蚤丧明[23]。忽梦万僧[24],迎居高座,空中散华如雨[25]。觉以语人,因示微疾,犹诵经不辍。顷之,安坐而化,至治二年二月七日也[26],年八十八[27]置龛廿有一日,颜如生,以法阇维,获舍利无算。会者数万人,为塔葬之江宁县张家山之原。以行台建康[28],凡仕于南者,多乡师高行,愿受一言为弟子。金吾上将军(缺)事师逾谨[29],以豫章大圻之状来谒铭[30]。孟頫尝待罪世祖朝[31],见其用人,天鉴莫测,虽方外士,皆雄伟杰特。若师能其教,亦一时之选也,是可以铭已。

　　师名志德,号云岩,姓刘氏。世居般阳莱州掖县[32],后徙居东昌而师生焉。十二,受经于顺德路开元寺海闻禅师[33],嗣法于真定龙兴寺法照禧公[34]。而嗣其法者某某,凡若干人。铭曰:

于穆圣祖,如天之临。维佛大圣,克协帝心。

帝心于人,一视同体。设教多歧,趋善一归。

佛光之道,闻于朔方。受命于南,阴赞时康。

乃升高坐,乃考钟鼓。以诱以谕,有来如雨。

内默斯照,外应如虚。往复无朕,寂用一如。

境变万殊,其立也独。匪留而久,匪逝而速。

长于之□,牛首如伏。后人是瞻,于日不足。

孰图师恩,刻石于原,维其似之,庶几不泯。

注释:

①佛之遗言,指佛教经典。莫克大备,还没有完备。

②奘法师,即玄奘(602—664),中国佛教四大译经家之一,法相宗创始人。本姓陈,名祎。洛州缑氏(今河南偃师

缑氏镇）人。十三岁出家,二十一岁受具足戒。曾游历各地,参访名师,学习经论。因感到各师所说不一,各种经典也不尽相同,决心西行求法,以释所惑。贞观三年（629）,自长安出发,经姑臧,出敦煌,穿过今新疆及中亚等地,历尽艰险,到达中印度摩揭陀国王舍城,进入当时印度佛教中心那烂陀寺,从戒贤进修。五年后,又游历印度东、南、西、北各部数十国,在印度佛教界取得极高声誉。贞观十九年（645）返回长安,带回大小乘佛教经律论五百二十夹、六百五十七部。此后二十年间,先后在长安弘福寺、大慈恩寺主持译经。因获唐太宗封号"三藏法师",俗称"唐三藏"或"唐僧"。

③身毒,古印度的别译。见于《史记》《汉书》。

④窥基（632—682）,玄奘之弟子,法相宗创始人之一。姓尉迟,字洪道。唐开国功臣、郑国公尉迟敬德之侄。十七岁出家,奉敕拜玄奘为师。二十五岁参加译经并从事著述,并为玄奘主译各经论作述记或注疏,人称"百部疏主"。因常住大慈恩寺,世称"慈恩大师"。

⑤慈恩宗,即玄奘、窥基师徒开创的法相宗,因其由分析法相而表达"唯识真性",又称"法相唯识宗"、"唯识宗"。窥基编纂的《成唯识论》,是该宗代表性著作。该宗主要继承古印度瑜伽行派学说,所依经典总称为六经十一论。

⑥国朝,即元朝。

⑦至元廿五年,即1288年。

⑧御讲,由皇帝敕设的讲经之处。

⑨东昌,元至元十三年（1270）,改博州路为东昌路,治所在聊城（今山东省聊城市）。

⑩世祖,即元世祖忽必烈（1215—1294）,元王朝的实际开创者。

⑪赐食与衣,如惺《大明高僧传》和喻谦《新续高僧传》均改此句为"赐宴与紫方袍"。

⑫建康,南宋称建康府,元至元年间升为建康路,治所在金陵（今南京市）城中,辖境相当今江苏南京市及江宁、句容、溧阳、溧水等市、县。元天历二年（1329）改称集庆路。

⑬日讲《法华》《楞严》《金刚》《华严》大藏等经,《大明高僧传》《新续高僧传》皆改此句为"日讲《法华》《华严》《金刚》《唯识》等疏",不知何据。

⑭三十一年,即至元三十一年,亦即1294年。

⑮然,通燃。然顶、指为誓,即以香火爇顶、燃烧手指表示皈依佛教之志诚,均属佛教徒的自残行为。爇顶,俗称"烧香疤"。这些行为已于1983年被中国佛教协会明文废除。

⑯及兹,至此。羡粟,余粮。

⑰活殍死数万,救活即将被饿死的饥民数万。

⑱醪醴,泛指美酒。流俗尚醪醴相雅,意即建康路的风俗崇尚以酒交友。

⑲律,戒律。绳,约束。师独以律绳其徒,只有佛光大师能以戒律约束徒众。

⑳谨饬,谨慎地约束自己的行为。

㉑摈,排斥、弃绝。故者摈,故意违犯者即逐出师门。

㉒一布衲皮履,《大明高僧传》《新续高僧传》均改此为"一衲一履"。

㉓蚤丧明,很早就双目失明。蚤,通早。

㉔忽梦万僧,《大明高僧传》《新续高僧传》均改此为"忽梦梵僧",不知何据。

㉕华,通花。空中散华如雨,即空中散花如雨。

㉖至治二年,即1322年。年八十八,即享年八十八岁。据此,佛光大师生于窝阔台汗七年,即1235年。

㉗阇维,又译作阇毗、耶维、耶旬、荼毗,意为"焚烧"、"火葬"。特指佛教僧人死后,依仪将尸体火化。

㉘行台,特指元江南诸路行御史台衙门,至元年间由杭州移至金陵城中。又称江浙等处行中书省。

㉙金吾上将军,元代武散官,正二品。原文缺其姓氏。

㉚豫章,古郡名,治所在南昌（今江西省南昌市）,亦用作江西省的别称。豫章大䜣,应即《新续高僧传》卷六《钱塘灵隐寺沙门释大䜣传》的传主。据该传,大䜣字笑隐,俗姓陈,九江人,为僧博学,多通于《涅槃》《法华》《大品般

若》等经,故三谛圆融,观法入妙,尤擅词翰。黄潜、虞集评论其文"奇采烂然,铿铉磊落",名重一时。元文宗、顺帝时屡承恩顾,命坐咨问,授三品文阶,赐赏甚厚。至正四年五月二十四日圆寂。此言"以豫章大䜣之状来谒铭",可知其与佛光大师关系密切,赵孟頫就是据其为佛光大师所作行状,撰写出这篇塔铭的。《新续高僧传》在《大䜣传》前加一"明"字,显为错标。

㉛孟頫尝待罪世祖朝,特指赵孟頫作为赵宋皇室后裔,在元世祖忽必烈搜访"遗逸"时,经程钜夫举荐,入仕元王朝之事。"待罪",是赵自谦语。

㉜般阳莱州掖县,般阳为元代路名,系至元二十四年(1287)改缁莱路而置,治所在缁川(今缁博市西南)。莱州,古州名,治所就在掖县城中。掖县在今山东省东部。

㉝顺德路,元代政区名,治所在邢台县城(今邢台市)中。据佛光大师生卒年,可以推知其十二岁时为贵由汗元年(1246)。上年十一月,大开元宗的开创者广恩逝世。开元寺住持已由广恩弟子崇润接任。但剃度佛光大师出家的海闻禅师并非广恩一系传人,佛光的释名志德也非依广恩所定法谱而定。所以,这位海闻禅师很可能是金邢州开元寺之耆宿,另有师承。

㉞嗣法于真定龙兴寺法照禧公,《大明高僧传》《新续高僧传》均改作"闻真定法照禧(法师)大弘慈恩宗旨于龙兴寺,经从之学而尽得其蕴"。法照禧其他事迹缺考。

灵岩寺第三十三代古岩就公禅师道行之碑

　　此碑原树于山东长清县（今山东省济南市长清区）灵岩寺，现状不详。现据国家图书馆藏拓片抄录碑文并加点注。

灵岩寺第三十三代古岩就公禅师道行之碑①

灵岩禅寺传法住持嗣祖沙门桂庵野老撰书丹并篆额②

西乾四七、东坤□三③，莫不名高天下，盖为根深蒂固，源远流长，心心相印，祖祖相传。故曹洞渊源于今愈盛。青州之下④，四传而得万松⑤，建立丛林，光扬祖道，声传四海，天下指为祖道中兴。复嗣灵岩裕，裕嗣足庵肃。肃嗣古岩就⑥。观就之学业道德，云深严冷，脚根点地，鼻孔辽天，诸方敬仰，岂虚言哉！古岩禅师名实相符矣。

公讳普就，古岩其晚年自号也。真定在城刘氏子。幼亡其父，母食茹荤。年十有五岁，厌俗境，好慕空门，径往封龙山禅房寺⑦，礼赞公山主为师，落发亲炙，博通经业，令登坛受具。闻顺德净土成禅师□行超迈⑧，诲人不倦，即往依栖。次谒林棠宝积云峰禅伯⑨，体妙穷云，南询之兴，日益加矣。又闻鹊里崇孝清安老人将□劫已前一□大事因缘⑩，□□日复一日，槌拂之下，发明此事。虽秘传密授，不满初心，深自韬光，遍参名宿，谒灵岩足庵，朝夕问道，如救头然。依栖八载，迨至元十三年⑪，赴顺德，大都两处登坛受具，蒙赐度牒⑫。

及至元十八年⑬，当是时万寿虚席⑭，命足庵住持。公亦不惮驱驰，结绝不了的公案，幸遇钳锤，百锻千炼，故于金锁玄关无窒碍矣，遂以衣颂而付之曰："质朴真纯有古风，将来足可振吾宗。若逢才器须传受，历代相承继后踪。"复还宝积闲居。及至元三十年⑮，诣于灵岩，充座元位。大德六年⑯，月庵满公退堂⑰。即时本寺具疏，请开堂住持。大德丁未⑱，荣受皇太子令旨，又受圣旨，护持山门产业，前后一新，蒙总统所赐"妙严弘法大禅师"之号。

日往月来，匡持七载。大□不可久居，退隐灵栖庵，守道而已。又受封龙山禅房之命，住持二载。皇庆元年仲冬⑲，复还灵栖庵。此时，祖庭少林阙人⑳，本寺知事持疏，不远千里而来，□请接续住持。当可续佛慧命，接物利生，平生足矣。灵岩受业小师数十余辈，其一人曰子贞等，想师道业，念师□行，若不刻铭立石，使后世百千年以来，十数辈之后，几于无闻。乃持本师行状，出示始末，求文于余。余不愧辞荒笔谬，其实而为铭曰：

达磨面壁，自离西天，全提正令，密付单传。

青州之下，四传万松，中兴祖道，大振宗风。

雪庭亲孙，足庵嫡嗣，质朴真纯，常行二利。

大哉古岩，面目严冷，接物利生，提纲振领。

幸受皇宣，功成名退，绝后光先。灵栖蜗舍，

不可潜身，禅房莫位，玩少林春。三花树下，

五乳峰前，末后一着，心月孤圆。门资众等，

不辞劳苦，树此丰碑，名传万古。

大元延祐元年岁次甲寅九月往日㉑，小师子彬、子谦等同立石当山传法住持嗣祖沙门桂庵野老

劝缘

清亭苏克珉等刻。

注释:

①灵岩寺。在今山东省济南市长清区境内。又称泰安灵岩寺。

②桂庵,法讳觉达,字彦通,"既能文,颇复善书,所传塔碑,多出达乎,笔力质劲。"喻谦《新续高僧传》卷六十一有传。为邢台净土寺万松行秀法系传人。

③西乾四七,隐指禅宗所尊自迦叶至达磨等"西天二十八祖";东坤二三,隐指禅宗所尊自达磨至慧能等"东土六祖"。说见《景德传灯录》等。

④青州,特指曹洞宗高僧希辨禅师,宋金之际曾为青州天宁寺长老,后至燕京奉恩寺,仰山栖隐寺等处隐居修禅,并被北方曹洞宗僧人尊为第十世祖师。

⑤四传而得万松,即青州希辨传大明法宝(1114-1173),法宝传太原王山觉体(1121-1173),觉体传雪岩慧满(1136-1206),慧满传万松行秀(1166-1246)。此即《禅门日诵》所载《曹洞宗源流歌》中之"辨宝体满秀"万松行秀为邢州净土寺住持。

⑥复嗣灵岩裕,裕嗣足庵肃,肃嗣古岩就,即万松行秀传雪庭福裕(1203-1275),福裕传足庵净肃(一说法讳慧肃),净肃传古岩普就(1241-1317)。

⑦封龙山,在今河北省赞皇县境内。禅房寺,又名应觉寺。

⑧顺德净土,即邢台城内的净土寺。顺德,元顺德府的简称。成禅师,生平不详。

⑨林棠,地名,不详所在。宝积,寺名。云峰,喻谦《新续高僧传》卷三十三有《元金陵钟山太平兴国寺沙门释妙高传》称,妙高宗云峰,不知与此云峰是否一人。

⑩鹊里,地名,在今山东济南。崇孝,寺名。清安,僧号,生平不详。

⑪至元十三年,即1276年。

⑫赴顺德、大都两处登坛受具,蒙赐度牒。顺德,今邢台市;大都,今北京市。其中,至元十三年在顺德府大开元寺举行的资戒大法会由忽必烈及其太子真金、太子妃阔阔真为大护法,详见《顺德府大开元寺资戒坛碑》。据此可知,普就是在大开元寺受具足戒并领取度牒者。

⑬至元十八年,即1281年。

⑭万寿,指大都万寿禅寺。虚席,住持缺席。

⑮至元三十年,即1293年。

⑯大德六年,即1302年。

⑰月庵满公,即月庵福海(1242-1309),字普耀,与普就同为万松法系传人。喻谦《新续高僧传》卷六十一有传。

⑱大德丁未,即大德十一年(1307年)。

⑲皇庆元年,即1312年。

⑳祖庭少林阙人。禅宗祖庭少林寺缺少住持。据慧恩所撰《少林禅寺第十代妙严弘法大禅师古岩就公和尚道行碑铭》,普就住持少林寺自皇庆二年始,至延祐四年(1317年)圆寂止,共四年。

㉑延祐元年,即1314年。

少林寺住持小山禅师行实碑铭

碑在河南嵩山少林寺,碑阳为"钦依住持少林寺嗣曹洞正宗第二十四世当代传法小山禅师行实"碑文,由王才撰文,朱载堉书丹;碑阴上镌《混元三教九流图》,下镌《混元三教九流图赞》,均为朱载堉所作。此为中国国家图书馆藏碑阳全拓本。

钦依住持少林寺嗣曹洞正宗第二十四代传法小山禅师①行实

郑藩掌国事德庆王才撰②　　壳中人狂仙载堉书③

　　粤自拈花示众④，渡苇西来⑤，诸祖间出，传持此道，皆以慈悲为本，济苦为用，随其根范，方便引导，究竟菩提之路⑥，证明空寂之理，并以嗣续慧命，令不断绝。然而教外别传，指心见性，单提向上，不历阶级⑦，如是法门，最为捷径。六传之后⑧，五派以来⑨，曹洞宗旨，尤为缜密，故少林门庭，久而弥著，传佛心印，代不乏人。

　　若今住持传法小山禅师者，其沙门之杰特，与师乃前住持虚白月舟载禅师之法胤⑩。名宗书，字大章，小山其别号也。原籍顺德南和李氏子，父讳进，母刘氏，生师于弘治庚申岁⑪。其在童幼，异于常伦，与群儿戏，效作佛事。十岁，父令入学读习儒业，已通大义，即掩卷曰："此皆世法，非出世法也。"遂泣拜辞亲，誓求出家。年甫十五，笃志不违，父母欣然从之曰："吾家积代奉佛，尔有斯志，深可嘉羡。"于是，礼郡之开元寺法堂铟和尚为范⑫。

　　后二载⑬，闭关太行，三越寒暑，手书《华严》等经，不食五味。期满，年方二十，闻少林虚白老师传受达磨心宗⑭，志切参学，遂梦游其境，至则悉与梦符。乃依法席，入室请益。功勤八载，洞上宗风，蒙赐印可。嘉靖庚寅⑮，回抵家山，省侍本师三年。复往京都受戒，历诸讲肆，遍探教海。寻于都城内兴德寺静居三载，省中贵官姜公信延入天庆寺⑯，开阐佛乘，及诸寺延讲。后应五台山推演禅宗，期毕回京。值中贵李公元善请师披阅藏典于积善庵，四载周完。岁甲寅⑰，复迁宗镜庵。

　　少林耆宿等先于壬子请师住持⑱，师力辞未就。迄乙卯⑲，前后三请。及河南太守蓬岩吴公移书勉出⑳，师亦不从。丁巳㉑，少林耆宿秉诚复请，师乃叹曰："老师化后三十余年㉒，曹洞宗风迨乎湮没。前辈有言，禅林下衰。弘法者多，故我偷安，不急撑柱之。其崩溃踬可须也㉓，虽惭薄德，其宗付嘱何？"于是，领礼部题请劄付，住持少林。时有中贵张公暹、贾公廷贵、杨公伟发心印造公案方册㉔，施财立成。于戊午岁大开法席㉕，四方学徒众至五百。时至亢旱，河井干涸。既法席数开，泉源复涨。癸亥岁㉖，钧州㉗名德颖东党公、少渚李公延就本州广通寺，传演宗乘㉘，开示净土法门。越明年甲子㉙，吾郡诸檀请师于敕赐宝光寺安禅说法㉚，三月期满。乙丑㉛春，复返少林，升堂踞座，日无虚席，嗣其法者不可胜计。自戊午至乙丑㉜，凡历八年，曹洞宗风复振，少林禅宇肇新㉝。大哉！其启后鼎新之功，永不可磨也。师之门人诣予，备陈实行，请为记焉，因笔其事而铭之曰：

　　诸佛出世，惟一大事。少林宗源，与佛同致。

　　赫赫大师，启示奥秘。开元太行，大乘秉志。

　　宗承虚白，安住圆位。往复京师，教海弘备。

　　耆宿口请，法席乃贲㉞。曹洞宗风，远而弥炽。

　　四方学徒，彼岸允至。广通宝光，相望振諟。

净土既口,法胤承嗣。慧日常明,于是为记。

时大明嘉靖四十四年岁在乙丑春三月朔日。

参学门人成桂等稽首立石。

注释:

①"钦依住持少林寺嗣曹洞正宗第二十四世代传法小山禅师",这是明王朝礼部颁发给小山宗书聘任劄子上的封号。按照明朝规定,少林寺住持必须由朝廷任命,故称"钦依"。

②郑藩,即郑王府。据《明史》卷一〇三《诸王世表》,郑王始封于永乐二十二年(1424),始封者为明仁宗庶二子朱瞻埈。万历十九年(1591),传至朱载堉时为第五世。但性喜自由的朱载堉作为世子始终不肯袭封,并于万历三十三年(1605)让爵于其弟朱载玺。朝廷遂钦准其与子朱翊锡以世子世孙禄终身。壳中人、狂仙,均为朱载堉为郑王世子时自号,其在此碑阴所作《混元三教九流图赞》所钤印章,则为"酒仙狂客"、"三教九流中人"。其自称"壳中人",意在表示其为郑王世子而不得自由。

③郑藩掌国事,即王府长史,正五品,掌王府之政令,辅相规讽,以匡王失,率府僚各供乃事而总其庶务。明代德庆为州治,即今广东省德庆县。

④拈花示众,指佛祖拈花示众,迦叶会心而笑,又称"教外别传"。中国禅宗尊迦叶为西天第一祖,故用此典。

⑤渡苇西来,指达磨一苇渡江之事。达磨被中国禅宗尊为东土第一祖,故用此典。

⑥菩提,梵文音译,意译为"觉""智""道"等。菩提之路,意即觉悟之路。

⑦单提,梵语一阐提迦的略称,意译"信不具"。佛教用以称谓不具信心,断了成佛善根之人。因禅宗认为一阐提人也可顿悟成佛,故说"单提向上,不历阶级"。

⑧六传之后,意即自达磨传至六祖慧能之后。

⑨五派以来,意即禅宗分为临济、曹洞、沩仰、云门、法眼五派以来。禅宗五派又称"一花五叶"。

⑩虚白月舟(1454—1523),即文载,虚白为号,月舟为字,通州人。为僧后在少林寺第二十三世曹洞宗主可从禅师座下参学三年,得到印可。弘治九年(1496)出任少林寺第二十八代住持,主法十六年。嘉靖三年(1523)圆寂。

⑪弘治庚申岁,即弘治十三年(1500)。

⑫钿和尚,即续钿,为大开元宗第十一代僧,生平事迹不详。宗书在邢台开元寺出家拜续钿为师,事在正德九年(1514)。

⑬后二载,即正德十二年(1517)。后文说宗书闭关期满为二十岁,则在正德十四年(1519)。

⑭达磨心宗,即中国禅宗。

⑮嘉靖庚寅,即嘉靖九年(1530)。

⑯中贵,指显贵的侍从宦官。

⑰岁甲寅,即嘉靖三十三年(1554)。

⑱壬子,即嘉靖三十一年(1552)。

⑲乙卯,即嘉靖三十四年(1555)。

⑳河南太守蓬岩吴公,即内丘县人吴山,号蓬岩,时以都御史出任河南巡抚。

㉑丁巳,即嘉靖三十六年(1557)。

㉒月白虚舟圆寂于嘉靖二年,至嘉靖三十六年时已经三十四个年头,故称。

㉓跬,半步。跬可须也,意即只有半步之遥,须臾之时。

㉔公案方册,代指宗书所著《小山别集》《宗书语录》。公案,借指禅宗高僧以教理为弟子解决疑难问题的范例。方册,指经典性书籍。

㉕戊午岁,即嘉靖三十七年(1558)。

㉖癸亥岁,即嘉靖四十二年(1563)。

㉗钧州,万历三年(1575)改名禹州,即今河南禹县。

㉘传演宗乘,传授演示曹洞宗的宗旨和佛教仪轨。一般说,佛教称解释教义深浅的等级为乘,如大乘、小乘等。

㉙越明年甲子,即嘉靖四十三年(1564)。

㉚吾郡,指郑王藩邑怀庆府,治河南县(今河南沁阳县)。诸檀,诸多檀越,即施主。安禅,安静地打坐,即入定。

㉛乙丑,指嘉靖四十四年(1565)。

㉜自戊午至乙丑,即嘉靖三十七年至四十四年(1558—1565)。

㉝肇新,开创新局。

㉞贲,宏大、盛美。

附碑阴:
混元三教九流图赞

佛教见性,道教保命,儒教明伦,纲常是正。

农流务本,墨流备世,名流责实,法流辅制。

纵横应对,小说咨询,阴阳顺天,医流原人。

杂流兼通,述而不作。博者难精,精者未博。

日月三光,金玉五谷,心身皮肤,鼻口耳目。

为善殊途,咸归于治,曲士偏执,党同排异。

毋患多歧,各有所施。要在圆融,一以贯之。

三教一体,九流一源,百家一理,万法一门。

邢台开元寺金石文献编年

公元前 2 年　　西汉哀帝元寿元年

西域大月氏国使节伊存来华,向博士弟子景卢口授《浮屠经》。此为佛教传入中国较早者。

《三国志·魏志·东夷传》

公元 58—75 年　　东汉明帝永平年间

西域天竺国修浮屠道,不杀伐,遂以成俗。世传明帝梦见金人长大,顶有光明,以问群臣。或曰,西方有神,名曰佛,其形长丈六尺而黄金色。帝于是遣使天竺,问佛道法,遂于中国图画形象焉。楚王刘英始信其术,中国因此颇有奉其道者。后桓帝好神,数祀浮屠、老子,百姓少有奉者,后遂转盛。或说,明帝遣蔡愔、秦景等为使,前往天竺,寻访佛法,迎请摄摩腾、竺法兰至洛阳。明帝甚加赏接,于西门外立精舍以处之,即洛阳西雍门外白马寺。此为中国建寺较早者。

《后汉书·西域传》《后汉书·楚王英传》《高僧传·摄摩腾传》等

公元 310 年　　西晋怀帝永嘉四年　　汉刘聪光兴元年

龟兹(今新疆库车一带)高僧佛图澄(231—348)至洛阳,欲建佛寺弘法。适值胡汉(前赵)刘曜率兵攻洛,澄立寺之志不果,只能潜泽草野,以观世变。

《晋书·佛图澄传》《高僧传·佛图澄传》

公元 311 年　　西晋怀帝永嘉五年　　汉刘聪嘉平元年

十月,石勒被刘聪加封为镇东大将军、督并幽二州诸军事、领并州刺史后,屯兵葛陂。佛图澄悯念苍生,欲以道化石勒。于是策杖军门,通过石勒部将郭黑略,初步取得石勒信任,使得"凡应被诛余残,蒙其益者十有八九",并以所精医术,治疗军中流行疾疫,因其"阴施嘿益者不可胜计"。

《晋书· 石勒载记》《高僧传·佛图澄传》

公元 312 年　　西晋怀帝永嘉六年　　汉刘聪嘉平二年

石勒继续屯兵葛陂。西晋并州刺史刘琨为招抚石勒,特遣张儒护送勒母王氏至葛陂,与石勒团聚。六、七月间,石勒纳张宾之计,率军攻占襄国(今邢台市)。佛图澄随军而至,住进襄国寺(即开元寺前身,其始建之年与确切名称失考)。时襄国城堙水源在城西北五里围丸祠下(今邢台市达活泉处），其水暴竭。佛图澄与弟子法首等至泉源上，咒龙出水，三日而验。十二月，鲜卑酋长段末杯等率铁骑进攻襄国，其众其盛。石勒以军请咨询佛图澄。澄曰："昨，寺铃鸣云，明日食时，当擒段波。"次日果验。

《晋书·石勒载记》《高僧传·佛图澄传》

公元 313 年　　西晋愍帝建兴元年　　汉刘聪嘉平三年

刘聪加封石勒为侍中、征东大将军，余如故，拜勒母王氏为上党国太夫人。不久，王氏死，潜窆山谷，莫详其所。继而备九牢之礼，虚葬于襄国城南。佛图澄及石勒麾下众将在襄国寺为王氏大作法事，树立《汉故上党国王太夫人荐功碑》。

开元寺存《汉故上党国王太夫人荐功碑》残件、《晋书·石勒载记》

公元 319 年　　东晋元帝太兴二年　　后赵石勒元年

石勒自称大赵天王行皇帝事，建都襄国，创建后赵国家政权。佛图澄所居襄国寺改称襄国中寺，以示与石勒为其特建襄国宫寺之区别。

《高僧传·佛图澄传》《晋书·石勒载记》

公元 325 年　　东晋明帝太宁三年　　后赵石勒七年

后赵石虎率步骑精兵，与前赵中山王刘岳部大战于洛西。时佛图澄与弟子自襄国宫寺至襄国中寺，始入寺门而叹之曰："刘岳可悯。"弟子法祚问其故，澄曰："昨日亥时，岳已被执。"果如其言。

《高僧传·佛图澄传》

公元 328 年　　东晋成帝咸和三年　　后赵石勒太和元年

石勒欲亲自率军至洛阳，与前赵刘曜决战，内外僚佐无不必谏。石勒因至襄国中寺咨询佛图澄。澄曰："相轮铃音云：秀支替戾冈，仆谷劬秃当。"此羯语，意即石勒出征，必能活捉刘曜。石勒乃命长子石弘与佛图澄留守襄国，自率大军出征洛阳。两军交战，果擒刘曜。前赵灭亡。

《高僧传·佛图澄传》《晋书·石勒载记》

公元 330 年　　东晋成帝咸和五年　　后赵石勒建平元年

石勒因佛图澄预言石葱之叛，对其愈加尊重，有事必咨而后行，号称大和尚。澄治愈石勒养子石斌所患昏厥之症后，石勒诸稚子多寄养于襄国中寺。自此每年四月八日，石勒必躬自诣寺灌佛，为儿发愿。

《高僧传·佛图澄传》

公元 333 年　　东晋成帝咸和八年　　后赵石勒建平四年

四月某日，天静无风，襄国中寺塔上一铃独鸣。佛图澄因对众说："国有大丧，不出今年矣。"七月，石勒病逝。

《高僧传·佛图澄传》

公元 335 年　　东晋成帝咸康元年　　后赵石虎建武元年

石虎杀害石弘,篡夺后赵帝位,迁都邺城后,仿效石勒,为佛图澄建立邺城宫寺、中寺,事澄尤重于石勒,并曾下诏说:"佛是戎神,正所应奉。夫制由上行,永世作则。苟事允无亏,何拘前代?其夷赵百蛮,有舍于淫祠,乐事佛者,悉听为道。"此为国家命令准许华夏各族百姓出家为僧之始。

《高僧传·佛图澄传》

公元 336—347 年　　东晋成帝咸康二年至穆帝永和三年　　后赵石虎建武二年至十三年

佛图澄自襄国中寺移住邺城中寺后,经常派遣弟子来往于二寺。某次遣弟子法常北至襄国,弟子法祚从襄国还,二人相遇,在梁基城下共宿,对车夜谈,言及乃师。法祚还邺后,其与法常之私语被佛图澄当面点破。澄且教训法祚说:"先民有言,不曰敬乎?幽而不改,不曰慎乎!独而不怠,幽独者敬慎之本,尔不识乎?"自此后赵之人对佛图澄更为礼敬,"凡澄之所在,无敢向其方面涕唾便利者"。

《高僧传·佛图澄传》

公元 348 年　　东晋穆帝永和四年　　后赵石虎建武十四年

十一月,佛图澄预见后赵将亡,注视着邺城中寺佛像慨然曰:"怅恨不得庄严。"并预告石虎:"贫道灾幻之躯化期已及。"石虎亲至邺城中寺慰谕时,佛图澄再次直谏石虎改变"布政猛烈,淫刑酷滥,显违圣典,幽背法戒"的暴政,为民祈福。十二月初八,佛图澄圆寂于邺城中寺。自西晋永嘉六年澄随石勒入住襄国寺,至其圆寂的三十六年间,后赵境内佛教昌盛,即"中州胡晋,略皆奉佛":"戎貉之徒,先不识法,闻澄神验,皆遥向礼拜,并不言而化";"澄道化既行,民多奉佛,皆营造寺庙,相竞出家";澄身边"受业追随者常有数百,前后门徒几且一万,所历州郡兴立佛寺八百九十三所"。而其弘法获得空前社会效果的第一中心,就是襄国中寺。证实襄国中寺即邢台开元寺之前身者,就是寺中出土的《汉故上党国王太夫人荐功碑》。

《高僧传·佛图澄传》、开元寺《汉故上党国王太夫人荐功碑》

公元 352 年　　东晋穆帝永和八年　　冉魏永兴三年

正月,叛杀石祗,在襄国称帝的刘显部下大将曹伏驹打开襄国城门,投归冉闵。冉闵率军入城后,诛杀刘显,火焚襄国宫室。襄国中寺或亦遭战火。

《晋书·石季龙载记》附"冉闵传"

公元 386 年　　东晋孝武帝太元十一年　　北魏道武帝登国元年

拓跋珪在平城(今山西大同)创建北魏,佛教开始在其辖境快速发展。究其原因,拓跋氏虽生于"幽都之北,广漠之野,畜牧迁徙,射猎为业,淳朴为俗,简易为化","及神元与魏晋通聘,文帝又在洛阳,昭成又至襄国,乃备究南夏佛法之事。太祖平中山,经略燕赵,所经郡国佛寺,见诸沙门道士,皆致精敬,禁军旅无有所犯"。文帝,即拓跋沙漠汗,曹魏景元二年(261)至邺城,为质子;西晋咸宁二年（276）方由洛阳回归本部。昭成帝即拓跋什翼犍,后赵元年（319）率鲜卑五千余家,居襄国为质,后赵建武四年（338）方由邺城回归本部,创建代国。据此,北魏佛教的主要源头,即来自襄国中寺,由佛图澄所传。

《魏书·序记》《魏书·释老传》

公元 387—581 年　　北魏道武帝登国二年至北周大定元年

襄国中寺得到恢复发展,改名梵爱寺（或记为泛爱寺）。今邢台开元寺内北朝造像残石的出土,《汉故上党国王太夫人荐功碑》北朝时被改制成莲座,均可为证。明代自开元寺北阜出土之石佛,或即北朝遗存,但不得确考。

开元寺《北朝造像题记》残石、《汉故上党国王太夫人荐功碑》残石、明开元寺《石佛记碑》

公元 602 年　　隋文帝仁寿二年

隋都长安（今陕西西安）通法寺大论众主释宝袭奉敕护送舍利于邢州（即魏晋、北朝襄国）梵爱寺,入塔供养时,"忽于函上见诸佛、菩萨等像,及以光明周满四面,不可殚言。通于二日,光始潜没而诸像犹存。及当下时,又见卧像一躯,赤光涌起。袭欣其所感,图而奉敬"。

《续高僧传》卷十二《唐京师大总持寺释宝袭传》

公元 609 年　　隋炀帝大业五年

四月,隋炀帝或因览《舍利瑞图经》《国家祥瑞录》,得知宝袭当年护送舍利至邢州梵爱寺时所见祥瑞,特命李百药撰《文帝舍利塔碑》,树立于邢州梵爱寺。

李百药撰邢州《文帝舍利塔碑》,《京畿金石考》著录,参见王劭《文帝舍利感应记》

公元 687—689 年　　武则天垂拱三年至永昌元年

"□□军州事金紫光禄大夫检校尚书□仆射前守□州刺史"某等官员,在邢州梵爱寺树立《佛顶尊胜陀罗尼经与大悲心陀罗尼经幢》。

开元寺《佛顶尊胜陀罗尼经与大悲心陀罗尼经合刊幢》

公元 690 年　　周武则天天授元年

九月九日,武则天以法朗篡改之《大云经》、云宣所作《大云经疏》为舆论工具,自称弥勒佛转世,应作天下之主,诏改大唐国号为大周。十二月二十九日,武敕令天下各州改一大寺名为大云寺。邢州梵爱寺因被改名大云寺。

《唐会要》卷三《皇后》、卷四十九《寺》

公元 735 年　　唐玄宗开元二十三年

新罗禅僧惠觉入唐求法,栖止于邢州沙河县广阳山漆泉寺。

《大唐广阳漆泉寺故觉禅师碑铭并序》残碑

公元 738 年　　唐玄宗开元二十六年

六月一日,唐玄宗敕令天下各州,并改大云寺名为开元寺。邢州开元寺之名由此始立。

《唐会要》卷四十九《寺》

公元 744 年　　唐玄宗天宝二年

三月,唐玄宗敕令两京及天下诸郡,于开元观、开元寺以金铜铸玄宗等身、天尊及佛各一躯。或说系四月"敕两京、天下州郡取官物,铸金铜天尊及佛各一躯,送开元观、开元寺"。邢州开元寺亦不例外。

《唐会要》卷五十《杂记》、《旧唐书》卷九《玄宗纪》

公元 745 年　　唐玄宗天宝四年

入唐求法之新罗禅僧惠觉在邢州沙河县漆泉寺山居十年后,取得邢州开元寺僧籍。时神会正应宋鼎之邀,在洛阳菏泽寺弘扬六祖慧能顿悟之门。惠觉因自邢州前往参学,在神会"次明知见,引喻开发"下,意若有获。

《大唐广阳漆泉寺故觉禅师碑铭并序》残碑

公元 746 年　　唐玄宗天宝五年

惠觉自洛阳回邢,对神会的开示"归而继思,或有不尽",决定"明年须往,请为导师",继续学习。惠觉遂于此年正式拜师,成为神会的嫡传弟子。

《大唐广阳漆泉寺故觉禅师碑铭并序》残碑

公元 748 年　　唐玄宗天宝七年

神会请王维撰文、蔡有邻书丹,镌勒《曹溪能大师碑铭》,分树于邢州开元寺。或即惠觉所为。

开元寺《曹溪能大师碑铭》残石(陈思《宝刻丛编》、无名氏《宝刻类编》著录)、《全唐文》卷二三四王维《六祖能禅师碑铭》

公元 752 年　　唐玄宗天宝十一年

神会于洛阳菏泽寺为六祖慧能建树真堂,复请宋鼎撰文、史惟则书丹《六祖能大师碑》,勒石分树于邢州开元寺。此或亦系惠觉所为。

开元寺《六祖能大师碑》残石(欧阳棐《集古录目》、赵明诚《金石录》等著录)

公元 758 年　　唐肃宗乾元元年

唐肃宗因神会在荆州开元寺筑坛度僧,募集香水钱"顿支军费",助郭子仪收复两京,平息"安史之乱"颇为有功,特"诏入内供养,敕将作大匠并功齐力,为造禅宇于菏泽寺中"。神会未及应诏,即于五月十三日坐化于荆州开元寺。此后数年间,惠觉常因其师不为功德,不惜生命,只为禅宗正本清源,确立慧能的六祖地位而批龙鳞,履虎尾,却得不到应有昭彰,而"阖户不扃,清神自颐,求其中者,嗟若无告"。

《大唐广阳漆泉寺故觉禅师碑铭并序》残碑(参见 1983 年洛阳龙门宝应寺遗址出土《神会塔铭》)

公元 766 年　　唐代宗大历元年

惠觉在昭义军司马某大力支持下,始得"点檀兴仁",广运道心,在邢州开元寺与沙河漆泉寺"请导师之留音,追菏泽之坛教",弘扬六祖禅与菏泽宗。据此,邢州开元寺之王维所撰《曹溪能大师碑铭》、宋鼎所撰《六祖能大师碑》,或是惠觉此时或稍后树立。

《大唐广阳漆泉寺故觉禅师碑铭并序》残碑

公元 770 年　　唐代宗大历五年

二月初十日,由昭义军节度副使李绛书丹的十六面《佛顶尊胜陀罗尼经幢》雕镌完成,树立于邢州开元寺。《金石分域编》著录此幢说:"正书,额缺,存'戌二月戊辰朔十日丁丑建'十一字。"今查唐纪年,宝应元年之后,大历五年岁在庚戌,故记其编年于此。

开元寺《唐十六面大佛顶尊胜陀罗尼经幢》

公元 771 年　　唐代宗大历六年

三月十九日夜,著籍于邢州开元寺的新罗禅僧惠觉圆寂,荼毗后其弟子及信众为之建塔于漆泉寺后山坡上。此前七八年间,惠觉在邢州弘扬六祖禅,光大菏泽宗,如"惊雷之震蠕介,春雨之泽根芽,种之乃萌,勾之遂直",使得"趋教之徒"瞻拜络绎,成果颇为丰硕。

《大唐广阳漆泉寺故觉禅师碑铭并序》残碑

公元 796 年　　唐德宗贞元十二年

唐德宗敕皇太子集诸禅师楷定禅门宗旨,搜求传法旁证后,下敕立神会为禅宗第七祖,并在神龙寺树立碑记,御制自达摩至神会等七世祖师赞文。为响应这一重大宗教政策,时任检校兵部郎中兼邢州刺史侍御史的元谊撰文,并请前凉王府参军兼翰林院侍读学士王少康书丹,在邢州沙河县漆泉寺惠觉塔前树立《大唐广阳漆泉寺故觉禅师碑铭并序》碑,以示纪念。

《大唐广阳漆泉寺故觉禅师碑铭并序》残碑

公元 850 年　　唐宣宗大中四年

恒通禅师(831—905)于邢州开元寺受具足戒,旋即离寺游学,首在长安荐福寺听习经律,七八年后至长沙岳麓寺,参学于招贤景岑座下,得到印可。此后其还曾在洞山良价、石霜庆诸座下参学,并曾住持宣城瑞圣禅寺,最终应请住持四明(今浙江宁波)雪窦寺。

《宋高僧传》卷十二《唐明州雪窦院恒通传》

公元 905 年　　唐哀帝天祐二年

七月,原邢州开元寺僧恒通圆寂于四明雪窦寺住持之任,并被尊为雪窦寺开山第一祖。

《宋高僧传》卷十二《唐明州雪窦院恒通传》

公元 915 年　　后梁末帝乾化五年（十一月改为贞明元年）

后梁保义军节度、邢洺磁相等州观察使、金紫光禄大夫检校太保都督诸军事戴思远（一说阎宝）等，主持为圆寂之开元寺住持僧某树立《大佛顶随求尊胜陀罗尼之幢》。该高僧俗姓杨，清河郡人，"生知上道，自择名师，执文奉教。弱冠受具"，禅律双修，"德播时钦，人争问望。厌兹声利，志乐山林"，圆寂时年届耄耋。圆寂后由其徒绍徽、洪本、行福等安厝于此大幢之下，以示"报德奉恩"之意。与绍徽等共立此幢者还有邢州各界信众。自道光版《邢台县志》始，一些地方志乘把此幢所镌经文译者题名"特进试鸿胪卿、开府仪同三司肃国公食邑三千户、赠司空，谥大辩广正智、大兴善寺沙门不空三藏奉诏译"，误读或误解为"空本，梁乾化五年，特进试鸿胪卿、开府仪同三司萧国公食邑三千户、赠司空，谥大辩，曾奉诏译经，见开元寺西石幢"，凭空演义出了"空本"其人。今特正之。

开元寺后梁《大佛顶随求尊胜陀罗尼之幢》

公元 923 年　　后唐庄宗天祐二十年即同光元年　　后梁末帝龙德三年

王贵等在邢州开元寺树立《佛顶尊胜陀罗尼经咒幢》，"愿法界清同"并祈求众福。七月，开元寺住持玄朗、募缘僧道清等结邑集资，开始重修武安县古定晋禅院，即北魏时的稠禅师之寺。稠禅师即僧稠（479—559），祖籍昌黎，后定居巨鹿郡廮陶县（今邢台市宁晋县），青年时曾被征为太学博士，二十八岁于巨鹿景明寺出家后，止观双修，终成与菩提达摩齐名的禅学大师。少林寺开山住持佛陀赞其为"自葱岭以东，禅学之最"，并被尊为少林寺有史以来第二任住持。北齐文宣帝则尊其为国师。武安定晋禅院即僧稠"杖策漳滏"时的挂衣之处。

开元寺后唐《佛顶尊胜陀罗尼经咒幢》《磁州武安县定晋寺重修古定晋禅院千佛邑碑》《续高僧传·僧稠传》

公元 925 年　　后唐庄宗同光三年

开元寺住持玄朗、僧道清修复武安古定晋禅院僧稠坐禅棚竣工。

《磁州武安县定晋寺重修古定晋禅院千佛邑碑》

公元 926 年　　后唐明宗天成元年

开元寺住持玄朗、僧道清主持修复武安古定晋禅院主体工程竣工。随即又与时任安国军节度使、邢洺磁等州观察处置使、金紫光禄大夫检校司徒使持节邢州诸军事、守邢州刺史兼御史大夫上柱国李从温等官员、百姓共结千佛邑，发愿全面整修定晋禅院内外环境。

《磁州武安县定晋寺重修古定晋禅院千佛邑碑》

公元 929 年　　后唐明宗天成四年

开元寺住持玄朗、僧道清与李从温等官员、百姓修复定晋禅院工程全面告竣，特请开元寺僧宗仁撰写《磁州武安县定晋寺重修古定晋禅院千佛邑碑》，树立寺中，以传永久。

《磁州武安县定晋寺重修古定晋禅院千佛邑碑》

公元 936 年　　后唐末帝清泰三年

十四岁的归晓在栾城延寿禅院出家为沙弥。

《襄州凤山延庆禅院传法惠广大师寿塔碑记》

公元 940 年　　后晋高祖天福五年

归晓（923—？）在邢州开元寺接受具足戒，"始达毗静威仪，登般若元门，被四分之律风，耀一轮之戒月"。从此在开元寺"五年依止于师边"，研习戒律。

《襄州凤山延庆禅院传法惠广大师寿塔碑记》

公元 944 年　　后晋高祖开运二年

归晓遵师嘱离开开元寺，"南北渡水穿云，游东洛，入西秦，访丛林，礼知识"，后于襄阳含珠山（即凤山）审哲禅师座下开悟。

《襄州凤山延庆禅院传法惠广大师寿塔碑记》

公元 950 年　　后汉隐帝乾祐三年

归晓暂辞审哲禅师，"造随阳护国名筵，至安陆竺乾胜会"。旋回襄阳，挂锡于凤山延庆禅院，以监院职助住持通性大师管理僧团，共计八年。后周显德六年（959），通性圆寂前嘱授归晓继任住持。归晓"退让德人，匪敢承当"，乃请首座惠超继任。未及半载，惠超又示寂。

《襄州凤山延庆禅院传法惠广大师寿塔碑记》

公元 960 年　　宋太祖建隆元年

十二月十九日，延庆禅院院主惠崇率众疏闻太师王溥，礼请归晓升座开示，出任住持。

《襄州凤山延庆禅院传法惠广大师寿塔碑记》

公元 969 年　　宋太祖开宝二年

应侍中张永德奏表，宋太祖特赐归晓皇恩紫绶，"专差人使，送至凤山"。

《襄州凤山延庆禅院传法惠广大师寿塔碑记》

公元 980 年　　宋太宗太平兴国五年

经宋太祖之女昭庆公主驸马、太尉王承衍奏荐，宋太宗诏赐归晓"惠广大师"之号。宋太宗姨表兄弟、高品供奉刘知信代宋太宗问法："龙廷金口问，以何对王机？"归晓答："凤阁龙楼远，尧云舜日新。"宰相赵普因与刘知信表示，愿舍家财，为归晓修建寿塔。"再三共礼，方可从之"。

《襄州凤山延庆禅院惠广大师寿塔碑记》

公元 988 年　　宋太宗端拱元年

归晓六十六岁，由赵普、刘知信捐资，"惠广大师寿塔"开始营建，计有塔亭、寿塔各一，至淳化五年（994）竣工。归晓因请潘平撰文后，亲自书丹上石，镌碑纪念。有说归晓圆寂于公元988年或994年，皆不确。

1039年　　宋仁宗宝元二年
邢州开元寺文殊院主法僧明则礼请皮裘道者为大功德主，开始创建大圣塔。

《敕赐邢州开元寺圆照塔记》《大金邢州开元寺重修圆照塔记》

1049年　　宋仁宗皇祐元年
邢州开元寺大圣塔建成。此塔由皮裘道者"馨力殚诚，始自宝元，至于嘉祐（应为皇祐），积有年矣，方见涯涘"。

《大金邢州开元寺重修圆照塔记》

1052年　　宋仁宗皇祐四年
九月九日，相州观察使刘从广将钟离权的邢州开元寺题壁诗二首摹勒上石，嵌于殿壁。

《金石分域编》《法帖神品目》《宋朝事实类苑》

1054年　　宋仁宗至和元年
邢州开元寺大圣塔"为风雨摧圮，柱栋不支，几至欹磋"。主僧栖蕴"虽欲缮葺，自相缘轻，乃请普贤院讲主师安，及广平郡律师用实同力赞成"。

1062年　　宋仁宗嘉祐七年
历时八年后，栖蕴、师安、用实共同主持的邢州开元寺大圣塔重修竣工。此塔上下七层，通高三百多尺。因此"塔之初缘以泥金斗帐贮以大圣尊仪"，即底层供养泗州大圣僧伽（628—710）造像而得名"大圣塔"。僧伽曾被视为观音菩萨化身，其事迹则在民间广泛流传。

《敕赐邢州开元寺圆照塔记》《大金邢州开元寺重修圆照塔记》

1080年　　宋神宗元丰三年
邢州开元寺大圣塔石额镌成，镶嵌于塔上。

《大金邢州开元寺重修圆照塔记》

1109年　　宋徽宗大观三年
八月，宋徽宗诏改邢州开元寺大圣塔名为圆照塔。开元寺主塔僧云祥因奉诏请陈振为之撰文。

《敕赐邢州开元寺圆照塔记》

1109年　　宋徽宗大观四年
十月，由陈振撰文，晁咏之书丹的宋徽宗《敕赐邢州开元寺圆照塔记》勒石镌碑，树立于寺中。

《敕赐邢州开元寺圆照塔记》

1162 年　　金世宗大定二年

邢州开元寺及圆照塔开始全面重修。

《大金重修开元寺圆照塔记》《重修开元寺钟楼碑记》

1165 年　　金世宗大定五年

八月,由开元寺东石壁院重修塔功德主管勾都僧正、特授广明大德传戒讲经律论沙门洪宣、同劝缘弥勒院管勾塔主僧祖靖主持重修园照塔工程竣工,由刘仲尹撰文,张天和书丹,阎崧篆额的《重修开元寺园照塔记碑》树立塔前,以作纪念。

《大金重修开元寺园照塔记》

1184 年　　金世宗大定二十四年

由定远大将军行县令、轻车都尉、开国伯食邑七百户王璧,都功德主、住持僧定喜等募资铸造"皇帝万岁,重臣千秋"、"香花供养,佛法僧宝"铭大铁钟。但因钟铭"沃州福圣院僧顺法师、真定府元氏县龙泉乡龙宫院都管勾化缘僧智洪"等,或说此钟原非开元寺所有。顺治十一年(1654)金之俊撰《重修古邢州开元寺碑记》即说,开元寺"石佛出于北皋,大钟浮于滹沱",为开元寺"灵异之应"。

1195 年　　金章宗明昌六年

广恩出生于洺水(今邢台市威县)张华里。

《顺德府大开元寺万安恩公碑记》等

1213 年　　金卫绍王至宁元年　　蒙古成吉思汗七年

年将弱冠的广恩于经城(今威县经镇)法云寺出家,壐上人(即坚公)为其祝法师。蒙古铁骑首次进攻邢州,开元寺园照塔毁于战火。

刘伯熙《邢州开元寺万安恩公塔铭》《顺德府重修大开元寺普门塔记铭》等

1214 年　　金宣宗贞祐元年　　蒙古成吉思汗八年

广恩在邢州开元寺受具足戒,晖公为其授戒师,对其"训督颇严"。广恩受具为大僧后不久,即"振锡远游"。

刘伯熙《邢州开元寺万安恩公塔铭》

1215—1219 年　　金宣宗贞祐三年至兴定三年　　蒙古成吉思汗九年至十四年

广恩练形辟谷,面壁安禅,结习于临城(今邢台市临城县)山寺五年。期间因蒙、金交兵,中州板荡,所在萧条,脱网罟,保郡县者无几人。

刘伯熙《邢州开元寺万安恩公塔铭》等

1225—1229 年　　金哀宗正大二年至六年　　蒙古成吉思汗二十年至窝阔台汗元年

广恩游历数年后,还至枣强,结庵于大姓霍氏宅,自行闭关,持《大悲》章句,不出户庭者又五年。后因霍氏子献鲜桃于隆冬,食后遂多灵异,皆为前世所稀见。宣公和尚遇太师国王木华黎帐下使臣赵监军,被自河南圣佛寺携至邢州开元寺,转拜潴公和尚为师,并于正大二年主领寺门。

刘伯熙《邢州开元寺万安恩公塔铭》、开元寺塔林《宣公讲主大和尚塔铭》

约 1230 年　　金哀宗正大七年　　蒙古窝阔台汗二年

广恩欲就旧基重建甘陵塔(应即清河县隆兴寺塔),"发得石记",上有其名,因于其地建大道场。

刘伯熙《邢州开元寺万安恩公塔铭》、王思廉《顺德府大开元寺万安恩公碑记》

1231 年　　金哀宗正大八年　　蒙古窝阔台汗三年

临清兵马大元帅路通礼请广恩住持临清净土寺(遗址在今邢台市临西县下堡镇),建净土道场。广恩为作白莲花会,规模一以庐山慧远为式。路通将其德行表闻于蒙古汗庭,窝阔台汗敕赐其号曰"护国兴理大师、贾法宗大菩萨"。

刘伯熙《邢州开元寺万安恩公塔铭》、王思廉《顺德府大开元寺万安恩公碑记》

1232 年　　金哀宗开兴元年　　蒙古窝阔台汗四年

真定等五路万户侯史天泽、安国军节度赵伯元及邢州开元寺僧正法英、通妙大师等分别具疏,礼请广恩出任开元寺住持。广恩应请后,开始全面重建毁于战火的开元寺。

《邢州开元寺礼请广恩疏》、王思廉《顺德府大开元寺万安恩公碑记》(王恽《顺德府重修大开元寺普门塔记铭》记此事于上年)

约 1234—1235 年　　约窝阔台汗六至七年间

燕都(今北京)大万寿寺举行资戒大法会,住持万松行秀延请广恩登坛说戒,大洒甘露,四众欢喜。行秀阅读广恩所著《白莲集》后叹曰:"此观音大士慈悲方便,济人利物之心也。"

王思廉《顺德府大开元寺万安恩公碑记》

1240 年　　蒙古窝阔台汗十二年

七月,广恩全力重建圆照塔,历经十年后竣工(即经始于重光单阏之仲春,断手于上章困敦之孟秋)。重建的圆照塔上下十三层,通高六十仞,高广可容千僧。其工与费,不可殚记。

王恽《顺德府重修大开元寺普门塔记铭》

1243 年　　蒙古乃马真皇后二年

二月,广恩在邢州开元寺主持资戒大会,为国梵修,作四圣胎导述之首。出席法会的高僧有济南府大庆寺讲经论沙门宝玮、景州普照寺讲经论沙门德丛等十三位。十一月十八日,广恩圆寂于开元寺方丈,享年四十九岁,僧腊三十。生前在开元寺开创"广崇妙普,洪胜禧昌,继祖续宗,慧镇维

由其弟子妙恒、法孙普昌、法重孙洪智等僧尼六十五人发心而建。大开元寺下院、石村资福寺住持惠宣（宣公和尚）应选"取届大都，轮番演法"，并在琼花岛得忽必烈御赐白金一锭及钞帛等。旋由新寺阁内得国师所授《戒本》一部，奉命前往各路授戒。

开元寺塔林《安慧大师之塔》铭、《宣公和尚塔铭》

1280 年　　元世祖至元十八年

八月初六，大开元寺下院石村资福寺住持"宗主慧明大师"惠道圆寂。

开元寺塔林《宗主慧明大师之塔》

1284 年　　元世祖至元二十一年

五月，大开元寺塔林"喜公庄主之塔"建成。喜公法讳妙喜，为大开元宗第三代僧，生前曾任大开元寺庄园总管。此塔由其弟子普弘、普政等同建。

开元寺塔林《喜公庄主之塔铭》

1285 年　　元世祖至元二十二年

春，忽必烈敕命顺德府大开元寺佛日光教大师、讲论沙门庆吉祥（应为崇庆）领衔，会同蕃汉两界二十八位高僧，齐集大都大兴教寺，编纂《至元法宝勘同总录》。九月，大开元寺塔林"□山讲主□公之塔"建成。此塔由顺德广平等路大开元一宗前僧录兼本寺官门执事妙昱书丹，由□公和尚弟子普甫、普美等同建，可知□公为大开元宗第三代"妙"字辈僧。

《大元至元法宝勘同总录》署名、开元寺塔林《□山讲主□公之塔》

1286 年　　元世祖至元二十三年

二月，大开元寺下院、邢台县时村资福禅院原住持惠宣（宣公大和尚）圆寂。时年七岁的洪亨白沙河县綦阳镇至大开元寺出家为沙弥。

开元寺塔林《宣公讲主大和尚塔铭》《大庆寿禅寺住持秋亨禅师亨公道行碑》

1287 年　　元世祖至元二十四年

夏，大开元寺讲论高僧庆吉祥领衔编纂的《大元至元法宝勘同总录》十卷诠雠完成。此书是由庆吉祥率蕃汉两界二十八位高僧在大都大兴教寺"各秉方言，精加辩质"后，按照显、密分类，对于自东汉永平十一年（68）至至元二十二年间，一百九十四人译著的经、律、论三藏及圣贤传记共一千六百四十三部所作的总录，并对西藏和汉地流传的同名佛典异同进行了详细校勘。忽必烈面对此书大加赞叹："积年疑滞，今日决开。"是年，大开元宗第二代僧崇珏由朝廷宣授诸路释教都总统之职，赐号"弘济大师"。

《大元至元法宝勘同总录》署名、开元寺塔林《弘济大师寿塔铭》

1288 年　　元世祖至元二十五年

二月，大开元寺塔林"宣公大和尚塔"建成；八月，"宗主慧明大师之塔"建成。二塔均由顺德路前僧尼都提领、见住持闲心院袭祖通辩大禅师梅轩撰文,分别由顺德广平等路大开元一宗前僧录兼本寺官门执事昱吉祥(即妙昱),顺德路僧录司见知书、邢台县玉山院真昶书丹。宣公塔由惠宣弟子智朗、智果、智喜等四十五人同建;慧明塔由惠道弟子智和、智贤及其法孙性温等六人同建。惠宣、惠道同师濬公,其弟子法讳均以"智"字为首,因知其为金邢州开元寺所传另一法系之僧,而非广恩开创之大开元宗传人。

开元寺塔林《宣公讲主大和尚塔铭》《宗主慧明大师之塔》

1291 年 元世祖至元二十八年

三月,大开元寺塔林树立《顺德府莲净庵住持尼进宗主创置祖坟寿塔记》

开元寺塔林《顺德府莲净庵住持尼进宗主创置祖坟寿塔记》

1295 年 元成宗元贞元年

十一月,真金第三子铁穆耳即帝位后,特敕宣政院使答失蛮继续提调大开元一宗,"直隶宣政院,释教都总统所毋得管领",以示三朝(指元世祖忽必烈、裕宗真金、成宗铁穆耳)对顺德路大开元寺、大开元宗的"眷注之隆"。

王思廉《顺德府大开元寺万安恩公碑记》

1298 年 元成宗大德二年

四月,敕封诸路释教都总统、大开元寺弘济大师崇珏圆寂,大开元寺僧普玘应其弟子妙春、妙蕴等之请,撰《弘济大师寿塔铭》,妙春、妙蕴等为其师建立"弘济大师塔"于大开元寺塔林。

开元寺塔林《弘济大师寿塔铭》

1301 年 元成宗大德五年

大开元寺再次筑坛举行资戒大法会。年届二十岁的洪亨受具后,开始遍游讲肆后,在大都庆寿寺转禅西云安公为师,得传衣付法。宣授大开元一宗诸路都提点、通辩大师妙泽等为纪念师祖广恩,"议树石以昭示悠久",并不远千里,前往大都请王思廉撰写碑文。六月,大开元寺塔林"欣公藏主之塔"建成,此塔由塔主弟子妙楫、法孙普专等七人同建,因知欣公法讳崇欣,生前曾主管大开元寺藏经阁。十二月,由王思廉撰文并书丹的《顺德府大开元寺万安恩公碑记》树立寺中。

耿寿平《重修开元寺碑铭》、《大庆寿禅寺住持秋亭亨公道行碑》、王思廉《顺德府大开元寺万安恩公碑记》、开元寺塔林《欣公藏主之塔》题记

1302 年 元成宗大德六年

是年,有日者向大开元寺住持柏山妙生建议,为改善寺院格局"前后轻轻"之弊,应"旁建崇阁于殿之后"。妙生因其"得万安遗意,乃运材命役",开始创建护国仁王佛阁并法堂。七月,大开元寺塔林"正信弘教大师提点寿公之塔"建成;八月,"岱公首座之塔"建成。寿公塔由其弟子普兴、法孙洪彦等八十三人同建,因知塔主法讳妙喜,生前曾任大开元一宗提点;岱公塔由其弟子普安、法孙洪善、法重孙胜进等十六人同建,因知塔主法讳妙岱,生前曾任大开元寺首座。

《顺德路大开元寺护国仁王佛阁法堂记》、开元寺塔林《正信弘教大师提点寿公之塔》《岱公首座之塔》

1304年　　元成宗大德八年

是年,大开元寺创建护国仁王佛阁并法堂工程"工未半",而万安座下第十代嗣祖传法住持柏山妙玉退席。其继任住持静岩妙安升座后,"事始克继"。但妙安仅完成了高三层的护国仁王佛阁并法堂的创建,"未能从事圣容",即没有完成配套的造像工程。八月,大开元寺塔林"皋公禅师之塔"建成。此塔由其弟子妙璞、妙因,法孙普源、普济等五十二僧同建,因知皋公法讳崇黔。建塔时妙因任僧主,妙延、妙福任尚座,普圭任知客。

《顺德路大开元寺护国仁王佛阁法堂记》、开元寺塔林《皋公禅师之塔》

1311年　　元武宗至大四年

大开元寺广恩第十二代嗣法住持损庵洪益升座。此后,洪益开始住持在护国仁王佛阁上层"塑所事佛并千佛像,下安宝华王座",即在二层藏经,下层设法堂。洪益为大开元宗第五代传人,其前任住持为静岩妙安禅师。

《管领大开元一宗诸路都宗摄损庵益公长老碑铭》《顺德路大开元寺护国仁王佛阁法堂记》《顺德府大开元寺万安座下历代住持并垂训法名颂之碑》

1316年　　元仁宗延祐四年

元仁宗敕授大开元寺住持洪益为中奉大夫,制加"圆照普门光显大禅师"之号,赐以二品银章、金襕袈裟,总摄大开元宗之事。

《管领大开元一宗诸路都宗摄损庵益公长老碑铭》

1320年　　元仁宗延祐七年

洪亨在大开元寺受具足戒,随即开始游学。游学期间曾得海云再传弟子西安云公传衣付法、北溪延公开示。

元大都《大庆寿禅寺住持秋亭禅师亨公道行碑》

1321年　　元英宗至治元年

元英宗即位后,下诏褒美大开元寺住持损庵洪益。

《管领大开元一宗诸路都宗摄损庵益公长老碑铭》

1322年　　元英宗至治二年

二月初七日,金陵天禧讲寺佛光大师志德圆寂,翰林学士承旨赵孟頫应邀为其撰写《金陵天禧讲寺佛光大师塔铭》。志德十一岁时剃染,受学于顺德路大开元寺海闻禅师,但非广恩开创之大开元宗之僧。

赵孟頫《金陵天禧讲寺佛光大师德公塔铭》

1325 年　　泰定帝泰定二年

大开元寺住持损庵洪益前往大都,恭谢皇恩。十月十五日,大元帝师公哥·罗古罗思·监藏班藏卜颁布法旨,保护由大开元宗传人崇朗住持的浚县大伾山天宁寺权益。崇朗是广恩的嫡传弟子。

《管领大开元一宗诸路都宗摄损庵益公长老碑铭》、大伾山天宁寺《大元帝师法旨之碑》

1326 年　　泰定帝泰定三年

泰定帝又下特旨,对大开元寺住持洪益进行褒奖。十月,洪益为纪念海公大士保护普门塔,募缘建筑青砖壁垣"尺咫四百六十有四,前后二门翚飞",特树《普门宝塔甃垣记》碑。正月吉日,大伾山天宁寺住持崇朗等把大元帝师公哥·罗古罗思·监藏班藏卜颁布的法旨以八思巴文和汉文镌刻于碑,树立寺中。同时将碑阴镌刻为《大伾山天宁寺佛门宗派碑》,标明其宗派源自"敕赐弘慈博化大士、祖师万安广恩菩萨",开列广恩亲定法派"广崇妙普,洪胜禧昌,继祖续宗,慧镇维方"十六字及"大伾山天宁万寿禅寺宗派之图"。据其下题名可知,当时该寺已由"崇"字辈传至"胜"字辈,该寺支院则有白马县福圣院、开州长垣白莲庵、睢州襄邑福庆院、□州下堰兴福院、襄阳□子□随龙寺等。

《普门宝塔甃垣记》《管领大开元一宗诸路都宗摄损庵益公长老碑铭》、大伾山天宁寺《大元帝师法旨之碑》及《大伾山天宁寺佛门宗派碑》

1328 年　　泰定帝致和元年

洪亨受法兄鲁云之命开堂演法,出世住持奉圣州保宁寺,将近四年之久。
《大庆寿禅寺住持秋亨禅师亨公道行碑》

1330 年　　元文宗至顺元年

洪益辞去大开元寺住持一职,归山静养。

《管领大开元一宗诸路都宗摄损庵益公长老碑铭》

1332 年　　元文宗至顺三年

元文宗诏命洪益复任大开元寺住持。为纪念岐王索南管卜布施中统元宝楮币二千五百缗,用"所获子息以为供佛长明之灯",洪益特命寺僧照吉祥等树《岐王索南管卜施长明灯记》碑。六月,大伾山天宁寺树立《天宁禅寺创建拜殿碑》,纪念住持妙悟广慧大师秋岩崇朗十几年间,"前后修建殿堂楼庑,制造像仪供具",以及新建拜殿、山门的无上功德。洪亨在鲁云圆寂后,"以公举补其处",出任大都大庆寿寺住持。

《管领大开元一宗诸路都宗摄损庵益公长老碑铭》《岐王索南管卜施长明灯记》、大伾山《天宁禅寺创建拜殿碑》《大庆寿禅寺住持秋亨禅师亨公道行碑》

1334 年　　元顺帝元统二年

洪益以疾力辞大开元寺住持后,退养于寺之西偏僧舍,并以"莫将世事累青眼,留取闲云伴白头"诗句明志。旋即南归故山宝林寺。大开元寺住持遂由翠峰普琳禅师继任。年方九岁的无念胜学（1326—1406）在洪益座下出家，成为大开元宗第五代传人。

《管领大开元一宗诸路都宗摄损庵益公长老碑铭》《顺德府大开元寺万安座下历代住持并垂训法名颂之碑》《补续高僧传·无念传》

1335 年　　元顺帝（后）至元元年

翠峰普琳继损庵洪益任大开元寺万安座下第十三代嗣祖传法住持，随即开始"新僧寮仓廪、磨合油坊，庋置藏教，彩绘殿堂廊庑，新旧以新以葺"。

《顺德路大开元寺钟楼记》

1336 年　　元顺帝（后）至元二年

八月十五日，大开元寺住持普琳在广恩塔前树立《顺德府大开元寺万安座下历代住持并垂训法名颂之碑》。据此碑记载，自广恩始，其在大开元寺的嗣法住持已传至第十九代月溪禧顺。但此时第十三代住持普琳尚未退席，普琳之后各代住持法名应为此后续镌。

《顺德府大开元寺万安座下历代住持并垂训法名颂之碑》

1937 年　　元顺帝（后）至元三年

洪亨书偈辞去大庆寿寺住持职，该寺僧众、宣政院及秦王伯颜再三挽留，均不为允，只好听其所之。

《大庆寿禅寺住持秋亨禅师亨公道行碑》

1340 年　　元顺帝（后）至元六年

洪益在少林寺僧众力请下，勉强应允出任该寺住持，并于八月到寺升座。十二月十九日，洪益沐浴更衣，挝鼓升座，为少林寺众开示"无生忍"后，高叱"大无生身会重生"，随即跏趺圆寂。茶毗后，少林寺特为其建"特授中奉大夫大开元都宗摄少林禅寺住持损庵和尚之塔"，其嗣法弟子则尊其遗嘱，为其建塔于应山县石龙山宝林寺。洪亨自大都南还顺德大开元寺，隐居逾十年。

《大开元一宗诸路都宗摄损庵益公长老碑铭》《大庆寿寺住持秋亨禅师公道行碑》

1344 年　　元顺帝至正四年

翠峰普琳开始主持创建大开元寺钟楼。

《顺德路大开元寺钟楼记》

1345 年　　元顺帝至正五年

翠峰普琳主持创建大开元寺钟楼竣工。此楼上下三层，"金碧炫耀，文藻交罗，可谓尽善美焉"。

《顺德路大开元寺钟楼记》

1347 年　　元顺帝至正七年

大开元寺住持翠峰普琳为纪念妙玉、妙安、洪益三代住持创建护国仁王佛阁之劳和钟鼓楼竣工,派遣专人前往大都,礼请高僧法祯撰写碑文,并请李思明为之书丹,成度为之篆额。

《顺德路大开元寺护国仁王佛阁法堂记》《顺德路大开元寺钟楼记》

1348 年　　元顺帝至正八年

大开元寺在护国仁王佛阁和钟楼前分别树立《顺德路大开元寺护国仁王佛阁记》《顺德路大开元寺钟楼记》碑,以示纪念。四月,大开元寺钟离权草书《邢州开元寺题壁诗》由察罕铁穆尔、脱脱等抄录镌石为碑,树于济源县长春观。洪亨被其弟子、新任大庆寿寺住持显仪自大开元寺迎四大都城郊彭村观音院供养,并为其在大庆寿寺树立纪念碑。

《顺德路大开元寺护国仁王佛阁法堂记》《顺德路大开元寺钟楼记》、元刻《钟离权草书开元寺题壁诗碑》《大庆寿禅寺住持秋亭禅师亨公道行碑》

1355 年　　元顺帝至正十五年

八月,奉敕住持上都南屏山景福寺,为刘秉忠"严奉香火"的大开元宗第四代僧普升奉资五千缗于大开元寺,举行转经大法会,纪念刘秉忠对创建大元王朝,支持佛教蓬勃发展做出的卓越贡献。十月,为纪念这次大法会,由住持普琳撰文、僧无本书丹,在大开元寺内树立《常山王看转藏经记碑》。

《常山王看转藏经记碑》

1358 年　　元顺帝至正十八年

顺德府九县蝗虫成灾,饥民遍野。声称"反元复宋"的红巾军自山东逼近顺德府。十一月,率众守卫顺德府城的枢密院判官刘起祖因城中粮绝,外无援兵,逼令百姓强壮者充军,弱者杀而食之,并在城陷之前劫民财,掠牛马,尽驱其民弃城逃亡广平。明刘健则撰碑说,当时守卫顺德府城的是其曾大父、顺德路总管刘绍祖,并说"其时有开元寺最盛,寺有木浮图极壮丽,高广可容千余僧。僧多为不义,吾曾大父按其不义戮之,遂焚其浮图"。此所谓"木浮图",即广恩倾十年之力而建的普门塔。所谓"僧多为不义",有学者考证系当时寺僧与红巾军有联系。

《元史》卷四十五《顺帝纪》、明刘健《邢台县重修学宫记》

1368 年　　明太祖洪武元年

大开元宗第五代僧无念胜学发心重建石龙山宝林寺,不三四年而就。

《补续高僧传·无念传》

1382 年　　明太祖洪武十五年

孝慈马皇后驾幸楚王府,并于武昌洪山建千僧法会。胜学应邀莅会。楚王见而异之,为其特建九峰寺以居之。

《补续高僧传·无念传》

1394 年　　明太祖洪武二十七年

朱元璋因楚王之荐,召见胜学于便殿,因其应对称意,大加赞赏,当即赐予金钵盂、净瓶、金椆袈裟、百彩衲衣并御制诗文。

《补续高僧传·无念传》

1396 年　　明太祖二十九年

朱元璋特遣宦官奉御制《怀僧诗》一轴,松花、实各一器,至九峰寺探望慰问胜学。不久,又赐胜学《题僧无念九岁出家诗》。胜学皆如韵奉和。朱元璋览之大悦。

《补续高僧传·无念传》

1397 年　　明太祖洪武三十年

九峰寺僧众将朱元璋"御制谕僧无念诗"五首镌刻于寺旁山崖,诗题分别为《题僧无念九岁出家》《舟归武昌》《武昌归隐》《怀僧无念特赐松实诗》。

1406 年　　明成祖永乐四年

胜学圆寂于九峰寺。其弟子塔其全身于九峰狮子崖后,特在摩崖石刻朱元璋"御制谕僧无念诗"旁凿龛,精雕无念像纪念,并在像座镌诗曰:"空有空无得正因,其中妙用是源真。本师住世无人敬,现灭应须假幻身。"《补续高僧传》的作者明河则评价胜学与朱元璋父子的交往说:"无念受知天子,见礼亲王,极一时之盛,全以实行感动。儒尊士行,僧贵德业。我圣祖敬德慕道之心,世出世间一揆,深得灵山付嘱之意。"

《补续高僧传·无念传》

1488 年　　明孝宗弘治元年

开元寺住持祖翱目睹被刘绍祖付之一炬的普门塔废墟,发愿改建,至此"募缘修完,改名普门阁"。此即清初李京《古刹春游》诗序所说,普门塔被"火焚其顶,又铲其腹,存其足,尚八九丈。明初,因其基,覆以琉璃瓦,如玉瓣莲,名五华殿"因知祖翱此次改建并非首次。祖翱为大开元宗第十代传人;另据寺中残碑记载,其为广恩座下第二十四代嗣祖传法住持。

朱裳《重修开元寺殿阁记》

1514 年　　明武宗正德九年

小山宗书矢志为僧,被其父母送至开元寺披剃,拜铦和尚(即续铦)为师,成为大开元宗第十二代传人。

《少林寺住持小山禅师行实碑铭》

1516 年　　明武宗正德十一年

自此年始,宗书深入太行山寺,手抄《华严经》,不食五荤,闭关三年。

《少林寺住持小山禅师行实碑铭》

1518 年　　明武宗正德十三年

顺德府僧纲司都纲昌俊、副都纲祖岩因开元寺大雄宝殿"岁久颓敝",共请住持祖奎募缘重建。因知今古开元寺菩萨殿原系大雄宝殿。昌俊为大开元宗第八代传人,祖岩、祖奎为大开元宗第十代传人,祖奎且为广恩座下第二十五代嗣法住持。

朱裳《重修开元寺殿阁记》《开元寺雕龙石柱题记》

1519 年　　明武宗正德十四年

宗书自开元寺前往少林寺,参扣月白虚舟禅师,入室请益。

《少林寺住持小山禅师行实碑铭》

1520 年　　明武宗正德十五年

祖奎主持重建开元寺大雄宝殿竣工。

朱裳《重修开元寺殿阁记》

1522 年　　明世宗嘉靖元年

少林寺月白虚舟禅师圆寂,宗书转参可贤禅师。

《少林寺住持小山禅师行实碑铭》

1525 年　　明世宗嘉靖四年

顺德府僧纲司都纲续安、副都纲继腾因开元寺药师佛殿"岁久倾圮",同请住持祖奎募缘,修理完备。继腾为大开元宗第九代传人,续安为大开元宗第十一代传人。

朱裳《重修开元寺殿阁记》《药师佛殿柱础题记》

1530 年　　明世宗嘉靖九年

宗书在少林寺可贤禅师座下"勤恳八年"后,得到印可,返回开元寺,省侍本师钿和尚。顺德府僧纲司副都纲继腾用己资重修开元寺天王殿,使其焕然改观。

《少林寺住持小山禅师行实碑铭》、朱裳《重修开元寺殿阁记》

1533 年　　明世宗嘉靖十二年

宗书自开元寺前往燕京游学,自此始入住兴德寺三年。

《少林寺住持小山禅师行实碑铭》

1537 年　　明世宗嘉靖十六年

秋,顺德府僧纲司都纲续安,副都纲继腾,开元寺僧继宗、继忠在开元寺全面维修告竣后,礼请时为通议大夫、都察院右副都御史的朱裳撰写纪念碑文。朱因开元寺系顺德府官员僧俗为皇帝"祝延圣寿之所",又因自己曾借读于寺僧继宗、祖禅之精舍,数辞不得而允。

朱裳《重修开元寺殿阁记》

1538 年　　明世宗嘉靖十七年

春,由朱裳撰文,王震书丹,陈大策篆额的《重修开元寺殿阁记》镌刻成碑,树立寺中。邢台县致仕官王景全家施银,敬造石雕龙柱两根。

朱裳《重修开元寺殿阁记》《开元寺石雕龙柱题记》(残)

1544 年　　明世宗嘉靖二十三年

宗书由燕京积善庵转住宗镜庵,静心禅修。此前四年间,宗书曾先后在洛阳天庆寺、山西五台山开阐佛乘,推演禅宗;回京后应太监李元善之请,入住积善庵批阅大藏经。

《少林寺住持小山禅师行实碑铭》

1552—1555 年　　明世宗嘉靖三十一年至三十四年

四年间,少林寺僧众接连三次敦请宗书回归嵩山,住持少林寺,均被其谢辞。

《少林寺住持小山禅师行实碑铭》

1557 年　　明世宗嘉靖三十六年

宗书在河南巡抚、都御史吴山及少林耆宿秉诚复请下,应允出任少林寺住持,重振禅宗祖庭。于是前往礼部,领牒赴任。赴任前,特意回到开元寺,祭祀其师续钿,并拜会其初出家时开元寺的耆宿老僧。

《少林寺住持小山禅师行实碑铭》《开元寺续曹洞正宗法派记》

1558 年　　明世宗嘉靖三十七年

宗书在少林寺大开法席,四方僧徒五百多人聚集听讲。自此始,四方衲子因慕其名,纷纷云集少林。数年间,宗书先后应邀至钧州广通寺开示净土法门;至郑州宝光寺安禅说法。

《少林寺住持小山禅师行实碑铭》《开元寺续曹洞正宗法派记》

1564 年　　明世宗嘉靖四十三年

开元寺铸造铜佛,供养寺中。

《开元寺铜佛记碑》

1566 年　　明世宗嘉靖四十五年

宗书奉敕重返燕京宗镜庵,并于谷积山三学洞内结夏。冬十一月十六日,宗书索笔书偈:"宗镜宗镜,心法成行,即日圆觉,镜破宗正。"随即俨然圆寂。茶毗后,弟子遵其遗嘱,将其身骨分为三份,分别在顺德府开元寺塔林、少室山塔林和燕京宗镜庵起塔。宗书弟子众多,仅入室嗣法者即达数百人,其中最著名者有蕴空常忠、幻休常润、隐庵如进、天然圆佐等。其传世之作为《小山别集》和《宗书语录》。

《少林寺住持小山禅师行实碑铭》《开元寺续曹洞正宗法派记》

1568 年　　明穆宗隆庆二年

开元寺为奉安、纪念广恩而建于中轴线西侧的菩萨殿因"岁久大敝",寺僧募缘重修,"土木之兴已经数载",至此始告成功。

《重修开元寺菩萨殿记》

1585 年　　明神宗万历十三年

杨大贤、毛炳等信众发愿布施,重塑开元寺菩萨殿五佛金身,绘制殿中壁画,并于"佛之上增木龛以覆之,佛之下增千砖以砌之","以朱油上下四旁,焕然为之一新"。

《重修开元寺菩萨殿记》

1593 年　　明神宗万历二十一年

由顺德府知府樊东谟等在开元寺为小山宗书树立《续曹洞正宗法派记碑》,以示纪念。

《开元寺续曹洞正宗法派记碑》

1605 年　　明神宗万历三十三年

顺德府清军厅吏书胡启聪等捐资,重塑开元寺伽蓝殿内"关圣贤金身并立神龛、供桌等"。

《开元寺重新金身碑记》

1614 年　　明神宗万历四十二年

由顺德府知府周泰峙全力支持修建的开元寺石佛殿竣工。周泰峙特撰《石佛记》,其同僚侯文才撰《书石佛记后》、孙养霖撰《石佛殿铭并序》、黄秉石撰《石佛殿颂并序》,共勒一碑,以为纪念。

《开元寺石佛记碑》

1629 年　　明思宗崇祯二年

开元寺化缘僧圆智等募缘集资,为寺院新建群墙,种植翠柏,圈定了明清时期开元寺的占地面积。圆智等为大开元宗第十七代传人。

《开元寺新建群墙柏树碑记》

1630 年　　明思宗崇祯三年

开元寺重修山门两殿竣工,并请傅梅撰文勒碑纪念。同时,傅梅对开元寺殿壁所嵌钟离权草书题壁诗进行考证后,题写跋文,镌石嵌壁。

傅梅《开元寺重修山门两殿记》《钟离权草书题壁诗后跋》

1634 年　　明思宗崇祯七年

三月,开元寺僧方在携徒圆修及再传弟子明夆,在开元寺塔林为其师祖镇法树立《圆寂亲教师祖演空法公觉灵之碑》。镇法为大开元宗第十四代传人,方在为第十六代传人,圆修为第十七代传人,明夆为第十八代传人。

开元寺塔林《圆寂亲教师祖演空法公觉灵之碑》

1654 年　　清世祖顺治十一年

顺德府僧纲司都纲圆宰与寺众共谋重修开元寺,寺僧明录荷铎行化,并与善人陈应元、孔定邦、耿文炳等协力劝缘,方得鸠工大举,把大雄宝殿、药师佛殿、水陆殿等主要殿堂及东序之钟楼次第整葺,焕然一新。

金之俊《重修古邢州开元寺碑记》

1657 年　　清世祖顺治十四年

霸州兵备道副使口国治、顺德府知府高来凤、同知傅尔栻、陈于震,通判陈邦彦等官员与开元寺住持□□,顺德府僧纲司原任都纲净耀,候缺都纲方略,本寺老僧明自、维颂、镇经、维荣等再次集资,对开元寺进行维修。

《顺治十四年残碑题名》

1663 年　　清圣祖康熙二年

七月,顺德府知府王思治捐俸重修开元寺钟楼竣工。

清《开元寺重修钟楼碑记》

1665 年　　清圣祖康熙四年

顺德府知府王思治因开元寺毗卢千佛阁年久失修,率先捐俸,使其僚属、士庶"皆如心布施,四远之人亦如心布施",始得"用工八千有余",使毗卢千佛阁重修后焕然一新。同时,还重修了卧佛殿等建筑。顺德府僧纲司都纲方略遵王思治之嘱,命工磨石,请李京撰写《重修开元寺毗卢千佛阁记》,勒碑纪念。

李京《重修开元寺毗卢千佛阁记》

1682 年　　清圣祖康熙二十一年

十月,顺德府知府申奇猷在离任前特颁公谕,以开元寺乃供奉龙亭,为皇帝祝延圣寿之所,而将此寺田产应纳籽粒银两永远豁免,委作各殿香火之资。

《开元寺康熙公谕碑》

1705 年　　清圣祖康熙四十四年

七月,由开元寺监院明杰为总化主,耆旧提管僧德香、德祥、智信等为主管,开元寺地藏王菩萨殿重修竣工。

《开元寺重修地藏王菩萨殿布施碑》

1765 年　　清高宗乾隆三十年

七月,顺德府知府耿寿平率先捐俸,与郡之善知识并尊耆共同襄助寺僧重修开元寺。

耿寿平《重修开元寺碑铭》

1766 年　　清高宗乾隆三十一年

冬,重修开元寺工程告竣,时称"基址依旧,缔构维新,凡建大门一座、钟鼓楼二座、正殿四座",斋堂、廊、僧舍、方丈若干间,共费白金四十四两有余。耿寿平亲书《重修开元寺碑铭》纪念。

耿寿平《重修开元寺碑铭》

1767 年　　清高宗乾隆三十二年

五月,顺德府监生母矜宪、王琰、邢炜章等为纪念耿寿平"果决不疑","殚神瘁虑,指画周详",全力支持重修开元寺之善举与德政,公立《重修开元寺碑记》。

母矜宪书《重修开元寺碑记》

1800 年　　清仁宗嘉庆五年

七月,开元寺监院智宽、德□、行太、行祥等监修钟楼竣工。智宽为大开元宗第二十代传人,德□为第二十一代传人,行太、行祥为第二十二代传人。

《开元寺钟楼悬钟石柱题记》

1851 年　　清文宗咸丰元年

三月,开元寺住持行裕及其弟子福兴、福旺,再传弟子祥□等共募善缘,再次对"历年已久,风雨损伤,轮奂之美,废形颓败;晕飞之势,渐就倾圮"的毗卢殿重修竣工。行裕为大开元宗第二十二代传人,福兴、福旺为第二十三代传人,祥□为第二十四代传人。

谷汝麟《重修开元寺毗卢佛殿记》

1872 年　　清穆宗同治十一年

三月初三,开元寺住持秀山福顺圆寂。十一月初二,其弟子、继任住持祥祯,再传弟子澄明、澄功、澄利,三传弟子清意、清莲等为福顺诵经超度。澄明等为大开元宗第二十五代传人,清意等为第二十六代传人。

武安市图书馆藏祥祯《西域轨范意旨单》

1914 年　　中华民国三年

为鸣钟报警,防备兵患,祈求和平,佛教信徒与市民共同捐资,重修开元寺钟楼,悬挂铁钟,并于四月树立由傅济川撰文、高珏书丹的《开元寺悬大钟记》碑。

傅济川《开元寺悬大钟记》

1933 年　　中华民国二十二年

邢台县国民政府筹资,对开元寺进行维修。

民国三十二年版《邢台县志》

1934 年　　中华民国二十三年

开元寺住持仪果募资重修寺前街亚圣观后,将其辟为居士林。

民国三十二年版《邢台县志》

1935 年　　中华民国二十四年

著名古建筑专家梁思成、刘敦桢等莅邢考察。梁对开元寺广恩塔进行测绘后,收入其所著《中国建筑史》;刘考察开元寺塔林时,拍摄了照片,附入其《河北古建筑调查记》一文。

梁思成《中国建筑史》、刘敦桢《刘敦桢全集》第三卷

1936 年　　中华民国二十五年

10 月 27 日,刘敦桢再次莅邢,至开元寺考察古建筑,"观宋幢、金钟、元塔"。现开元寺金钟尚存,元塔(即广恩塔)被炸,宋幢不知去向。

《刘敦桢全集》第四卷

1941 年　　中华民国三十年

春,曾任直鲁联军第十八军军长、国民革命军第三集团军参议的王一峰(字毓秀)与居士吴一木、开元寺住持仪果发愿重修开元寺,得到率部驻邢的治安军第十一集团军司令高德林重金支持,随即开始鸠工庀材,大兴土木。

戴峻鹏《重修顺德开元寺碑记》

1942 年　　中华民国三十一年

秋,时任华北绥靖军总司令的齐燮元至邢阅军,在高德林等人陪同下,至开元寺瞻礼拜佛,并撰《邢台开元寺瞻拜记》勒石为碑,树立寺中。

齐燮元《邢台开元寺瞻拜记》

1943 年　　中华民国三十二年

开元寺全面维修竣工,高德林等组织数千人,特于正月二十日在大雄宝殿(今菩萨殿)前举行"重修开元寺大雄殿并立碑落成典礼"。

高德林《重修开元寺因缘记》、金召南《重修开元寺大雄殿并立碑落成典礼记》

1944 年　　中华民国三十三年

正月,金召南撰《重修开元寺大雄殿并立碑落成典礼记》雕镌成碑,树立寺中;七月,王一峰请戴峻鹏撰文,高毓澎书丹的两座方幢体《重修顺德开元寺碑记》镌成,分立于大雄宝殿(今菩萨

殿)阶台左右。

金召南《重修开元寺大雄殿并立碑落成典礼记》、戴峻鹏《重修顺德开元寺碑记》

1945 年　　中华民国三十四年

8 月 15 日,日本天皇宣布侵华八年的日军无条件投降。9 月 14 日,八路军解放邢台城。邢台开元寺被八路军胜利被服厂借用。寺僧大多还俗。

1993 年版《邢台县志》等

后记

　　迄今所知，邢台开元寺的前身，即后赵高僧佛图澄的弘法中心襄国中寺。其后寺名数易而为"开元"，至今经历1700多个春秋，历史积淀十分丰厚，文化遗存十分丰富，在中国佛教史上极具典型意义。但因屡遭水火、风雨、兵革等自然侵蚀和人为破坏，邢台开元寺的金石文物或漫漶泐残，或支离破碎，或流散民间，或埋藏地下，现状令人十分担忧。所以，全力抢救和保护这些珍贵的历史文化遗产，并使其得到传承、流布，就成了我辈义不容辞的责任。《邢台开元寺金石志》就是我辈履职尽责，致力于挖掘、搜集、传拓、整理、校注、考证邢台开元寺金石资料的一本专著。自2012年春至2013年夏，本书由酝酿编写到成稿付梓，共用了一年又八个月的时间。

　　在本书的编辑、出版过程中，我们得到了社会各界、各级领导和众多专家学者的热情关注、支持和帮助。当代禅门泰斗、中国佛教协会副会长、首任河北省佛教协会会长、邢台大开元寺住持净慧长老首先对编著本书表示鼓励与支持，且曾多次垂询编著工作的进展情况。遗憾的是，净慧长老已于今年4月20日安详示寂。现在，我们只能以本书告慰和缅怀净慧长老了。

　　中国国家图书馆馆长、国家古籍保护中心主任周和平先生不但拨冗于百忙之中，亲自操觚运翰，为本书作序，还领导、安排了本书的出版事宜。北京大学图书馆馆长朱强先生为对本书提供资料支持，亲作安排并给予了特别关照。邢台市政协原副主席胡朝元先生为本书能顺利编著、圆满出版出谋划策，并担任编委会执行主任，有效协调了各方关系。中共邢台市委统战部王素平部长作为本书编委会主任，则在解决出版资金的关键环节，起到了至关重要的运筹作用。

　　中国图书馆学会副秘书长霍瑞娟女士、国家图书馆古籍馆副馆长林世田先生、国家图书馆古籍馆金石组负责人卢芳玉女士、北京大学图书馆拓片组负责人胡海帆先生，都为支持本书编著尽心尽力，投入了具体工作，才使国家图书馆、北京大学图书馆珍藏的邢台开元寺之金石资料在本书首次发表面世。邢台的姚卫国、刘顺超先生也为本书提供了珍贵资料。乔瑞华先生为本书拍摄了部分精美照片。国家图书馆出版社的王燕来先生、耿素丽女士则对本书全稿进行了认真审校,做了精美的装帧设计。

所有这些,我们都将铭记于心,并在此致以诚挚的谢意。

由于我们水平有限,加之时间短促,疏漏错误之处在所难免,敬请方家不吝赐教。

主编谨识于 2013 年 8 月 20 日